SUSANNE POPP

LO RE LEY

LORELEY.
DIE FRAU
AM FLUSS

ROMAN

FISCHER Taschenbuch

MIX
Papier | Fördert gute Waldnutzung
FSC® C083411

Originalausgabe
Erschienen bei FISCHER Taschenbuch
Frankfurt am Main, April 2024

Dieses Werk wurde vermittelt durch
die Literaturagentur Hille & Schmidt, Berlin

Redaktion: Silke Reutler

Satz: Pinkuin Satz und Datentechnik, Berlin
Druck und Bindung: CPI books GmbH, Leck
ISBN 978-3-596-70913-7

Für Elisabeth

18
01

1

DER PFARRER VON BACHARACH stolperte durch die Nacht und schaffte es kaum, dem Kerl hinterherzukommen, der ihm mit einer Fackel in der Hand vorauseilte. Unten im Tal erstreckte sich dunkel der Rhein, beide Ufer von einzelnen Lichtern gesäumt, und vor sich sah er im schwachen Schein des Mondes die skelettartigen Streben der Wernerkapelle, die ihn an das Gerippe eines Toten denken ließen. Er bekreuzigte sich, während er weiterhastete, der rußenden Fackel hinterher.

Sie waren auf dem Weg zur Burg. Einen einzigen bewohnbaren Raum gab es dort oben zwischen den bröckelnden Mauern, mit vier armdicken Wänden, einem Dach und einer Feuerstelle. Der Pfarrer war kurz nach seinem Dienstantritt einmal oben gewesen und hatte die Frau besucht, die dort ganz alleine wohnte. Ein paar Tage später hatte sie ihm ein Bündel Kräuter ins Pfarrhaus gebracht. »Gegen die Magenschmerzen«, hatte sie gesagt.

Der Pfarrer hatte schon seit seiner Schulzeit mit Magenschmerzen zu kämpfen. Und womöglich hatte er seinen Beruf ja genau wegen dieser Schmerzen ergriffen, denn die gebückte Haltung, in der er sich zwangsläufig durchs Leben bewegte, erinnerte ihn beständig ans Beten – und daran, dass er ein Sünder war. Die Schmerzen gehörten so selbstverständlich zu ihm, dass er niemals über sie sprach, weshalb es auch ein Geheimnis blieb, woher die Frau auf dem Berg von ihnen wusste. Doch da es einer von den ganz schlimmen Tagen gewesen war, an denen er vor Krämpfen kaum hatte stehen können, hatte er sich aus den Kräutern einen Tee gebrüht, davon getrunken und sich besser gefühlt. Einige Zeit später, sein Kräutervorrat war soeben zur Neige gegangen, hatte ein frisches Bündel an der Klinke der Pfarrhaustür gehangen. Und seitdem war es immer so gewesen – wenn er sie benötigte, fand er frische Kräuter an seiner Tür vor.

Von der Anstrengung ganz außer Atem, kam der Pfarrer oben an und sah gerade noch, wie der Bote, der ihn mitten in der Nacht mit einem wilden Hämmern an die Tür des Pfarrhauses aus dem Bett geholt hatte, seine Fackel außen an der Mauer in eine Halterung steckte und in der Behausung verschwand. Er glaubte, die Kräuterfrau todkrank vorzufinden, doch als er eintrat, erwartete sie ihn aufrecht stehend in der Mitte des Raumes. Verglichen mit der frischen Nachtluft draußen, war es hier drinnen stickig. Es roch nach Blut und anderen Ausdünstungen, was ihm Übelkeit verursachte, und dann glaubte er, das Weinen eines Säuglings zu vernehmen, doch vermutlich war es nur der Schrei einer Katze. Hinter der Kräuterfrau an der Wand befand sich ein Bett. Der Bote, der ihn hergeholt hatte, beugte sich darüber und sah auf den Menschen, der dort lag, hinab, doch die Kräuterfrau schickte ihn nun hinaus.

»Sie liegt im Sterben«, sagte sie dann leise zum Pfarrer und deutete in Richtung des Lagers, »aber sie findet keine Ruhe. Auf ihren Wunsch hin habe ich Sie holen lassen. Sie will, dass Sie ihr die Beichte abnehmen.«

Er nickte beklommen. Sterbende machten ihm immer noch Angst. Statt den Tod mit Freude anzunehmen, weil er doch die Pforte zum Paradies war, fürchtete er sich vor allem, was mit dem Jenseits, mit dem Tod und dem Sterben zu tun hatte.

»Eine Sache noch«, ergänzte die Kräuterfrau jetzt. »Ich

muss sicher sein, dass alles, was sie Ihnen erzählen wird, hier in diesem Raum bleibt.«

Verunsichert starrte er sie an. »Natürlich«, sagte er und war froh, dass seine Zunge ihm gehorchte. »Unser Herr leiht sich nur mein Ohr, und allein unser Herr kann diese arme Seele von ihren Sünden freisprechen. Ich bin nur der demütige Mittler.«

»Sie verraten auch wirklich keinem etwas?«, fragte sie noch einmal.

Nun fühlte er sich doch in seiner Ehre gekränkt. »Ich bin Priester, ich habe ein Gelübde abgelegt. Ich werde schweigen, und wenn ich dafür einen Martertod sterben müsste«, sagte er und wiederholte damit die Worte des heiligen Nepomuk, die sich ihm eingeprägt hatten, weil sie ihm ebenfalls Angst einjagten.

Die Kräuterfrau nickte, stellte die Lampe in der Nähe des Bettes ab und schickte sich an hinauszugehen.

Er hielt sie zurück. »Moment noch. Wie ist ihr Name?«, fragte er mit einem Kopfnicken in Richtung des Lagers.

»Spielt das für die Beichte eine Rolle?«, fragte die Kräuterfrau.

»Ich weiß nicht. Nein, vermutlich nicht«, murmelte er.

Dann war er allein mit der Frau, die nun dank der Lampe besser zu sehen war, und trat näher an das Lager heran. Die Kranke hatte die Augen geschlossen. Ihre Arme mit den schmalen weißen Händen lagen auf der Bettdecke, die sich kaum merklich im Takt ihres Atems hob und senkte. Lange stand er einfach da und sah sie an. Seine Angst war verflogen. Stattdessen fühlte er eine wohltuende Leere in sich. Sein Geist war wie eine unbefleckte Leinwand, auf die seine Sinneseindrücke ihr Bild malten.

Wie schön sie war!

Die Erkenntnis erfasste ihn wie eine sanfte Woge. Jetzt fühlte er ein Flackern in seinem Inneren, als habe jemand dort eine Flamme angezündet. Es war nicht der scharfe Schmerz seiner üblichen Magenkrämpfe, den er spürte, sondern eine wohltuende, belebende innerliche und äußerliche Wärme, eher so, als würde er sich nach einem Sprung in einen kalten See von den sommerlichen Strahlen der Sonne trocknen lassen. Er schämte sich, weil ihm dieser Gedanke in den Sinn kam. Alles Fleischliche galt für einen Priester als ungehörig.

Er trat noch näher an das Bett heran, doch er versuchte nicht, auf sich aufmerksam zu machen, vielmehr wollte er das Bild der Schönen ganz und gar in sich aufnehmen, um es nie mehr zu vergessen. Ihr Antlitz schimmerte matt, und der perfekt geformte Mund mit den vollen Lippen war leicht geöffnet. Die Frau hatte sehr helle Haut, doch der Schein der Lampe offenbarte auch ihre fiebrig geröteten Wangen, die sie trügerisch lebendig aussehen ließen und gesünder, als sie war. Ihre langen, blonden Haare lagen wie eine Gloriole um ihren Kopf und umrahmten die niedlichen Ohrmuscheln. Ihre zarten geschwungenen Brauen betonten die Reinheit der Stirn, und die langen blassen Wimpern bildeten einen stillen Kranz unter ihren Lidern. Sie erinnerte ihn an einen schlafenden Engel, erhaben und betörend – das bezauberndste Wesen, das er je gesehen hatte.

Weißt du es nicht, du Schönste unter den Frauen, so geh hinaus auf die Spuren der Schafe und weide deine Zicklein bei den Zelten der Hirten.

Die Verse aus dem Hohelied Salomos kamen ihm unvermittelt in den Sinn, und er wusste nicht, ob er sie laut ausgesprochen hatte. Die Worte waren in ihm – ebenso berückend und rein wie das Wesen vor ihm.

Siehe, meine Freundin, du bist schön, schön bist du, deine Augen sind wie Tauben.

Siehe, mein Freund, du bist schön und lieblich. Unser Lager ist grün. Zedern sind die Balken unsres Hauses, Zypressen unsre Wände.

Seine Sehnsucht nach irdischer Zwiesprache wurde übermächtig. Seine Gespräche mit Gott waren nie so innig, wie dieses Gebet, das er an die unbekannte Sterbende richtete. Aber vielleicht war sie ja gar kein Mensch. Vielleicht war sie wirklich ein Engel.

Die Kranke bewegte sich leicht und schlug die Augen auf.

»Hochwürden?«, flüsterte sie. Das Sprechen fiel ihr schwer. Sie hob kaum merklich die Hand, zu schwach, den Arm nach ihm auszustrecken. Er setzte sich zu ihr ans Bett.

»Danke, dass Sie gekommen sind«, sagte sie.

Er räusperte sich. »Willst du deine Sünden gestehen, so beichte, mein Kind.«

»Wie soll ich beginnen?«, fragte sie kaum hörbar.

»Mit dem Gebet, das unser Herr uns gelehrt hat.« Er schlug das Kreuz über ihr, und gemeinsam mit ihm bewegte sie die Lippen. »Im Namen des Vaters und des Sohnes und des Heiligen Geistes. Amen. Gott, der unser Herz erleuchtet, schenke dir wahre Erkenntnis deiner Sünden und seiner Barmherzigkeit«, schloss er.

Und dann legte sie ihre Beichte ab.

18
17

2

DIE KIRCHTURMUHR SCHLUG MITTERNACHT, als Julie sich aus dem Haus stahl, um zum Rheinufer hinunterzugehen. Es war Mitte August. Die Tage wurden schon wieder kürzer, doch die Nächte waren noch lau und viel zu schade, um sie zu verschlafen. Ohne Laterne und barfuß, weil ihre hölzernen Pantinen zu viel Lärm gemacht hätten, huschte sie durch die dunklen Gassen von Bacharach. Schon sehr bald würde der Mond aufgehen, doch noch bot die Dunkelheit ihr Schutz, denn sie wollte nicht gesehen werden. Julie passierte den Damm und näherte sich dem Rheinstrand. Die Kiesel schmiegten sich an ihre Fußsohlen, dazwischen wuchs mal stachliges, mal weiches, sanft kitzelndes Gras. Schließlich lag der Fluss nur vom Sternenlicht beleuchtet vor ihr und hob sich mit seinem tiefdunklen Blau kaum merklich von den schwarzen Ufern ab. Sie sah zum Werth hinüber, wo sich die Kronen der Eschen, Ulmen und des großen Ahorns wie Scherenschnitte vor dem Sternenhimmel abzeichneten. Abgesehen vom klagenden Ruf eines Käuzchens und vom Rauschen des Wassers, das die Felsen und Steine umspülte, war alles still.

Julie trat näher an den Fluss heran. Ihre Zehen bohrten sich in den feuchten Sand, während der Vollmond über den Weinbergen emporstieg und schließlich mit seinem Licht alles überstrahlte. Julie ließ ihren Blick prüfend über den im bleichen Licht daliegenden Streifen aus Sand und Kieseln wandern. Der Strand wurde vom Damm begrenzt, auf dem die neue, von den Franzosen gebaute, Kunststraße lag, davor gab es eine Reihe von Büschen und niedrigen jungen

Bäumen. Nirgends war eine Menschenseele zu sehen, sie war ungestört. Sie streifte das Oberteil ihres Kleides über den Kopf, zog sich ihr eng anliegendes Leibchen aus, löste dann die Schnur, die den Rock in der Taille festhielt, und ließ ihn zu Boden gleiten. Nun stand sie nur noch mit ihrem Unterhemd bekleidet da. Sie löste den langen, eng geflochtenen Zopf, bis ihr das blonde Haar in Wellen um die Schultern und vor die Brust fiel und fuhr mit den Fingern hindurch. Nachdem sie ihre Kleider zusammengelegt hatte, stieg sie in die Fluten.

Das Wasser war frisch, aber nicht zu kalt, und bis zu den Oberschenkeln im Wasser stehend, schäumte sich Julie mit einer von ihrer Schwester Ruth hergestellten Seife aus Salbei die Haare ein. Sorgfältig legte sie den Rest des kostbaren Seifenstücks am Ufer ab, bevor sie sich, den Blick gen Himmel gerichtet, ins Wasser gleiten und mit der Strömung treiben ließ. Sie genoss das Gefühl, sanft gehalten und getragen zu werden. Julie kannte den Fluss wie niemand sonst. Sie wusste genau, wo es Felsen gab, vor denen sie sich in Acht nehmen musste, und an welcher Stelle weiter unten sich ein bequemer Ausstieg ans Ufer befand. Sie ließ sich treiben und dachte dabei an ihre Mutter Grete. Ihr geliebtes Muttchen. Sie war kein ängstlicher Mensch gewesen, und doch hatte sie ihre Tochter immer vom Wasser fernhalten wollen. Wenn sie sich gestritten hatten, was selten vorgekommen war, dann immer nur, weil Julie wieder einmal heimlich zum Fluss gegangen war. Julie wusste ja selbst nicht so recht, wo ihre große Liebe zum Rhein herrührte. Es hatte ihr auch niemand je gezeigt, wie man sich über Wasser hielt. Sie konnte es einfach. Für sie fühlte es sich ebenso natürlich an, wie sich an Land zu bewegen, und irgendwann hatte sogar Muttchen einsehen müssen, dass ihr hier keine Gefahr drohte. Julie konnte auch tauchen und dabei minutenlang die Luft anhalten. »Du bist bestimmt ein verzauberter Fisch«, hatte Ruth einmal gesagt und es nicht als Scherz gemeint, zumindest hatte sie ein ganz ernstes Gesicht dabei gemacht. Aber so war das bei ihrer Schwester. Sie erfand häufig Geschichten und behauptete dann mit todernster Miene, dass sie wahr wären. Manchmal wusste Julie darum gar nicht so recht, was sie glauben sollte. Trotzdem standen sie sich sehr nah, und Julie sorgte sich um Ruth, die es schwer hatte, genauso, wie Ruth sich um Julie sorgte, jetzt, wo ihr Muttchen tot war.

Armes Muttchen, dachte Julie, während sie, immer noch auf dem Rücken treibend, mit den Händen im Wasser plätscherte und dabei den Sternenhimmel über sich betrachtete. Ob es ihr wohl gut ging, dort, wo sie jetzt war? Bestimmt besser als hier, wo sie in ihrem letzten Sommer große Schmerzen hatte erleiden müssen. Vor einem Jahr war sie gestorben, und Julie vermisste sie schrecklich. Ihr Leben hatte sich so sehr verändert seitdem. Nun arbeitete sie als Magd im *Löwen*, denn der Wirt, Herbert Kühn, war zu ihrem offiziellen Vormund benannt worden. Er war ein entfernter Verwandter ihres Vaters Thomas Winter, den Julie jedoch nie kennengelernt hatte, weil er noch vor ihrer Geburt gestorben war. Seit Muttchens Tod waren Ruth und sie somit Vollwaisen.

Zu dumm aber auch, dass ausgerechnet der Löwenwirt ihr Vormund sein musste. Sie konnte ihn überhaupt nicht leiden. Er trank zu viel, war faul und machte sich wichtig. Seine Frau Gundel tat die meiste Arbeit. Sie war zwar nicht ganz so schlimm wie er, aber sie war sehr streng und häufig ungerecht zu Julie. Nur der Sohn, Gregor, der war eigentlich ganz lieb. Er war ein hübscher Junge, blond und blauäugig und ein Jahr älter als sie und Ruth, also siebzehn. Sie kannten sich schon seitdem sie Kinder waren. Ruth war eigentlich schon immer in ihn verliebt, doch Julie wusste, dass sie nicht die geringste Chance bei ihm hatte.

Und dann gab es noch die kleine Frieda. Julie wurde ganz warm ums Herz, wenn sie an sie dachte. Frieda war erst neun Jahre alt und hatte kurz hintereinander beide Eltern verloren. Sie war etwa zur selben Zeit in die Wirtsfamilie gekommen wie Julie. Ihre Mutter war die jüngere Schwester von Gundel gewesen, und obwohl Frieda damit eine nahe Verwandte war, wurde sie von ihnen nicht geliebt. Nur Julie sorgte sich um die Kleine. Sie tröstete sie, wenn sie weinte, kümmerte sich um ihre Haare und Kleider, steckte ihr heimlich etwas Gutes aus der Küche zu und machte ihr bereitwillig Platz, wenn sie nachts zu ihr ins Bett schlüpfte. Sie standen einander bei, und das machte auch Julies Leben ein ganzes Stück erträglicher.

Julie merkte jetzt, dass sie sich schon zu weit hatte treiben lassen. Sie drehte sich auf den Bauch und schwamm mit weit ausholenden Armbewegungen gegen den Strom an. Wo der Bacharacher Rheinstrand in den Leinpfad überging, fand Julie mit den Füßen Halt. Sie tauchte noch einmal mit dem Kopf und dem ganzen Körper unter Wasser, die Augen weit geöffnet, so dass sie den Schein des Mondes über sich auf der Oberfläche glitzern sehen konnte – doch das Licht war nur schwach und die Tiefen des nächtlichen Rheins blieben selbst für ihre scharfen Augen undurchdringlich. Sie hielt die Luft an und stellte sich vor, ein Wasserwesen zu sein. Dann schoss sie prustend wieder nach oben und sog tief die reine, nach Blüten duftende Nachtluft in ihre Lungen.

Gregor stand hinter einem Gebüsch verborgen und beobachtete, wie Julie, in etwa zehn Fuß Entfernung, einer Nixe gleich, aus dem Wasser auftauchte. Mondlicht glitzerte in ihren Haaren und auf ihrer nassen Haut. Sie war zwar nicht vollkommen nackt, doch das fadenscheinige Unterhemd klebte so eng an ihrem Körper, dass es die Umrisse ihrer fraulichen Figur nur allzu deutlich preisgab, als sie nun ans Ufer stieg und den Strand entlang zu ihren Kleidern ging. Gregor sah die schmale Taille und die beiden Hälften des runden Pos, als sie sich nach ihrer Seife bückte – und dann drehte sie sich ein wenig zu ihm herum, und er erkannte das dunkle Dreieck ihrer Scham, sah ganz deutlich die Brüste und sogar die Spitze einer Brustwarze, die sich durch den dünnen Stoff drückte.

Erregung erfasste den jungen Mann. Mit angehaltenem Atem sah er zu, wie Julie sich mit einem Tuch trocken rieb – als ihm plötzlich bewusst wurde, dass er selbst beobachtet wurde. Das helle Oval eines Gesichts, umrahmt von dunklen gelockten Strähnen, schwebte in einiger Entfernung wie körperlos im Gebüsch, die dunklen Augen unverwandt auf ihn gerichtet. Erschrocken duckte er sich weg, doch dann erkannte er, dass es Ruth war, Julies Schwester, die dort drüben hockte. Sie konnte ihn gar nicht sehen, denn Ruth war blind wie ein Maulwurf.

Erleichtert gab er sich keine Mühe mehr, sich zu verstecken oder gar wegzuschleichen, er musste einfach nur versuchen, möglichst leise zu sein. Gregor sah wieder zu Julie hinüber, die ein wenig vornübergebeugt dastand, um ihr langes nasses Haar auszuwringen, und als er das sah, wurde seine Erregung sogar noch stärker, beinahe schmerzhaft. Was machte die blinde Ruth so ganz allein hier unten am Rheinstrand, dachte er noch flüchtig, doch als er wieder zu ihr hinübersah, war sie glücklicherweise verschwunden.

Und dann dachte er gar nichts mehr. Mit bebender Brust sah er zu, wie Julie ihr Mieder über dem feuchten Unterkleid schloss, das die schmale Taille betonte. Kurz wandte sie ihm ihr schönes Gesicht zu, und als sie nun den Kopf in den Nacken legte, um ihr Haar mit raschen Fingern erneut zu einem Zopf zu flechten, öffnete sich ihr Mund und gab den Blick frei auf die gleichmäßigen weißen Zahnreihen. Einen Moment lang stockte Gregor der Atem, weil er plötzlich glaubte, sie hätte ihn im Mondlicht erspäht, doch dann war er sich wieder sicher, dass sie ihn in seinem Versteck unmöglich sehen konnte. Julie bückte sich nach dem nächsten Kleidungsstück, und Gregor wünschte sich vergeblich, dass sie noch eine Weile nur mit Unterkleid und Mieder bekleidet dort stehen bleiben würde, denn schon schlüpfte sie in ihren Rock und ließ gleich darauf das Oberteil über ihre Arme und den Kopf gleiten – und genau in diesem Moment hörte er jemanden dicht an seinem Ohr leise seinen Namen sagen.

»Gregor?«

Er fuhr erschrocken zusammen. »Ruth! Verflucht. Musst du mich so erschrecken?«

Sie stand direkt neben ihm. Wie hatte sie es nur geschafft, sich derart lautlos anzuschleichen? Er fühlte sich von Ruth ertappt, und die Hitze, die er eben noch ganz woanders gespürt hatte, stieg ihm jetzt als Schamesröte ins Gesicht. Anders als viele andere junge Männer, die er kannte, war er nämlich Mädchen und Frauen gegenüber extrem schüchtern. Er begehrte Julie, so lange er denken konnte, verzehrte sich nach ihr, träumte Tag und Nacht von ihr – doch er hatte sich ihre intimen Begegnungen immer nur herbeiphantasiert. Die Vorstellung, wirklich mit einem Mädchen oder einer Frau zu schlafen, erschreckte ihn. Jedes Mal, wenn er daran dachte, schrumpfte sein Geschlecht auf zwergenhafte Größe zusammen. Und wie er dann aussah, war ihm ausgesprochen peinlich.

»Was machst du hier? Und woher willst du überhaupt wissen, dass ich es bin?«, stieß er verärgert hervor.

Die Blinde lächelte. »Gefällt sie dir?«

»Was? Wer? Wen meinst du?«, sagte er und hoffte, dass Julie dort, wo sie stand, sie nicht würde hören können.

»Meine Schwester natürlich. In warmen Sommernächten kommt sie oft hierher.«

»Heute nicht. Hier ist niemand«, sagte er, während er beobachtete, wie Julie den Strand weiter hinten verließ.

»Ich dachte, sie wäre eben noch hier gewesen.«

»Du hast dich getäuscht. Wie gesagt. Hier ist niemand«, wiederholte er.

Ruth lächelte und hielt ihre dunklen Augen unverwandt auf ihn gerichtet, als beobachte sie ihn, und nicht zum ersten Mal dachte Gregor, dass sie ihm ihre Blindheit womöglich nur vorspielte – dass sie ganz Bacharach womöglich schon seit Jahren zum Narren hielt.

Er schüttelte den Gedanken ab. »Ich muss jetzt schlafen. Langer Tag morgen«, brummelte er.

Ruth nahm ihren Stock, den sie in der Rechten gehalten hatte und den sie benutzte, um Hindernisse aufzuspüren, in die andere Hand und tastete nach seinem Arm.

»Darf ich mich bei dir einhängen?«

»Klar«, sagte Gregor besänftigt.

Blödsinn. Ruth war natürlich blind, dachte er, während sie gemeinsam in Richtung Stadtmauer gingen, und kurz überkam ihn Mitleid, weil sie nicht sehen konnte, was er nun sah. Es war eine herrliche Vollmondnacht, gleich einer silbrigen Schlange lag der Rhein im sanften Licht, und der Widerschein der kleinen Wellen warf tanzende Muster auf die weißen Rheinkiesel am Ufer. Die Blätter der Pappeln glitzerten und flirrten, sogar die sich gegen den blauschwarz schimmernden Himmel abzeichnenden Umrisse der Häuser von Bacharach wirkten wie gemalt.

Nachdenklich betrachtete er Ruth von der Seite. So schön und bezaubernd er Julie auch fand, so sehr war ihm ihre Schwester nicht geheuer. Ihre Fähigkeit, einfach irgendwo lautlos aufzutauchen, war schon ziemlich verstörend.

»Was hast du eigentlich mitten in der Nacht unten am Rhein gemacht?«, fragte er.

Beide Mädchen, Ruth und Juliane, die von allen Julie genannt wurde, waren Mündel seines Vaters. Während seine Eltern Julie als Magd bei sich aufgenommen hatten, war die blinde Ruth in der Burgruine Stahleck wohnen geblieben.

»Ach, nichts Besonderes. Ich bin spazieren gegangen – und dann habe ich mich ans Ufer gesetzt und muss wohl eingeschlafen sein«, gab sie leichthin zur Antwort.

»Kommst du eigentlich gut zurecht, da oben so ganz allein?«, fragte er.

»Es geht schon. Lieb von dir, dass du dir Gedanken machst«, sagte Ruth ausweichend.

Sie passierten das Stadttor unter der gewaltigen Wehrmauer, durchquerten die dunklen Gassen und waren bald darauf am Hof des Gasthauses angekommen, das direkt unterhalb der steil ansteigenden Weinberge lag. Gregor überlegte, ob er Ruth anbieten sollte, sie hinauf zur Burgruine zu begleiten. Eigentlich hatte er keine Lust dazu, lieber wollte er allein sein, um von Julie zu träumen, und wenn jemand in der Dunkelheit zurechtkam, dann war es schließlich Ruth. Doch dann gab er sich einen Ruck.

»Wenn du willst, begleite ich dich nach Hause«, sagte er.

»Danke, Gregor. Das wäre sehr nett von dir.« Ruth drückte sanft seinen Arm.

Während sie weitergingen, wanderten seine Gedanken wieder zu der Szene, die er vorhin im Mondlicht beobachtet hatte. Er konnte sich keine schönere Frau vorstellen als Julie. Mit zehn, zwölf Jahren war sie noch klein und drall gewesen, mit einem niedlichen Puppengesicht zwar, aber doch alles in allem recht kindlich. Aber dann war sie innerhalb kürzester Zeit in die Höhe geschossen, und ihre Proportionen hatten sich verändert, und nun, mit sechzehn, war sie groß und schlank, mit den Rundungen an genau den richtigen Stellen. Selbst im schlichten Gewand einer Magd war sie eine bezaubernde Erscheinung, nach der sich jedermann im Schankraum umdrehte. Sie schien das jedoch gar nicht zu bemerken, im Gegenteil. Julie bildete sich nichts auf ihre Schönheit ein. Sie war weder kokett noch eitel, sondern vielmehr bescheiden. Manchmal vielleicht ein bisschen albern, aber das konnte man ihr kaum vorwerfen. Es war ihre Art, damit fertigzuwerden, dass sie so hart arbeiten musste und dennoch nichts besaß.

»Wie geht es Walburga?«, drang jetzt Ruths Stimme zu ihm durch.

Erstaunt sah er sie an. Obwohl sie an seinem Arm gegangen war, hatte er ihre Anwesenheit beinahe vergessen, und nun erinnerte Ruth ihn ausgerechnet an seine Verlobte!

»Es geht ihr gut, denke ich«, antwortete er verlegen.

»Wann werdet ihr heiraten?«, fragte Ruth weiter.

»Nicht so bald.«

Vor ihnen lag nun die Ruine der ehemaligen Wernerkapelle, die auf einem kleinen Vorsprung oberhalb der Stadt thronte. Sie war dem heiligen Werner geweiht, der einst, wie es hieß, von einem wütenden Mob umgebracht worden war, und nachts gruselte Gregor sich immer ein bisschen angesichts der hohen Fensteröffnungen, die wie tot in die Landschaft starrten. Er ging ein wenig rascher weiter und war froh, als sie die Kapelle hinter sich gelassen hatten.

»Freust du dich auf die Hochzeit?«, fragte Ruth.

Sie ließ wirklich nicht locker.

»Natürlich«, log er einsilbig, denn er konnte ihr ja unmöglich die Wahrheit über seine Verlobte sagen und darüber, dass ihn die Aussicht auf die Hochzeit – oder auf die Hochzeitsnacht – einen ziemlichen Schrecken einjagte.

Schweigend legten sie den Rest des Weges zurück und standen nun innerhalb der verfallenen Mauern von Burg Stahleck.

»Gute Nacht, Ruth.«

»Danke fürs Bringen.«

Sie lächelte ihn auf ihre unergründliche Art an – und war im nächsten Moment verschwunden.

3

JOHANN STELLTE DIE MISTGABEL in die Ecke. »Ich muss gehen. Meine Schwester ist krank«, sagte er zu dem Bauern, bei dem er sich verdungen hatte, weil sein eigenes Feld vom Rhein überflutet worden war und vollständig unter Wasser stand.

»Es ist ja noch nicht einmal Mittag«, sagte der verblüfft. »Was soll das denn?«

Johann ignorierte seine Rufe und die Schimpftirade, die nun folgte, verließ den Stall, den er hatte ausmisten sollen, und ging über den Hof davon. Nach dem Lohn für die paar Stunden, die er gearbeitet hatte, fragte er gar nicht erst, den konnte er vergessen – und natürlich würde es nicht einfacher für ihn werden, Arbeit zu finden, wenn sich herumsprach, wie unzuverlässig er war. Aber damit würde er jetzt wohl zurechtkommen müssen.

Er hatte ein sehr ungutes Gefühl. Seine Schwester hatte heute früh verändert ausgesehen, ihr Hals war stark geschwollen gewesen. Er hatte Cäcilie Kiefer, die Frau des Bürgermeisters und einzige Freundin seiner verstorbenen Mutter, gebeten, zu kommen und nach ihr zu sehen, aber nun brachte er es doch nicht fertig, Marie allein zu lassen.

Obwohl er sich beeilte, stand die Sonne schon im Zenit, bis er endlich die ersten Häuser von Knielingen erreichte. Aus der Entfernung sah das Dorf, westlich von Karlsruhe gelegen, recht schmuck aus. Es lag leicht erhöht, in der Mitte die Kirche, darum herum ein paar stattliche Gebäude, manche mit Stroh- und viele mit Ziegeldächern, die davon zeugten, dass die Bewohner über Generationen hinweg ein anständiges Auskommen gehabt hatten. Viele lebten in dieser Gegend vom Ackerbau, manche züchteten auch Pferde, vor allem genügsame Kaltblüter, die auf den Wiesen der Niederterrasse entlang des Rheins grasten. Das vergangene Jahr ohne Sommer, der harte Winter und das diesjährige nasse Frühjahr hatte den Erträgen allerdings stark zugesetzt. Vielerorts hatte es überhaupt keine Ernte gegeben, und auch die Zucht hatte gelitten, weil es an Futter für die Pferde fehlte. Johann hatte immer wieder Zeiten gekannt, in denen er nicht genug Geld gehabt hatte, um sich etwas zu essen zu kaufen, aber eine solch große Not wie jetzt, das war auch für ihn etwas Neues. Weit und breit waren die Vorräte nahezu aufgebraucht. Das bisschen an Korn, Kartoffeln und Obst, was das neue Jahr gebracht hatte, war kaum der Rede wert, und die Preise für Nahrungsmittel waren so hoch, dass man einen ganzen Tag lang für zwei Portionen Haferbrei arbeiten musste. Johann begann nun zu rennen und kam kurz darauf außer Atem zu Hause an.

Auf der Schwelle kam ihm, unter dem niedrigen Türsturz geduckt, der Arzt entgegen. Johann hatte ihn nicht einbestellt. Marie litt unter Wechselfieber, und bis jetzt hatten die üblichen Hausmittel immer ausgereicht, um die Krankheit zu bekämpfen, abgesehen davon hatte er gar nicht das Geld, einen Mediziner zu bezahlen. Hinter dem Mann tauchte Cilli auf.

»Johann. Du bist schon zurück«, sagte sie überrascht, aber auch sichtlich erleichtert.

»Was ist los? Was ist mit Marie?«, fragte er und sah zwischen Cilli und dem Doktor hin und her. Sein Blick blieb an dem kugeligen Kopf des Mediziners hängen, dessen rundliche Gestalt unter den Monaten des Mangels nicht gelitten hatte.

Der Arzt sah ihn betreten an. »Marie hat die Halsbräune. Es tut mir sehr leid.«

»Halsbräune«, wiederholte Johann entsetzt. Mit dieser Diagnose wurde sein schlimmster Albtraum wahr. Jedermann wusste, dass die Halsbräune, insbesondere bei Kleinkindern, häufig tödlich verlief. Marie war zwar schon zwölf, aber sie war dennoch sehr zart, die Entbehrungen des vergangenen Jahres hatten ihr zugesetzt.

»Sie hat doch nur Fieber. Was ist denn mit dem Fieber?«

»Daher kommt ja das Fieber.« Der Doktor zuckte bedauernd mit den Schultern. »Halsbräune geht im Moment um. Es gibt schon mehrere Fälle in den Nachbarorten. Marie ist hier in Knielingen die Erste, so weit mir bekannt ist, aber ...« Er ließ den Satz im Ungewissen enden und zog bedeutungsvoll die Augenbrauen hoch.

»Und was heißt das jetzt?«, fragte Johann.

»Beten Sie«, sagte der Arzt.

»Beten soll ich?«, fuhr Johann den Arzt an und wäre ihm am liebsten an die Gurgel gegangen. Doch dann fing er Cillis mitleidigen Blick auf, der noch viel schlechter auszuhalten war, und rannte die schmale Stiege hinauf.

»Warte, Johann«, hörte er Cilli hinter sich rufen.

Oben auf dem Treppenabsatz hielt er kurz inne. Er war von dem Spurt nach Hause und der beängstigenden Botschaft ganz mitgenommen. Sein Herz hämmerte wild und er spürte die Verzweiflung, die ihm den Hals zuschnürte. Er presste Daumen und Zeigefinger auf seine Augäpfel, es schmerzte, aber es hielt ihn auch davon ab, heulend ans Bett der kleinen Schwester zu stürzen.

Marie, seine tapfere kleine Marie.

Cilli war nun hinter ihm. »Sie darf nicht merken, wie besorgt du bist«, sagte sie leise und legte ihm die Hand auf die Schulter.

»Ich weiß.«

»Ich muss kurz nach Hause gehen. Aber in einer Stunde bin ich wieder zurück.« Sie drückte seine Schulter und blickte ihn eindringlich an.

Er nickte stumm, unfähig, seine Dankbarkeit zu zeigen, dann atmete er noch einmal durch und betrat die Kammer.

»Mariele, was machst du nur für Sachen«, sagte er mit einer so munteren Stimme, als habe sie sich nur das Knie aufgeschürft.

Seine Schwester lag im Bett, ein Kissen im Rücken, so dass ihr Oberkörper leicht aufgerichtet war. Johann erschrak bei ihrem Anblick. Ihr Hals, der mit einem feuchten Wickel versehen war, war dick angeschwollen, eine groteske Verlängerung ihres Kopfes, das Kinn war kaum noch zu erkennen. Sie war wach, sah ihn aus verquollenen Augen an und wollte etwas sagen, doch anstelle von Worten kam nur ein röchelnder Husten aus ihrem Mund. Johann fühlte wieder das scharfe Brennen hinter seinen Lidern. Es stand noch schlimmer um sie, als er es sich ausgemalt hatte. Vorsichtig setzte er sich zu ihr auf die Bettkante. Maries Finger streckten sich leicht auf der Suche nach seiner Hand, und er griff nach ihrer und streichelte sie sanft. Sie fühlte sich klein und zart an und fiebrig heiß. Lange saß er so da. Maries Atem ging schwer, sie versuchte vergeblich, etwas zu sagen, und dann wanderte ihr flackernder Blick zu dem Buch, das auf ihrem Nachttisch lag.

Johann nahm es. Es war der erste Band der Kinder- und Hausmärchen der Gebrüder Grimm. »Welches möchtest du denn hören?«, fragte er lächelnd und schlug es auf.

»Marienkind«, hauchte Marie lautlos.

Johann las das Wort von ihren Lippen ab. *Nein, nicht das*, schoss es ihm durch den Kopf, und er tat, als habe er sie nicht verstanden.

»Ich lese dir das Märchen von Rapunzel vor, was meinst du?«, sagte er versucht heiter.

»Marienkind.« Diesmal war sie deutlicher zu verstehen.

Johann schluckte trocken. Gerade die grausamsten der Grimm'schen Märchen gehörten zu Maries absoluten Lieblingsgeschichten, er selbst konnte den Erzählungen allerdings nicht viel abgewinnen. Als er ihren flehenden Blick sah, seufzte er ergeben.

»›Vor einem großen Walde lebte ein Holzhacker mit seiner Frau und seinem einzigen Kind, das war ein Mädchen und drei Jahre alt. Sie waren aber so arm, dass sie nicht mehr das tägliche Brot hatten und nicht wussten, was sie ihm sollten zu essen geben …‹«, begann er. So war es oft in diesen Geschichten, sie handelten von Eltern, die ihre Kinder nicht mehr versorgen konnten.

Widerstrebend setzte Johann seinen Vortrag weiter fort, las vor, wie dem Holzhacker die Jungfrau Maria erschien und von ihm die Herausgabe seines Kindes verlangte, für das sie von nun an die Mutter sein wollte. Welcher Mensch wagte es schon, sich dem göttlichen Willen zu widersetzen – ein armer Holzhacker jedenfalls nicht. Er gab sein Töchterlein her, das von nun an mit den Engeln spielte, Zuckerbrot aß und Kleider aus Gold trug.

Johann wollte an dieser Stelle der Geschichte aufhören

zu lesen, doch Marie wusste natürlich genau, dass sie noch nicht zu Ende war, und sah Johann auffordernd an.

»›So war es vierzehn Jahre im Himmel‹«, fuhr Johann fort, »›da musste die Jungfrau Maria eine große Reise machen. Eh sie aber wegging, rief sie das Mädchen zu sich und sagte: »Liebes Kind, da nimm die dreizehn Schlüssel zu den Türen des Himmelreichs in Verwahrung. Zwölf davon darfst du aufschließen und die Herrlichkeiten dahinter betrachten, aber die dreizehnte nicht, die dieser kleine Schlüssel öffnet.« Das Mädchen versprach, gehorsam zu sein. Wie nun die Jungfrau weg war, öffnete es jeden Tag eine Türe und sah die Wohnungen des Himmelreichs. Das Mädchen widerstand zunächst tapfer seiner Neugier, doch irgendwann öffnete es auch die dreizehnte Tür. Und wie die Türe aufging, sah es in Feuer und Glanz die Dreieinigkeit sitzen und rührte ein klein wenig mit dem Finger an den Glanz. Da ward er ganz golden. Alsbald empfand es eine gewaltige Angst, schlug geschwind die Türe zu und lief fort. Die Angst wollte nicht wieder weichen, und sein Herz klopfte in einem fort und wollte gar nicht wieder ruhig werden, auch das Gold blieb an dem Finger und ging nicht ab, es mochte waschen und reiben, soviel es wollte. Die Sünde blieb natürlich nicht unbemerkt, und die Jungfrau Maria verbannte das Mädchen aus dem Himmel zurück auf die Erde, wo es von nun an sein Leben in einer Baumhöhle fristen musste. Darin saß es bei Regen und Gewitter und wenn es schneite und fror. Wurzeln und Waldbeeren waren seine Nahrung. Seine Kleider verdarben und fielen ihm ab, da saß es in die Blätter eingehüllt, und wenn die Sonne wieder warm schien, ging es heraus, setzte sich vor den Baum, und seine langen goldenen Haare bedeckten es von allen Seiten wie ein Mantel. Der Mund war ihm auch verschlossen, und es konnte kein Wort reden.‹«

Johann stockte, sah auf und gewahrte Maries aufmerksamen Blick. Sie nickte ihm zu, als wollte sie sagen, *siehst du, das bin ich.*

»Es ist nicht deine Schuld, dass du krank geworden bist. Und überhaupt, du wirst bald wieder gesund«, sagte er deshalb und überflog stumm die nächsten Zeilen. Er wusste genau, wie das Märchen weiterging, und wollte die grausamen Details nicht vorlesen. Wollte nicht laut aussprechen, dass das wunderschöne Mädchen – stumm wie es war – von einem König entdeckt, auf sein Schloss mitgenommen und geehelicht wurde, es drei Kinder zur Welt brachte, die alle drei von der Jungfrau Maria entführt wurden. Dass die Leute daraufhin behaupteten, die Königin wäre eine Menschenfresserin, und sie auf einem Scheiterhaufen festbanden, um sie zu verbrennen. Dass sie erst im allerletzten Moment, inmitten der lodernden Flammen, in stummer Qual ihre Sünde gestand.

Erst an dieser Stelle setzte er wieder ein und las nun wieder laut vor: »›Die Jungfrau Maria kam herunter, zu ihren Seiten die beiden ältesten Kinder, auf ihrem Arm das jüngste. Das Feuer aber löschte sich von selbst aus, und sie trat zur Königin und sprach: »Dir ist deine Schuld vergeben.« Sie reichte ihr die Kinder, öffnete ihr den Mund, dass sie von nun an sprechen konnte, und verlieh ihr Glück ihr Lebtag lang.‹«

Johann klappte das Buch zu und sah Marie lächelnd an.

»›Glück ihr Lebtag lang.‹ Und jetzt schlaf ein bisschen. Die Jungfrau meint es gut mit dir, da bin ich ganz sicher.«

Marie schüttelte sachte den Kopf. Er sah, wie sich ihre

Augen mit Tränen füllten, und da er spürte, dass er selbst auch gleich weinen würde, stand er auf.

»Ich gehe rasch nach unten, um dir neue Wickel zu holen.«

Zäh flossen die Stunden dahin. Johann saß die ganze Zeit an Maries Bett. Der Doktor kam noch einmal wieder und erklärte, dass Marie die Nacht nicht überstehen würde. Ihr Hals wäre so dick, dass die Schwellung ihr die Luft abdrücke. Johann sah dem Doktor bei seiner Untersuchung über die Schulter und konnte deutlich die grauen Beläge sehen, die Maries Rachen auskleideten.

Gemeinsam mit Cilli versuchte Johann, Marie etwas zu trinken einzuflößen, doch sie konnte nicht mehr schlucken. Die Flüssigkeit rann von ihren Lippen das Kinn hinab. Der Husten wurde schlimmer und schien ihr schreckliche Schmerzen zu bereiten. Johann sah, wie sie immer verzweifelter versuchte, ihre Lungen mit Luft zu füllen, und hoffte schließlich nur noch, sie würde einschlafen oder ohnmächtig werden, damit sie nicht bei Bewusstsein erstickte. Doch das geschah nicht. Maries Körper bäumte sich auf, nicht etwa, weil die Kraft in ihre Glieder zurückgekehrt war, sondern vielmehr, weil ein krampfartiges Zucken sich ihrer bemächtigte. Panisch sog sie das bisschen Luft ein, das ihr gequälter Körper noch aufnehmen konnte – zum Leben zu wenig und zum Sterben zu viel. Ihr hilfesuchender Blick bohrte sich in seinen, und er hielt es kaum aus, ihm standzuhalten. Aus Minuten wurden Stunden. Nur selten dämmerte sie für ein paar Augenblicke weg, dann war Johann erleichtert, weil sie ein wenig Ruhe bekam, bis ihr kleiner Körper den sinnlosen Kampf erneut aufnahm. Die Schwellung würde nicht wieder zurückgehen, hatte der Arzt gesagt, und tatsächlich breiteten sich die gräulichen Beläge sogar weiter aus, wovon Johann sich bei einem Blick in Maries Mund und Rachen überzeugen konnte. Ihr Leiden wurde immer unerträglicher, ihr pfeifender Atem klang immer gequälter in Johanns Ohren.

Irgendwann, als Cilli den Raum für einen Moment verlassen hatte, hielt er es nicht mehr aus. Tränen strömten über seine Wangen, seine Hände zitterten, doch bevor er es sich anders überlegen konnte, griff er eines der Kissen und drückte es fest auf Maries Gesicht. Noch einmal bäumte sich der schmächtige Körper auf, zuckte – und dann war es ganz still. Als Johann das Kissen schließlich wieder hob, wirkte ihr Gesicht friedlich. Wie schnell der Tod gekommen war. Johann sah mit einem dumpfen Gefühl in der Brust auf seine Schwester hinab. Er begann noch im selben Moment zu zweifeln, ob er sich richtig entschieden hatte, und begriff, dass ihn diese Tat von nun an sein ganzes Leben lang verfolgen würde.

4

Rolandseck, den 15. August 1817

Liebe Bettine,
vor zwei Tagen sind Peter und ich zu unserer Rheinreise aufgebrochen, und im letzten Moment brachte mir die Post in Köln noch die Abschrift der Rheinmärchen deines Bruders, für die ich dir herzlich danken will. Du schreibst, es

komme eine Loreley darin vor. Das macht mich sehr neugierig, und, ja, ich gestehe – und bitte sieh es mir nach (und verrate es nicht meinem Mann) –, dass ich immer noch ein bisschen für Deinen großen Bruder schwärme. Nie werde ich vergessen, wie wir zwei Mädchen in der Laube saßen und ich Dir das Liebesgedicht gezeigt habe, das ich für ihn geschrieben hatte. Es war das Jahr, in dem Peter Lehrer an unserem Institut wurde, aber zu meiner Verteidigung sei gesagt, dass ich ihn da noch nicht persönlich gekannt habe. Und ich ahnte ja auch nicht, wie sehr Du selbst in Clemens verliebt warst. Du warst ja erst dreizehn – und noch dazu seine Schwester! Doch Gott weiß, dass unsere Träume von damals unsere Mädchenjahre beflügelt haben, ohne Schaden zu hinterlassen.

Ich soll endlich wagen, etwas von meinen Sachen an die Zeitung zu schicken, sagst Du, und Deine Zuversicht, dass meine Reise an den Rhein in dieser Hinsicht wenigstens eine kleine Ernte einfahren könnte, gibt mir Hoffnung. »Reisebriefe vom Rhein« – wie würde Dir der Titel gefallen? Also sei doch bitte so gut und hebe alles auf, was ich dir von unterwegs zusende. Zum Kopieren fehlt mir leider die Zeit – und da ich glaube, dass das Natürliche im Erleben viel besser herauskommt, wenn es einem leibhaftigen Menschen und nicht einem erdachten Publikum geschildert wird, werde ich meine Reisebeschreibung der Post anvertrauen und Dir nach Berlin senden. Du kannst sie mir ja bei Gelegenheit dann wieder zurücksenden – vielleicht sogar mit ein paar Anmerkungen. Das wäre natürlich himmlisch.

Eine innige Umarmung für dich und deine Lieben sendet dir deine dir herzlichst zugetane Freundin

Elisabeth

Elisabeth legte die Feder beiseite, trocknete die Tinte mit Löschsand und ging zum Teetisch hinüber, um sich aus dem Samowar eine Tasse einschenken zu lassen. Sie und ihr Mann Peter waren im Haus einer Witwe untergekommen, die zwei Gästezimmer für Reisende und einen hübschen kleinen Salon bereithielt, bei dem es sich allerdings auch um ihr privates Wohnzimmer handelte. Es war inzwischen vier Uhr. Peter hatte mit einem Geschäftsfreund in Bonn zu Mittag gegessen – und hätte eigentlich schon vor einer Stunde zurück sein sollen. So langsam wurde Elisabeth unruhig.

»Ist Ihr Mann so etwas wie eine Berühmtheit, Frau Merkens? Ich habe heute früh seinen Namen in der Zeitung gelesen.« Die Wirtin schlug die *Rheinischen Nachrichten* auf und hielt sie Elisabeth hin. Es war ein Bericht aus Köln – und richtig, da stand sein Name: *Peter Merkens.*

»Er hat jedenfalls immer viel zu tun«, antwortete Elisabeth ausweichend, lächelte freundlich und spitzte die Ohren, denn von draußen drang das Geräusch von Pferdehufen und den Rädern einer Kutsche zu ihnen herein. Der Lärm der Kutsche wurde leiser und verlor sich wieder. Das konnte also nicht Peter sein.

Die Wirtin hätte gerne noch weiter mit Elisabeth geplaudert, doch ihre Fragerei war ihr unangenehm. Sie schob den Brief an ihre Freundin Bettine von Arnim in einen Umschlag und beschloss, nicht länger auf Peter zu warten, sondern allein einen Spaziergang zu machen.

Elisabeth brachte das Schreibzeug auf ihr Zimmer, steckte den Reiseführer in ihre Rocktasche, spannte den Sonnenschirm auf und ging bald darauf am Ufer des Rheins entlang. Das Wetter war herrlich, und während sie den

Leuten des Ortes bei ihrem Tagwerk zusah, musste sie sich eingestehen, wie enttäuscht sie darüber war, dass sie sogar heute vergeblich auf Peter wartete. Diese Rheinreise hätte eine Urlaubsfahrt zweier Eheleute sein sollen – und wurde nun doch zu einer Art Geschäftsreise degradiert. »Die Gelegenheit ist günstig, wo ich doch schon mal hier bin«, hatte Peter gesagt, bevor er sie zum Abschied auf die Wange geküsst hatte.

Elisabeth lief die Straße entlang rheinaufwärts. Links neben ihr, ein Stückchen unterhalb, floss ruhig der Strom dahin und offenbarte dem Augenschein nach nichts von seiner reißenden Kraft. Nachdem Elisabeth eine gute Viertelstunde lang zügig gegangen war, drehte sie sich um und betrachtete die malerische Szenerie, die sich ihr nun darbot. Ein Boot segelte von einer sanften Brise angetrieben rheinabwärts und ein Nachen setzte gerade von der Insel Nonnenwerth ans Ufer über. Das Kloster der Benediktinerinnen lugte unter hohen Bäumen hervor, man sah die oberen Fensterreihen, das Dach und den Turm der Kapelle – und eben in diesem Moment begann drüben die Glocke zu läuten, ein freundliches Bimmeln, das mal lauter, mal leiser an ihr Ohr drang. War es etwa schon Zeit für die Vesper? Elisabeth seufzte. Sie hätte zu gerne der Insel und den frommen Frauen einen Besuch abgestattet, das Kloster war als eines der ganz wenigen der Säkularisierung unter den Franzosen entgangen, doch da Peter nun so spät dran war, würde die Zeit vermutlich nicht mehr reichen.

Sie ließ ihren Blick schweifen und verglich, was sie sah, mit den Angaben des Reiseführers. Linker Hand erhob sich ein steiler Hügel, der von einem großen steinernen Bogen beherrscht wurde, ein Überbleibsel der mittelalterlichen

Burg Rolandseck, und rechter Hand, über die Insel und den Rhein hinweg, blickte sie auf die Ruinen der Burg Drachenfels am anderen Ufer. Dahinter erhoben sich, wie eine Reihe treuer Vasallen, die Anhöhen des Siebengebirges.

Elisabeth fand einen Baumstumpf, der sich als Sitzgelegenheit eignete, ließ sich darauf nieder und blätterte suchend durch die Seiten des Buches. Richtig, da war es, Lord Byrons berühmtes Gedicht: *The Castled Crag of Drachenfels*.

Weit droht ins offne Rheingefild
Der turmgekrönte Drachenstein;
Die breite Brust der Wasser schwillt
An Ufern hin, bekränzt vom Wein,
Und Hügeln, reich an Blüt' und Frucht
Und Au'n, wo Traub' und Korn gedeihn,
Und Städten, die an jeder Bucht
Schimmern im hellen Sonnenschein:
Ein Zauberbild! – Doch fänd' ich hier
Zwiefache Lust, wärst du bei mir!

Sie ließ das Buch sinken und sah wieder auf den Rhein. Schmetterlinge flatterten über den Weg davon, die Luft duftete nach Kräutern, und die Weinberge auf den Hügeln ringsumher boten einen Anblick, der Fülle und Genuss versprach. *Ein Zauberbild!* Ach, wäre Peter jetzt nur hier, um diesen Augenblick mit ihr gemeinsam zu genießen.

Gedankenverloren blätterte sie wieder in ihrem Reiseführer. Elisabeth liebte das Lesen, und sie und Peter hatten damals, als sie sich kennenlernten, noch nächtelang über Romane und Theaterstücke diskutiert, über Goethes *Wer-*

ther etwa und Schillers *Räuber* – oder über die Märchen von E.T.A. Hoffmann, die Werke von Novalis, Clemens Brentano und Achim von Arnim.

Doch heute fand Peter überhaupt keine Zeit mehr für Schöngeistiges. Er las keine Romane mehr, hatte das Interesse am Theater verloren – und Elisabeths Versuche, sich als Autorin zu verwirklichen, entgingen beinahe komplett seiner Aufmerksamkeit. Sein Augenmerk galt einzig und allein seiner Arbeit, und obwohl er Elisabeth gewiss immer noch sehr liebte und bereit war, ihr nahezu jeden materiellen Wunsch zu erfüllen, konnte er ihre Begeisterung für stimmungsvolle Lektüre und ihre Sehnsucht nach seelenvollen Naturerlebnissen kaum mehr nachvollziehen.

Eine Wolke schob sich vor die Sonne, die nun schon deutlich tiefer am Himmel stand, und erinnerte Elisabeth daran, dass sie bereits eine ganze Weile unterwegs war. Sie machte sich auf den Rückweg.

Peter war endlich wieder da, doch er hatte Elisabeth nicht vermisst, was sie noch ein bisschen mehr verstimmte, und zudem war er nicht allein. Er hatte seinen Geschäftsfreund aus Bonn mitgebracht, einen Herrn Noelle. Die Wirtin hatte ihnen für den Abend ein Gasthaus empfohlen, wo sie nun zu dritt einkehrten, um Schweinesülze, Brot mit Butter und ein Salat aus Gurken und Radieschen zu essen. Dazu gab es Wein, einen feinen Riesling, der säuerlich und frisch schmeckte. Elisabeth strengte sich an, freundlich Konversation zu machen, was gar nicht so schwierig war, da Herr Noelle sich als angenehmer Mensch entpuppte, der nicht nur ein Kaufmann, sondern auch ein Feingeist war. Er war höchst aufmerksam ihr gegenüber und dabei die ganze Zeit so ernst, dass Elisabeth unwillkürlich den Wunsch verspürte, irgendetwas zu sagen, das ihn zum Lächeln bringen würde.

»Ich wäre ja zu gerne mit der Wasserdiligence den Rhein hinaufgefahren. Doch mein Mann war dagegen. Er fürchtet, es sei nicht bequem genug für mich«, sagte sie, an ihn gewandt.

Bei einer Wasserdiligence handelte es sich um eine Art Postkutsche auf dem Wasser, ein Boot, das jeweils von drei oder vier Pferden vom Ufer aus stromaufwärts gezogen wurde. Die Diligencen hatten einen Aufbau in der Mitte, der gegen Sonne und Regen schützte, und vorne und hinten einen Freisitz, wo sich die Passagiere bei gutem Wetter aufhalten konnten, und es gab sogar eine Kabine für zwei Personen, in der man sich gegen entsprechendes Entgelt an Bord zurückziehen und schlafen konnte. Elisabeth stellte es sich romantisch vor, so zu reisen.

»Wie stehen Sie dazu, Herr Noelle?«, fragte sie und hoffte insgeheim, er würde sich ihrer Meinung anschließen.

Doch das tat er leider nicht. »Da muss ich Ihrem Mann recht geben«, sagte er. »Gegen den Strom zu fahren ist sehr mühsam. Mit der richtigen Gesellschaft kann es unterhaltsam sein – aber immer ist es mühsam. Ganz sicher nicht das Richtige für eine Dame.«

»Da hast du es, meine Liebe!«, sagte Peter. »Die Straßen sind das Beste, was die Franzosen uns hinterlassen haben, und gerade diese hier entlang des Rheins ist eine der am besten ausgebauten des Landes, für Pferde, Wagen und Passagiere gleichermaßen bekömmlich.«

Elisabeth erinnerte sich an die ziemlich ereignislose Fahrt hierher und an ihren Spaziergang vorhin und nickte brav.

»Aber – jetzt mal abgesehen vom Komfort. Vom Wasser aus erlebt man doch bestimmt alles ganz anders. Intensiver«, wandte sie sich erneut an Herrn Noelle.

»Wenn Sie so wollen …«, sagte Herr Noelle, wurde jedoch von Peter unterbrochen.

»Außerdem kommt es beim Treideln immer wieder zu schlimmen Unfällen«, sagte er.

»Wirklich?«, sagte Elisabeth.

»Die Pferde brechen aus und ziehen das Boot ans Ufer oder, was noch schlimmer ist, sie gehen ins Wasser und bringen so das Boot und die Passagiere in Gefahr.«

»O mein Gott«, sagte Elisabeth, dachte jedoch dabei, dass Peter gewiss übertrieb, um sie von ihrer Idee abzubringen.

»Ich habe selbst schon Waren an den Fluss verloren, der finanzielle Schaden war enorm.« Peter griff nach ihrer Hand und drückte sie. »Du erinnerst mich da an etwas, meine Liebe. Ich denke schon länger darüber nach, eine Versicherungsgesellschaft für die Frachtschifffahrt zu gründen. Ich muss mich unbedingt darum kümmern.« Er zwinkerte ihr zu.

Elisabeth entzog sich seinem Griff und gab ihm einen Klaps. »Beim Reden über Unglücksfälle ans Geldverdienen zu denken, das bekommen auch nur Männer hin«, sagte sie mit gespielter Empörung und sah dabei Herrn Noelle an.

»Bitte werfen sie uns nicht alle in einen Topf, liebe Frau Merkens«, sagte der und ließ tatsächlich den Anflug eines Lächelns sehen. »Es wird sicherlich nicht mehr lange dauern, und wir können uns auf ein Dampfschiff setzen und ganz bequem den Rhein hinauf bis nach Mainz, Straßburg oder Basel fahren.«

Peter reagierte sofort auf diesen Einwurf. »Haben Sie

auch die *Prinz von Oranien* im letzten Jahr gesehen, Herr Noelle?«, fragte er mit Begeisterung in der Stimme.

»Ja, das habe ich. Was ist mit Ihnen, Frau Merkens, waren Sie auch dabei?«

Elisabeth nickte. Genau wie die halbe Einwohnerschaft von Köln hatte auch sie im Juni des vergangenen Jahres am Rheinufer gestanden und das holländische Schiff bewundert, das ohne Segel ungemein schnell gegen die Strömung den Rhein heraufgefahren gekommen war. Den Schub hatte es von zwei großen Schaufelrädern in der Schiffsmitte erhalten, die von einer Dampfmaschine angetrieben worden waren. Peter hatte mit seinen Freunden und Geschäftspartnern tagelang kein anderes Thema gehabt. Bei dem Dampfschiff hatte es sich um ein ursprünglich englisches Paketboot gehandelt, das zuvor unter dem Namen *Defiance* auf der Themse verkehrt war. Die Engländer waren führend auf diesem Gebiet, auch in Australien und Amerika verkehrten schon Linienschiffe, die per Dampf angetrieben wurden.

Elisabeth hatte der Anblick des Dampfers allerdings nicht mit derselben Ehrfurcht erfüllt, wie ihren Mann. Der schwarze Rauch, der aus dem Schornstein gequollen kam, war zwar eindrucksvoll gewesen, aber nicht unbedingt malerisch. Sosehr sie sich wünschte, auf dem Rhein zu fahren, würde das gerade im Sommer, wo man doch inzwischen bevorzugt helle Farben trug, von Nachteil sein. Sie stellte sich vor, wie sehr die Sommerkleider der Damen bei dieser Art der Fortbewegung leiden mussten. Doch für Einwände dieser Art hatten die Herren kein Ohr, also versuchte sie gar nicht erst, sie vorzutragen.

»Woher nehmen Sie diese Zuversicht im Hinblick auf die Dampfschiffe, Herr Noelle?«, fragte sie. »Soweit ich weiß, wollte die *Prinz von Oranien* ursprünglich bis nach Frankfurt fahren, musste aber schon in Bonn wieder umkehren.«

»Beim ersten Anlauf mag es nicht funktioniert haben, aber die Engländer haben sehr fähige Ingenieure. Sie werden keine Ruhe geben, bis die Motoren stark genug sind.«

Peter nickte zustimmend. »Es ist das Geschäft der Zukunft. Da bin ich ganz Ihrer Meinung, werter Herr Noelle.«

»Werden Sie investieren, wenn es so weit ist?«

Peter nickte. »Das kann ich mir sehr gut vorstellen.«

»Du willst unter die Reeder gehen?«, fragte Elisabeth lachend. »Das ist ja das Allerneueste.« Sie war ja viel von Peter gewöhnt, doch von eigenen Schiffen hatte er bisher noch nicht gesprochen.

»Natürlich nicht sofort. Es wird sicher noch ein paar Jahre dauern.«

»Aber ist die Strömung des Rheins nicht viel zu stark? Ich kann mir gar nicht vorstellen, dass man eine Maschine bauen kann, die sechs oder acht Pferde ersetzt«, wandte Elisabeth ein.

»Nicht sechs oder acht. Zwanzig oder dreißig müssen es schon sein«, korrigierte Peter sie.

Elisabeth stellte sich eine Kutsche vor, die von dreißig Pferden gezogen wurde, und musste erst recht lachen. »Das ist doch unmöglich. Wie soll das denn funktionieren?«

»Die Motorkraft der Dampfschiffe wird tatsächlich mit Pferdestärken beschrieben, Frau Merkens«, sagte Herr Noelle. »Die *Prinz von Oranien* hatte zwölf.«

»Zwölf! Und das hat trotzdem nicht gereicht?«

»Beim Treideln rechnet man zwei Pferde pro zehn Tonnen Last«, erklärte Peter. »Für hundert Tonnen braucht man also zehn bis zwölf Pferde, die *Prinz von Oranien* wiegt vermutlich mindestens so viel. Das zeigt, wie effektiv die Technik bereits funktioniert. Die Strömung auf dem Mittelrhein ist allerdings viel stärker als weiter oben im Norden, wo das Flussbett breiter ist.«

»Dann bleibt es wohl dabei, und die Dampfschiffe können ohnehin nur dort oben im Norden verkehren«, sagte Elisabeth.

»Der Rhein ist natürlich sehr verschieden von der Themse oder dem Hudson«, sagte Herr Noelle. »Insbesondere der Mittelrhein ist für seine starke Strömung berühmt. Ich bin trotzdem davon überzeugt, dass Dampfschiffe eines Tages den gesamten Rhein befahren werden. Man braucht dafür nur einen größeren Motor.«

»Und Kohlen in guter Qualität, um eine ausreichend große Hitze zu erzeugen«, warf Peter ein.

»Ich vermute, dass es schon mit einer Leistung von zwanzig Pferdestärken möglich sein wird, die Strömung des Rheins zu bewältigen. Was denken Sie, Herr Merkens?«

»Zwanzig oder vielleicht fünfundzwanzig, davon gehe ich auch aus. Stellen Sie sich nur vor, wie sehr das den Warentransport in Richtung Süden vereinfachen würde.«

Das begeisterte Leuchten in Peters Augen offenbarte Elisabeth, welche enormen Warenströme er schon vor sich sah.

»Am Ende wirst du noch selbst Dampfschifffahrtskapitän«, sagte sie neckend.

Kurz darauf verabschiedeten sie sich von Herrn Noelle, wenn auch nur bis zum nächsten Morgen, da Peter ihm für die Weiterreise einen Platz in ihrer Kutsche angeboten hatte. So nett der Herr auch war, versetzte es Elisabeth einen Stich, dass ihr Mann so bereitwillig ihre Zweisamkeit opferte, ohne überhaupt nach ihrem Einverständnis zu fragen.

Am nächsten Tag setzten sie also zu dritt ihren Weg fort. In Koblenz statteten sie der mächtigen Burg Ehrenbreitstein einen Besuch ab, die Elisabeth allerdings nicht sonderlich zusagte, weil sie ihr zu groß und unübersichtlich war. Sie schlief in der Nacht schlecht und war am folgenden Tag ziemlich müde. Bei der Weiterfahrt nickte sie darum auch ein, so dass sie, als der Wagen mit einem Ruck plötzlich zum Stehen kam, fast vorneüber vom Sitz gefallen wäre, wenn Herr Noelle, der beide Hände nach ihr ausstreckte, um sie zu halten, sie nicht aufgefangen hätte. Es überraschte Elisabeth, die eben noch halb wachend, halb schlafend, vor sich hingeträumt hatte, ihm plötzlich so nahe zu sein. Sie roch die Seife, mit der er sich am Morgen rasiert hatte, und dazu ging ein leichter Geruch nach Pfeifentabak von ihm aus, der ihr gefiel. Peter rauchte nicht, dabei sah sie es gerne, wenn ein Mann eine Zigarre oder eine Pfeife in der Hand hatte. Herr Noelle lächelte ihr zu, und ein paar Sekunden lang sahen sie einander in die Augen – seine besaßen einen warmen Braunton –, und dann bückte er sich, um das Handtäschchen aufzuheben, das ihr heruntergefallen war. Der verwirrende Moment der Nähe war vorüber. Elisabeth ordnete ihren Umhang, strich ihren Rock glatt und setzte sich wieder gerade hin.

Peter hatte davon nichts mitbekommen. Er war damit beschäftigt herauszufinden, was auf der Straße vor sich ging, denn die Kutsche stand immer noch still und von draußen waren laute Stimmen zu hören. Er streckte den Kopf zum Fenster hinaus.

»Was ist passiert?«, rief er zum Fuhrmann nach vorn.

»Ein Wagen hat einen Achsbruch erlitten. Er muss erst aus dem Weg geschafft werden«, sagte der Kutscher in gemütlichem Ton. Während Peter ergeben seufzend seine Zeitung hervorholte, stiegen Elisabeth und Herr Noelle aus, um sich umzusehen.

Die Kunststraße lag oben auf einem Damm, und ein Stück weiter unten verlief der Leinpfad, der jedoch von keinem Wagen benutzt werden durfte – wenn auch ein Verbot nicht unbedingt nötig gewesen wäre, da er sich ohnehin in einem sehr schlechten Zustand befand, so aufgewühlt und schlammig wie er war. Ein Boot, von einem einzelnen Pferd gezogen, kam hinter ein paar Sträuchern in Sicht.

»Eine Pferdestärke«, sagte Elisabeth augenzwinkernd zu Herrn Noelle, womit sie auf ihr Gespräch von vor zwei Tagen anspielte. Es war keine sonderlich feinsinnige Bemerkung, doch Herrn Noelles Mundwinkel hoben sich leicht. »Richtig«, sagte er.

Er sah wirklich ziemlich gut aus, dachte Elisabeth plötzlich und wunderte sich, dass ihr das bisher noch nicht aufgefallen war. Er hatte diese braunen, stets etwas fragend dreinblickenden Augen, braune Haare, ziemlich buschige gerade Brauen und gepflegte Koteletten. Sein Kinn war glattrasiert und seine Lippen, die so selten lächelten, waren wohlgeformt.

»Was schreiben Sie eigentlich, Herr Noelle? Mein Mann hat erwähnt, dass Sie auch Schriftsteller sind?«

»Das hätte er nicht tun sollen«, wehrte Herr Noelle verlegen ab. »Kleine Geschichten, nicht der Rede wert. Dann und wann findet sich eine Zeitung, die etwas von mir publiziert«.

»Ich würde sehr gerne einmal etwas von Ihnen lesen«, sagte Elisabeth. Eine eigentümliche Stimmung ergriff sie, vielleicht eine Ahnung, jedenfalls schauderte es sie plötzlich, und sie zog ihren Schal enger um sich.

Der Tag hatte freundlich begonnen, doch nun sah es nach Gewitter aus. Eine dicke schwarze Wolke war gerade im Begriff, sich vor die Sonne zu schieben, so dass Teile der Landschaft bereits von Schatten überzogen waren, während andere noch im hellen Licht lagen. Stromabwärts vollführte der Fluss mehrere Biegungen, weil er vom unerbittlichen Gestein immer wieder gezwungen wurde, die Richtung zu wechseln, und über die schimmernde Wasserfläche hinweg sah man auf bewaldete oder mit Weinbergen und Obstgärten bedeckte sonnenbeschienene Hügel, die von einer Burg gekrönt wurden, von der jedoch nur die Umrisse zu erkennen waren. Unterhalb der Burg lag ein Ort, den sie passiert haben mussten, ohne dass Elisabeth es mitbekommen hatte. Wie durch ein Schlüsselloch blickte sie auf die heitere Szenerie, denn davor lag, von der Sonne abgewandt, ein hoher Fels, an den sich heldenhaft ein paar einzelne Bäume und Büsche krallten. Die Wand endete jäh. Das nahezu senkrecht abfallende Gestein wurde weiter unten vom Wasser umspült. Falls es dort einen Pfad gab, dann war er jedenfalls an diesem Tag nicht zu sehen, geschweige denn zu passieren. Wer an diesem Brocken vorbeiwollte, musste hinauf- und wieder hinuntersteigen. Ein paar Salmfischer waren im Schatten des Berges dabei, ihre Netze ins Boot zu ziehen.

»Wie heißt die Burg dort hinten?«, fragte Elisabeth Herrn Noelle, der in seinem Reiseführer blätterte.

»Das müsste Burg Katz sein«, sagte er. »Sie verdankt

ihren Namen ihren Erbauern, den Grafen von Katzenellenbogen. Es gibt auch eine Burg Maus. Die Herren waren sich nicht wohlgesonnen, wie man sich denken kann. Der Ort, den man dort sieht, ist Sankt Goarshausen.«

»Und diese Felswand?«

»Das ist die Loreley«, sagte Herr Noelle.

Die Loreley!

Elisabeths Herz schlug schneller. Ohne den Unfall und den erzwungenen Halt, wäre sie womöglich hier vorbeigekommen, ohne den berühmten Felsen überhaupt zu bemerken.

Ihr erster Impuls war, zurück zur Kutsche zu gehen und ihren Mann auszuschimpfen, weil er sie nicht darauf aufmerksam gemacht hatte, bis ihr bewusst wurde, dass es wahrscheinlich genau so hatte kommen sollen und dass ihre Gefühle jetzt auch deshalb so stark waren, weil sie sie unvorbereitet trafen. Sie rief sich die Bilder ins Gedächtnis, die sie von dem Felsen gesehen hatte, und erinnerte sich an die Beschreibungen, die sie aus Romanen und Reiseberichten kannte. Dieser Fels war genau so, wie alle sagten – wild und geheimnisvoll. Für jeden Menschen, der ihn, in einem Boot sitzend, passierte, musste er höchst bedrohlich erscheinen, ganz zu schweigen von dem scharfkantigen Gestein, das unterhalb der Wasseroberfläche lauerte.

Dann wurde Elisabeth von etwas abgelenkt, das sich direkt vor ihnen abspielte, denn der Kahn, der stromaufwärts getreidelt wurde, hatte inzwischen fast die Höhe erreicht, auf der sie sich befanden. An Bord sah man zwei Männer und auf dem Leinpfad einen einzelnen Knecht, der das Zugpferd, einen gefleckten Schimmel mit struppiger Mähne, am Halfter führte. Ein Rheinhalfe, wie die Treidler hier am

Rhein auch genannt wurden. Er ging nicht gerade zimperlich mit seinem Tier um, sondern prügelte mit seiner Gerte immer wieder heftig auf es ein.

»Es würde mich nicht wundern, wenn es ein Unglück gibt«, sagte Elisabeth leise zu Herrn Noelle.

Ihr Begleiter schüttelte mitleidig den Kopf. »Das arme Tier.«

Wieder schlug der Knecht den Hengst. Nun war das Gespann so nah, dass man die blutigen Striemen auf seiner Flanke sehen konnte.

Herr Noelle hob den Arm. »He, muss das sein?«, rief er dem Knecht zu.

Der holte gerade wieder aus, um das Pferd zu schlagen.

»Das bringt doch nichts«, rief Herr Noelle jetzt noch etwas lauter.

Nun reagierte der Kerl. Die Gerte immer noch zum nächsten Hieb bereit in der Hand, blickte er zu ihnen herüber, um zu sehen, wer sich in seine Arbeit einmischte. »Sie haben mir gar nichts zu sagen«, rief er.

Herr Noelle ging die paar Schritte den Hügel hinunter, bis er ebenfalls unten auf dem Leinpfad stand. »Wie weit müssen Sie noch?«, hörte Elisabeth ihn fragen.

»Oberwesel.«

Da zog Herr Noelle seine Börse hervor, entnahm ihr eine Münze und zeigte sie dem Mann. »Hier. Das bekommen Sie, wenn Sie aufhören, das Pferd zu schlagen, und die Wunden heute Abend mit Salbe behandeln.«

Der Knecht zögerte nur kurz. Dann nickte er und streckte die Hand aus. »Gut«, sagte er, nahm die Münze und setzte seinen Weg fort. Die Gerte steckte er in seinen Gürtel.

Herr Noelle drehte sich um und ging wieder zu Elisabeth

hinauf. Sie sah ihm bewundernd, aber auch ein wenig skeptisch entgegen.

»Glauben Sie, das bringt was?«, fragte sie.

»Nicht sehr viel, vermutlich. Aber einen Versuch war es wert«, sagte Herr Noelle ernst.

Elisabeth nickte und betrachtete nachdenklich ihren Begleiter – und dann blickten sie gemeinsam Knecht und Hengst hinterher, die aus der Entfernung ein friedliches Bild abgaben.

5

JULIE MOCHTE KEINE SONNTAGE, denn an Sonntagen musste sie meistens allein mit Herbert im Haus bleiben, während Gundel mit ihrem Sohn Gregor und ihrer Nichte Frieda in die Kirche ging. Julie wusste, dass Gregor ihr manchmal heimlich nachspionierte, doch er war lieb und harmlos. Sein Vater Herbert hingegen war gierig.

Doch heute hatte Julie frei – beinahe jedenfalls, denn Gundel ging an Julies freien Sonntagen selbstverständlich davon aus, dass sie mit in den Gottesdienst kam, und Julie wagte nicht, sich diesem Ansinnen zu widersetzen. Sie waren alle katholisch, was im überwiegend evangelischen Bacharach keine Selbstverständlichkeit war. Sobald das helle nervöse Läuten der Glocke einsetzte, machten sie sich auf den Weg. Die Kirche Sankt Nikolaus gehörte zu einem ehemaligen Kapuzinerkloster, dessen marode Gebäude sich hinter einer Mauer am Rheinufer erstreckten. Vorneweg ging die Löwenwirtin, neben ihr Gregor und dahinter Julie und Frieda.

Julie zwinkerte Frieda verschwörerisch zu, und sie dankte es ihr mit einem strahlenden Lächeln. Im letzten halben Jahr war das Mädchen bestimmt um einen halben Kopf gewachsen, es war ziemlich hoch aufgeschossen für sein Alter. Das Auffälligste an Frieda war ihr rotes Kraushaar, das sich nur schwer zu Zöpfen flechten ließ. Sie war sehr begabt und überflügelte beim Lesen und Rechnen nicht nur die Mädchen, sondern auch die Knaben in ihrer Klasse, doch Gundel und Herbert interessierten sich nicht sonderlich dafür, ob sie in die Schule ging oder nicht. Sie ließen das Mädchen sowieso bei jeder Gelegenheit spüren, wie unnütz es für sie war und wie ungelegen es ihnen kam, dass sie es hatten aufnehmen müssen.

Julie betrat das Kirchenschiff mit gesenktem Blick, das zerfledderte Gesangbuch, das Gundel ihr zur Nutzung überlassen hatte, fest in beiden Händen. Sie brauchte es eigentlich nicht, sie konnte ja nicht einmal lesen. Doch sie gab gerne vor, hineinzuschauen, weil sie dann leichter den Blicken von Pfarrer Wurm ausweichen konnte, der sie ihrem Gefühl nach kaum aus den Augen ließ. Er war ein großer drahtiger Mann mit dunklem stechendem Blick, der das strähnige Haar quer über seine hohe Stirn gekämmt trug. Er hatte hohle Wangen und einen winzigen runden Mund mit bläulich verfärbten Lippen, die stets ein wenig feucht glänzten. Es gab wohl kaum einen Mann in Bacharach, den Julie abstoßender fand und den sie weniger leiden konnte – und das beruhte auf Gegenseitigkeit. Nicht, dass er sie abstoßend gefunden hätte – Julie wusste, dass die meisten

Männer sie schön fanden –, aber der Pfarrer verabscheute sie dennoch abgrundtief, und Julie hatte noch nicht herausgefunden, warum das so war.

Der Gottesdienst strebte seinem Höhepunkt zu. Der Pfarrer hatte soeben Wein und Hostien gesegnet und vor dem Altar Aufstellung genommen, um der Gemeinde das Abendmahl auszuteilen, als Gundel, die neben Julie saß, eine ungeschickte Bewegung machte und einen Korb voller Pflaumen umstieß, der als Geschenk für den Pfarrer gedacht gewesen war. Die blauen Früchte kullerten über den Boden und zwischen die Füße der Gottesdienstbesucher, die sich inzwischen von ihren Plätzen erhoben hatten.

»So pass doch auf, du Trampel«, zischte Gundel Julie zu, obwohl diese völlig unschuldig an dem Missgeschick war. »Bring das sofort wieder in Ordnung!«

Eilig machte sich Julie daran, die Pflaumen einzusammeln, wofür sie zwischen den Beinen der Gemeindemitglieder umherkriechen musste. Sie kauerte also gerade auf allen Vieren auf dem Boden, als sie den Blick hob und den Pfarrer ansah, der nur wenige Schritt entfernt vor ihr stand, die Schale mit den Hostien in der Hand. Die Augen geweitet vor Schreck, starrte er zu ihr hinunter, dann japste er hörbar nach Luft, fasste sich ans Herz, kam ins Straucheln – und im nächsten Moment regnete es Hostien auf Julie herab.

Der Pfarrer war kreideweiß im Gesicht geworden und ging in die Knie. Ein Tumult entstand. Manche wollten die Hostien retten, andere dem Pfarrer zu Hilfe eilen, und alle behinderten sich gegenseitig. Wie um die Dramatik der Situation zu unterstreichen, fingen nun auch noch die Kirchenglocken an zu läuten – wahrscheinlich hatte eines der Kinder die Gelegenheit für diesen Streich genutzt – und das

Chaos war perfekt. Julie, die immer noch damit beschäftigt war, die Pflaumen aufzusammeln, wobei sie ihren Rock als Trage benutzte, fürchtete das Schlimmste. Bestimmt würde Gundel ihr die Schuld für alles, was hier vor sich ging, in die Schuhe schieben. Dann hielt ihr plötzlich jemand den Korb hin, in dem bereits einige Pflaumen lagen. Es war Frieda, die mit hochrotem Kopf neben ihr kniete.

»Danke«, sagte Julie und lächelte ihr zu.

Später lag Pfarrer Wurm, ein feuchtes Tuch auf der Stirn und mit zwei Schnäpsen im Magen, in der Sakristei, um sich zu erholen, und die Gemeindemitglieder standen vor der Kirche und sprachen über das, was geschehen war. Gundel wies alle Schuld von sich. Sie lamentierte über ihre ungeschickte Magd, und Julie bekam den Auftrag, nach Hause zu gehen, um die Pflaumen der Köchin zu bringen, die daraus ein Kompott kochen sollte. Freier Tag hin oder her, Julie blieb nichts anderes übrig, als sich zu fügen.

Also brachte sie die Pflaumen, wie von Gundel befohlen, ins Gasthaus, behielt jedoch ein paar, um sie ihrer Schwester zu schenken, und weil sie fand, dass Ruth von Gundel und Herbert zu kurz gehalten wurde, packte sie in der Vorratskammer heimlich noch ein Stück Schinken und etwas Käse dazu. Gundel war noch nicht vom Kirchgang zurück, und Julie hoffte, das Haus unbemerkt wieder verlassen zu können, doch dann lief sie dummerweise Herbert in die Arme. Ehe sie sich versah, hob er das Tuch von ihrem Korb, betrachtete die Lebensmittel und sah dann sie an.

»Wohin so eilig?«, wollte er wissen.

»Ich gehe zu Ruth. Heute ist mein freier Tag«, sagte Julie und glaubte, er werde ihr den Korb abnehmen. Doch das tat er nicht. Stattdessen grinste er und entblößte dabei seine

Eckzähne. So verzog er manchmal den Mund, wenn er versuchte, besonders freundlich zu erscheinen, doch Julie fand immer, dass es merkwürdig aussah. Als ihr bewusst wurde, dass sie ihn anstarrte, senkte sie hastig den Blick, doch es war zu spät. Der Löwenwirt sonnte sich in ihrer Aufmerksamkeit.

»Sag Onkel zu mir.« Gönnerhaft zwickte er sie in die Wange.

Julie ließ es über sich ergehen und presste stumm die Lippen aufeinander.

»Na, dann lauf«, sagte er, doch nun gab er sich schon weit weniger Mühe, freundlich zu klingen, und Julie, die befürchtete, er könnte es sich noch einmal anders überlegen, machte, dass sie davonkam.

Sie rannte durch den Ort, hastete die Treppe neben der evangelischen Kirche hinauf, die auch an der Wernerkapelle vorbeiführte, und je weiter sie sich vom Gasthaus entfernte, umso mehr kehrte ihre gute Laune zurück. Sie angelte eine dicke Pflaume aus dem Korb, wischte sie an ihrem Ärmel sauber, biss hinein und leckte sich den süßen Saft von den Fingern.

Jetzt musste sie daran denken, wie der Pfarrer im Gottesdienst zusammengebrochen war. Wurm hatte mit seinen hilflosen Lippenbewegungen ausgesehen wie ein Fisch, ging es Julie durch den Kopf, und sie musste unwillkürlich grinsen, bis ihr einfiel, dass sie Fische eigentlich viel lieber mochte als den Pfarrer, die hatten es gar nicht verdient, dass sie sich über sie lustig machte. Julie verstand immer noch nicht, was eigentlich genau passiert war. Die paar Pflaumen auf dem Boden waren schließlich kein Grund, einen Anfall zu bekommen.

Ruth saß auf einer Bank in der Sonne, als Julie bei der Ruine ankam. Sie umarmte ihre Schwester und erzählte ihr dann sofort, was in der Kirche passiert war. Dabei schmückte sie alles noch ein bisschen aus, um es für Ruth lustiger klingen zu lassen.

Ihre Schwester blieb jedoch ganz ernst. »Sei nicht leichtfertig. Wenn der Pfarrer will, kann er den ganzen Ort gegen dich aufbringen«, mahnte sie.

»Aber ich habe doch gar nichts getan«, verteidigte sich Julie. »Die dumme Kühn hat den Korb umgeworfen. Ich konnte nichts dafür.«

»Tante Gundel«, korrigierte Ruth.

Julie wollte zunächst widersprechen. Anders als Ruth versuchte sie, es zu vermeiden, die Gastleute, wie von ihnen gewünscht, Tante Gundel und Onkel Herbert zu nennen. In ihren Ohren hörte sich das falsch an. Die beiden waren doch gar nicht mit ihnen verwandt und auch nicht im Entferntesten so gut und großzügig, wie sie vorgaben, es zu sein – und Ruth bekam von ihnen ohnehin nur die Brosamen. Sie hatte also noch viel weniger Grund, die dankbare Nichte zu spielen. Doch Julie ahnte, dass Ruth insgeheim immer noch davon träumte, eines Tages Gregor zu heiraten, und sie wollte jetzt keinen Streit anfangen. Also schluckte sie die Entgegnung, die ihr auf der Zunge lag, hinunter.

»Hab keine Sorge. Ich pass schon auf mich auf«, sagte sie stattdessen versöhnlich und stellte den Korb auf die Bank, damit Ruth die Schätze, die sie mitgebracht hatte, betasten konnte. »Käse, Schinken, Pflaumen …«, zählte sie auf.

»So viel? Dann richte der Tante bitte meinen lieben Dank aus«, sagte Ruth.

»Klar«, sagte Julie, verdrehte die Augen, was Ruth natürlich nicht sehen konnte, und verzichtete darauf, den Diebstahl zu beichten.

»Leg die Sachen doch bitte drinnen auf den Tisch. Und dann komm wieder her zu mir. Jetzt wollen wir lieber noch ein bisschen in der Sonne sitzen«, sagte Ruth.

Julie ging hinein und räumte den Korb aus. Seit Muttchens Tod lebte ihre Schwester ganz allein im einzigen halbwegs bewohnbaren Raum von Burg Stahleck, die seit über einhundert Jahren eine Ruine war. Es war zugig und feucht zwischen den alten Mauern, und die einzige Art zu heizen, war ein offenes Feuer, über dem Ruth auch kochte. Hier war viele Jahre lang auch Julies Zuhause gewesen, und sie hatte früher, dank der liebevollen Zuwendung ihrer Mutter, dabei nie einen Mangel empfunden.

Ein wenig wehmütig betrachtete sie die vertrauten Gegenstände, die schon Muttchen benutzt hatte und die wie immer ordentlich an ihrem Platz standen oder an den Haken entlang der Wand hingen. Ein Kupferkessel, ein paar kleinere Töpfe und ein trichterförmiges Sieb, graubraune Tontöpfe mit Holzdeckeln, hölzerne Kochlöffel und Gabeln. Möbelstücke gab es nur wenige. Und die paar waren sehr schlicht, grob gezimmert und ganz sicher keine Meisterstücke. Trotzdem hatte Julie es geliebt, hier zu wohnen. Sie griff den leeren Korb und musste blinzeln, als sie wieder hinaus ins grelle Sonnenlicht trat. Dann setzte sie sich neben Ruth auf die Bank, die sonnenwarmen Steine des alten Gemäuers an ihrem Rücken.

»Denkst du auch immer daran, nachts den Riegel vorzuschieben?«, fragte sie, denn die dicke Tür und die dicken Mauern mit nur einem winzigen vergitterten Fenster waren Ruths wichtigster, allerdings auch einziger Schutz.

»Natürlich«, sagte Ruth. »Mir passiert schon nichts.« Nun war es an ihr, die Schwester davon zu überzeugen, dass sie sich nicht um sie sorgen brauchte.

Julie griff nach Ruths Hand, und dann saßen sie eine Weile mit ineinander verschlungenen Fingern schweigend beieinander, während sie ihren Blick über die schiefergedeckten Dächer von Bacharach wandern ließ. Am gegenüberliegenden Rheinufer erhoben sich die steilen Weinberge und der Wald, scheinbar so nah, als könnte man hinübergreifen.

»War Gregor auch in der Kirche?«, fragte Ruth plötzlich.

»Ja, er war auch da«, sagte Julie und betrachtete ihre Schwester. »Bist du immer noch in ihn verliebt?«

»Was spielt das schon für eine Rolle«, erwiderte Ruth ausweichend.

»Vermutlich keine«, gab Julie zu, denn Gregors Heirat mit Walburga war eine beschlossene Sache. Ehrlicherweise musste man zugeben, dass Ruth – blind wie sie war – keine Chance hatte, überhaupt jemals einen Mann zu finden, geschweige denn eine so gute Partie wie Gregor.

»Weißt du noch, wie ich versucht habe, Gregor das Schwimmen beizubringen?«, sagte Julie kichernd. Sie fand es wohltuend, sich an lustige Dinge zu erinnern. Es war, ihrer Meinung nach, das beste Mittel gegen Trübsal.

Ruth lächelte versonnen. »Erfolglos. Gregor fürchtet sich bis heute vor dem Wasser.«

»Das ist allerdings wahr«, sagte Julie. »Ich kann das gar nicht verstehen.«

Dabei war Gregors Scheu vor dem Wasser kein bisschen ungewöhnlich. Julie war in der ganzen Gegend die Einzige, die das Schwimmen beherrschte und sich bei jeder Gelegenheit in die Fluten stürzte.

Die Mädchen plauderten noch ein bisschen und lachten, doch dann hielt Ruth inne, drehte den Kopf und lauschte. »Hör doch mal. Ich glaube, da kommt jemand«, sagte sie.

Julie sah sich um und war nicht erstaunt, eine Frau hinter der Mauer auftauchen zu sehen. Auch wenn sie selbst nicht das Geringste vernommen hatte, den scharfen Ohren ihrer Schwester entging nichts.

»Ist es jemand, den wir kennen?«, fragte Ruth.

»Nein, das heißt, ich habe sie gestern schon einmal gesehen. Es ist eine vornehme Dame, die mit ihrem Mann gestern Abend spät im Gasthaus angekommen ist.«

»Ist sie allein?«, fragte Ruth.

»Ja. Und sie kommt hierher.«

»Guten Tag. Führt dieser Weg zurück in die Stadt?«, fragte die Fremde freundlich, als sie bei ihnen angelangt war, und klaubte sich ein paar Kletten aus dem Rock.

Julie nickte. »Immer geradeaus und dann links. Dort geht es aber sehr steil hinunter. Vielleicht nehmen Sie besser den Weg, den Sie gekommen sind, der ist sicherer.«

Die Frau bedankte sich, doch statt weiterzugehen oder umzukehren, blieb sie stehen und musterte Julie und Ruth neugierig. Ihr Blick blieb an Julie hängen, die ihrerseits die Fremde betrachtete. Die Frau war sehr klein, maß höchstens fünf Fuß, hatte dunkelbraunes, fast schwarzes Haar, ein schmales Gesicht und eine lange Nase, die ihrer Miene einen koboldhaften Ausdruck verlieh. Es schien unmöglich, ihr Alter zu schätzen, sie konnte ebenso gut zwanzig wie auch vierzig Jahre alt sein. Sie trug ein hellbraunes Kleid, einen leichten Schal mit einem Paisleymuster aus Blau- und Beigetönen und auf dem Kopf eine Haube aus sehr fein geflochtenem Stroh, die mit einem Band aus demselben Stoff verziert war. Die Bänder der Haube flatterten im Wind.

»Ich habe mir gerade die Wernerkapelle angesehen«, sagte die Frau freundlich. Den Singsang in ihrer Stimme hatte Julie schon bei so manchem Gast des *Löwen* gehört. Die Frau musste aus Köln kommen oder zumindest aus dieser Gegend.

»Dann steht sie also noch?«, fragte Julie – und biss sich auf die Lippe. Sie hatte nicht so vorlaut sein wollen, doch manchmal kam es einfach über sie.

»Ja, sie steht noch«, sagte die Frau schmunzelnd. Sie schien nicht verärgert über Julies freche Bemerkung zu sein. »Ich habe viel darüber gehört und gelesen. Aber, um ehrlich zu sein, fand ich sie gar nicht so besonders.«

»Man muss ja auch frühmorgens hingehen. Da ist es dort am schönsten«, sagte Julie – und schon wieder hörte es sich ziemlich vorlaut an. Die Wernerkapelle war beliebt bei Fremden, doch obwohl der Bürgermeister die Brombeerbüsche regelmäßig entfernen ließ, wurden sie im Laufe des Sommers oftmals so dicht, dass man sich die Kleider zerriss, wenn man versuchte, in den Ruinen spazieren zu gehen. »Aber vom Hügel gegenüber hat man einen noch viel besseren Blick. Von dort schaut man auf die Kapelle und den Rhein«, fuhr Julie fort und bemühte sich um einen freundlicheren Tonfall. Sie fand den Weg entlang der alten Stadtmauer ohnehin viel schöner. Als Kinder waren Ruth und sie oft dort herumgestromert. Sie wusste sogar, wie man in den alten Wehrturm hineinkam, und dort oben war der beste Aussichtspunkt von ganz Bacharach.

»Danke. Das ist ein guter Hinweis«, sagte die kleine Dame.

Julie war inzwischen aufgestanden. »Möchten Sie sich nicht setzen? Der Anstieg ist ziemlich steil, wenn man ihn nicht gewohnt ist.«

»Sehr aufmerksam.« Die Frau nahm lächelnd Platz.

»Ich hole Ihnen etwas zu trinken«, sagte Julie, weil sie fand, dass die kleine Dame ein wenig blass um die Nase war. Gleich darauf kam sie mit einem Glas Wasser zurück.

»Vielen Dank.« Die Frau nahm einen Schluck und legte den Kopf ein bisschen schief, während sie Julie von oben bis unten musterte. »Das warst doch du heute Morgen in der Kirche. Die Sache mit den Pflaumen.«

»Sie waren auch da?«

Die kleine Dame nickte. »Ich war auch da. Und ich habe auch gesehen, dass es die Wirtin war, die den Korb umgestoßen hat. Es war nicht sehr nett von ihr, dass sie dich beschuldigt hat.«

Julie zuckte mit den Schultern. So war es halt – und so war es normal. »Ich bin eben ihre Magd.«

»Und der Pfarrer. Er ... er ist wohl ziemlich krank?«, fragte die Frau jetzt. Es schien ein wenig so, als hätte sie etwas ganz anderes fragen wollen.

»Er hat es mit dem Magen«, gab Ruth zur Antwort.

»Verstehe«, sagte die kleine Dame. »Der Magen.« Sie machte eine nachdenkliche Pause und wechselte dann das Thema. »Was macht denn ihr zwei hier oben?«

»Nicht viel. Wir sitzen nur hier«, sagte Julie. Sie hatte es sich inzwischen auf einen Baumstumpf bequem gemacht, der schon in ihrer Kindheit zu einem Hocker umfunktioniert worden war.

»Seid ihr Freundinnen?«

»Wir sind Schwestern«, erwiderte Ruth.

»Nein, tatsächlich?« Nun war die Fremde aufrichtig überrascht. »Ihr seht euch überhaupt nicht ähnlich.« Ihr Blick wanderte von Julie zu Ruth, die neben ihr saß und wieder zurück.

»Das sagt jeder«, sagte Julie.

Die kleine Dame trank noch einen Schluck Wasser. »Es ist wirklich wunderschön hier oben. Die Aussicht auf den Rhein ist herrlich. Was ist das für eine Insel dort?« Sie deutete stromabwärts.

»Das ist das Heyles'en Werth«, gab Julie Auskunft. Sie freute sich über das Interesse der Fremden an ihrem geliebten Fluss.

»Ist die Insel bewohnt?«

»Nein, das ist sie nicht. Dort ist niemand.«

»Aber ich sehe doch ein Haus.«

»Gehen Sie lieber nicht dorthin. Auf der Insel spukt es«, mischte sich Ruth in das Gespräch ein.

»Dort spukt es?« Die Fremde sah Ruth an. »Jetzt machst du mich aber neugierig.«

»Eine weiße Frau geht auf dem Werth umher. Sie ist auf der Insel gestorben, nun findet sie keine Ruhe.«

»Ach so ist das.« Die Frau lachte. »Ein schönes Märchen.«

»Nein. Das ist kein Märchen. Das ist in echt so passiert«, beharrte Ruth. Sie nickte ernst.

Julie betrachtete die Fremde verstohlen von der Seite. Die meisten Menschen, die Ruth zum ersten Mal sahen, bemerkten nicht, dass sie blind war. Ihre Augen waren grün, groß und wunderschön, mit langen dunklen Wimpern, doch Julie wusste, dass die Art, wie Ruth einen ansah, ganz so, als würde sie durch einen hindurchblicken, sehr verwirrend sein konnte. Doch falls die Frau es ebenso empfand, so ließ sie sich nichts anmerken.

»Wem gehört denn die Insel?«, fragte sie.

»Der Familie Heyles.«

»Natürlich. Darum heißt es ja auch Heyles'en Werth«, sagte die kleine Dame lachend.

Julie lächelte. Die fröhliche Fremde gefiel ihr immer besser.

»Sehr schön.« Die Frau sah zwischen Ruth und Julie hin und her. »Also dann. Ich werde mal langsam zurückgehen.« Sie stand auf und reichte Julie das Glas. »Vielen Dank für das Wasser. Es war mir eine Freude, mit euch zu plaudern. Auf Wiedersehen.«

6

ELISABETH LIESS SICH VIEL ZEIT für den Rückweg zum Gasthaus. Die beiden jungen Frauen, die sie heute kennengelernt hatte, beschäftigten sie. Natürlich war ihr die Blonde in der Kirche aufgefallen. Jeder Mensch, der Augen im Kopf hatte, konnte sehen, wie schön sie war. Allein schon dieses Gesicht! Mit seinen klassischen Zügen erinnerte es an die Madonnen-Bilder der italienischen Meister. Und dann ihre schlanke Figur und die anmutige Haltung, wie man sie nun wirklich nicht bei einer Magd erwartete. Elisabeth hatte auch noch nie solch herrliches Haar gesehen. Wie schimmerndes Gold fiel es dem Mädchen in einem langen dick geflochtenen Zopf über den Rücken. Elisabeth spürte ein Flattern im Magen und musste über sich selbst schmunzeln, denn offenbar hatte sie sich Hals über Kopf in das Mädchen verliebt. Das war ihr schon einmal passiert. In der höheren Töchterschule hatte sie für eine ihrer Lehrerinnen geschwärmt, eine wunderhübsche, sanfte junge Frau, die aus verarmtem Adel stammte. Sie wäre eine echte Prinzessin, hatten die Schülerinnen einander erzählt, und abends beim Einschlafen hatte Elisabeth an sie gedacht und nachts von ihr geträumt. Doch dann war Peter in ihr Leben getreten und hatte die Lehrerin aus ihren Gedanken verdrängt.

Die hübsche Blonde erinnerte sie nun an diese jugendliche Schwärmerei. Sie war zwar ganz bestimmt keine Prinzessin, hatte aber ebenfalls etwas Edles und Erhabenes an sich. Ein bisschen merkwürdig war nur die Geschichte mit dem Pfarrer. Er hätte es mit dem Magen, hatte die Dunkelhaarige gesagt. Das mochte zwar stimmen, doch Elisabeth glaubte trotzdem nicht, dass das die ganze Wahrheit war. Hochwürden hatte das Mädchen angesehen, als wäre es der Teufel persönlich. Sein manischer Blick hatte sich in Elisabeths Gedächtnis eingebrannt. Danach war er zusammengebrochen, und der Gottesdienst war vorbei gewesen. Die Leute hatten draußen gestanden und getuschelt, waren jedoch gegenüber ihr als Fremden nicht sehr gesprächig gewesen, so dass Elisabeth ihre Neugierde nicht hatte befriedigen können.

Dass die Mädchen Schwestern sein sollten, war allerdings mehr als erstaunlich. Konnte das nicht vielleicht der Anfang einer Geschichte sein? *Goldmarie und Pechmarie*, dachte Elisabeth. Vielleicht eignete sich die Geschichte der ungleichen Schwestern ja auch, um in ihren »Reisebriefen vom Rhein« verwertet zu werden. Sie wollte auf jeden Fall versuchen, mehr über die schöne Blonde und ihre Schwester herauszufinden. Elisabeth beschloss, Peter darum zu bitten, noch ein bisschen länger in Bacharach zu bleiben.

Am Fuß der Treppe, die hinauf zu den Zimmern führte, sprach die Löwenwirtin sie an. »Ich soll Ihnen von Herrn Merkens ausrichten, dass er zur Poststation gegangen ist.«

Elisabeth war so in Gedanken gewesen, dass sie zusammenschrak. »Danke, Frau Kühn.«

Sie war nicht verwundert. Bestimmt wollte Peter versuchen, die Kölner Zeitung vom Vortag zu erstehen. Elisabeth bat die Wirtin noch um ein Kännchen Tee und ging langsam die Treppe hinauf. Als sie die Tür zu ihrem Zimmer öffnete – in Gedanken schon bei den Formulierungen, die sie verwenden wollte, um ihr Erlebnis bei der Ruine zu beschreiben –, stieß sie unvermittelt gegen ein Hindernis, oder besser gesagt, ein Hindernis rannte in sie hinein. Es war ein Kind, das in ihren Röcken hängenblieb und darum nicht an ihr vorbeikam. Sie packte es schnell am Arm und hielt es fest.

»Was machst du denn hier?«, fragte sie und sah in ein schmales, spitzes Gesichtchen mit angstvoll geweiteten Augen unter einem Schopf von rotem Kraushaar.

Das Kind antwortete nicht, sondern versuchte stumm, sich aus ihrem Griff zu befreien.

»Halt still, ich tue dir nichts.« Elisabeth, die Finger fest um den spindeldürren Oberarm gelegt, beugte sich zu dem Wesen hinunter. »Was hattest du in dem Zimmer zu suchen?«, fragte sie mit sanfter Stimme.

Zur Antwort bekam sie ein stummes Zerren.

»Ich tue dir nichts. Aber ich muss wissen, was du da drin gemacht hast.«

Weil sie immer noch keine Antwort bekam, schob sie kurzentschlossen das Kind vor sich her ins Zimmer hinein, schloss die Tür hinter sich und zog dann langsam die Handschuhe aus.

»Ich bin Elisabeth. Und wie heißt du?«, sagte sie wie beiläufig, als sei es ihr gar nicht so wichtig, eine Antwort zu bekommen.

Das Kind stand mit gesenktem Blick da. »Ich bin die Frieda«, antwortete es endlich kaum hörbar.

»Frieda«, wiederholte Elisabeth verwundert. Da das Wesen Hosen trug und ziemlich hoch aufgeschossen war, hatte sie geglaubt, einen Knaben vor sich zu haben. Doch dann sah sie die halb aufgelösten Zöpfe links und rechts der Schläfen und erkannte, dass das, was sie für ein zu langes Hemd gehalten hatte, ein zu kurzes Kleidchen war. »Und was wolltest du hier drin, Frieda? Hast du etwas genommen?«

Langsam, ohne sie anzusehen, schob das Kind eine Hand unter sein Kleid, zog ein braun eingebundenes Büchlein hervor und streckte es ihr zitternd entgegen. Elisabeth nahm es und erkannte es sofort. Es war ein Roman, dessen Handlung am Rhein spielte und den sie darum auf ihre Reise mitgenommen hatte. Erst am Abend zuvor hatte sie, auf der Suche nach einem bestimmten Gedicht, darin geblättert. Sie schlug das Büchlein auf.

»Kannst du lesen?«, fragte sie das Mädchen. »Weißt du, was da steht?« Sie hielt ihm die aufgeschlagene Titelseite hin.

»Godwi oder das steinerne Bild der Mutter. Ein verwilderter Roman von Maria«, las Frieda ohne Stocken vor. Elisabeth war nun ehrlich überrascht.

»Was hattest du damit vor?«

»Verschenken.«

»Verschenken? An wen?«

Frieda presste die Lippen aufeinander und knetete stumm ihre Hände.

»Vielleicht an deine Mutter?«

Der Krauskopf wackelte verneinend.

»An deine Schwester?«

Wieder ein Kopfschütteln.

»An wen dann?«

»Julie«, kam es endlich mit heiserem Stimmchen.

»Wer ist Julie?«, fragte Elisabeth.

»Meine Freundin.«

»Ist sie vielleicht blond? Ist sie Magd hier im Löwen?«, fragte Elisabeth, einer Eingebung folgend.

Frieda stand da, als habe sie einen Stock verschluckt, doch dann nickte sie zaghaft.

Elisabeth hatte also richtig geraten. Ihre bezaubernde Goldmarie hatte noch mehr Verehrerinnen. »Verstehe. Sie ist sehr schön, deine Julie«, sagte sie und ging vor dem Mädchen in die Knie, um ihm ins Gesicht sehen zu können. »Hast sie wohl gern?«

Frieda nickte wieder, und als sie merkte, dass Elisabeth ihr nicht böse war, fasste sie etwas mehr Mut. »Ich hab sie sehr lieb«, flüsterte sie.

»Und wer bist du? Sind die Gastleute deine Eltern?«

Sie schüttelte den Kopf. »Tante und Onkel«, stieß sie hervor.

»Und was ist mit deinen Eltern?«

Sie hob die Schultern, als wüsste sie es nicht, doch dann schüttelte sie wieder den Kopf. »Sind tot.«

»Und darum lebst du bei deiner Tante und deinem Onkel?«

Sie nickte, ohne aufzublicken. Elisabeth rief sich das Wirtshausehepaar ins Gedächtnis, die herbe, etwas hochmütige Wirtin und ihren verschlagen wirkenden Ehemann. »Wie alt bist du, Frieda?«

»Ich bin neun.«

Elisabeth hielt immer noch ein wenig unschlüssig das Buch in der Hand. »Und wo hast du so gut lesen gelernt?«

»In der Schule«, erklärte die Kleine. »Ich will es Julie beibringen.« Es war ihr erster richtiger Satz, offenbar hatte sie Vertrauen zu ihr gefasst, und Elisabeth überkam augenblicklich eine tiefe Rührung ob dieser hehren Absicht.

»Verstehe«, sagte sie. »Aber du musst auch verstehen, dass man nichts verschenken kann, was einem nicht gehört. Und man darf niemanden bestehlen. Das weißt du doch?«

Die Kleine nickte, und dann hielt Elisabeth ihr das Buch hin. »Hier, nimm. Ich schenke es dir.«

Frieda riss die Augen auf, und als sie zu Elisabeth aufsah, sprach aus ihrem Blick grenzenlose Verwunderung. Ganz gewiss hatte sie mit Schlägen oder Schlimmerem gerechnet.

»Und nun lauf. Ich wünsche viel Erfolg«, sagte Elisabeth und hielt ihr die Tür auf. Ehe sie sich versah, war das seltsame Mädchen weggerannt.

7

MARIE WURDE OHNE GROSSEN Aufwand beerdigt. Ein paar Leute aus dem Dorf kamen, hauptsächlich Frauen. Die Ansprache des Pfarrers fiel kurz aus, und Johann sagte gar nichts. Er sprach nur stumm ein Gebet für Marie, vor allem, um seiner Schwester einen Gefallen zu tun, weil sie es so gewollt hätte, denn er glaubte nicht an Gott, jetzt erst recht nicht mehr. Dann lief die traurige kleine Prozession hinter dem Kindersarg her bis zum Friedhof. Gleich im Anschluss an die Beisetzung zerstreuten sich die Menschen wieder so rasch, als wären sie nie da gewesen. Einen Leichenschmaus gab es nicht, und damit hatte wohl auch niemand gerechnet. Johann hätte sich den nicht leisten können. Er hätte erst einmal ein paar Dinge aus seinem Besitz zu Geld machen müssen, und dafür hatte die Zeit nicht gereicht.

Einige Tage später wanderte Johann unruhig durch die leeren Räume seines einsamen Zuhauses. Groß war es nicht. Es gab eine kleine Stube mit zwei winzigen Fenstern, vor denen die grau gewordenen Häkelgardinen seiner Mutter hingen. Hinten links ging von einer schmalen Diele mit einem Fußboden aus gestampftem Lehm die dunkle Küche mit der offenen Feuerstelle ab, und rechts, im ehemaligen Stall, lag die Werkstatt, in der sein Vater seine Gerätschaften für die Goldwäscherei aufbewahrt und mit Hilfe von Quecksilber das Gold von den unreinen Metallen geschieden hatte.

Lange stand Johann in dem kleinen Raum, während er an die vergangenen Jahre dachte, in denen sein Vater für das Recht, Gold aus dem Rheinsand herauszuwaschen, eine hohe Gebühr an die Geldeintreiber des Markgrafen bezahlt hatte. Die Gewinne aus dieser Tätigkeit hatten den Familientisch mehr schlecht als recht gedeckt. Auf einen guten Monat waren oft fünf oder sechs gefolgt, in denen sich kaum ein Stäubchen Rheingold fand, und der Sand, der nach dem Sieben und Waschen übrigblieb und sich als Löschsand verkaufen ließ, hatte diesen Misserfolg in keiner Weise ausgeglichen. Johanns Mutter hatte die Sturheit seines Vaters viel Kummer bereitet, vor allem, da er seinen Acker darüber immer mehr vernachlässigt hatte und von seiner wenig gewinnbringenden Schatzsuche partout nicht ablassen wollte.

Die Ehe seiner Eltern war kompliziert gewesen. Ein Knielinger Katholik, der eine Eggensteiner Protestantin heiratete – das war in keinem der beiden Dörfer gerne gesehen gewesen. Und noch dazu war Johanns Mutter die Tochter eines ambitionierten Mannes gewesen, der sie neun Jahre lang auf die Schule geschickt hatte – wo doch jeder wusste, dass zu viel Bildung einem Mädchen schadete. Doch im Bürgertum galten andere Regeln, und Johanns Mutter hätte einen reichen Mann heiraten sollen und nicht so einen vergleichsweise armen Schlucker, wie sein Vater einer gewesen war.

Johann wusste nicht genau, wie es angefangen hatte zwischen den beiden, aber er konnte es sich ungefähr vorstellen. Vermutlich war seine Mutter als junges Mädchen – sie war bei ihrer Eheschließung knapp achtzehn Jahre alt gewesen – dem Charme und den Versprechungen seines Vaters schlichtweg erlegen. Sein Vater hatte wie ein Mann von Welt reden können und sich besser als andere gekleidet. Er hatte auch gut ausgesehen, und seine Mutter hatte oft betont, wie sehr Johann ihm äußerlich ähnelte. Johann war das eher unangenehm, doch er konnte sich bei jedem Blick in den Spiegel davon überzeugen. Er besaß den gleichen kastanienbraunen, dichten Haarschopf, die gleichen markanten Gesichtszüge und diese braunen, goldgesprenkelten Augen. Sein Vater hatte allerdings einen Bart getragen, weshalb Johann sich angewöhnt hatte, sein Kinn glatt zu rasieren. Trotzdem war die Ähnlichkeit unverkennbar – und so wie seine Mutter ihn immer angesehen hatte – mit einer Mischung aus Stolz und Traurigkeit im Blick –, hatte Johann manches Mal gedacht, dass sie seinen Vater in ihm sah. Seinen Vater, wie er früher einmal gewesen war, das heißt, bevor er sie enttäuscht hatte, weil sie an seiner Seite nicht das Leben hatte führen können, das er ihr einst versprochen hatte.

Der Heirat mit dem »Knielinger König«, wie sich sein Vater gerne selbst genannt hatte, hatten die Eltern seiner Mutter nur gezwungenermaßen zugestimmt – sie erwartete nämlich ein Kind. Und dieses Kind war er gewesen. Johann. Zu Beginn war es noch einigermaßen gutgegangen, doch spätestens mit der Geburt der Zwillinge vor sieben Jahren – zu dieser Zeit hatte sich Vater ganz und gar der Goldwäscherei verschrieben – hatte die Pechsträhne der Familie begonnen. Schwierig war es zuvor auch schon gewesen. Seine Mutter hatte ihren Kindern zwar lesen, schreiben und rechnen beigebracht, doch zum Auskommen nichts beitragen können. Ihre Mitgift war klein ausgefallen, eine Strafe dafür, dass sie einen Mann entgegen den Vorstellungen ihrer Eltern geheiratet hatte.

Johann stand immer noch in der Werkstatt seines Vaters und sah auf das Sammelsurium an Gegenständen auf dem

Tisch. Dann schnellte sein Arm vor und fegte alles, was sich auf der Werkbank befand, zu Boden. Mit schweren Schritten ging Johann zurück ins Haus und die Treppe hinauf in die Schlafkammer seiner Eltern, in der zuletzt Marie gelegen hatte. Dort ließ er sich auf das leere Bett sinken. Seine Geschwister und seine Eltern waren nun alle miteinander tot. Kurz nach dem ersten Hochwasser im Januar des vergangenen Jahres war zuerst sein Vater gestorben, dann, im kalten, nassen Sommer seine beiden kleinen Brüder und im Herbst seine Mutter, vermutlich an gebrochenem Herzen. Und nun also auch Marie, die bis dahin versucht hatte, ihm den Haushalt zu führen.

Als Marie krank geworden war, hatte er sich zunächst keine allzu großen Sorgen gemacht. Fast alle Kinder bekamen regelmäßig das Wechselfieber, und auch Marie hatte es als Dreijährige schon das erste Mal gehabt und dann jedes Jahr wieder – und immer war alles gutgegangen. Da hatte allerdings auch seine Mutter noch gelebt. Johann erinnerte sich noch gut an ihre sanften Hände. Wie sie sich kühl und tröstlich auf seine Stirn gelegt hatten, wenn er krank gewesen war. Vielleicht würde Marie ja noch leben, wenn er mehr Zeit an ihrem Bett verbracht hätte. Wenn er seine Hand auf ihre Stirn gelegt hätte. Doch er hatte seine Hände fürs Geldverdienen gebraucht. Johanns Trauer um Marie, die Enttäuschung über sein Versagen und das stille Entsetzen über seine verzweifelte Tat verbanden sich in seinem Magen zu einem scharfen Brennen. Er musste sich dem Unumstößlichen stellen. Er hatte nichts mehr – kein Land und keine Familie. Es gab nicht das Geringste, was ihn noch in Knielingen hielt.

8

BEI EINBRUCH DER DÄMMERUNG machte sich Julie mit dem leeren Korb in der Hand auf den Weg zurück in den *Löwen*. Sie ließ sich Zeit, summte ein Lied und schlenkerte dabei mit dem Korb, um sich selbst aufzumuntern, doch es nützte nichts – sie sorgte sich um Ruth. Die Leute redeten schlecht über sie. Noch ließen zwar manche Frauen im Ort sie rufen, wenn sie ein Kind erwarteten, aber auch nur, weil sie Muttchen gekannt hatten. Obwohl aus Ruth eine ausgezeichnete Hebamme geworden war, wurden es immer weniger, und Julie konnte als Magd nicht genug verdienen, um sie beide zu ernähren, und Gundel war alles andere als großzügig. Plötzlich fiel Julie ein, dass Herbert ihr wahrscheinlich von den gestohlenen Lebensmitteln erzählt hatte. Beim Gedanken an die Strafe, die sie bestimmt im Gasthaus erwartete, wurde sie noch ein bisschen langsamer.

Julie näherte sich der Kirche. Wie entsetzt der Pfarrer sie angesehen hatte, bevor er heute im Gottesdienst zusammengeklappt war. Sie fragte sich, ob es ihm inzwischen wohl schon wieder besser ging. Die Kirche war Teil eines ehemaligen Kapuzinerklosters, das kurz nach Julies Geburt aufgelöst worden war, so wie fast alle Klöster der Gegend. Das Pfarrhaus, in dem der Pfarrer wohnte, lag in einem der langgestreckten Gebäude, die direkt ans Kirchenschiff angrenzten und in denen früher die Mönche gelebt hatten. Als Julie das Tor erreichte, das in den Hof führte, konnte sie nicht widerstehen. Sie hielt an, drückte vorsichtig die Klinke herunter und lehnte sich mit der Schulter dagegen. Es sprang tatsächlich auf. Julie schlüpfte hindurch.

Mittlerweile war es beinahe dunkel geworden, aber im Haus war Licht. Flackernd fiel es aus einem der hinteren Fenster in den Hof. Pfarrer Wurm musste nicht sparen, er entzündete wahrscheinlich schon am Nachmittag die ersten Kerzen, dachte Julie, stellte den Korb ab, streifte ihre Holzpantinen von den Füßen und schlich in Richtung des Fensters. Sie wollte mal nachsehen, was er so trieb.

Julie stellte sich auf die Zehenspitzen, doch das Fenster lag zu hoch, ihre Nasenspitze reichte nicht einmal bis zur Brüstung. Sie sah sich im Hof nach etwas um, das sie als Trittleiter nutzen konnte, und fand einen Stuhl, bei dem ein Bein fehlte. Sie lehnte das wacklige Sitzmöbel an die Wand, kletterte, sich am Fenstersims festhaltend, vorsichtig hinauf und lugte hinein.

Bei dem Raum, der sich vor Julie auftat, handelte es sich offenbar um eine Art Kapelle. An der Wand, dem Fenster direkt gegenüber, hing über einem kleinen, mit einem Tuch abgedeckten Altar ein Christuskreuz, vor dem der Pfarrer in gebeugter Haltung kniete. Neben dem Kreuz stand auf einem Sockel eine Figur der Jungfrau Maria mit betenden Händen. Zwei Leuchter, mit je drei Kerzen bestückt, spendeten ein flackerndes Licht, das leidende Gesicht der Jesusfigur und das milde Antlitz der Maria waren gut zu erkennen. Julie bekreuzigte sich hastig, so dass ihr Stuhl ins Wackeln geriet. Rasch hielt sie sich wieder mit beiden Händen fest und schaffte es, ihr Gleichgewicht wiederzufinden.

In dem Moment erhob sich der Pfarrer. Hatte er etwas gehört? Doch er drehte sich nicht zu ihr um, sondern begann, sich zu entkleiden. Verwundert sah Julie zu. Was tat er da nur? Der Pfarrer trug eine weiße Kutte, die in der Taille mit einem groben Strick gegürtet war, und er streifte nun das Oberteil ab, bis er mit entblößtem Oberkörper dastand und sich der Stoff des Kleidungsstücks um seine Hüften bauschte. Entsetzt starrte Julie auf Wurms nackte Haut, der Geistliche sah ja aus wie ein geschundener Gaul! Sein gesamter Rücken war über und über mit roten Striemen und Narben bedeckt, und bevor Julie weiter darüber nachdenken konnte, warum das so war, griff der Pfarrer nach einem Gegenstand, der neben dem Altar an der Wand lehnte.

»Miserere mei, Deus, secundum magnam misericordiam tuam«, hörte Julie ihn beten, natürlich ohne ein Wort zu verstehen, dann ertönte ein scharfes Klatschen, dann noch eines – und Julie begriff erst beim zweiten Mal so richtig, woher es gekommen war. Der Pfarrer schlug sich selbst! Bei dem Gegenstand, den er in der Hand hielt, handelte es sich um eine dreischwänzige lederne Peitsche, die an den Enden mit dicken Knoten versehen war – und er misshandelte damit seinen eigenen Rücken. Nach dem dritten Peitschenhieb stöhnte Wurm vor Schmerz auf und hielt mit dem Schlagen inne. Gleichzeitig wurde sein Beten lauter.

»Miserere mei, Deus, secundum magnam misericordiam tuam«, leierte er wieder und wieder und wiegte sich dabei in der Hüfte, neigte seinen Kopf in Richtung des Altars.

Dann hob er die Peitsche erneut. Noch einmal drei Schläge folgten, und Julie sah mit Grausen, wie sich der Rücken rot verfärbte, als das Blut nun aus den offenen Wunden zu strömen begann. Julies Blick fiel wieder auf den Christus, dessen Gesicht nun nicht mehr stummes Leiden widerspiegelte, sondern sie direkt anzuschauen schien, als wollte er sie, die heimliche Beobachterin, entlarven. Julie wollte gerne fliehen und konnte sich doch nicht von dem Anblick lösen.

Wieder und wieder hob Wurm die Peitsche, um sich zu schlagen. Sein Beten und sein Schreien wurden lauter, dunkles Blut floss aus den Wunden. Doch dann verstummte er plötzlich, fiel zur Seite und rührte sich nicht mehr.

Julie starrte auf die reglose Gestalt, sah zum Jesus und zur Jungfrau, die im Kerzenlicht lebendiger wirkten als dieser Haufen auf dem Boden. So arg, wie sich der Pfarrer zugerichtet hatte, war nicht auszuschließen, dass er sich selbst zu Tode geprügelt hatte.

Oder aber, er lebte noch und brauchte Hilfe.

Ratsuchend blickte sie zur Marienfigur, die ihr zuzunicken schien. Und obwohl Julie Angst hatte und ihr Herz wie wild schlug, entschied sie, dass sie zumindest nach ihm sehen musste. Immerhin hatte sie viel von Muttchen gelernt und verstand sich ein bisschen auf Krankenpflege.

Vorsichtig stieg sie von dem wackeligen Stuhl wieder herunter und ging an der Wand entlang, bis sie zu einem Schuppen kam, dessen Tür offenstand. Darin war es allerdings richtig dunkel. Sie tastete sich weiter vor, stolperte beinahe über einen Hackklotz, in dem ein Beil steckte, und fand schließlich, wie sie gehofft hatte, eine zweite Tür, die ins Haus führte und sich öffnen ließ. Julie brauchte einen Moment, um sich zu orientieren, doch dann machte sie vorsichtig ein paar Schritte weiter vorwärts, bis sie in einem Gang stand, der an seinem entgegengesetzten Ende von einer unsichtbaren Lichtquelle erhellt wurde. Sie lauschte. Alles war still. Sie ging auf das Licht zu und erreichte eine geöffnete Tür, durch die sie in den Raum blickte, den sie zuvor vom Fenster aus gesehen hatte. Es roch nach einer Mischung aus Wachs, Schweiß und Blut. Der Pfarrer lag immer noch reglos vor dem Altar, und weil Julie nur seine

Umrisse sehen konnte, trat sie vor, nahm einen der beiden Leuchter vom Sims neben dem Christuskreuz und stellte ihn auf den Boden.

Wurm war bewusstlos und lag mit angewinkelten Beinen seltsam in der Hüfte verdreht auf seinem geschundenen Rücken. Das Gesicht wies in Richtung Decke, sein Kinn war zurückgefallen, der Mund stand offen. Julie wusste, dass es gefährlich sein konnte, ihn so liegen zu lassen. Manchmal erstickten Menschen an ihrer eigenen Zunge, also überwand sie ihre Furcht und beugte sich über ihn. Eben in dem Moment, wo sie ihn an den Schultern packte, um ihn auf die Seite zu drehen, schlug er die Augen auf und starrte sie an. Im nächsten Moment schnellte auch schon seine Hand vor und er packte mit einem Klammergriff ihr Handgelenk. Julie erschrak heftig. Einen Moment lang glaubte sie, ihr Herz würde einfach zu schlagen aufhören.

»Du. Du. Du …«, stammelte der Pfarrer mit weit aufgerissenen Augen.

Julie starrte ihn entsetzt an. Sie wollte etwas sagen – was hatte er denn, sie war's doch nur –, doch es kam nur ein kläglicher Ton aus ihrem Mund.

Genauso plötzlich, wie er sie gepackt hatte, ließ der Pfarrer sie jetzt wieder los und stieß sie von sich. Julie fiel hintenüber und wich auf dem Boden rückwärts kriechend möglichst weit von ihm zurück, bis sie an die Wand unter dem Fenster stieß, und Wurm, der sie die ganze Zeit über ebenfalls nicht aus den Augen ließ, robbte währenddessen in Richtung Tür. Nun saß Julie in der Falle. Sie wäre jetzt nur zu gerne geflohen, doch er versperrte ihr den Weg.

Wurm fuhr fort, unverständliche lateinische Worte vor sich hinzusprechen, während er sich hochstemmte und schwankend zum Stehen kam. Die halbnackte Gestalt, die nun vor ihr aufragte, machte Julie entsetzliche Angst. Mit einem großen Schritt war Wurm bei ihr.

»Ich weiß, wer du bist«, brüllte er.

»Julie. Ich bin's nur, Julie«, stieß Julie hervor, doch der Pfarrer schien sie nicht zu hören. Er packte wieder ihren Arm, zerrte sie vom Boden hoch und hatte plötzlich ein Seil in der Hand, damit fesselte er ihre Handgelenke vor dem Körper zusammen. Dann nahm er den Leuchter vom Boden und zerrte sie den Gang entlang in die Richtung, aus der sie zuvor gekommen war, bis sie in dem Schuppen standen. Dort stellte er den Leuchter auf einem Tisch ab.

Die ganze Zeit über hatte Wurm Julie fest im Griff. In seinem zügellosen Zorn, dessen Ursache Julie nicht verstand, besaß der schmächtige Pfarrer viel mehr Kraft, als sie für möglich gehalten hätte. Nun packte er mit einer Hand ihren Zopf, der lang über ihrem Rücken hing. Seine Faust umschloss ihr Haar dicht am Kopf, zog und zerrte an ihm, dass es schmerzte, und stieß sie nun in Richtung des Hackklotzes. *Jetzt will er mir den Kopf abhauen*, dachte Julie entsetzt.

»Nein! Nein! Hilfe! Hilfe!«, schrie sie.

»Sei still! Halt dein Maul, Teufel«, brüllte Wurm dicht an ihrem Ohr. Er stieß ihr von hinten so heftig in die Knie, dass sie zu Boden ging, zog die Axt aus dem Holz und drückte ihren Kopf seitlich auf den Klotz. Julie roch die Späne, die auf dem Boden lagen, spürte die raue Oberfläche an ihrer Wange und hörte das Rumoren des Pfarrers nur noch dumpf, während er fest auf ihr Ohr und ihren Kopf drückte. Mit ihren gefesselten Händen konnte sie sich nicht wehren. Hilflos kniete sie da, weinte und erwartete ihr Schicksal.

Wurm begann wieder mit seiner lateinischen Litanei, leierte irgendetwas vor sich hin. Dann nahm er die Axt, holte aus und schlug zu. Julie spürte wie die Axt gleich hinter ihr ins Holz des Klotzes drang.

Dann wurde es plötzlich still – und dunkel. Der Pfarrer war weg und hatte die Kerzen mitgenommen. Niemand hielt sie mehr fest. Julie verharrte trotzdem noch eine ganze Weile wie gelähmt in der Finsternis, unsicher, ob ihr Schädel wirklich noch auf ihrem Hals saß. Dann bewegte sie sich schließlich vorsichtig und hob den Kopf. Alles war noch dran. Julie lauschte, glaubte, seine Schritte zu hören. Sie musste sich beeilen. Obwohl ihr schwindelig war, tastete sie sich mit den verschnürten Händen in Richtung Ausgang, fand die Tür des Schuppens, taumelte über den Hof und stürzte aus dem Tor hinaus auf die Straße. Pantinen und Korb lagen noch immer im Hof, aber nach denen hätte sie jetzt nicht suchen können, keine Sekunde länger hätte sie dort mehr bleiben wollen. Julie rannte barfuß die Straße entlang. Die Vorstellung, der Pfarrer könnte sie verfolgen, gruselte sie so sehr, dass sie, zusätzlich behindert durch die zusammengebundenen Hände, fast ins Straucheln geriet. Zum Glück war niemand sonst unterwegs. Erst in Sichtweite des *Löwen* verlangsamte sie ihre Schritte und blieb schwer atmend hinter einer Hausecke stehen. Sie hatte Wurm zuvor immer eher komisch denn furchteinflößend gefunden, doch damit war es nun vorbei. Nun machte er ihr Angst, und das schauerliche Bild seines blutigen Treibens hatte sich ihr eingeprägt und würde vermutlich nie wieder verblassen. Immer wieder blickte sie über ihre Schulter zurück, aber Wurm war nicht zu sehen. Sie war erleichtert und jetzt nur noch von dem Wunsch beseelt, unbemerkt in ihre Kammer zu gelangen.

Vor dem Gasthaus verabschiedeten sich Gregors Verlobte Walburga und ihre Eltern gerade von Gregor, Gundel und Herbert. Walburgas Vater saß bereits auf seinem zweispännigen Fuhrwerk, die Zügel in der Hand. Endlich fuhr das Fuhrwerk rumpelnd an, und Julie konnte von den drei Kühns unbemerkt, die ihr nun den Rücken zukehrten, im Durchgang zwischen Gasthaus und Nachbargebäude verschwinden. Sie zwängte sich durch den efeuüberwucherten Spalt, der in den Hinterhof führte. Zum Glück war der Mond aufgegangen, der ein wenig Licht spendete. Sie fand das Beil, klemmte es sich mit der Klinge nach oben zwischen die Knie und begann, das Seil durchzusäbeln, mit dem Wurm ihre Hände gefesselt hatte. Tränen tropften ihr von den Wangen, und sie presste ihre Lippen aufeinander, um ja nicht laut aufzuschluchzen. Sie durfte keinen Lärm machen. Endlich hatte sie es geschafft, sie war befreit. Hastig huschte sie ins Haus.

9

ELISABETH WAR AN DIESEM ABEND früh zu Bett gegangen, konnte jedoch nicht einschlafen. Peter war fort. Sie hatten am Nachmittag eine heftige Auseinandersetzung gehabt, und dieser Streit hing ihr immer noch nach. Er war, wie sie vermutet hatte, mit der *Kölnischen Zeitung* unter dem Arm von der Poststation zurückgekommen und hatte ohne Umschweife verkündet, dass sie sich noch am selben Tag auf die Rückfahrt nach Köln machen mussten. Der Anlass dafür waren irgendwelche handelsrechtlichen Beschlüsse, die der Magistrat der Stadt verabschiedet hatte, ohne zuvor die Handelskammer zu konsultieren, der Peter angehörte. Das wäre ein unerhörter Vorgang, hatte er sich ereifert, den man den Stadtoberen keinesfalls durchgehen lassen dürfe.

Elisabeth hatte natürlich versucht, ihn umzustimmen. »Du bist doch nicht alleine dafür zuständig. Du hast Kollegen«, hatte sie gesagt.

»Diese Sache ist zu wichtig, und beschlussfähig sind wir nur gemeinsam.«

»Aber kommt es wirklich auf die paar Tage an? Du und ich, wir sind schon seit Jahren nicht mehr zusammen verreist, und kaum unterwegs, willst du schon wieder abbrechen.«

»Sei nicht kindisch, Betty«, hatte Peter geantwortet. »Wir sind schon seit einer Woche unterwegs.«

»Eine Woche, in der du mehr Zeit mit deiner Korrespondenz und deinen Studien verbracht hast als mit mir«, hatte sie geantwortet und sich von ihm abgewandt, damit er ihre Tränen nicht sah. Sie hatte hören können, wie er in ihrem Rücken damit begann, seine Sachen zu packen. Nach einer Weile war er zu ihr gekommen und hatte sie umarmt.

»Sei mir nicht böse, Betty. Ich weiß, du wolltest auf den Rochusberg. Ich verspreche dir, wir holen die Fahrt im nächsten Frühjahr nach.«

Doch Elisabeth hatte in der Zwischenzeit einen Entschluss gefasst. Sie tupfte sich Augen und Nase mit einem Taschentuch ab, dann sagte sie: »Ich bin dir nicht böse, Peter. Aber du darfst es mir auch nicht sein.«

»Weswegen?«

»Weil ich nicht mit dir mitkommen werde.«

Peter schüttelte verwirrt den Kopf. »Was hast du vor?«

»Ich werde hierbleiben.«

»Hier in Bacharach? Das kann doch nicht dein Ernst sein.«

»Warum denn nicht?«, sagte sie trotzig.

»Schiefe Häuser, dunkle Gassen und eine schaurige Legende über einen Mord.« Peter war sehr verstimmt. Ihm war deutlich anzumerken, wie unvernünftig er sie fand. »Was gefällt dir nur daran?«

»Das hier ist ein schönes Zimmer. Ich werde schreiben und spazieren gehen. Mach dir also bitte keine Sorgen um mich. Ich komme schon zurecht.«

Das Gespräch war noch eine ganze Weile weitergegangen, aber sie war standhaft geblieben – und schließlich war ihrem Mann nichts anderes übriggeblieben, als ohne sie abzureisen. »Nimm du ruhig die Kutsche«, hatte sie zu ihm gesagt. »Du kannst mich hier in einer Woche abholen lassen – oder ich fahre mit der Postkutsche zurück.«

Ob sie Peter einen Brief schreiben sollte? Sie verwarf die Idee sofort wieder. Sie war noch viel zu verärgert, da würde nichts Gutes dabei herauskommen. Lieber wollte sie an ihren »Reisebriefen vom Rhein« weiterarbeiten. Sie zündete eine Kerze an, schlüpfte in ihren Morgenmantel und setzte sich an den Sekretär.

Hoch über der altertümlichen Stadt Bacharach thront die Ruine der Burg Stahleck, begann sie, doch dann geriet sie schon wieder ins Stocken. Die Feder schwebte eine Weile unentschlossen über dem Papier, bevor sie sie zurück auf die Ablage legte.

Noch nie zuvor hatte sie mit ihrem Mann eine so heftige

Auseinandersetzung gehabt, dachte sie, und noch nie hatte sie ihren Willen so unerbittlich gegen ihn durchgesetzt wie heute. Das war keiner von ihnen beiden gewöhnt. Und leider fühlte es sich für sie auch nicht wie ein Sieg an. Im Gegenteil. Die Enttäuschung, dass Peter ohne sie abgereist war, nagte an ihr.

Herr Noelle fiel ihr ein. Er hatte sie gefragt, wo sie und Peter sich kennengelernt hatten. »Im Internat. Ich war Schülerin und mein Mann ein Hilfslehrer«, hatte Elisabeth gesagt und mit Peter ein konspiratives Lächeln getauscht. Wehmütig dachte sie nun an ihr stürmisches Kennenlernen und die abenteuerlichen Umstände ihrer Eheschließung zurück. Peter hatte wirklich fast nichts besessen und sich sein dürftiges Gehalt als Kommis aufgebessert, indem er in einer Schule für höhere Töchter Unterricht gab. Er war in jenem Sommer, als sie sich regelmäßig heimlich trafen, zweiundzwanzig und sie siebzehn Jahre alt gewesen. Elisabeth war vollkommen hingerissen gewesen von dem gutaussehenden, gebildeten Mann, der so eloquent reden konnte und sie so stürmisch umwarb. Ihre Eltern hatten diese Liaison allerdings vollkommen abgelehnt, und als Elisabeth klar geworden war, dass sie ihr niemals ihr Einverständnis geben würden, hatte sie entschieden, fortzulaufen und sich heimlich mit Peter trauen zu lassen.

Ein mittelloser Protestant, der eine Tochter aus reichem katholischem Haus entführt und heiratet! Das war nicht nur für Elisabeths Eltern, sondern für ganz Köln ein Skandal gewesen, und Vater und Mutter hatten den Kontakt zu der missratenen Tochter daraufhin abgebrochen. Peter verfolgte jedoch zielstrebig seine Pläne und machte innerhalb kurzer Zeit Karriere als selbständiger Kaufmann. Er hatte gemeinsam mit einem Kompagnon zeitweise sogar das Monopol auf den Salzverkauf in und um Köln besessen. Während der Kontinentalsperre durch die Franzosen hatte er den Salz- und Gewürzhandel jedoch genau zum richtigen Zeitpunkt aufgegeben, um sich stattdessen auf Speditions-, Kommissions- und Bankgeschäfte zu konzentrieren. Mit wachsendem Wohlstand fügten sich Peter und Elisabeth problemlos in die Kölner Gesellschaft ein. Mehr noch, man riss sich förmlich um ihre Bekanntschaft, und Peter, der erfolgsverwöhnte Kaufmann mit den modernen Ideen, wurde immer häufiger mit vertrauensvollen Aufgaben und städtischen Ämtern betraut. Schließlich gaben auch Elisabeths Eltern ihren Widerstand gegenüber ihrem Schwiegersohn nach achtzehn Jahren endlich auf.

Keine Frage, Peter und Elisabeth Merkens hatten alles erreicht, was möglich war. Elisabeth war nun die Ehefrau eines erfolgreichen Kölner Geschäftsmanns, sie konnten sich genügend Personal, ein schönes Haus und sogar eine eigene Kutsche leisten. Kein Grund also, sich zu beklagen – und doch machte die materielle Sicherheit Elisabeth nicht glücklich. Waren nicht die ersten Jahre ihrer Ehe, in denen sie nur einander gehabt und sehr bescheiden gelebt hatten, in Wahrheit ihre glücklichsten gewesen?

Sie warf noch einen Blick auf die einzelne Zeile, die sie geschrieben hatte, dann stand sie seufzend auf, trat ans Fenster und schaute auf die Straße hinunter. Draußen vor dem Haus stand ein Fuhrwerk, die Kühns verabschiedeten gerade ihren Besuch. Die junge Frau, die mit ihren Eltern gekommen war, war die Verlobte von Gregor Kühn, das hatte ihr eine von den Mägden bereitwillig erzählt. Doch dann erregte eine andere Gestalt Elisabeths Aufmerksamkeit, die geduckt die Straße entlanggerannt kam, an einer Hausecke stehen blieb und ganz offensichtlich unbemerkt bleiben wollte. Elisabeth sah genauer hin. Das war sie doch, die hübsche Blonde, Juliane, wie sie richtig hieß, was Elisabeth ebenfalls von der redseligen Magd erfahren hatte. Ein wunderbarer Name, der zu ihr so viel besser passte als Julie. Elisabeth erkannte das Kleid und im bläulichen Mondschein auch das Gesicht. Aber irgendetwas schien nicht in Ordnung zu sein. Das Mädchen drehte sich immer wieder um und wirkte beinahe so, als wäre es auf der Flucht. Die Kutsche fuhr an und Juliane verschwand aus Elisabeths Blickfeld.

Elisabeth überlegte nicht lange, ihre Neugierde war geweckt. Sie kannte sich mittlerweile gut genug im Haus aus, um zu wissen, wo sich die schmale Treppe befand, die von unten direkt nach oben zu den Kammern der Mägde führte. Sie zog den Gürtel ihres Morgenmantels fester, nahm die Kerze, trat auf den Flur hinaus und ging den Gang entlang, bis sie die Treppe erreichte. Zunächst blieb alles ruhig. Unten aus der Gaststube konnte sie hören, wie sich die letzten Zecher verabschiedeten, aber von dem Mädchen war nichts zu hören und zu sehen. Einige Minuten vergingen, und gerade als Elisabeth zurück in ihr Zimmer gehen wollte, erschien es doch noch, schlich mit einem brennenden Kerzenstummel in der Hand die Treppe herauf und bemerkte vor lauter Anstrengung, keinen Lärm zu machen, nicht, dass dort oben jemand stand und auf es wartete.

»Nicht erschrecken«, sagte Elisabeth leise, aber Juliane fuhr trotzdem zusammen. »Ich bin es nur«, sprach Elisabeth rasch weiter. »Wir haben uns heute auf der Burg getroffen.«

Elisabeth hielt die Kerze höher, um ihr Gesicht zu beleuchten, der Lichtschein fiel auch auf das Mädchen. Sie sah zerzaust und geschunden aus, auf ihrer Wange waren rote Male zu sehen.

»Was ist passiert?«, fragte Elisabeth erschrocken.

Das Mädchen wich ihrem mitfühlenden Blick aus.

»Was ist mit deinen Haaren?«

Juliane griff sich an den Kopf und sah Elisabeth fragend an.

»Sie sind kurz. Abgeschnitten«, sagte Elisabeth. Der gülden schimmernde Zopf, der Julie zuvor bis zur Hüfte gereicht hatte, endete nun auf Höhe der Schulterblätter.

Juliane tastete nach ihrem Zopf und griff ins Leere. Nun füllten sich ihre Augen mit Tränen.

»Du hast nichts davon gewusst?«

Das Mädchen schüttelte den Kopf.

»Wer war das? Wer hat das getan?«

Es gab keine Antwort.

»Du armes Kind. Komm mit, und lass mich dir helfen«, sagte Elisabeth sanft. Sie wies einladend den Gang hinunter in Richtung ihres Zimmers. »Vor mir brauchst du keine Angst zu haben. Ich bin deine Freundin. Und ich bin allein, mein Mann ist heute abgereist.«

Immer noch ein bisschen zögerlich setzte Juliane sich in Bewegung. Schließlich in ihrem Zimmer angelangt, schloss Elisabeth sofort die Tür von innen ab, was das Mädchen mit einer gewissen Erleichterung zu registrieren schien.

»Willst du mir nicht erzählen, was geschehen ist?«, fragte Elisabeth, während sie geschäftig umherging und weitere Kerzen anzündete. Aber es dauerte noch eine ganze Weile und erforderte viel gutes Zureden, bis Elisabeth von Juliane eine etwas verworrene Geschichte erfuhr. Elisabeth verstand nicht alle Details, doch eines begriff sie sehr wohl, auch wenn sie es kaum glauben konnte – der anfällige Pfarrer Wurm, eben jener, der am Morgen den Gottesdienst abgehalten hatte, hatte Julie mit einer Axt die Haare abgehackt. Daher kamen also auch die roten Schrammen in Julies Gesicht.

Der Pfarrer! Elisabeth musste sehr an sich halten. Was war nur in diesen Mann gefahren, einem jungen Mädchen so etwas anzutun?

»Sagen Sie nichts! Zu niemandem! Versprechen Sie mir, dass keiner etwas davon erfährt!«, beschwor Juliane sie, die langsam zu dem forschen Wesen zurückfand, das Elisabeth oben auf der Burg kennengelernt hatte.

Elisabeth versprach es ihr ein wenig widerstrebend. »Aber wir müssen irgendwas mit deinen Haaren anstellen. Darf ich?«

Juliane nickte zögernd, und Elisabeth trat näher, nahm ihr die Haube vom Kopf und löste sanft die Reste des geflochtenen Zopfs, um sich den Schaden genauer zu besehen. Ein frischer Duft stieg aus den Haaren auf, der sie an einen Sommertag am Meer denken ließ, und die blonden Strähnen fielen geschmeidig über ihre Finger. Dieses Mädchen war wirklich ein wunderbares Wesen. Die zarte Haut im Nacken lag nun frei und wirkte sehr verlockend auf Elisabeth. Am liebsten hätte sie sie mit den Lippen berührt und einfach so einen Kuss darauf gedrückt, doch sie beherrschte sich und begnügte sich damit, wie zufällig mit den Fingerspitzen darüber zu streichen.

»Vertraust du mir?«, fragte sie.

Juliane nickte wieder und betrachtete staunend Haarbürste, Kamm und Schere, die Elisabeth nun aus ihrem Gepäck zu Tage förderte.

Elisabeth nahm Schere und Kamm zur Hand. »Ich werde dein Haar nicht unnötig kürzer schneiden, nur alles auf eine Länge bringen«, erklärte sie, und dann war für eine Weile nur noch das leise Klappern der scharfen Klingen zu hören. Juliane hielt ganz still.

»Ich könnte dir die Haare zu einem Kranz flechten. Dann sieht niemand, dass ein Stück fehlt«, sagte Elisabeth, als sie fertig war.

Juliane nickte wieder, und Elisabeth begann, ihr Vorhaben in die Tat umzusetzen. Schließlich war ihr Werk vollbracht, und sie steckte die Frisur sorgfältig mit Haarnadeln fest. Die Flechten umwanden Julianes Haupt wie eine Krone. Es sah hinreißend aus.

»Was sagst du?«, fragte Elisabeth und reichte Julie ihren Handspiegel.

»Wie haben Sie das gemacht?«, fragte das Mädchen staunend.

»Strähne für Strähne. Ich kann es dir beibringen, wenn du willst.«

Juliane antwortete nicht. Stumm drehte sie den mit Perlmutt besetzten Spiegel in den Händen.

»Gefällt dir der Spiegel?«, fragte Elisabeth.

»Er ist wunderschön«, sagte Juliane ehrfurchtsvoll und wollte ihn ihr zurückreichen.

»Behalte ihn. Ich schenke ihn dir.«

»Nein, das kann ich nicht annehmen. Man wird denken, ich hätte ihn gestohlen.«

Während Elisabeth den Spiegel zögernd wieder an sich nahm und alles im Etui verstaute, überlegte sie, wie es ihr gelingen könnte, noch ein bisschen mehr Zeit mit Juliane zu verbringen. Dann kam ihr eine Idee. »Ich werde noch ein paar Tage hierbleiben und würde gerne ein bisschen was von der Gegend sehen. Könntest du mir vielleicht das eine oder andere zeigen? Du kennst dich doch hier gut aus.«

»Schon, aber es geht trotzdem nicht. Ich muss morgen wieder arbeiten.«

»Verstehe«, sagte Elisabeth, war jedoch nicht gewillt, ihren Einfall gleich wieder zu verwerfen. Sie würde sich mit ihrer Bitte direkt an die Wirtin wenden.

Juliane hatte die Haube wieder aufgesetzt, die nun die glänzende Pracht ihrer Haare bedeckte, und war schon an der Tür. »Ich werde jetzt gehen.«

»Also dann. Gute Nacht.« Elisabeth reichte dem Mädchen die Hand, das sie schüchtern ergriff.

»Gute Nacht. Und vielen Dank.«

10

JOHANN STAND AM UFER des Rheins und betrachtete den Ort, wo sich früher einmal sein Acker befunden hatte. Seit Wochen war er nicht mehr hier gewesen, aber er sah mit einem Blick, dass die Lage sich verschlimmert hatte.

Seit einem Jahr schon war sein Land überflutet, und inzwischen breitete sich dort, wo er früher Flachs, Hanf und Weizen angebaut hatte, ein Flussarm aus. Das träge dahinfließende Wasser stand etwa hüfthoch, es wirkte harmlos, und doch lugte nur noch eine kleine Insel daraus hervor, eine Erhebung, auf der ein Weidenbaum stand, in dessen Schatten Johann sich früher in der Mittagshitze manchmal ausgeruht hatte. Ein paar Enten stoben aus dem ufernahen Gebüsch auf. Johann wandte sich vom Anblick des schlammbraunen Wassers ab und machte sich auf den Weg zurück nach Hause.

Der nächste Tag war ein Sonntag, und obwohl Johann eigentlich keine Lust hatte, irgendjemanden zu sehen, ging er in die Kirche. Der Gottesdienst war zwar bestimmt schon so gut wie vorbei, aber er wollte sehen, ob er dort nicht einen Kaufinteressenten für sein Haus finden konnte – ja, diesen Schritt hatte er schon viel zu lange vor sich hergeschoben. Es würde ihm die Entscheidung, den Ort zu verlassen, wieder ein Stückchen leichter machen, und er hätte einen Grundstock für einen Neubeginn.

Zu seiner Überraschung war das Gotteshaus so voll wie selten. Sechshundert Menschen lebten im Ort, und bestimmt ein Drittel davon waren gekommen – und das, obwohl Erntezeit war. Und noch immer mehr Leute schoben sich durch das Portal in den Innenraum.

»Was ist denn hier los?«, fragte er einen alten Bauern.

Der musterte ihn überrascht. »Du hast es also noch nicht gehört?«

»Nein. Was denn?«

»Die sind alle wegen dem Rheindurchstich hier.«

Johann zögerte. Anders als sein Vater, der hitzige Debatten geliebt und gerne große Reden geschwungen hatte, hielt er sich aus solchen Dingen lieber heraus. Auch seinem Vater hatte es nichts gebracht, sich einzumischen, eher im Gegenteil. Je wichtiger er sich selbst genommen und je mehr er sich in den Vordergrund gedrängt hatte, desto weniger hatten die Knielinger »den König« gemocht, und während sein Vater zu den Versammlungen gegangen war, hatte Johann nur noch mehr arbeiten müssen. Doch jetzt siegte Johanns Neugierde. Er ging hinein und fand einen Platz direkt neben dem Eingang an der Wand.

Die Knielinger ließen ihn zunächst in Ruhe, kein einziger sprach ihn an. Das war er mittlerweile gewöhnt. Er hatte in den vergangenen anderthalb Jahren so viele Schicksalsschläge wegstecken müssen, dass seinen Mitmenschen inzwischen im Umgang mit ihm die Worte fehlten – und durch seine eigene wortkarge Art hatte er die wenigen Sympathien, die noch verblieben waren, schließlich auch noch verspielt.

Kiefer, der Bürgermeister, stellte sich vorne vor den Altar und verkündete die Neuigkeiten: »Die Männer von Eggenstein haben sich bereit erklärt, den Graben auszuheben. Die Arbeiten am Rheindurchstich sollen noch in diesem Herbst beginnen.«

Sofort erhob sich aufgeregtes Gemurmel, Rufe und Beschimpfungen wurden laut. »Diese Verräter«, rief einer. »Was für Mistkerle«, ein anderer, und noch weitaus schlimmere Ausdrücke dröhnten durch den Kirchraum. Der Tumult steigerte sich, so dass Kiefer nicht sofort weitersprechen konnte.

»Jetzt wartet doch mal«, schrie einer dazwischen und schaffte es tatsächlich, dass man ihm zuhörte. »Werden sie zum Frondienst gezwungen?«

Kiefer schüttelte den Kopf »Nein. Kein Frondienst. Das ist Lohnarbeit«, sagte er, worauf sich die Empörung noch weiter steigerte.

Johann beteiligte sich nicht am Geschrei. Still beobachtete er von seinem Platz aus, wie die anderen sich immer mehr in Rage redeten.

Die Sache mit dem Rheindurchstich war natürlich nicht neu. Seit Jahren schon war bekannt, dass der badische Großherzog Karl den Ingenieur Johann Gottfried Tulla damit beauftragt hatte, dem Oberrhein ein neues Bett zu geben, um die Überschwemmungen in den Griff zu bekommen. Johann hatte diese Vorstellung immer faszinierend gefunden, handelte es sich doch um ein Vorhaben von unvorstellbaren Dimensionen, für das eine Lebensspanne vermutlich nicht ausreichen würde. »Jeder Fluss braucht nur ein Bett«, hatte Tulla als Devise ausgegeben. Vor allem mit dem Argument, dass man mit der Rheinbegradigung Land gewinnen könnte, hatte er die Anrainer auf beiden Seiten des Rheins überzeugt.

Den Bewohnern von Knielingen erschienen die hochfliegenden Pläne allerdings als purer Hohn. Von Landgewinn konnte bei ihnen keine Rede sein, weil sich nämlich die meisten ihrer Felder innerhalb einer Rheinschlinge befanden, die durch einen besonders langen Durchstich abgetrennt werden sollte. Der zuvor mäandernde Rhein würde dadurch begradigt werden, und die Schlinge würde im Laufe der Zeit trockenfallen und verlanden – Land, das sich dann allerdings auf der gegenüberliegenden Rheinseite befand und nicht mehr auf Knielinger Grund. Den Bauern waren zwar Entschädigungen zugesagt worden, doch diese waren keineswegs gesichert. Sie hatten auch bisher nicht erfahren, wo sich das Land befinden würde, das man ihnen als Ersatz zusprechen wollte, womöglich lag es nicht einmal in der Nähe. Auch Johanns Vater hatte sich seinerzeit dem

Protest angeschlossen und sich sogar als einer der Wortführer hervorgetan.

Damals war für ein paar Jahre Ruhe eingekehrt, denn die kriegerischen Auseinandersetzungen mit Frankreich hatten die Umsetzung der wagemutigen Pläne verhindert. Doch nun, nach dem Ende von Napoleons Herrschaft, wollte der Großherzog offenbar keine Zeit mehr verlieren. Er hatte Tulla befohlen, die Verhandlungen wieder aufzunehmen – jetzt nicht mehr mit Frankreich, sondern mit den Bayern, an die das gegenüberliegende Rheinufer gemäß den Beschlüssen aus dem Wiener Kongress gefallen war.

»Moment mal«, rief plötzlich jemand. »Wir haben doch einen halben Eggensteiner unter uns. Johann Königs Onkel, Friedhelm Hecht, ist dort Dammbaumeister.« Der Mann, ein Kerl namens Urban, der mit Johanns Vater, als dieser noch gelebt hatte, häufig aneinandergeraten war, zeigte mit ausgestrecktem Arm auf Johann. Plötzlich richteten sich alle Blicke auf ihn. Ihm wurde unbehaglich zumute. Er nahm die Hände aus den Taschen.

»Was weißt du über die Sache, Johann?«, fuhr Urban fort und hatte dabei einen drohenden Unterton in der Stimme.

»Gar nichts weiß ich«, sagte Johann. »Ich habe eben erst davon erfahren, genau wie ihr.«

»Er könnte doch mit ihm reden«, rief ein anderer. »Johann soll dem Hecht ausrichten, dass die Eggensteiner Männer sich hüten sollen, auf unserem Land zu graben. Jeder, der hier mit einem Spaten aufkreuzt, kann sich auf was gefasst machen. Wir machen ihnen das Leben zur Hölle.«

Das waren drastische Worte, die von Jubel und weiteren Beschimpfungen begleitet wurden, und viele der Anwesenden warfen Johann nun misstrauische Blicke zu. Er hatte sich bei all der Aufregung zurückhalten wollen, doch nun hatte er das Gefühl, sich verteidigen zu müssen.

»Was auch immer ihr mir unterstellt, oder was auch immer ihr von mir fordert, ich muss euch enttäuschen. Ich habe meinen Onkel zuletzt gesehen, als ich fünf Jahre alt war. Ich hatte bis gerade keine Ahnung, dass sich die Eggensteiner am Durchstich beteiligen wollen.«

»Bist du etwa für den Durchstich, Johann?«, fragte Urban scheinbar ruhig und musterte ihn aus schmalen Augen.

»Er ist mir egal«, sagte Johann.

»Egal? Was soll das denn heißen?«, rief einer.

»König ist ein Verräter!«

Johann sah in die erregten Gesichter, und ihm wurde heiß. Seine Mutter war zwar nie sonderlich wohl gelitten gewesen in Knielingen, und sein Vater hatte sich im Laufe der Jahre immer mehr in eine Außenseiterrolle manövriert, die offene Abneigung, die ihm entgegenschlug, überraschte ihn dennoch.

»Der Durchstich ist mir egal, weil ich sowieso von hier fortgehen werde«, fügte er als Erklärung hinzu, um seine Worte weniger drastisch erscheinen zu lassen.

Die Männer schrien weiter durcheinander.

»Lasst ihn in Ruhe! Er hat im letzten Jahr fast seine ganze Familie zu Grabe getragen und jetzt auch noch seine Schwester«, sagte jemand mit lauter tiefer Stimme neben ihm. Es war der alte Bauer, mit dem er vor dem Gottesdienst gesprochen hatte. Johann warf ihm einen dankbaren Blick zu.

»Außerdem war sein Vater immer gegen den Durchstich. Das könnt ihr doch wohl nicht vergessen haben.«

»Nein, das haben wir ganz und gar nicht vergessen«, sagte Urban. »Der König, sein Vater, hat sich aufgedrängt. Er hat sich ja förmlich darum gerissen, eine Petition für uns zu verfassen. Und was hat es uns gebracht? Gar nichts hat es gebracht. Fragt doch den Kiefer, der weiß, wie es gewesen ist.«

Johann biss die Zähne zusammen, um nicht mit einer wütenden Entgegnung herauszuplatzen. Er fing einen Blick von Urbans Frau Agnes auf, die neben ihrem Mann stand und nun den Kopf schüttelte, als wollte sie ihn warnen. Sie war in Johanns Alter, also bestimmt zwanzig Jahre jünger als Urban, und für einen Moment blitzte in Johann die Erinnerung daran auf, wie sie als Kinder miteinander gespielt hatten.

Dem Bürgermeister, der früher immer sehr gerne die Dienste von Johanns Vater in Anspruch genommen hatte, weil er einer der Wortgewandtesten unter den Dorfbewohnern gewesen war, schien die Auseinandersetzung sichtlich unangenehm zu sein.

»Es ist schon richtig, dass es nichts gebracht hat«, sagte er zögernd.

»Hört, hört!«

»Da habt ihr es!«

»Du musst die ganze Geschichte erzählen, Kiefer. Mein Vater konnte nichts dafür«, rief Johann.

»Nein? Wer denn dann?«

»Erklär es ihnen!«, verlangte Johann.

»Wir haben uns an das Landamt in Karlsruhe gewandt und wurden dort an die Direktion des Pfinz-Elz-Kreises verwiesen. Die Direktion hat sich dann an das Ingenieur-Departement und an Tulla persönlich gewandt«, fing Kiefer ein wenig umständlich an zu erklären. Bald entstand wieder Unruhe im Raum.

»Jetzt komm endlich zur Sache!«

»Oberstleutnant Tulla hat das Gesuch abgelehnt, mit der Begründung, dass die Direktion nicht über ihn zu bestimmen habe. Und danach ist alles im Sande verlaufen. Es hat ja auch so ausgesehen, als ob die da oben es sich anders überlegt hätten.«

»Da kam der Krieg gegen die Franzmänner dazwischen. Aber der ist ja nun vorbei«, rief jemand.

»Wir reden und reden. Aber was soll das bringen?«, wandte ein anderer ein. »Ich sage, wir wehren uns mit Gewalt!«

»Ja, wir schlagen einfach jedem, der einen Spaten in die Hand nimmt, um am Durchstich zu arbeiten, den Schädel ein«, schrie sein Nebenmann.

Beides fand wieder allgemeine Zustimmung, und erneut begannen die Männer, durcheinanderzurufen.

»Richtig! Die können sich doch nicht einfach nehmen, was uns gehört.«

»Wir stellen Wachen auf, und sobald es losgeht, überfallen wir sie aus dem Hinterhalt.«

»Genau! Die Eggensteiner sollen sich bloß in Acht nehmen!«

»Wir haben nichts zu verlieren. Das Recht ist auf unserer Seite!«

Johann hatte genug. Er wollte nur noch fort, doch als er sich durch die Menge in Richtung Tür schob, stellten sich ihm ein paar Männer in den Weg.

»Halt! Wohin willst du?«, forderte Urban zu wissen, der sich im Verlauf der Diskussion immer mehr zum Anführer aufgeschwungen hatte, und baute sich mit verschränkten Armen vor ihm auf.

»Nach Hause. Lasst mich durch«, sagte Johann.

»Und woher wissen wir, dass du die Eggensteiner nicht vor uns warnen wirst?«

»Ich sagte doch schon, dass ich seit Jahren keinen Kontakt zu meinem Onkel habe. Meine Familie ist tot, mein Land überschwemmt. Mich hält hier nichts mehr.«

Er war lauter geworden als beabsichtigt, hatte sich breitbeinig hingestellt, jederzeit darauf gefasst, sich zu verteidigen, wenn es nötig war. Und für einen Moment herrschte Stille im Raum.

Johann sah sich um und blickte in die knorrigen, wettergegerbten Gesichter der Knielinger Männer. In der einen oder anderen Miene konnte er sogar so etwas wie Mitgefühl erkennen. Niemand hatte es in den letzten Jahren leicht gehabt, viele hatten Verluste zu beklagen und Opfer bringen müssen, doch Johann hatte es von allen mit am schwersten getroffen.

»Lasst ihn gehen«, sagte nun Kiefer, der etwas erhöht stand, über die Köpfe der anderen hinweg. »Ihr sucht einen Schuldigen, aber Johann ist der Falsche. Der kann nun wirklich nichts dafür.«

Am Abend klopfte es an seine Tür.

Johann reagierte nicht sofort. Er wollte niemanden sehen. Das Erlebnis heute auf der Versammlung hatte ihm deutlich vor Augen geführt, dass er nicht hierhergehörte. Sein Entschluss stand nun fest. Er würde Knielingen den Rücken kehren, und das, auch ohne das Haus verkauft zu haben.

Wieder klopfte es. »Mach auf, Johann! Ich bin's, Kiefer«, rief von draußen eine Stimme.

Johann öffnete die Tür einen Spalt breit. »Was willst du?«

Der Bürgermeister hielt einen Beutel in die Höhe. »Ich hab hier was für dich. Von Cilli.«

Johann zögerte kurz, doch dann ließ er Kiefer herein und nahm den Beutel entgegen. Ein paar Äpfel und Birnen, ein Stück Käse und ein halber Brotlaib waren darin.

»Danke«, sagte Johann knapp und wartete darauf, dass Kiefer wieder ging, doch der blieb in der geöffneten Tür stehen.

Johann wandte sich ab und fuhr fort, am Küchentisch Sachen in seinen Rucksack zu packen. Kaum etwas von dem, was er zurücklassen musste, würde ihm fehlen. Am ehesten noch die Bücher seiner Mutter, von denen er nur drei schmale Bändchen auswählte und einsteckte. Grimms Märchen ließ er auf dem Bord zurück. Als Andenken an seine Brüder wählte er ein Holzpferdchen aus, das er für sie geschnitzt hatte. Sein wertvollster Besitz jedoch war die Bescheinigung des Schiffers, für den er, wegen des ständigen Geldmangels seiner Familie, als Knabe vier Jahre lang gearbeitet hatte. Erst mit siebzehn war er wieder nach Knielingen zurückgekehrt, weil sein Vater den Acker hatte brach liegen lassen und Johann nicht mehr ertragen konnte, wie seine Mutter weinte und seine kleinen Geschwister hungerten.

»Also willst du wirklich fort?«, sagte Kiefer und sah sich um.

Johann nickte. Dass er im Begriff war aufzubrechen, war ja kaum zu übersehen. »Gleich in der Früh.«

»Wohin wirst du gehen?«

»Mal sehen. Richtung Norden. Ich werde mir irgendwo eine Arbeit suchen«, sagte Johann ausweichend und machte sich wieder an seinen Sachen zu schaffen.

»Es tut mir leid, wie alles gekommen ist. Mit Marie – und überhaupt. Ich weiß, wie sehr deine Mutter hier in Knielingen gelitten hat«, sagte Kiefer und machte immer noch keine Anstalten, zu gehen.

»Was willst du? Warum bist du gekommen?«, fragte Johann und hielt ungeduldig mit dem Packen inne.

»Die Männer haben sich entschieden. Sie wollen um ihr Land kämpfen.« Kiefer zog einen Brief aus seiner Westentasche hervor.

»Und was hast du da?«, fragte Johann und sah misstrauisch auf das Schreiben in Kiefers Hand.

»Das ist ein letzter Versuch, auf diplomatischem Weg etwas zu bewirken. Der Brief muss nach Karlsruhe.«

Johann starrte Kiefer an. Das war also der wahre Grund für diesen Besuch? Beinahe hätte er laut gelacht.

»Willst du etwa, dass ich für dich den Boten spiele?«, fragte er. »Ausgerechnet ich?«

Kiefer sah ihn ernst an und zog jetzt noch eine Zeitungsseite hervor. Er reichte sie Johann. »Siehst du, da steht es. Zuständig für die Bauarbeiten ist die Wasserbaubehörde in Karlsruhe. Mit der Leitung der Unternehmung wurde ein gewisser Bürgel beauftragt. Oberbaudirektor Bürgel.« Kiefer tippte mit dem Zeigefinger auf den Namen. »Weil wir bei Tulla in der Vergangenheit nichts erreicht haben, will ich es noch einmal bei diesem Bürgel versuchen.«

»Und da fragst du ausgerechnet mich? Hast du die anderen nicht gehört? Ich bin ein Verräter.«

»Darauf gebe ich nichts. Ich vertraue dir.«

»Schick den Brief mit der Post.«

»Dafür ist es zu spät. Die Arbeiten am Durchstich sollen ja schon sehr bald beginnen.«

»Dann geh selber.«

»Ich kann hier nicht fort. Aber Cilli sagt, es sei meine Pflicht, es noch einmal zu versuchen. Und sie sagt, dass du einer von den Vernünftigen bist. Du kannst lesen. Und du kannst reden.«

Johann stieß unwillig die Luft zwischen den Zähnen aus. Dann straffte er sich.

»Sag deiner Frau meinen Dank. Ich schulde ihr wirklich was. Bitte nehmt von den Dingen hier im Haus, was sich zu Geld machen lässt, zum Beispiel die Bücher, die sind ein bisschen was wert. Aber was dein Ansinnen betrifft – nein. Nie im Leben.«

»Na dann. Nichts für ungut.« Kiefer seufzte, schob den Brief wieder in die Tasche seiner Jacke – und sah wohl ein, dass damit alles gesagt war.

11

»WOHER KENNST DU FRAU Merkens?«, fragte Gundel.

Sie stand mit verschränkten Armen in der Tür zur Milchkammer, wo sich Julie schon seit über einer halben Stunde am Butterfass abmühte. Der Rahm wollte einfach nicht richtig fest werden.

Julie strich sich mit dem Unterarm eine Strähne aus der Stirn, die sich aus ihrer Flechtfrisur gelöst hatte. Ansonsten war ihr Haar unter der Haube versteckt.

»Ich weiß gar nicht, wer das ist«, sagte Julie wahrheitsgemäß, auch wenn sie glaubte, dass eigentlich nur die kleine Dame gemeint sein konnte.

»Die Frau aus Köln, die in Zimmer sieben wohnt. Sie hat ausdrücklich nach Juliane verlangt. Du sollst ihr Bacharach zeigen. Also, was hast du mit ihr zu schaffen?«

»Nichts«, verteidigte sich Julie. »Sie hat gestern einen Spaziergang zur Burg gemacht und sich nach dem Weg erkundigt.«

Gundel sah sie immer noch zweifelnd an.

»Wirklich, das war so«, sagte Julie. Und dann siegte ihre Neugierde. »Was will sie denn sehen?«

»Das hat sie nicht verraten. Sie erwartet dich um sechs Uhr morgen früh. Deine üblichen Pflichten musst du natürlich trotzdem erfüllen.«

»Aber wie soll ich das denn schaffen?«, fragte Julie entsetzt.

»Du musst eben früher aufstehen.« Mit diesen Worten ließ Gundel Julie stehen.

Um sechs Uhr am nächsten Morgen, Julie war schon seit Stunden auf den Beinen, hatte Wasser geholt, sich um die Ziegen und die Hühner gekümmert, das Feuer im Herd angezündet und einen Eimer Kartoffeln geschält, erschien Frau Merkens auf der Treppe. Sie trug das braune Reisekleid, den gemusterten Schal und die passende Haube und begrüßte Julie freundlich.

»Danke, dass du dir Zeit für mich nimmst, Juliane.«

Julie nickte und hoffte, dass sie ihr nicht wieder die Hand

gab. Vorsichtshalber versteckte sie ihre Hände, die ganz rot vom kalten Wasser waren, hinter dem Rücken.

»Wie geht es dir?«, fragte die kleine Dame, wie Julie sie immer noch für sich nannte, obwohl sie ja inzwischen wusste, wie sie mit Namen hieß. »Ich habe dich gestern gar nicht gesehen. Hast du alles gut überstanden?«

Sie gingen nebeneinander die Hauptstraße entlang. Die Sonne war noch nicht aufgegangen, aber es war dennoch schon ein bisschen hell.

Julie nickte. Die Stimme der kleinen Dame klang mitfühlend. Es war ungewohnt für sie, dass ein Mensch sich dafür interessierte, wie es ihr ging. Außer Frieda und Ruth tat das sonst niemand.

»Vielen Dank noch mal, dass Sie mir geholfen haben«, sagte sie.

Das Erlebnis mit dem Pfarrer ging Julie zwar nicht aus dem Sinn, doch sie grübelte auch nicht allzu sehr darüber nach. Wurm hatte sie noch nie leiden können. In Zukunft würde sie ihm eben ganz aus dem Weg gehen müssen. Ihr Kopf war noch dran, und das war das Wichtigste. Die Haare würden nachwachsen. Nur die Sorge, wie sie den nächsten Kirchgang überstehen sollte, blieb, aber auch darüber würde sie sich erst Gedanken machen, wenn es so weit war.

Bacharach war klein, so wie alle Orte im Mittelrheintal und wurde auf der einen Seite vom Fluss begrenzt und auf der anderen von Weinbergen und Wald. Sie näherten sich der evangelischen Kirche, die mitten im Ort lag. »Was möchten Sie eigentlich sehen?«, fragte Julie.

»Du hast doch von der schönen Aussicht gesprochen, die man vom gegenüberliegenden Hügel auf die Wernerkapelle hat. Bringst du mich dorthin?«

Julie betrachtete ein wenig skeptisch das schöne Kleid und das schmale, blasse Gesicht der kleinen Dame. Städterinnen waren es nicht gewohnt, lange Fußmärsche zu machen. Doch dann dachte sie daran, dass die kleine Dame es schließlich auch hinauf bis zur Stahleck geschafft hatte, und führte sie zum Eingang des versteckten Hohlwegs, der am jenseitigen Ende des Ortes parallel zur ehemaligen Stadtmauer den Hügel hinaufführte. Man musste auf den bröckelnden Stufen sehr achtsam sein, und Julie reichte der kleinen Dame vorsichtshalber die Hand, damit sie nicht stürzte. Es war anstrengend, aber Frau Merkens beschwerte sich nicht, sondern hielt überraschend gut Schritt. Am Ende des Hohlwegs gingen sie unterhalb eines Wingerts entlang. Eine Gelegenheit, sich zu erholen, bevor der Weg wieder anstieg.

»Juliane ist ein hübscher Name«, sagte Frau Merkens im Plauderton, wenn auch ein wenig außer Atem vom Laufen. »Ist es dir recht, wenn ich dich so nenne?«

Julie nickte.

»Wie heißt eigentlich deine Schwester?«

»Ruth. Wir sind Zwillinge«, sagte Julie. Diese Mitteilung überraschte die meisten Menschen, und auch die kleine Dame schien darüber erstaunt zu sein. Sie blieb stehen, um zu verschnaufen.

»Zwillinge sogar, wie schön. Und was ist mit euren Eltern? Seid ihr ganz allein?«

»Muttchen ist vor zwei Jahren gestorben.«

»Das tut mir leid. Und euer Vater?«

»Mein Vater war Köhler. Er ist in seinen Meiler eingebrochen und verbrannt«, gab Julie Auskunft. Sie hatte diese Geschichte schon oft gehört und oft erzählt. Die

Leute im Ort redeten gerne darüber. Sie mochten Schauergeschichten, und was ihrem Vater passiert war, war äußerst schauerlich. »Nur ein paar Knochen sind von ihm übrig geblieben«, fügte sie aus Gewohnheit hinzu, doch dann sah sie das Entsetzen in der Miene der kleinen Dame. Plötzlich tat es ihr leid, sie so erschreckt zu haben. »Ruth und ich haben ihn nie kennengelernt«, erklärte sie. »Er ist schon vor unserer Geburt gestorben.«

»Armes Kind«, sagte Frau Merkens. »Und für deine Mutter muss es sehr schwer gewesen sein.«

»Wahrscheinlich schon. Aber Muttchen hat nie über ihn gesprochen«, sagte Julie leise.

»Und was ist deiner Schwester passiert? War sie schon immer blind?«

Julie blickte die kleine Dame anerkennend an. Dann hatte sie es also doch bemerkt. »Nein. Als sie klein war, konnte sie sehen, genau wie ich. Doch dann hatte sie eine Augenentzündung, und seitdem sieht sie nur noch Schatten und Umrisse, und die auch nur bei Tageslicht.« Die kleine Dame war wirklich sehr neugierig, dachte Julie und fürchtete plötzlich, dass sie ihre Schwester für schwach und hilfsbedürftig halten könnte, und das wollte sie nicht. »Ruth kommt trotzdem gut zurecht«, sagte sie darum. »Sie ist Hebamme. Muttchen ist auch Hebamme gewesen.«

Die kleine Dame nickte und lächelte ihr zu. »Das ist ein sehr wichtiger Beruf.«

Inzwischen hatten sie den zweiten Teil des Aufstiegs erreicht, und Julie reichte der kleinen Damen wieder die Hand, um sie zu halten, damit sie auf dem Basaltgestein nicht abrutschte. Hier kam selten jemand herauf. Die Büsche wurden dichter, und immer wieder musste Julie Zweige zur Seite drücken, damit sie ihnen nicht ins Gesicht schlugen. Vereinzelt war das Keckern eines Vogels zu hören, sonst war es ganz ruhig. Schließlich kamen sie oben an. Der Rhein lag unten im Tal so grau und stumm wie der Morgenhimmel. In der Nacht hatte es geregnet, noch ballten sich Wolken am Horizont, wenn der Tag auch schön zu werden versprach.

Julie sah, wie Frau Merkens sich ein wenig enttäuscht umsah.

»Kommen Sie. Vom Turm aus haben wir den besten Blick. Gleich geht die Sonne auf, und dann wird es wunderschön«, versicherte Julie. Plötzlich war es ihr ganz wichtig, dass die kleine Dame sah, wie herrlich es hier war.

Kurz darauf waren sie beim alten Wachpostenturm angelangt, und Julie angelte aus einer Mauerlücke den Schlüssel zu der dicken Eichentür hervor, die die Zeitläufte erstaunlich gut überstanden hatte. Sie traten ein. Das Dach des Turms war undicht, so dass durch die vielen Löcher Licht bis ganz nach unten fiel.

»Gehen Sie voraus. Ich bin direkt hinter Ihnen«, sagte Julie und deutete auf eine schmale Treppe, die nach oben führte. »Passen Sie nur auf, dass sie nicht mit ihrem Rock irgendwo hängenbleiben.«

Vorsichtig stiegen sie hintereinander die Stufen empor und traten oben an die Brüstung, von wo aus man den ganzen Ort überblicken konnte. Und im selben Moment zeigte sich die Sonne über den Hügeln am anderen Ufer, die unbemerkt hinter den Wolken aufgegangen war, und warf ihre Strahlen auf die Schieferdächer der Häuser und die rötlichen Steine der Wernerkapelle. Auch die halb verfallenen Mauern der Stahleck, die zwischen den Bäumen hervorlugten, überzog sie mit einem güldenen Glanz. Den herrlichsten Anblick bot jedoch der Rhein, der den Morgenhimmel reflektierte und sich glitzernd zwischen den blaugrünen Hügeln verlor. Im Morgendunst war ein Regenbogen entstanden, der sich von einem Ufer zum anderen wölbte. Stolz, als sei das alles ihr Werk, sah Julie zu der kleinen Dame hinüber, die mit leuchtenden Augen dastand.

»Das ist wirklich wunderschön«, sagte sie ergriffen. »Danke, dass du mich hierher gebracht hast.«

Die Sonne stand schon ein ganzes Stück höher am Himmel, als sie wieder vom Turm herabstiegen.

»Und jetzt?«, fragte Julie, die allmählich Spaß an der ungewöhnlichen Aufgabe fand.

»Jetzt möchte ich auf die Insel«, sagte die kleine Dame. »Kannst du mich auch dorthin bringen?«

Julie machte große Augen. Auf die Insel wollte sie? »Also gut«, sagte sie.

»Oder müssen wir zuerst die Besitzer fragen?«

Julie schüttelte den Kopf.

Die kleine Dame blieb stehen und fasste Julie am Arm, so dass diese ebenfalls anhalten musste. »Erzählst du mir das Märchen von der weißen Frau?«

Ein wenig zögernd fing Julie zu sprechen an: »Ein Herzog hat auf der Insel für seine Mätresse ein Schloss gebaut. Als er eines Tages nicht mehr zu ihr zurückgekehrt ist, hat sich die arme Frau vor lauter Kummer aus dem Fenster gestürzt und war tot. Seitdem geht sie als Gespenst umher.« Julie räusperte sich. »Aber das ist kein Märchen. Das hat Ruth sich ausgedacht«, gab sie zu.

»Deine Schwester? Wieso denn das?«

»Als wir Kinder waren, sind Ruth und ich manchmal zusammen auf dem Werth gewesen. Muttchen ist sehr böse geworden, als sie davon erfahren hat. Sie wollte nicht, dass wir uns am Wasser herumtreiben. Irgendwann hat sich Ruth dann diese Geschichte ausgedacht und angefangen, sie den Leuten zu erzählen – um ihnen Angst zu machen, glaube ich, damit auch sonst niemand dorthin geht.«

Sie setzten ihren Weg in Richtung Rhein fort. Julie fand ein kleines Boot, das an der Böschung lag. Es sah hinten am Heck zwar ein bisschen morsch aus, doch der Boden war noch fest und stabil und vor allem lag auch ein Ruder darin. Für die kurze Strecke würde es genügen.

Die kleine Dame stand ein Stückchen weiter unten am Ufer und deutete stromabwärts, wo ein Kahn mit zwei Männern an Bord in Sicht kam, der von einem Knecht getreidelt wurde. Er führte seinen pechschwarzen Gaul am Halfter, ein kräftiges Tier, das sich schräg in sein Geschirr stemmte und so das Boot hinter sich herzog. Sie waren recht zügig unterwegs. Julie beschloss, mit dem Ablegen zu warten, bis sie vorüber wären.

Der Knecht hatte nun Julies Höhe erreicht und sah die ganze Zeit zu ihr hin. Sie kannte ihn, das war Peter Bastian. Er kam aus einem der Dörfer oberhalb von Bacharach, und sie hatte ihn schon öfters im *Löwen* gesehen. Julie stemmte die Hände in die Hüften.

»Guck lieber vor dich und schau, wo du langgehst, Bastian«, rief sie ihm zu, doch der schnalzte nur mit der Zunge und wandte seinen Blick nicht von ihr ab.

Plötzlich bemerkte Julie einen Baumstamm, der schnell mit der Strömung herantrieb. »Bastian! Pass auf!«, rief sie und zeigte aufs Wasser. Der Rheinhalfe glaubte wahrscheinlich, sie wolle ihn nur von sich ablenken, und ließ sich davon nicht beeindrucken. Er machte sich jetzt erst recht einen Spaß daraus, Grimassen zu schneiden und sie nicht aus den Augen zu lassen.

Aber die Männer an Bord hatten nun ebenfalls die Gefahr erkannt. Hektisch begannen sie zu rufen und zu schreien und nahmen Ruder und lange Stecken zur Hand, um das Holz auf Abstand zu halten, das nur zu leicht ein Loch in den Rumpf des Bootes hätte reißen können.

Bastian reagierte erst, als sein Gaul, aufgescheucht vom allgemeinen Geschrei und der Unruhe, ängstlich wiehernd mit den Vorderhufen aufstieg und an seinem Geschirr zerrte, so dass er ihn nicht mehr halten konnte. Dann brach das Tier nach links aus und stürzte sich in den Rhein. Es war durch die Leinen immer noch mit dem Boot verbunden, wenn es hinausschwamm, bestand die Gefahr, dass Boot und Tier miteinander untergingen. Und so war es, das Pferd versuchte in seiner Panik tatsächlich, vom Ufer weg zu kommen.

Die Männer an Bord schrien noch lauter als zuvor – und der Knecht stürzte hinter seinem Gaul her, der rasch in tieferes Gewässer kam. Schon war nur noch der schwarze Kopf des Tieres mit aufgerissenen Augen und riesenhaften Nüstern zu sehen.

Frau Merkens kam zu Julie herübergelaufen. »Das ist ja furchtbar. Die Strömung reißt sie ja weg«, rief sie aufgeregt.

»Sie müssen die Leine kappen«, sagte Julie. Und richtig, einer der beiden Männer an Bord hantierte bereits mit einem Messer. Nach einigen Versuchen gelang es dem Mann schließlich, das Seil direkt am Bug durchzuschneiden. Die Leine löste sich und so vergrößerte sich der Abstand zwischen Pferd und Kahn rasch. Einer der Männer klammerte sich ans Ruder, der andere mühte sich mit dem Anker ab. So beschäftigt, wie sie waren, schenkten sie dem Rheinhalfen und seinem Gaul keine Beachtung und merkten gar nicht, in welcher Not die beiden sich befanden.

Bastian hatte inzwischen seinen Gaul erreicht und packte ihn am Halfter. Jetzt war er ihm gänzlich ausgeliefert, denn zum Umkehren ließ er sich nicht bewegen. Im Gegenteil. Der Gaul schwamm immer weiter in Richtung Flussmitte und zog Bastian hinter sich her.

»Jemand muss doch etwas tun«, rief Frau Merkens bestürzt und sah sich um – doch außer ihr und Julie war niemand da.

Der Kerl konnte nicht schwimmen, das sah man sofort, so wie er inzwischen zappelte und nach Luft japste. Julie blieb nicht viel Zeit zum Nachdenken. »Helfen Sie mir mit dem Boot. Zu zweit sind wir schneller«, sagte sie.

Die kleine Dame zögerte nicht. Sie packte mit an, und gemeinsam schoben sie den Nachen ins Wasser. Julie sprang hinein und griff nach dem Ruder.

Lass ihn bitte nicht ertrinken!

Ihre stumme Bitte galt dem Rhein. Auch wenn Bastian unverschämt zu ihr gewesen war, so wollte Julie nicht, dass der Kerl starb.

Zunächst schien der Strom ihr wortloses Gebet zu erhören. Mühelos steuerte Julie direkt auf den Gaul zu, konnte den Knecht allerdings nirgends mehr sehen. Und auch der Gaul war schlauer als vermutet, denn er änderte seine Richtung nun wieder in Richtung des Ufers. Julie sah den schwarzen Kopf mit den gebleckten Zähnen aus dem Wasser ragen, aber Bastian war fort. Das Tier spürte offenbar wieder Boden unter seinen Hufen und erhob sich langsam aus den Fluten. Nur sein Herr blieb verschwunden. Julie sah in Richtung des Ufers, wo die kleine Dame stand und mit ausladenden Gesten flussabwärts zeigte.

»Er muss irgendwo dort sein«, hörte Julie sie rufen.

Aber *dort* sah Julie nichts als Wasser, bis plötzlich ein Kopf auftauchte. Bastian kam an die Oberfläche, schnappte nach Luft, ruderte wild mit den Armen und ging wieder unter. Julie zögerte keine Sekunde. Er war weiter weg als gedacht, und vom Boot aus konnte sie nicht viel ausrichten, also sprang sie kurzerhand kopfüber in den Rhein und verhedderte sich prompt in ihren im Wasser aufsteigenden Röcken. Nahezu blind schwamm sie in die Richtung, in der sie Bastian vermutete, kam dann hoch, holte einmal tief Luft, tauchte erneut unter und schwamm mit ausholenden Bewegungen weiter.

Endlich sah sie ihn wieder. Er war immer noch ein ganzes Stück entfernt, kam mit den Armen fuchtelnd an die Wasseroberfläche, schnappte mühsam nach Luft und war gleich darauf wieder verschwunden.

Lass ihn nicht ertrinken!

Kaum hatte Julie das gedacht, geriet sie in eine Strömung, die sie ein gutes Stück mit sich nahm. Dann plötzlich war Bastian unmittelbar vor ihr. Er strampelte noch, kam jedoch nicht mehr weit genug nach oben, um Luft holen zu können. Julie erreichte ihn mit zwei weiteren Schwimmzügen, packte ihn unter den Armen und hievte seinen Kopf über Wasser.

Der Kerl hustete und begann augenblicklich, um sich zu schlagen.

»Hör schon auf. Ich halte dich«, rief Julie.

Erst jetzt schien Bastian zu merken, dass sie da war. Er klammerte sich an sie. Groß, wie er war, drückte er sie sofort unter Wasser, und das Kleid mit den vollgesogenen Röcken behinderte sie zusätzlich.

»Halt still«, schrie Julie, als sie endlich wieder hochkam, um Luft zu schöpfen. Sie trieben immer weiter flussabwärts, doch irgendwie gelang es Julie, in Richtung Ufer zu steuern, bis Bastian, der einen Kopf größer war als sie, wieder Grund unter den Füßen spürte. Den Rest würde er alleine schaffen. Erleichtert ließ sie von ihm ab, tauchte unter und spürte, wie das Wasser sie trug. Der Rhein hatte sie herausgefordert, aber er war immer noch ihr Freund. Er hielt sie sanft – und kurz darauf erreichte auch Julie das Ufer.

12

GREGOR BALANCIERTE SEIDEL und Krüge auf einem Tablett durch den Gastraum des *Löwen*. Die Gaststube war gut besetzt, die Stimmung aufgeheizt. Die Luft in dem von rußigen Talglichtern und Öllampen erhellten Raum war trotz der geöffneten Fenster stickig. Es roch nach gekochtem Kraut und fettem Braten.

Eine Gruppe Handwerksburschen saß an einem großen runden Tisch, sie würfelten und zankten, und an einem anderen Tisch tagten, in ihrer typischen Tracht, ein paar Studenten, die ebenfalls schon tüchtig dem Wein zugesprochen hatten. Die englischen Touristen in der Nische daneben hatten allerdings noch tiefer ins Glas geschaut. Je betrunkener sie wurden, umso mehr versuchten sie, Deutsch mit Gregor zu reden, und waren mit jedem Krug schlechter zu verstehen.

Auch ein paar Einheimische waren da, unter anderem der Krämer Illig und der Großbauer Pfefferschmidt, die einander nicht mochten, weil sie beide um ein öffentliches Amt wetteiferten. Doch heute waren sie sich, was den Unfall des Rheinhalfen Peter Bastian betraf, einig. Überhaupt war das am heutigen Tag das einzige Thema in Bacharach. Der Rhein hätte beinahe den Kerl und seinen Gaul geholt, hieß es.

Gregor stellte die Getränke vor den Gästen ab, stapelte leer gegessene Teller und Schüsseln übereinander und bahnte sich mit dem wackligen Stapel in den Händen einen Weg zurück zum Schanktisch. Dann ging die Tür auf, und Bastian kam in Begleitung von zwei weiteren Männern herein. Er wurde von den Anwesenden, die ihn erkannten, mit lautem Gejohle willkommen geheißen. Die drei setzten sich zu ein paar Einheimischen an den Tisch.

Gregor bemerkte es mit Besorgnis. Wieder griff er nach dem schmutzigen Geschirr und brachte es in den Hof, wo ein Bottich mit Wasser bereitstand. Die frische Luft tat ihm gut. Er wischte sich den Schweiß von der Stirn und ließ sich mehr Zeit als nötig. Durch die geöffnete Tür sah er in die Küche hinein. Julie stand am Herd und rührte in einem Topf. Seine Mutter hatte ihr für heute verboten, die Schankstube zu betreten. Ihre Anwesenheit sorgte nicht selten für Unruhe. Manche der jungen Burschen kamen eigens nach Bacharach und ins Gasthaus, weil sie von der schönen Magd gehört hatten, und dieser Zustrom an Gästen war auch der Grund dafür, warum seine Mutter Julie noch nicht endgültig in die Küche und in den Stall verbannt hatte. Dabei wäre es Gregor eigentlich ganz recht gewesen, wenn seine Mutter das getan und Julie vor den Blicken anderer versteckt hätte, denn er wollte sie am liebsten ganz allein für sich haben.

Und das, wo er sie doch niemals würde bekommen können. Seine Eltern hatten beschlossen, dass er mit einundzwanzig Walburga aus Perscheid heiraten sollte. Walburga war etwas älter als er, kam ebenfalls aus einer Gastwirtsfamilie und würde eine üppige Mitgift mit in die Ehe bringen. Sie war groß und kräftig und hatte blassgrüne Augen von der Farbe unreifer Trauben. Sie mochte ihn, womit sie nicht hinter dem Berg hielt, vielleicht weil Gregor, jedenfalls soweit er das beurteilen konnte, ein recht wohlgeratener Kerl mit gleichmäßigen Gesichtszügen und dichtem blonden Haar war.

Zu Beginn hatte ihm ihr Interesse auch durchaus geschmeichelt. Doch dann hatte Walburga ihn zu einer heimlichen Stunde im Stroh verführen wollen, und Gregor hatte bei der Gelegenheit nach anfänglicher Erregung vollkommen versagt. Weil er seitdem in ihrer Nähe nie wieder auch nur die kleinste lustvolle Regung verspürte, hatte er sich ihren späteren Avancen mit Verweis auf die Kirche und den Pfarrer stets entzogen.

Ein vertrauter Groll stieg in ihm auf. Es machte ihn wütend, dass er nicht selbst darüber entscheiden durfte, wen er zu seiner Frau nahm, aber Walburgas Eltern hatten seinen Eltern, als diese einmal in Geldnot gewesen waren, eine Art Vorschuss auf die zu erwartende Mitgift gezahlt, und spätestens damit die Eheschließung besiegelt. Doch auch ohne diese Verpflichtung hätte seine Mutter darauf bestanden, dass er bei seiner Wahl vor allem ans Geld dachte und reich und standesgemäß heiratete.

»Gregor? Wo bleibst du denn?« Die Stimme seiner Mutter hallte über den Hof.

»Komm ja schon«, rief Gregor.

Die Stimmung in der Gaststube hatte sich verändert, Gregor merkte es gleich beim Eintreten. Der Lärmpegel war gesunken und gleichzeitig war die Spannung gestiegen. Die Männer steckten die Köpfe zusammen, sprachen raunend und blickten verstohlen immer wieder zu Bastian hinüber, bis der plötzlich mit der Faust auf den Tisch schlug.

»Von wegen, sie hat mich gerettet. Das ist nicht wahr. Ich brauche doch kein Weibsbild, das mich rettet.«

Jeder hatte gehört, was er gesagt hatte, jetzt sahen im Gastraum alle zu ihm hin.

»Sag, wie es wirklich gewesen ist«, forderte einer seiner Kumpels ihn laut auf.

»Dieses Weib hat meinen Gaul verhext. Sie ist überhaupt erst schuld daran, dass er ins Wasser gegangen ist.«

»Deinen Gaul? Hat sie nicht vielmehr dich verhext?«, wandte ein anderer gutmütig lachend ein.

Doch Bastian war nicht zum Scherzen aufgelegt. »Wegen ihr musste ich den Gaul retten«, beharrte er.

»Wer ist schuld?«, rief einer von einem anderen Tisch herüber.

»Die Magd, Julie. Ihr wisst doch alle, wie sie ist.«

Einen Moment lang war es mucksmäuschenstill im Raum.

»Klar, Bastian. Wir wissen alle, wie sie ist«, sagte einer seiner Getreuen, die mit ihm am Tisch saßen, und schnalzte mit der Zunge. Die anderen lachten grölend, und einer hob sein leeres Glas und gab ein Zeichen, dass er es nachgefüllt haben wollte. »Diese Runde geht auf dich, Bastian.«

Gregor fühlte sich immer unwohler in seiner Haut. Julie war heute völlig durchnässt nach Hause gekommen, und Frau Merkens, die Gattin eines wohlhabenden Kaufmanns aus Köln, die bei ihnen abgestiegen war, hatte ganz aufgeregt berichtet, dass ein Treidelknecht im Rhein in Not geraten war und ohne Julies Hilfe ertrunken wäre. Gregor wusste sehr genau, wie gut Julie schwimmen konnte – und er wusste auch, dass Bastian ein hirnloser Dummkopf war.

»Und ich sage, es ist allein ihre Schuld«, beharrte Bastian.

»Warum fragen wir sie nicht einfach?«, rief jemand.

»Genau! Was ist Gundel, wo hast du Julie heute versteckt?«, rief jemand anderes.

»Holt sie her«, grölten die Handwerksburschen, erfreut über die Abwechslung.

Hört auf, wollte Gregor sagen, doch die Worte steckten in seiner Kehle fest und kamen nicht heraus. Dann ertönte in seinem Rücken ein lautes Scheppern, das ihn aus seiner Erstarrung löste. Seine Mutter hatte einen Krug fallen lassen. Als er sie ansah, machte sie eine Kopfbewegung in Richtung Tür. Gregor verließ den Raum und konnte hören, wie sie den Männern in der Schankstube eine Freirunde versprach.

Im Hof war Julie inzwischen dabei, das Geschirr im Bottich zu waschen. Gregor nahm die Lampe, die neben ihr stand.

»Komm mit. Du musst dich verstecken«, sagte Gregor.

»Warum? Was ist denn los?«, fragte sie.

Aus der Schankstube war lautes Gejohle zu hören. Der Alkohol würde die Männer hoffentlich auf andere Gedanken bringen, aber im Hof konnte Julie trotzdem nicht bleiben, da wäre sie zu leicht zu entdecken.

»Jetzt komm schon mit.« Gregor ging mit der Lampe in der Hand voraus in die Milchkammer, die an die Küche angrenzte schob Julie hinein und zog die Tür bei. Es war eng und roch nach saurer Milch.

»Kannst du mir jetzt mal bitte sagen, was eigentlich los ist?«, fragte sie.

»Peter Bastian ist hinter dir her.«

Julie starrte ihn entgeistert an. »So ein Idiot«, sagte sie dann.

»Hast du seinen Gaul erschreckt?«, fragte er.

»Nein! Behauptet er das etwa?«, rief sie aus, eher verwundert als empört, doch laut genug, dass man es im ganzen Hof hören konnte.

»Pst. Nicht so laut!« Gregor legte ihr die Hand auf den Mund, um sie zum Schweigen zu bringen, und starrte über seine Finger hinweg in ihre veilchenfarbenen Augen. Langsam ließ er die Hand wieder sinken. »Ich glaube dir«, sagte er.

Noch nie war er ihr so nah gewesen. Gregor atmete ihren Duft ein, der den Geruch nach saurer Milch überlagerte. Sie duftete wie ein Sommermorgen, wenn warmer Wind die Hänge herab ins Rheintal strich. Gregor musste daran denken, wie er sie am Ufer beobachtet hatte, dachte an das nasse durchscheinende Unterkleid, an die Rundung ihrer Hüften und das dunkle Dreieck ihrer Scham.

Plötzlich hatte er nur noch einen einzigen Gedanken.

»Heirate mich!«, sagte er.

»Heiraten?« Julie sperrte überrascht den Mund auf.

Im selben Augenblick hörte Gregor hinter sich ein Geräusch. Er fuhr herum. Seine Mutter stand in der geöffneten Tür, in der Hand ein Kehrblech, darauf einen Haufen Scherben.

Um Mitternacht kehrte endlich Ruhe ein. Die Schankstube war leer, die Gäste in ihren Zimmern. Julie lag in ihrer Kammer auf ihrem Lager und lauschte in die Dunkelheit. Was für ein verrückter Tag. Zuerst der Spaziergang zur Wernerkapelle mit der kleinen Dame, dann die Sache mit dem Gaul und Bastian und jetzt noch ein Heiratsantrag von Gregor. Hatte er das ernst gemeint?

Sie versuchte, sich das Leben an seiner Seite vorzustellen. Erfolglos. Gundel würde es ohnehin niemals zulassen, abgesehen davon, dass sie das Ruth nicht antun konnte. Nein, das war alles Blödsinn. Und ohnehin liebte sie Gregor ja auch gar nicht.

Julie drehte sich auf den Rücken und seufzte. Sie war ja bisher auch ganz gut ohne Liebe durchs Leben gekommen. Im Grunde wusste sie nicht einmal, was das eigentlich war. Natürlich gab es Menschen, die sie gern mochte oder liebhatte. Ruth und ihre verstorbene Mutter zum Beispiel – und die kleine Frieda, die hatte sie wirklich ins Herz geschlossen. Aber das konnte nicht die Liebe sein, von der alle sprachen, nicht die Liebe, die Ruth für Gregor empfand.

Julie seufzte wieder. Ihre Blase drückte. Sie hatte gehofft, es bis zum Morgen aushalten zu können, aber das war unmöglich, und ihr Nachttopf war kürzlich zu Bruch gegangen. Sie stand auf und schlich die Treppe hinunter in den Hof. Zum Glück war niemand zu sehen.

Während sie sich auf dem Abort erleichterte, hörte sie die

Kirchturmuhr schlagen. Noch fünf Stunden, bis sie wieder arbeiten musste. Sie sollte wirklich versuchen, noch ein wenig Schlaf zu finden, mit leerer Blase würde es sicher einfacher werden. Doch als sie wieder auf den Hof hinaustrat, stand Herbert vor ihr und versperrte ihr den Weg.

»Wen haben wir denn da?«

Julie konnte seinen Alkoholatem riechen.

»Wo warst du? Ich habe dich vermisst«, sagte er mit einem anzüglichen Unterton in der Stimme und kam näher.

Julie versuchte, ihm auszuweichen, und stolperte über einen Kübel, der auf dem Boden stand. Er packte sie und stieß sie mit dem Rücken gegen die Holzwand des Aborts.

»Gundel war gar nicht erfreut, über das, was neulich in der Kirche passiert ist. Hast den Pfarrer verhext mit deinem hübschen Gesicht. Und dann sorgst du heute schon wieder für Gesprächsstoff. Du Luder, verdrehst allen den Kopf. Aber was ist mit mir? Na, komm schon her. Du bist mir was schuldig, weil ich dich nicht verraten hab. Du erinnerst dich? Das gestohlene Essen.«

Julie wollte schreien, doch er hielt ihr den Mund zu. Sie zappelte und wehrte sich heftiger. »Lass mich los!«, presste sie hervor.

»Das hättest du wohl gerne.« Er drängte sich an sie, sie bekam kaum noch Luft. »Alle lachen mich aus, weil ich mir nicht einfach nehme, was mir zusteht. Aber damit ist es nun vorbei. Jetzt gehörst du mir.« Seine Finger schoben sich unter ihren Rock und betasteten ihren Oberschenkel. Julie, die zwischen seiner massigen Gestalt und der Holzwand gefangen war, versuchte verzweifelt, sich aus seinem Griff zu befreien.

»Wirst du wohl endlich stillhalten?«

Herbert packte Julie am Kinn, um sie zu küssen.

Sie biss ihm in die Lippe.

Er schrie vor Schmerz auf und fuhr mit dem Kopf zurück. »Du verfluchtes Miststück!«

»Verzeihung?«, ertönte im selben Moment eine Frauenstimme. An der Schulter ihres Peinigers vorbei erkannte Julie die kleine Dame. Sie war auf den Hof getreten, kam nun näher, und zu Julies Erleichterung ließ Herbert von ihr ab und drehte sich zu seinem Logiergast um, während er gleichzeitig versuchte, Julie hinter seinem breiten Rücken zu verstecken.

»Ich wollte nur den Abort benutzen«, sagte die Dame freundlich.

»Frau Merkens«, sagte Herbert und klang plötzlich ganz ergeben. »Sie müssten doch einen Klosettstuhl im Zimmer haben. Ist etwas nicht in Ordnung? Hat das Mädchen wieder geschludert?«

Die kleine Dame ging nicht auf sein Gerede ein. Sie hatte Julie längst bemerkt und warf ihr einen besorgten Blick zu. Julie glaubte sogar, dass sie nur wegen ihr hier im Hof stand.

»Darf ich?«, fragte Frau Merkens noch einmal und zeigte auf den Abort.

Herbert machte einen zögernden Schritt zur Seite, und das war Julies Gelegenheit zur Flucht. Sie schlängelte sich hinter ihm hervor, rannte über den Hof in Richtung Haus – und direkt Gundel in die Arme, die in der Türöffnung stand und kalt auf sie heruntersah.

Die Nacht wollte nicht vergehen, und so müde Julie auch sein mochte, sie fand keinen Schlaf mehr. Bisher hatte sie sich immer einzureden versucht, dass die Kühns es im Grunde gut mit ihr meinten. Immerhin war Herbert ihr Vormund, also so etwas Ähnliches wie ein Verwandter, und sie hatte geglaubt, dass er eine bestimmte Grenze nicht überschreiten würde. Doch offenbar hatte sie sich in ihm getäuscht.

Wieder seufzte sie tief. Das Grübeln lag ihr nicht, und doch kam sie nicht umhin, sich zu fragen, was Muttchen wohl zu alledem gesagt hätte? Was hätte sie ihr geraten?

Draußen krähte der Hahn. Julie war beinahe froh, aufstehen zu können. Sie feuerte den Herd in der Küche an, und nachdem sie die Tiere gefüttert hatte, begann sie, Kartoffeln zu schälen.

Irgendwann stand Gundel in der Tür.

»Geh zurück in den Stall.«

»In den Stall? Aber wieso ...«

»Ich will dich in Zukunft weder in der Gaststube, noch im Hof oder in der Küche sehen«, unterbrach Gundel sie barsch.

Julie sah Gundel verständnislos an. »Aber warum?«

»Das ist doch wohl offensichtlich.«

»Ich will Gregor doch gar nicht heiraten.«

»Den bekommst du auch ganz bestimmt nicht. Aber du bringst Unruhe in meine Familie und unter meine Gäste. Im Stall kannst du weniger Schaden anrichten.«

Empört pfefferte Julie die Kartoffel, die sie in der Hand hielt, so heftig ins Wasser, dass es spritzte. »Dann lasst mich doch gehen. Ruth und ich kommen auch ohne euch zurecht.«

»Papperlapapp. Ich habe Grete auf dem Totenbett zugesagt, dir ein Auskommen zu geben, wo doch Ruth mit

Blindheit geschlagen ist und sich nicht selbst versorgen kann. Und wenn es noch so schwer ist, ein Christenmensch hält sein Versprechen.«

13

JOHANN STECKTE DIE ZEITUNGSSEITE, die Kiefer am Tag zuvor bei ihm liegen gelassen hatte, in seine Jackentasche und lief los. Es war früh am Morgen. Er ging den Hügel hinauf, warf noch einen letzten Blick auf das Dorf, und ging dann, ohne sich noch einmal umzudrehen, weiter über die Felder. Nach einer halben Stunde strammen Fußmarschs erreichte er die Chaussee in Richtung Karlsruhe. Ein Trupp Soldaten kam ihm entgegen, er musste ausweichen, um sie vorbeizulassen.

Karlsruhe war vor knapp einhundert Jahren nach dem Vorbild von Versailles geplant und angelegt worden mit zweiunddreißig Straßen, die sternförmig auf die Stadt und das herzogliche Schloss zustrebten. Die Bäume links und rechts des Wegs waren allerdings erst vor wenigen Jahren angepflanzt worden und erinnerten an junge Rekruten, wie sie da so in Reih und Glied standen, die Kronen noch licht.

So viele junge Männer waren in den Diensten des ehemaligen französischen Kaisers gestorben. Doch Napoleon Bonaparte taugte kaum mehr als Vorbild. Die Franzosen hatten den Krieg verloren – und Napoleon hatte mit der Niederlage in der Schlacht bei Waterloo endgültig seinen

Herrschaftsanspruch in Europa aufgeben müssen. Er fristete nun sein Leben weit weg auf irgendeiner Insel im Mittelmeer, wie es hieß. Wahrscheinlich ging es ihm dort besser, als er es verdiente. Johann kannte viele Familien, die im Krieg ihre Söhne verloren hatten. Er selbst war nur mit Glück der Rekrutierung entgangen, weil er ein klein wenig zu jung gewesen war – und weil sein Vater nichts vom Krieg gehalten hatte. Das war eine der wenigen Dinge gewesen, die sein Vater in seinem Leben gut gemacht hatte – abgesehen davon, dass er seine Mutter geheiratet hatte.

Nach einer Weile erreichte Johann an einer Weggabelung das große herzogliche Forstgebäude und kam dann zu einem kleinen Weiler, der um eine aufgelassene Ziegelhütte herum gruppiert war. Hier hatten sein Vater und er auf dem Weg in die Stadt oft haltgemacht, um ein Bier zu trinken oder eine Suppe zu essen, doch nun war alles heruntergekommen und die Gastwirtschaft geschlossen. Schließlich erreichte er den hohen eisernen Zaun, der die Stadtmauer von Karlsruhe ersetzte. Das Wachhaus mit seinen klassizistischen Säulen, Mühlentor genannt, war noch im Bau begriffen und so groß, dass es für ein ganzes Bataillon Wachleute gereicht hätte. Johann musste seine Personalien angeben und erhielt einen Passierschein.

Die Straße in Richtung Zentrum führte vorbei an Villen und den langgestreckten zweistöckigen Wohnhäusern, die so typisch für Karlsruhe waren. Dazwischen lagen immer wieder Gärten, aber auch halbfertige Bauten, die aussahen, als hätte dort schon lange niemand mehr gearbeitet. Johann sah auch einige Baugruben, die sich mit Wasser gefüllt hatten und eher schlammigen Tümpeln glichen. Die hochfliegenden Pläne mancher Bürger waren durch den Krieg und vermutlich auch durch das schlechte Wetter der vergangenen zwei Jahre vereitelt worden.

Je näher er dem Zentrum kam, desto mehr belebte sich die Straße. Auf dem Markt hatten ein paar Bauern ihre Stände aufgebaut, doch das Angebot war bescheiden und die Preise erschreckend hoch, so dass Johann noch einmal dankbar an Cillis Gaben in seinem Beutel dachte. Er stattete der hölzernen Pyramide in der Mitte des Platzes einen Besuch ab, die ihn schon als Kind fasziniert hatte und vor der Tag und Nacht zwei Soldaten patrouillierten. Hier lagen in einer Gruft die Gebeine des Stadtgründers begraben. Die seltsam fremdländisch wirkende Konstruktion war ein Ersatz für die Konkordienkirche, die früher an dieser Stelle zu Ehren des Markgrafs Karl Wilhelm gestanden hatte. Entweder hatten seinen Nachfahren der barocke Bau nicht mehr gefallen, oder aber die Kirche war – wie so vieles – marode gewesen, jedenfalls war sie abgerissen worden, ebenso wie das alte Rathaus. Doch auch die Pläne für die repräsentativen Bauten der fürstlichen Residenzstadt waren ins Stocken geraten, und das neue Rathaus war bisher nur auf den Plänen des Stadtbaumeisters Weinbrenner zu besichtigen. Nur die am dringendsten benötigten Gebäude waren tatsächlich fertig geworden, nämlich die Korn- und Mehlhallen, sowie die Lager- und Magazinräume und die Feuerwache. Der Stadtrat hingegen musste sich für seine Sitzungen und Versammlungen mit angemieteten Räumen und Gasthäusern behelfen.

Der auffälligste Neubau am Marktplatz war die evangelische Stadtkirche mit ihren korinthischen Säulen, die im letzten Jahr eingeweiht worden war. Eigentlich war es kein Wunder, dass den Stadtoberen das Geld ausgegangen war, dachte Johann, während er den prächtigen Bau betrachtete. Er musste ein Vermögen gekostet haben. Das Verlangen, die Kirche von innen zu sehen oder gar dort ein Gebet zu sprechen, verspürte Johann nicht, und das hatte nicht nur damit zu tun, dass er kein Protestant, sondern katholisch war. Der Verlust seiner gesamten Familie hatte seinem Glauben arg zugesetzt. Sein früheres Leben war vorbei, dachte er, während er gedankenverloren die Kapitelle mit dem Lorbeerschmuck betrachtete. Vielleicht sollte er damit beginnen, es positiv zu sehen, dass der Rhein seinen Acker geholt hatte. Er war im Grunde nicht wirklich dafür geschaffen, ein Bauer zu sein. Künftig würde er eben auf andere Art und Weise sein Glück versuchen, und der Gedanke gefiel ihm gar nicht einmal so schlecht.

Weil Johann noch nicht gefrühstückt hatte, beschloss er, ein wenig zu rasten. Er setzte sich auf die Stufen vor der Kirche und brach etwas von seinem Brot ab.

Noch bevor er den ersten Bissen in den Mund stecken konnte, sprach ihn ein Mann an. »Du hast nicht zufällig noch etwas übrig für einen anständigen Kerl wie mich?«, fragte er.

Der Mann war um einiges älter als Johann, er schätzte ihn auf Mitte dreißig. Er war sehr groß, hatte dunkle, wettergegerbte Haut und musterte Johann mit einem intensiven Blick. Johann zögerte kurz, denn er besaß ja selbst nicht viel, doch dann teilte er das Brot und reichte dem anderen ein Stück. Der dankte und vertilgte es mit einem Mal.

»Auch auf der Suche nach Arbeit?«, fragte er.

Johann nickte.

»Und was hast du vor?«, fragte der Fremde.

Johann ließ sich Zeit mit der Antwort. Der Kerl war ihm

in seiner aufdringlichen Art unangenehm, und überhaupt wäre er lieber noch ein wenig allein mit sich und seinen Gedanken gewesen. Umständlich verstaute er den Rest seiner Mahlzeit wieder in seinem Beutel, während der Fremde ihn abwartend ansah.

Dann gab er sich einen Ruck. »Ich habe daran gedacht, rheinabwärts nach Holland zu gehen. Weißt du zufällig, wie es dort aussieht?«

Der andere lachte unfroh auf. »Schlecht sieht es da aus. Was willst du in Holland? Bist du etwa ein Schiffer?«

Johann nickte. »Ich habe vier Jahre als Knecht auf einem Bönder hinter mir.«

»Wo?«, fragte der andere.

»Zwischen Straßburg und Speyer. Ich komme aber hier aus der Gegend, aus Knielingen. Und du?«

»Aus Bacharach«, gab der Fremde Auskunft. Dann hielt er ihm die Hand hin. »Wir sind Kollegen. Ich bin Xaver. Xaver Freigang.«

Johann schüttelte die ihm entgegengestreckte Hand und nannte ebenfalls seinen Namen. Sein Interesse war geweckt.

»Liegt Bacharach nicht am Mittelrhein? Nördlich von Bingen?«, fragte er. Von dieser Gegend, wo sich der Rhein durch ein Gebirge winden musste und wo es ebenso viele Burgen wie gefährliche Engstellen geben sollte, hatte er natürlich schon gehört.

»Stimmt genau«, bestätigte Freigang. »Mein Vater hatte ein Boot und hat auch immer wieder für die Kaufleute Waren transportiert. Eine Zeitlang bin ich mit ihm mitgefahren, aber ich bin schon vor Jahren dort weg. Wollte lieber segeln. Das Treideln ist nichts für mich.«

Johann nickte. Er hatte am Oberrhein segeln gelernt,

wenn auch so ein schwerfälliger Bönder alles andere war als ein elegantes Gefährt. Die richtigen großen Segelschiffe hatte er bisher immer nur auf Bildern gesehen – und dann vom offenen Meer geträumt.

»Wie gesagt, Holland kannst du dir sparen, dort hat auch niemand was übrig, um einen anzuheuern. Darum bin ich ja den ganzen Rhein entlang bis hierher gewandert«, sagte der andere jetzt.

»Und was hast du vor?«, fragte Johann und spürte, wie sein Anflug von Optimismus sich schon wieder verflüchtigte.

Freigang beugte sich näher zu ihm. »Schon vom Rheindurchstich gehört?«

Johann nickte. »Klar.«

»Darum bin ich hergekommen. Das ist in diesen Tagen die beste Aussicht auf Arbeit, wenn du mich fragst.«

Johann verschnürte seinen Beutel besonders sorgfältig, er brauchte Zeit, um nachzudenken. Dieser Freigang hatte vermutlich recht. Er hatte selbst schon an diese Möglichkeit gedacht, auch wenn er die hitzige Diskussion in der Kirche noch allzu lebhaft vor Augen hatte. Der Rheindurchstich konnte ihm für ein paar Wochen oder Monate ein Auskommen sichern, und mit ein paar Münzen in der Tasche würde vieles einfacher werden. Danach konnte er immer noch seine ursprüngliche Idee verfolgen und in den Norden gehen, und wenn es in Holland nichts wurde, dann vielleicht in England. Er fragte sich nur, ob die Knielinger ihren Plan, die Baustelle zu überfallen, wirklich in die Tat umsetzen würden. Die Vorstellung, dort von jemandem erkannt zu werden, setzte ihm zu, sie würden in ihm zweifellos einen Verräter sehen. Aber blieb ihm wirklich eine Wahl?

Schließlich schulterte Johann seinen Rucksack und stand auf.

»Wahrscheinlich hast du recht. Versuchen wir es.«

»Kennst du dich hier aus?«

»Ein bisschen. Dort vorne in der Markthalle gibt es Aushänge. Da steht gewiss auch angeschlagen, wohin man sich wenden muss.«

Gemeinsam überquerten sie den Platz, liefen an Käfigen mit gackernden Hühnern vorbei und standen schließlich vor einem schwarzen Brett, an dem tatsächlich einige Zettel angenagelt waren. Johann zog einen Bleistiftstummel hervor, ein Schreibgerät, das er sorgsam hütete, für das er jedoch möglichst bald Ersatz finden musste, und notierte sich am Rand des Zeitungsausschnitts, den er immer noch bei sich trug, den Namen eines Bauern, der Hilfe für den Abriss einer Scheune suchte. Dann las er, was auf einem weiteren Zettel unter der in fetten Lettern gesetzten Überschrift stand.

Verordnung über die Begradigung des Rheins
zwischen Mannheim und Rastatt
Die Regierung gibt bekannt, dass für die Arbeiten am Rheindurchstich bei Knielingen Männer und Knaben ab vierzehn Jahren gesucht werden. Zuständig für Rekrutierungen: Bureau des Oberbauamts, Lange Straße, Abteilungsleiter Oberbaurat Bürgel.
Gezeichnet: Oberstleutnant J. G. Tulla – Oberdirektion
Für die Regierung: Innenminister F. Greulich und
S. K. H. Großherzog Karl von Baden

»Bürgel«, murmelte Johann und warf noch einen Blick auf den Zeitungsausschnitt, bevor er ihn wieder einsteckte. Der Name wurde auch dort erwähnt.

»Was ist, wollen wir?«, sagte er dann lauter zu Freigang, der mit zusammengekniffenen Augen neben ihm stand.

Während sie vom Platz auf die Lange Straße einbogen, warf Johann dem Mann an seiner Seite immer mal wieder einen Blick zu und versuchte herauszufinden, mit wem er es eigentlich zu tun hatte. Das braune Haar seines Begleiters war lang und strähnig, er war breitschultrig und ging ein wenig vornübergebeugt, als würde er sich gegen einen Sturm stemmen. Seine Stirn war von tiefen waagrechten Falten gezeichnet, wie ein großer Denker sah er dennoch nicht aus, eher wie ein grimmiger Grübler. Seine Kleider waren ziemlich verschlissen und sicherlich schon länger nicht gewaschen worden. Alles in allem wirkte er wie jemand, der bessere Zeiten gesehen hatte – genau wie Johann selbst.

Sie erreichten einen klassizistischen und – wie für die städtischen Gebäude üblich – ziemlich imposanten Bau.

»Ob wir hier richtig sind?«, fragte Freigang zweifelnd.

Johann zeigte auf das Schild neben dem Eingang, doch offenbar konnte sein Begleiter nicht lesen. »Oberbauamt. Ja, das sind wir.«

Trotzdem zögerte Johann, hineinzugehen. Alle, die in das Gebäude hineinstrebten oder herauskamen, trugen Uniform oder waren zumindest gut gekleidet. Niemand machte einen so einfachen Eindruck wie sie beide. Er sah sich um und entdeckte ein Stück weiter unten an der Straße eine Traube von Männern, die auf etwas zu warten schienen.

»Das wird es wohl sein«, sagte er zu Freigang.

Sie gingen hin. »Rheinrektifikation. Rekrutierungen« stand auf einem Schild, das dort über einem Seiteneingang angebracht war. Johann las es und wollte sich hinter den bereits Wartenden anstellen, doch nun zeigte sich wieder die etwas rücksichtslose Natur seines Begleiters. Freigang drängelte sich nämlich trotz der Proteste mitten hindurch und zog Johann mit sich.

Gerade als sie vorne angelangt waren, öffnete sich die Tür und ein Soldat trug unter den skeptischen Blicken seines Vorgesetzten ein Stehpult heraus. Ein anderer Uniformierter befahl den Männern, eine Schlange zu bilden, um sich registrieren zu lassen. Doch gleich darauf kam das Ganze wieder ins Stocken.

»Was soll das sein? Das kann ja kein Mensch lesen!«, brüllte der Vorgesetzte, der dem Soldaten am Schreibpult über die Schulter gesehen hatte.

Der Untergebene hob entschuldigend seine rechte Hand, Zeige- und Mittelfinger steckten in einem dicken Verband. »Entschuldigen Sie, Herr Offizier. Melde gehorsamst, dass ich Rechtshänder bin«, sagte er.

»Dann tauschen Sie eben, verdammt nochmal. Du da, komm her.« Der Vorgesetzte winkte den zweiten Soldaten herbei, der es übernommen hatte, Ordnung in die Reihe der Wartenden zu bringen. Der stellte sich, einen ängstlichen Ausdruck im Gesicht, ans Pult, griff nach der Feder und beugte sich weit vornüber. Sobald er ansetzte, den ersten Namen zu schreiben, stahl sich seine Zungenspitze zwischen seinen Lippen hervor, und es war dem armen Tropf deutlich anzusehen, wie sehr er litt, während er sich mit jedem einzelnen Buchstaben abmühte.

»Wenn das so weitergeht, stehen wir in zehn Tagen noch hier«, blaffte der Vorgesetzte.

»He, du kannst doch schreiben«, sagte Freigang leise und

stieß Johann in die Seite. »Ich hab dich vorhin mit einem Bleistift gesehen.«

»Ja, gewiss, aber …«

»Dann melde dich doch!«

»Nein. Die haben ihre eigenen Leute«, widersprach Johann, aber Xaver Freigang hob bereits die Hand.

»Hier. Er kann schreiben«, rief er und schob Johann vor.

Der Uniformierte musterte Johann und Freigang misstrauisch.

»Wirklich?«

Johann nickte, und ehe er sich's versah, stand er am Pult. Nach den ersten zwei, drei Namen – Freigang war der Erste, den er aufschrieb – nahm der Vorgesetzte das Blatt in die Hand und las, was Johann notiert hatte. Dann nickte er zufrieden und befahl: »Weitermachen!«

Zwei Stunden später hatte Johann neunzig Männer mit Namen, Geburtsort und Alter registriert. Dann wurde der Posten wieder geschlossen.

»Was ist mit mir?«, fragte Johann, während er die Listen übereinander schob und sie dem Uniformierten reichte. »Ich suche auch Arbeit.«

Der Vorgesetzte studierte zufrieden die von Johann in schönster Schrift geschriebenen Listen. *Du kannst schreiben wie ein Professor*, hatte seine Mutter immer gesagt – und tatsächlich machte Johann der Umgang mit Tinte und Papier Freude. Er konnte auch sehr gut zeichnen, doch genutzt hatte es ihm bisher nie. Solche Talente galten als überflüssiger Firlefanz – auf jeden Fall dort, wo er herkam.

»Da ist wirklich sehr, sehr ordentlich, das muss ich schon sagen. Wie lautet dein Name?«

»Ich bin Johann König aus Knielingen«, gab Johann Auskunft.

»Knielingen?« Der Vorgesetzte betrachtete ihn noch interessierter als zuvor. »Mitkommen!«, befahl er.

14

ELISABETHS GEDANKEN KREISTEN um Juliane. Sie beobachtete die junge Frau, wann immer es möglich war, sah die Anmut ihrer Bewegungen, bewunderte ihre Figur, die lockigen Strähnen der goldenen Haare, die sich unter ihrer Haube hervorstahlen, und träumte von ihrer zarten Haut. Juliane war schön, doch das war es nicht allein, was sie so anziehend machte. Etwas Geheimnisvolles umgab das Mädchen, und Elisabeth wollte einfach nicht in den Kopf, dass Ruth und Juliane, die so verschieden waren, Schwestern, ja sogar Zwillinge sein sollten. Unauffällig versuchte sie, im Ort Erkundigungen über die beiden einzuholen. Die Geschichte von der Hebamme Grete Winter und dem tragischen Tod ihres Mannes Thomas, dem Köhler, kannte hier jeder, aber etwas Neues erfuhr sie eigentlich nicht. In Bacharach zweifelte niemand daran, dass Juliane und Ruth Schwestern waren. Doch Elisabeth wollte sich mit diesen Auskünften nicht zufriedengeben.

Seit Peter abgereist war, hatte sie viel Zeit zum Nachdenken gehabt. Nicht nur über Juliane und ihre Schwester hatte sie nachgegrübelt, sondern auch über ihre eigene Ehe.

Die Lebensbereiche von ihr und Peter hatten sich, seitdem die Kinder da waren, immer stärker voneinander getrennt. Sie war für Haus, Familie und Kinder zuständig, Peter für das Geschäft. Manchmal glaubte Elisabeth, im alltäglichen Trott vor Langeweile schier zu verzweifeln, weshalb sie sich ja auch so auf diese Reise zusammen mit Peter gefreut hatte. Daheim in Köln konnte Elisabeth ihre Talente und Fähigkeiten noch am ehesten im wohltätigen Bereich zur Entfaltung bringen. Es lag für sie eine gewisse Befriedigung darin, sich um andere zu kümmern, die weniger privilegiert waren als sie selbst. Doch bei der Geschichte mit der schönen Magd war nicht nur ihr großes Herz gefordert, sondern noch etwas ganze anderes. Hier war ihr Spürsinn gefragt. Elisabeth trieb die Frage um, warum es der Pfarrer auf die Magd abgesehen hatte. Weshalb in Gottes Namen, hatte er ihr die Haare abgehackt?

Elisabeth schauderte es, wenn sie daran dachte, in welchem Zustand sie das Mädchen an jenem Abend angetroffen hatte. Nicht eine einzige Sekunde lang hatte sie daran gezweifelt, dass es die Wahrheit sprach. Sie hatte ja mit eigenen Augen gesehen, mit welch irrem Blick der Pfarrer das Mädchen in der Kirche angestarrt hatte. Elisabeth empfand aufgrund ihrer Erziehung großen Respekt vor kirchlichen Würdenträgern, doch die Lebenserfahrung hatte ihr auch gezeigt, dass ein Mann Gottes nicht notwendigerweise ein Heiliger sein musste. Beinahe bereute sie nun, dass sie Juliane das Versprechen gegeben hatte, die Sache mit den Haaren für sich zu behalten. Wenn sie ihre Neugier befriedigen wollte, musste sie sich etwas einfallen lassen, um mit dem Pfarrer ins Gespräch zu kommen und unauffällig ein wenig nachzubohren.

Peter hatte inzwischen die Kutsche wieder zu ihr zurückgeschickt. Das Gefährt war zusammen mit seinem Diener Gustav am Mittag eingetroffen, Elisabeth blieb also nur noch der heutige Tag für ihre Mission. Sie griff das Fläschchen mit den Tropfen, die sie gegen ihre Reisekrankheit einzunehmen pflegte, steckte es in ihre Rocktasche und machte sich auf den Weg zum Pfarrhaus. Gustav, der offenbar von Peter den Auftrag bekommen hatte, ein Auge auf sie zu haben, erklärte sie, bei dem Geistlichen die Beichte ablegen zu wollen.

Der Pfarrer öffnete auf ihr Läuten hin persönlich die Tür und musterte sie wortlos. Wie ein hagerer, schwarzer Vogel sah er aus. »Wie kann ich helfen?«, sagte er nach einer gefühlten Ewigkeit.

Elisabeth hatte es kurz die Sprache verschlagen. Ihr Blick blieb an seinen langen knochigen Fingern hängen, die leichenblass aus seinen Ärmeln hervorragten, und plötzlich war sie doch froh, dass Gustav da war und im Gasthaus auf sie wartete.

Sie nannte ihren Namen, erklärte, wer sie war, und bemühte sich, ihrer Stimme dabei einen sowohl munteren als auch mitfühlenden Ausdruck zu geben. Dann erzählte sie die Geschichte, die sie sich zurechtgelegt hatte. Sie wäre mit ihrem Mann vor ein paar Tagen im *Löwen* abgestiegen und hätte am Sonntag in der Kirche seinen Schwächeanfall miterlebt. Nun wäre sie sehr besorgt um sein Wohl und hätte eine spezielle Medizin dabei, die sie ihm gerne geben wollte – Tropfen, die gut für das Herz, den Kreislauf und die Leber wären.

Pfarrer Wurm hörte sich alles an, und sein Gesichtsausdruck entspannte sich ein wenig. Dann besann er sich auf seine Manieren und bat sie ins Haus. Drinnen war es kühl und dämmrig, der Fußboden war aus rohem Stein, und es roch nach Keller und Lampenöl. Der Pfarrer ging ihr voraus einen Gang entlang, der sich nach hinten verlor, und bat sie in einen Raum, bei dem es sich vermutlich um sein Arbeitszimmer handelte. An der Wand stand ein Tisch, auf dem Schreibzeug und ein paar Bücher lagen, davor, ein wenig abgerückt, ein unbequem aussehender Stuhl mit geflochtenem Sitz. An der gegenüberliegenden Wand hing ein für den kleinen Raum bemerkenswert großes Kreuz mit einem leidenden Christus. Die Fensterläden waren halb geschlossen, so dass Elisabeths Augen sich erst an die Lichtverhältnisse gewöhnen mussten. Sie fragte sich, wie der Pfarrer hier im Halbdunkel überhaupt lesen konnte.

Elisabeth fühlte eine tiefe Beklemmung in ihrer Brust und redete dagegen an. »Dies war wohl früher ein Kloster?«, fragte sie im Plauderton.

»Kapuziner«, sagte der Pfarrer knapp und nickte.

»Wie gut, dass es die Kirche noch gibt. Sie ist sehr hübsch«, sagte Elisabeth, dabei war der Saalbau denkbar schlicht und schmucklos. »Betreuen Sie die Gemeinde schon lange?«

»Seit sechzehn Jahren.«

»Es ist ein wahrer Segen, dass Sie den Gläubigen hier eine Heimat geben«, sagte Elisabeth. »Mein Mann und ich kommen aus Köln, da sind die Katholiken natürlich in der Überzahl.« Sie lachte, als habe sie einen Scherz gemacht und erwähnte vorsichtshalber nicht, dass sie mit einem Protestanten verheiratet war. »Ich bin im *Löwen* abgestiegen, und die Gastleute sind glücklicherweise auch katholisch.«

Der Pfarrer nickte wieder und runzelte die Stirn. »Entschuldigen Sie bitte, Frau Merkens, ich will ja nicht unhöflich sein, aber ich habe nicht viel Zeit«, er machte eine Handbewegung in Richtung des Tisches. »Ich war gerade dabei, meine Predigt für Sonntag vorzubereiten.«

»Natürlich. Die Predigt geht selbstverständlich vor«, sagte Elisabeth. »Ich bin gleich wieder weg, ich gebe Ihnen nur noch rasch die Medizin.« Sie griff in ihre Tasche und sprach währenddessen weiter. »Es handelt sich um ein Geheimrezept meiner Mutter. Sehr wirksam. Die Magd der Kühns hatte einen Schwächeanfall, nachdem die Sache mit dem Knecht passiert ist. Ich habe ihr ein paar von meinen Wundertropfen gegeben, und sofort war sie wieder wohlauf.« Das Flunkern fiel ihr jetzt erstaunlich leicht. »Sie kennen sie vermutlich? Juliane Winter.«

Während sie das sagte, blickte Elisabeth den Pfarrer aufmerksam an. Die Veränderung in seinem Gesichtsausdruck war bemerkenswert. Hatte er zunächst noch eher ungeduldig und missmutig ausgesehen, wirkte er nun regelrecht bestürzt.

»Ja. Sie kommt auch gelegentlich in den Gottesdienst«, sagte er, sichtlich um Fassung bemüht.

»Sie ist ein bemerkenswert hübsches Mädchen. Finden Sie nicht auch?«, sagte Elisabeth in vertraulichem Tonfall und beobachtete wieder, was im Gesicht des Pfarrers vor sich ging. Ihre Augen hatten sich zum Glück mittlerweile an das schwache Licht gewöhnt, so dass sie erkennen konnte, wie sich die Gesichtsfarbe des Pfarrers veränderte. Er bekam einen tiefroten Kopf.

»Es steht mir nicht zu, darüber zu urteilen, Frau Merkens, wie gesagt ich habe …«

Diesmal ließ Elisabeth ihn nicht ausreden. »Da fällt mir ein, wenn Sie schon so lange hier sind, dann haben Sie doch vermutlich Juliane getauft, richtig? Juliane und ihre Schwester. Ruth.«

»Warum wollen Sie das wissen?« Wurms Miene signalisierte nun offene Ablehnung, doch Elisabeth redete bereits weiter.

»Sind die beiden eigentlich wirklich leibliche Schwestern?«, fragte sie wieder in vertraulichem Ton. »Das erscheint mir so überaus unwahrscheinlich zu sein. Ruth ist klein und dunkel, und Juliane ist groß und hat einen hellen Teint – und natürlich diese herrlich langen goldblonden Haare. Sie ist eine wahre Schönheit. Ich habe mich regelrecht in sie verliebt.«

Der Pfarrer starrte Elisabeth mit aufgerissenen Augen an. Er atmete schwer, und sein Kiefer malmte. »Sie sollten jetzt besser gehen«, sagte er mit mühsam beherrschter Stimme.

»Ich dachte darum, dass Juliane vielleicht doch eine andere Abstammung haben könnte«, fuhr Elisabeth unbeirrt fort, die glaubte, nun auf der richtigen Spur zu sein. »Sie scheint keine Ahnung davon zu haben, aber wenn Sie ja selbst beide Mädchen getauft haben, dann wissen Sie vielleicht …«

»Sie sollten sich nicht in Dinge einmischen, die Sie nichts angehen, Frau Merkens.«

»Sie verstehen mich falsch. Ich wollte niemandem zu nahetreten, ich wollte nur helfen. In Köln bin ich sehr aktiv in der Bonifaziusgemeinde. Ich kümmere mich um …«

»Was Sie in Köln tun, ist ganz allein Ihre Sache, aber hier in Bacharach haben Sie nichts verloren. Sie sollten jetzt wirklich gehen.«

»Und was ist mit der Medizin? Ich wollte doch …«

»Lassen Sie die Tropfen hier. Und dann gehen Sie. Ich habe zu arbeiten.«

15

JULIE HACKTE HOLZ. Eine schwere Arbeit, von der sie Blasen an den Fingern bekam, aber das gehörte jetzt zu ihren Aufgaben. Am Nachmittag molk sie die Ziegen, die sie mit ihren kleinen Köpfen spielerisch in die Seite stießen und ihr den Schweiß von der Haut leckten, was sie ein wenig tröstete. Dann sah sie durch einen Spalt in der Bretterwand der Scheune den Pfarrer draußen vorbeigehen und duckte sich unwillkürlich, aber er konnte sie hier drin nicht sehen. Als sie die gefüllte Kanne in die Milchkammer brachte, lief sie Gundel über den Weg.

»Komm mit«, sagte die Wirtin in einem Ton, der keinen Widerspruch duldete.

Julie überprüfte rasch den Sitz ihrer Haube und folgte Gundel in die Gaststube. Auf dem Tisch stand ein Korb und daneben saß Herbert, wie meistens um diese Zeit des Tages mit einem Becher Wein in der Hand.

»Und? Was hast du dazu zu sagen?«, fragte die Wirtin und zeigte auf den Korb, in dem ein paar Holzpantinen lagen.

Jetzt begriff Julie. Das waren der Korb und die Schuhe, die sie im Hof des Pfarrhauses zurückgelassen hatte. Der

Pfarrer musste die Sachen hergebracht und erzählt haben, wo er sie gefunden hatte. Seither hatte sie sich mit einem Paar viel zu kleiner Pantinen beholfen, die Frieda ihr geliehen hatte. Aber nun war es aufgeflogen. Nun wusste Gundel, dass sie heimlich beim Pfarrhaus gewesen war.

Hatte der Pfarrer Anschuldigungen gegen sie erhoben? Er würde Gundel und Herbert doch wohl nicht erzählt haben, dass sie ihn bei seinem schaurigen Treiben gestört hatte. Warum hasste Wurm sich selbst so sehr, dass er sich solche Schmerzen zufügte und noch dazu im Angesicht der lieben Jungfrau Maria und des armen Herrn Jesus? Wieder sah sie den Pfarrer vor sich, seine halbnackte Gestalt, der obszön entblößte Rücken, auf dem das Blut herunterrann, hatte seine Schmerzenslaute im Ohr und hörte, wie er sie als Teufel beschimpft hatte. Die Sache mit dem Hackklotz und den Haaren ... Nein, das konnte sie unmöglich erzählen. Selbst wenn sie gewollt hätte, das brachte sie nicht über ihre Lippen. Sie beschloss, eine lässlichere Sünde zu gestehen.

»Ich ... ich habe Ruth nur ein paar von den Pflaumen gebracht. Gar nicht viele. Und ein bisschen Käse und Schinken.«

»Ja, du hast Essen gestohlen und es deiner Schwester gebracht. Aber was hast du dann gemacht?«, fragte Herbert Kühn und stierte sie aus geröteten Augen an.

»Nichts. Danach bin ich nach Hause gegangen.«

»Da haben wir aber etwas anderes gehört. Ich als dein Vormund will wissen, ob es stimmt, dass du ins Pfarrhaus eingebrochen bist?«, fuhr Herbert mit seinem Verhör fort.

Ich als dein Vormund. Julies Unbehagen steigerte sich. Solche Worte hatte Herbert noch nie in den Mund genommen. Er hatte sich vor der Verantwortung immer gedrückt und alles Gundel überlassen. Doch die stand jetzt nur stumm da.

»Nein, ich bin nicht ins Pfarrhaus eingebrochen. Ich war nur, ich meine, ich wollte …« Julie dachte angestrengt nach, doch ihr fiel keine Ausrede ein. »Ich wollte nachsehen, wie es dem Herrn Pfarrer ging, nachdem er doch am Morgen in der Kirche so krank gewesen ist.«

»Ha!«, machte Herbert und klatschte mit der flachen Hand auf den Tisch. »Sie gibt es also zu.«

Julie sog die Unterlippe ein und musste plötzlich ein Lachen unterdrücken. Das passierte ihr manchmal, dass sie im unpassendsten Moment Heiterkeit überkam.

Herbert war über ihre Reaktion sichtlich erbost – und auch ein bisschen sprachlos. Ein paarmal öffnete und schloss er den Mund, ohne dass ein Wort herauskam. »Du wirst schon noch sehen, wo dich das hinführt«, sagte er dann unwirsch, leerte sein Weinglas mit einem Zug und goss sogleich aus dem Krug nach.

»Ich wollte wirklich nur nach ihm sehen. Ich hatte keine böse Absicht«, verteidigte sich Julie – und dann brach sich der Kummer der vergangenen Tage Bahn. Weinend hielt sie sich beide Hände vors Gesicht.

Gundel legte ihr eine Hand auf die Schulter. »Setz dich hin«, sagte sie.

»Ich habe wirklich nichts Schlimmes gemacht«, sagte Julie und sah Gundel durch einen Tränenschleier hindurch an.

»Setz dich«, wiederholte Gundel noch einmal und schob ihr einen Stuhl hin. Zögernd nahm Julie Platz.

»Es spielt keine Rolle.« Die Wirtin sah sie ernst an. »Pfarrer Wurm verlangt, dass du Bacharach verlässt.«

Vor Schreck versiegten Julies Tränen. Damit hatte sie nicht gerechnet.

»Aber ich will nicht weg aus Bacharach«, brachte sie heraus.

»Das hättest du dir vorher überlegen müssen«, sagte Herbert. Er hatte sein Glas schon wieder zur Hälfte geleert. Jetzt rülpste er vernehmlich.

»Der Pfarrer hat recht. Wir können dich nicht hierbehalten. Wir haben alles versucht, Gott ist mein Zeuge«, sagte Gundel und bekreuzigte sich.

»Aber was passiert mit Ruth, wenn ich fortgehe? Ich kann sie doch nicht im Stich lassen«, wandte Julie ein.

Gundel ging nicht darauf ein. »Du hast großes Glück, dass du uns hast, Juliane. Wir sind keine Unmenschen. Du hast sogar die Wahl. Es gibt zwei Möglichkeiten. Dein Vormund hat einen Neffen im Schwarzwald. Er ist Köhler und braucht eine Magd.«

»Im Schwarzwald?«, wiederholte Julie entsetzt. Sie hatte nur eine sehr ungenaue Vorstellung davon, wo das war, aber sie wusste, dass die Bäume dort bis in den Himmel wuchsen und dass im Winter der Schnee bis zum Dachfirst der Häuser lag. Die Täler waren so tief, dass die Sonne nicht hineinscheinen konnte, und die Berge waren so hoch, dass man Tage brauchte, um hinauf zu gelangen – falls man nicht vorher gefressen wurde, denn im Schwarzwald gab es Bären und Wölfe.

»Warum sucht er sich nicht dort eine Magd? Warum ich?«

»Weil er dort keine findet«, sagte Herbert gehässig und handelte sich damit einen bösen Blick von Gundel ein.

»Ich weiß gar nichts von der Köhlerei«, sagte Julie.

»Das musst du auch nicht«, beschwichtigte Gundel.

»Du sollst dich um das Dutzend Bälger kümmern, um die kranke Frau und um das Haus«, warf Herbert ein.

»Jetzt sei schon still«, herrschte Gundel ihren Mann an. »Ich erkläre ihr alles.«

»Ich habe die Wahl, hast du gesagt? Was ist denn die zweite Möglichkeit?«, hakte Julie zaghaft nach.

»Dem Fährmann von Sankt Goar ist die Frau gestorben. Er sucht jemanden zum Heiraten.«

»Zum Heiraten? Aber ich kenne ihn doch gar nicht.«

»Dann lernst du ihn eben kennen«, sagte Gundel.

»Und wie kommt er auf mich?«

»Ihm sind schon drei Frauen weggestorben«, brummte Herbert.

»Jetzt halt endlich den Mund«, fuhr Gundel ihren Mann an. »Hör zu!«, wandte sie sich wieder an Julie. »Er ist nicht mehr ganz jung.«

»Was heißt das?«, fragte Julie mit wachsendem Entsetzen.

»Er ist Anfang oder Mitte fünfzig.«

»Also ist er ein Greis!«

»Er sucht eine Frau, die mit anpacken kann«, sagte Gundel.

»Hat er Kinder?«

»Alle tot«, sprach Herbert in sein Weinglas hinein.

»Er hat ein bisschen Pech gehabt«, erklärte Gundel. »Seine Frauen sind alle bei der ersten Geburt gestorben – und die Kinder mit ihnen.«

»Will er denn – heißt das, ich soll mit ihm Kinder haben?«

»Was denn sonst?«, warf Herbert ein und sah Julie hinter Gundels Rücken lüstern an.

»Selbstverständlich gehören Kinder zu einer Ehe dazu«, sagte Gundel.

Julie schüttelte den Kopf und konnte gar nicht mehr damit aufhören. Sie sollte entweder Magd bei einem armen Köhler werden, wo sie vermutlich entweder an zu viel Arbeit oder an Hunger sterben würde, oder sich mit einem Greis verheiraten lassen, auf dem offenbar so etwas wie ein Fluch lag?

»Ich will lieber hierbleiben«, flüsterte sie. »Ich kann doch Ruth nicht allein lassen. Ich mach auch alles, was ihr wollt, ich werde bis zum Umfallen arbeiten, das verspreche ich, aber schickt mich bitte nicht fort.«

»Nein. Selbst wenn wir dich hierbehalten wollten, Pfarrer Wurm verlangt, dass du Bacharach verlässt. Du kannst froh sein, dass du für das, was du getan hast, nicht bestraft wirst. Du musst dich entscheiden.«

»Jetzt?«

»Jetzt«, bekräftigte Gundel, und ihr Ton ließ keinerlei Widerspruch zu.

Julie dachte nach. Sie empfand das, was gerade mit ihr geschah durchaus als Strafe, auch wenn Gundel etwas anderes behauptete, und zunächst glaubte sie, niemals eine Wahl treffen zu können. Eine Aussicht schien schrecklicher als die andere zu sein. Doch dann ging Julie durch den Kopf, dass es auch eine Erleichterung sein würde, nicht mehr in der Nähe von Pfarrer Wurm leben zu müssen. Und schließlich wurde ihr bewusst, dass es eigentlich überhaupt keine schwierige Entscheidung war, die sie zu treffen hatte. Sie brauchte doch nur zwischen Schwarzwald und Rhein zu wählen, und damit war die Sache klar.

»Dann heirate ich eben«, flüsterte sie.

16

JOHANN FOLGTE DEM UNIFORMIERTEN über Treppen hinauf in den ersten Stock des Verwaltungsgebäudes. Oben war es dämmrig und sehr viel stiller als unten in der geschäftigen Eingangshalle. Im Vorbeigehen studierte Johann die Schilder neben den Türen, die rechts entlang des Gangs lagen, zu seiner Linken konnte er durch die Fenster in einen Hof hinuntersehen. Dann erreichten sie den hinteren Querflügel des Gebäudes, wo ein langer Läufer den Boden zierte und alle Geräusche dämpfte. »Ministerialrat«, stand neben der ersten Tür – hier residierten offenbar die höheren Beamten.

»Warte hier!«, sagte der Uniformierte, und bevor Johann fragen konnte, worauf er warten sollte, ließ er ihn einfach stehen und verschwand.

Ein paar Minuten später öffnete sich weiter unten auf dem Flur eine Tür, und ein gehetzt aussehender Mann in Zivil, vermutlich ein Sekretär, eilte an Johann vorüber, ohne ihn zu beachten.

Dann tat sich wieder lange nichts, und Johann lief, von Langeweile und Neugierde getrieben, den Gang hinunter und schaute durch die weit offen stehende Tür, neben der auf einem Schild der Name »Oberbaurat Bürgel« zu lesen war, auf einen verwaisten Schreibtisch, der wahrscheinlich dem Sekretär gehörte. Die ebenfalls offen stehende doppelflügelige Tür dahinter gab den Blick frei auf den nächsten Raum mit mehreren hohen Fenstern, durch die hindurch man direkt auf das Schloss schauen konnte. An der Wand zwischen zwei Fenstern hing eine sehr lange schmale Karte, die von der Decke bis zum Boden reichte.

Johanns scharfe Augen erkannten sofort, um was es hier ging: Die Karte zeigte den Rhein. Gewiss hatten Bürgel oder Tulla – wer auch immer – darauf sämtliche geplanten Veränderungen am Wasserlauf eingezeichnet.

Johann zögerte einen Moment, doch dann siegte seine Neugierde, und er betrat das mit Teppichen und gediegenen Möbeln eingerichtete Büro, um die Karte genauer zu betrachten. Sie zeigte den Rheinverlauf von Basel ganz unten auf der Karte bis nach Mannheim ganz oben. Die Karte war kunstvoll mit spitzer Feder gezeichnet, die Ortsnamen standen in geschwungener Schönschrift neben den Siedlungen, die mit angedeuteten Stadtmauern, Kirchtürmen oder auch Häusern dargestellt waren. Alle Windungen des Flusses waren zu sehen und in roter Farbe darübergelegt die geplanten Durchstiche, welche die Flussschlingen abtrennen sollten. Gleich neben dieser Karte hing noch eine kleinere. Als Johann näher trat, begriff er sofort, was er hier vor sich hatte, nämlich einen stark vergrößerten Ausschnitt von Knielingen und Umgebung.

Gebannt starrte Johann darauf. Er hatte noch nie eine so detaillierte Karte seiner Heimat gesehen, und es berührte ihn seltsam, die vertrauten Flurnamen von fremder Hand dort geschrieben zu sehen. *Salmengrund, Ritterhecke, Dammfeld, Goldgrund, Burg-Au, Fuchs-Äcker* las er stumm und hatte bei jedem Begriff eine bestimmte Landschaft vor Augen, sah eigenwillig gewachsene Bäume oder seltsam geformte Hügel, aber auch Grenzsteine und Zäune, wegen deren Verlauf manche Nachbarsfamilien schon seit Jahren oder Jahrzehnten im Streit lagen. Woher die Namen eigentlich kamen, wusste niemand so genau, denn nur bei manchen, wie zum Beispiel Salmengrund oder Goldgrund, war die Herkunft offensichtlich. Warum aber ein Flurstück mit Ritterhecke bezeichnet wurde, obwohl dort nicht einmal eine Hecke zu finden war, ließ sich heute nicht mehr nachvollziehen. Es musste viel Mühe gekostet haben, diese Karte zu erstellen, dachte Johann. Irgendjemand war über Land gezogen und hatte Bücher eingesehen, in denen die Besitzverhältnisse aufgeschrieben waren, um das alles so präzise erfassen zu können.

Johann betrachtete die Linien, die den ersten Durchstich anzeigten, die Jahreszahl 1817 war nachträglich eingefügt worden, die Tinte wirkte noch ganz frisch, und er sah, wo sein eigenes Feld lag, das nun unter Wasser stand. Der neu entstandene Wasserarm war, ebenso wie die Jahreszahl 1817, nachträglich eingefügt worden.

Seine Faszination wuchs, und er sah sich die geplanten Durchstiche noch einmal genauer an. Sie gingen schnurgerade durch die Landschaft und würden die Windungen des Rheins einfach abschneiden. Diese würden dadurch trockenfallen, so wie das bisher schon mit dem einen oder anderen Seitenarm geschehen war, und mit der Zeit würde sich der mäandernde Rhein in einen nahezu geraden Fluss verwandeln, der nur noch zwei sanfte Schwünge aufwies. Auf der Karte sah das einfach aus, aber würde sich der mächtige Strom, den er seit seiner Kindheit als so unberechenbar erlebt hatte, das auch gefallen lassen?

»Was machen Sie da?«

Erschrocken fuhr Johann herum, blickte auf einen Mann in Uniform, mit einem Dreispitz auf dem Kopf, der im Raum stand und ihn fragend ansah. Hinter ihm tauchte mit hochrotem Gesicht der Mann in Zivil auf, ebenjener Sekretär, der die Tür offen stehen gelassen hatte. Johann war so in seine Betrachtungen vertieft gewesen, dass er alles um sich herum vergessen und das Eintreten der beiden überhaupt nicht bemerkt hatte.

Johann wollte zu einer Entschuldigung ansetzen, merkte jedoch, dass er nicht das Geringste zu seiner Verteidigung vorzubringen hatte.

Ihm wurde heiß. »Verzeihung. Ich habe die Karte hier hängen sehen und war einfach neugierig.«

»Das kann ich gut verstehen«, sagte der Uniformierte und sah nicht einmal sonderlich verärgert aus.

Johann beschloss, die Flucht nach vorne anzutreten.

»Oberbaurat Bürgel? Mein Name ist Johann König. Ich komme aus Knielingen. Habe die Ehre.« Er grüßte mit einem Bückling.

»Oberstleutnant Tulla. Oberdirektion Wasser- und Straßenbau«, stellte der andere mit unbewegter Miene richtig und musterte Johann wie ein Wissenschaftler, der ein seltenes Insekt begutachtet.

Johann trat der Schweiß auf die Stirn. Er hatte es also mit dem berühmten Ingenieur persönlich zu tun, mit jenem Mann, von dem alle Welt sprach, dem großen Wasserbaumeister, über den jede Zeitung entlang des Rheins und darüber hinaus berichtete.

Tulla trat näher und tippte mit dem Zeigefinger auf die Karte. »Und was sagen Sie dazu? Faszinierend, nicht wahr? Dieses Werk wird das Leben der Menschen am Fluss von Grund auf verändern.«

»Da haben Sie bestimmt recht«, stimmte Johann zögernd zu. Es verwirrte ihn, dass Tulla offenbar beschlossen hatte, mit ihm Konversation zu machen. Dem Sekretär musste es ähnlich ergehen, denn er beobachtete die Szene mit fassungsloser Miene, offenbar bereit, Johann jederzeit hinauszuwerfen, falls Tulla ihn dazu auffordern sollte. Doch irgendwann zog er sich lautlos zurück.

»Zweihunderttausend Menschen. Wussten Sie das?«, sagte Tulla jetzt.

»Zweihunderttausend?«

»Zweihunderttausend Menschen, davon neunzigtausend in Baden, werden künftig einen Nutzen aus der Rektifikation ziehen.«

Wollte Tulla ihn mit den vielen Zahlen auf die Probe stellen? Das arrogante Auftreten des Ingenieurs reizte Johanns Widerspruchsgeist.

»Nicht jeder findet die Rektifikation nützlich«, sagte er.

Tulla betrachtete Johann überrascht und legte seine Stirn in Falten, als fragte er sich nun doch, was das für ein dahergelaufener Kerl war, den er vor sich hatte.

»Ach nein?«, sagte der Ingenieur schmallippig.

»Nein. Knielingen wünscht keine Veränderung«, erklärte Johann, da es nun zu spät war, einen Rückzieher zu machen.

»Dann wissen sie eben nicht, was gut für sie ist.«

»Vielleicht doch, Herr Oberstleutnant«, sagte Johann, während ihm immer heißer wurde.

Tullas Augen wurden schmal. »Erklären Sie«, befahl er.

»Hier sehen Sie, Herr Oberstleutnant!« Johann deutete auf die Karte von Knielingen. Tulla zückte ein Monokel, das in der Brusttasche seiner Uniformjacke steckte, und hielt es sich vor das rechte Auge. »Innerhalb dieser Schlinge liegen dreihundert Morgen. Und hier weitere dreihundert. Insgesamt wird Knielingen sechshundert Morgen Land verlieren.«

»Das ist mir selbstverständlich bekannt«, erwiderte der berühmte Ingenieur, »aber die Bauern bekommen ihr Land vom Staat zurück.«

»Das wurde ihnen zwar versprochen, allerdings wissen sie bis heute nicht, wann und wo.«

Tulla schüttelte ungeduldig den Kopf. »Selbst wenn sie ein wenig auf ihre Entschädigung warten müssen, ist der Nutzen für die Allgemeinheit im Vergleich zu diesem geringen Opfer sehr viel höher zu bewerten. Mittel- und langfristig wird auch Knielingen profitieren.« Er sah Johann an. »Was ist denn mit Ihnen? Wo Sie sich ja so vehement für die Bauern einsetzen, nehme ich an, dass sie selbst Landbesitzer sind? Wo liegen ihre Felder? Zeigen Sie es mir!«

Johann zögerte kurz, doch dann wies er auf die entsprechende Stelle auf der Karte.

Tulla betrachtete die Stelle, dann steckte er das Monokel wieder weg.

»Ihr Feld steht unter Wasser«, stellte er fest.

»Das ist richtig. Seit letztem Jahr«, sagte Johann, dem im selben Moment die Trostlosigkeit seiner Lage wieder bewusst wurde. Wie außerordentlich dumm von ihm, dass er durch sein unverschämtes Auftreten auch noch seine Chance auf Arbeit gefährdete. Er gab sich innerlich einen Ruck. »Verzeihen Sie bitte nochmals mein unbefugtes Eindringen, Oberstleutnant. Ich bitte vielmals um Vergebung. Ich hätte draußen auf dem Flur warten sollen. Ich werde dann wohl besser wieder gehen.«

Tulla hielt ihn zurück. »Warten Sie! Sie scheinen ein intelligenter junger Mann zu sein, König. Werfen Sie noch einen Blick auf die Karte und betrachten Sie die Lage des Durchstichs noch einmal genauer.«

Johann sah Tulla überrascht an, doch dann tat er, wie ihm geheißen, und studierte die Karte eingehend.

»Was glauben Sie, wird mit Ihrem Stück Land passieren, sobald der Rhein in seinem neuen Bett fließt?«, fragte Tulla.

Johann starrte eine ganze Weile auf die Linien und Zeichen, bis ihm aufging, was Tulla meinte. Natürlich! Diesem Plan zufolge würde der Wasserlauf, der seinen Grund überflutet hatte, vom Rhein abgeschnitten werden und wieder trockenfallen. Die im vergangenen Jahr neu entstandene Schlinge, die ihm so böse zugesetzt hatte, würde verschwinden. Im Gegensatz zu den anderen Knielingern würde er vom Rheindurchstich sogar einen unmittelbaren Vorteil haben.

Der Ingenieur hatte ihn beobachtet und offenbar bemerkt, dass er verstanden hatte. »Korrekt, junger Mann«, sagte er gewichtig und verschränkte dabei die Hände auf dem Rücken. »Sie haben Talent. Manch studierter Ingenieur begreift diese Zusammenhänge nicht so schnell, wie Sie es tun.«

Das Lob kam überraschend, und Johann wusste nichts darauf zu erwidern. Doch Tulla schien auch gar keine Antwort zu erwarten, sondern setzte zu einem Vortrag an:

»Sie werden also ganz direkt von dem Durchstich profitieren. Es gibt immer Menschen, die gewinnen, und Menschen, die verlieren. Und die Aufgabe eines Regenten ist es nicht, das Schicksal des Einzelnen zu beeinflussen. Er muss stets das Wohlergehen vieler im Blick behalten, und ein Mittel, dies zu tun – das einzig legitime Mittel, wenn Sie mich fragen –, ist die Wissenschaft. Diese Dinge mögen kompliziert erscheinen, doch am Ende läuft alles auf eine mathematische Rechnung hinaus. Solange es mehr Menschen gibt, die durch unsere Maßnahmen gewinnen, als solche, die verlieren, ist es unsere Pflicht, sie durchzuführen. Der Großherzog ist ein sehr weitsichtiger Mann, der das erkannt hat und unbeirrt diesen Weg verfolgt. Jahr für Jahr fordert der ungebändigte Rhein tausende Morgen an Land und kultivierter Ackerfläche. Was für eine Verschwendung! Indem wir die überfluteten Bereiche trockenlegen und das Flussbett schmaler machen, gewinnen wir fruchtbaren Boden. Alleine die badische Seite wird hinterher achtzigtausend Morgen Ackerfläche mehr zur Verfügung haben als bisher. Wir werden die Krankheiten ausrotten, die sich in den fauligen Gasen vermehren, die aus Feuchtwiesen und Sümpfen aufsteigen. Und auch die Schifffahrt wird von dem neuen Wasserlauf profitieren. Mit anderen Worten, die Rektifikation wird den Menschen Gesundheit, Wohlstand und Sicherheit bringen.«

Johann hatte Tulla mit wachsender Bewunderung zugehört. Er musste an Marie und an den Rest seiner Familie denken, die alle an Krankheiten gestorben waren, die für das Rheintal typisch waren. Ob sie wohl in der von Tulla beschriebenen Welt noch am Leben wären? Das Bild, das Tulla da malte, erschien Johann immer reizvoller, je länger er darüber nachdachte. Als er dann noch einmal die Karte betrachtete, fiel ihm etwas auf.

»Mit Verlaub, Herr Oberstleutnant, aber hier ist eine Stelle, an der Sie Probleme bekommen werden.« Johann deutete erneut auf den Kartenausschnitt, der Knielingen zeigte.

Tullas Augenlider senkten sich und er legte den Kopf leicht schief. »Ich hatte Sie für klüger gehalten, junger Mann. Warum, glauben Sie eigentlich, erkläre ich Ihnen das alles? Knielingen hat gegen diese Beschlüsse keine Chance. Sagen Sie das Ihren Freunden.« Seine Stimme war mit jedem Wort lauter geworden.

»Darum geht es nicht«, versicherte Johann eilig. »Aber hier, zwischen Salmengrund und Ritterhecke, ist der Boden felsig. Sie müssen sprengen, um da durchzukommen. Wenn Sie hingegen hier graben«, Johann zeigte mit dem Finger auf eine benachbarte Stelle, »müssten Sie das Gestein umgehen können. Der Graben wird dadurch zwar ein wenig länger, aber ich könnte mir vorstellen, dass es dennoch einfacher und darum billiger sein wird.«

Der Ingenieur blickte skeptisch drein. »Felsiger Boden? Das ist unmöglich. Das gesamte Gebiet ist sandig, darum beginnen wir mit unseren Arbeiten eben genau dort.«

»Schon richtig, aber der Brocken existiert. Wie auch immer das Gestein dorthin geraten sein mag.«

»Wo genau, sagen Sie?«, fragte Tulla und zückte einen Bleistift, den er in einer verborgenen Tasche seiner Uniform bei sich trug.

»Ungefähr hier. Die Krümmung des neuen Flussbetts müsste idealerweise so verlaufen«, sagte Johann und deutete den Verlauf mit dem Finger auf der Karte an.

»Na los. Zeichnen Sie es ein!«, sagte Tulla und reichte Johann den Stift. Doch Johann zögerte, er konnte doch nicht einfach auf dem kostbaren Plan herummalen.

»Nur zu«, ermunterte Tulla ihn noch einmal, und Johann markierte mit ein paar Strichen, was er meinte.

»Ich werde meine Männer anweisen zu überprüfen, ob das stimmt«, sagte Tulla, nachdem er fertig war.

»Es stimmt«, sagte Johann.

»Falls nicht, müssen wir davon ausgehen, dass sie ein Saboteur sind. Abführen!«

»Wie bitte?«, stammelte Johann, weil er plötzlich von zwei Soldaten, die inzwischen im Vorraum aufgetaucht waren, in die Mitte genommen und festgehalten wurde. »Sie können mich doch nicht einfach einsperren. Ich bin kein Saboteur!«

»Das will ich für Sie hoffen. Und für mich auch«, versetzte Tulla seelenruhig. »Sie sind mir nämlich empfohlen worden.«

»Empfohlen?«

»Ich bin auf der Suche nach einem Einheimischen, der die Gegend gut kennt und mir bei der einen oder anderen Sache assistieren kann. Leutnant Hamm sagte mir, Sie könnten genau der Richtige dafür sein.«

»Leutnant Hamm«, wiederholte Johann überrascht. Das musste der Mann sein, der die Rekrutierung beaufsichtigt hatte. »Und was nun? Wie lange wollen Sie mich festhalten?«

»So lange, bis ich weiß, ob Sie mir die Wahrheit gesagt haben.«

17

XAVER HATTE SEINEN NEUEN BEKANNTEN aus den Augen verloren. Er fragte ein paar Leute nach Johann König und erfuhr von dem Soldaten mit der verbundenen Hand, dass der Schreiberling wegen Sabotageverdachts eingesperrt worden war.

Sabotage? Xaver fuhr ein Schreck in die Glieder. Um sich nicht selbst irgendwelchen Verdächtigungen auszusetzen, ließ er die Fragerei sofort bleiben.

Am übernächsten Tag fand er sich pünktlich und mit knurrendem Magen zusammen mit mehreren Dutzend anderer müder Gestalten am Versammlungsort ein, doch König war nicht darunter, wie er rasch feststellte. Es war nicht sehr kalt, aber neblig, und es regnete leicht, als sie, angeführt von mehreren Soldaten der badischen Armee, losmarschierten. Xavers Stimmung verschlechterte sich mit jedem Schritt. Nässe und Nebel hatte er zu Genüge erlebt, er war es einfach leid.

Nach einer Stunde wurden sie angewiesen, den befestigten Weg zu verlassen, den sie bisher gegangen waren. Stattdessen bewegten sie sich nun auf einem schmalen Pfad fort, der ins Gehölz geschlagen worden war. Immer wieder mussten sie dabei Umwege gehen, um besonders morastigen Stellen auszuweichen, in denen man bis über die Knöchel im Schlamm versunken wäre. Feucht war es freilich überall, und Xaver fluchte, weil seine Schuhe schon nach kurzer Zeit vollkommen durchweicht waren. Schließlich erreichten sie den Versammlungsort, eine große Wiese mit etlichen Militärzelten. Auf einer sandigen Anhöhe gelegen war es hier glücklicherweise trocken. Vor dem Küchenzelt wurde an die Männer warme, mit Nelken gewürzte Biersuppe und Brot ausgegeben und am Zelt daneben Schaufeln und Spaten verteilt. Eine längere Pause gestand man ihnen allerdings nicht zu. Mit dem Werkzeug in der Hand ging es, angeführt von einem Offizier und zwei Soldaten, kurz darauf wieder weiter.

Irgendwann blieb der Offizier stehen und hob die Hand.

»Hier«, rief er.

»Was hier?«, kam es unmilitärisch aus den Reihen der Männer zurück.

»Hier werdet ihr graben.«

Xaver sah sich entsetzt um. Sie standen inmitten eines Gebiets, das mit niedrigen Sträuchern überwuchert war, darunter jede Menge Schlehen-, Brombeer- und Weißdornbüsche, sperrige, stachlige Dinger, denen man ansah, wie schwer sie aus dem Boden zu bekommen sein würden.

Der Offizier wies auf eine blaue rechteckige Fahne, die in einiger Entfernung an einem Baum angebracht war.

»Das dort ist die rechte Seite des Grabens, und da drüben«, er wies in die entgegengesetzte Richtung, wo eine dreieckige rote Fahne an einem Mast im Wind flatterte, »dort drüben ist die linke Seite, vierundzwanzig Meter in der Breite.«

»Wie viel Fuß sind das?«, rief einer.

»Ungefähr siebzig Fuß. Aber Oberstleutnant Tulla bevorzugt das metrische System, also gewöhnt euch besser gleich daran. Entlang der Längsseiten findet ihr alle dreißig Meter eine Markierung. Daran müsst ihr euch orientieren.«

Eine harte Zeit begann. Nach zwei Wochen hatte Xaver die schwere Arbeit, das Schaufeln und Graben, das Herauszerren von Büschen mitsamt den Wurzeln, und das Wegschaffen von Steinen gründlich satt. Mit zehn Mann waren sie für einen Abschnitt von dreißig Metern Länge zuständig und hatten den Auftrag, so weit in die Tiefe zu graben, bis sie auf Grundwasser stießen. Xaver hatte Blasen an den Händen und ständig nasse Füße, und je kälter es wurde – mittlerweile war es Mitte Oktober –, desto unangenehmer wurde es auch. Die Männer, die sich in der Gegend auskannten, sagten allerdings, im Herbst und Winter wäre es hier trotzdem besser auszuhalten als im Sommer, wo es nur so von Mücken wimmeln würde.

Der Erdaushub wurde abtransportiert, einen Teil davon mussten sie aber auch links und rechts zu vorläufigen Dämmen aufschichten. Später, wenn der Rhein seine endgültige Breite erreicht hätte, sollten die Ufer mit Faschinen aus geflochtenem Weidenholz verkleidet und befestigt werden. Aber noch war es nicht so weit. Noch floss der Rhein in den Schlingen, die er sich selbst ausgesucht hatte, und es würde Monate dauern, bis der Durchstich, der längste überhaupt, den Tulla entlang des Rheins vorgesehen hatte, fertig wäre.

Die meisten Männer, mit denen Xaver sprach, waren froh darüber. Nach Monaten des Hungerns wäre es ihnen nicht eingefallen, sich über die schlechten Arbeitsbedingungen zu beschweren. Die meisten der Arbeiter wohnten, so wie Xaver auch, in Zelten. Nachts auf seiner schmalen Pritsche träumte Xaver von vier festen Wänden und einem Dach.

Dann machte er eines Tages eine Bekanntschaft, die ein wenig angenehme Abwechslung versprach. Anders als sonst verbrachten die Männer ihre Mittagspause nicht in einem Unterstand nahe der Baustelle, sondern gingen zurück zum Lager, um sich in neue Trupps einteilen zu lassen – und da traf er ein Mädchen namens Evelyn. Sie war auf der Suche nach Arbeit ins Lager gekommen, doch Tulla wollte keine Frauen für die Grabarbeiten einsetzen, und mit dem Binden der Faschinen würde erst im kommenden Jahr begonnen werden.

Das Mädchen war klein und erinnerte Xaver mit ihren raschen Bewegungen und den hungrigen Augen an einen

Spatzen. Sie kam aus einem Weiler namens Bockenreuth, eigentlich eine unbedeutende Ansammlung von Häusern, die jedoch durch die nahe Großbaustelle Aufschwung bekommen hatte, so dass es dort neuerdings sogar ein Gasthaus gab, wie sie Xaver erzählte, und er beschloss, dem Dorf an seinem nächsten freien Tag einen Besuch abzustatten.

Bockenreuth bestand aus fünf relativ weit auseinanderliegenden Häusern. Der Morgen war frostig gewesen, doch nun stand die Sonne am wolkenlosen Himmel, spendete ein wenig Wärme und warf ein mildes Licht auf die kargen Felder. Xaver fand das sogenannte Gasthaus, das noch über keine Lizenz verfügte, weshalb Tische und Bänke fehlten, erkundigte sich dort nach dem Mädchen und wurde zu dem Haus unter der Weißtanne geschickt.

Evelyn war zu Hause, und sie war allein. Sie hatte am Spinnrad gesessen, stand jedoch auf, als er kam und bot ihm etwas zu trinken an. Sie redeten ein bisschen, und nachdem Xaver sich vergewissert hatte, dass er ihre Zeichen richtig gedeutet hatte, schliefen sie miteinander. Anschließend kramte er eine Münze aus seinem Beutel hervor und legte sie auf den Tisch.

Am folgenden Sonntag kam er wieder. Evelyn war jung, sogar sehr jung, bemerkte er flüchtig, als sie sich auch diesmal wieder von ihm ausziehen ließ. Hatte er sie beim ersten Kennenlernen auf über zwanzig geschätzt, glich der knabenhafte Körper doch eher dem eines Kindes. Seine Hände konnten ihre Taille beinahe vollständig umfassen und ihr Nacken war so zart und ihre Schultern so schmal, dass er beinahe fürchtete, sie zu zerbrechen. Auch dieses Mal wollte er eigentlich gleich wieder gehen, doch Evelyn hielt ihn fest und streichelte unter seinem Hemd seine Brust und seinen Bauch. Ihre Berührungen zu spüren, tat ihm gut, und plötzlich wurde er ganz müde. Er schloss die Augen und schlief ein.

Als er wieder erwachte, fielen die Sonnenstrahlen bereits schräg durch das kleine Fenster ins Innere der Hütte, und Evelyn saß neben der geöffneten Tür wieder an ihrem Spinnrad. Sie lächelte ihm zu. Xaver reckte die Glieder, bevor er nach draußen ging, um hinter dem Haus vor den Augen einer Ziege Wasser zu lassen. Er steckte das Hemd wieder in die Hose und dachte an Evelyns Berührungen – und dann fiel ihm etwas ganz anderes ein, und er tastete nach dem Medaillon, das er nun schon seit vielen Jahren an einer goldenen Kette um den Hals trug. Seine Hand fuhr über seine Brust und an seinen Kragen, aber es war fort.

Mit wenigen großen Schritten war er zurück in der Hütte. Evelyn sah erschrocken auf.

»Wo hast du es?«, schrie er sie an und konnte nur noch an das eine denken. Dieser Schmuck war sein wertvollster Besitz, das Einzige auf der Welt, was ihm wirklich etwas bedeutete.

Er packte das Mädchen, riss es von seinem Stuhl empor und schüttelte es heftig. Evelyn schrie und versuchte, sich zu wehren, hatte jedoch gegen ihn nicht die geringste Chance. Grob riss er an ihrem Kleid und blickte auf ihren Hals, aber sein Anhänger war nicht da. Er schüttelte sie wieder.

»Wo hast du ihn? Wo hast du ihn versteckt?«

»Ich weiß nicht, wovon du sprichst«, sagte Evelyn weinend.

»Meinen goldenen Anhänger. Das Medaillon.«

»Ich habe ihn nicht. Vielleicht hast du ihn verloren.«

Xaver ließ von Evelyn ab und ging zu dem Lager, auf dem er eben noch geschlafen hatte – und tatsächlich, da war sein Medaillon, es steckte in einem Spalt zwischen der hölzernen Bettumrandung und der Hüttenwand. Er öffnete die goldene Klappe – auch das Glasfläschchen mitsamt Inhalt war noch da. Grenzenlos Erleichterung durchströmte ihn, während er das Schmuckstück sorgfältig in der Tasche seiner Beinkleider verstaute. Er würde den Verschluss der Kette reparieren müssen, bevor er es wagen konnte, sie wieder umzulegen.

Evelyn wischte sich die Tränen aus dem Gesicht und setzte sich wieder an ihr Spinnrad, wenn auch ohne zu arbeiten. Mit hängenden Schultern, die Hände im Schoß, saß sie da. Xaver fuhr sich mit der Hand übers Gesicht und durch die Haare.

»Tut mir leid«, sagte er dann mit rauer Stimme. »War nicht so gemeint.«

Seine Wutanfälle hatten ihn schon oft in unangenehme Situationen gebracht, und schon oft hatte er sich gewünscht, sich besser unter Kontrolle haben zu können. Seine Finger umfassten das Medaillon in seiner Tasche. Das Metall zu fühlen, beruhigte ihn ein wenig. Er griff nach seiner Jacke.

»Kommst du noch mal wieder?«, fragte Evelyn und zog die Nase hoch.

»Mal sehen«, sagte er, und dann bemerkte er die roten Stellen an Evelyns Armen, wo er sie gepackt und geschüttelt hatte. Alles an ihr war so dünn, dass er ihr wirklich aus Versehen die Knochen hätte brechen können, wurde ihm bewusst

»Ist es denn sehr wertvoll?«, fragte sie und schniefte wieder.

Xaver zögerte mit der Antwort. Der materielle Wert des Medaillons hatte ihn nie interessiert, doch er würde lieber sterben, als es zu verlieren.

»Für mich ist es das«, sagte er.

Der Weg zurück zum Lager kam Xaver länger vor als am Morgen. Irgendwo in der Ferne läuteten Kirchenglocken und beschworen Erinnerungen an seinen Vater herauf, an seine große Hand, die seine kleine umschloss, wenn sie zusammen in die Kirche gegangen waren, und an das Gefühl von Geborgenheit, das er stets in seiner Nähe empfunden hatte.

Wie stolz er auf seinen Vater gewesen war, ein Frachtschiffer auf dem Mittelrhein, hoch angesehen von seinen Kollegen. Leider war er früh gestorben, und durch seinen Tod hatte Xaver an Selbstvertrauen und Zuversicht verloren, beides war nach und nach einem beständigen Gefühl der Unzulänglichkeit gewichen.

Ein dumpfes Gefühl machte sich in Xaver breit, wie immer, wenn er daran dachte, was er verloren hatte. Nach dem Tod seines Vaters, Xaver war sechs oder sieben Jahre alt gewesen, war das Schiff in den Besitz seiner Mutter übergegangen. Da sie das Frachtgeschäft jedoch nicht allein hätte fortführen können, hatte sie einen anderen Schiffer geheiratet, der das Schiff nur zu gerne übernommen hatte, und war fortan die meiste Zeit bei ihm geblieben. Xaver hatte sie zu Verwandten gegeben, damit er die Schule besuchen konnte. Doch obwohl Xaver nicht dumm war, bereitete ihm das Schreiben und Lesen große Mühe. Auch das Stillsitzen fiel ihm unglaublich schwer, er musste einfach immer in Bewegung sein. Zumindest lernte er Rechnen, aber weil er mit Buchstaben auch nach dem vierten Jahr nichts anfangen konnte, schwänzte er immer häufiger den Unterricht und ließ das Lernen schließlich ganz bleiben.

Mit zwölf Jahren kam er dann zur Ausbildung zu seinem Stiefvater, der ihn vom ersten Moment an nicht hatte ausstehen können. Aus unterschwelliger Abneigung entstand in kürzester Zeit offener Hass. Sein Stiefvater schlug ihn, was Xaver sich ein paarmal gefallen ließ. Doch dann schlug er eines Tages zurück – und da er groß und kräftig für sein Alter war, verlor sein Stiefvater bei der Gelegenheit einen Zahn. Er verbannte ihn vom Boot, und so begann für Xaver mit vierzehn eine Art Vagabundenleben. Er wechselte von Boot zu Boot und von Schiffer zu Schiffer, ohne nirgends richtig Fuß zu fassen, konnte dann aber immerhin dank des guten Leumunds seines leiblichen Vaters seine Ausbildung zum Schiffer abschließen. Den Ruf, ein Raufbold zu sein, den nicht zuletzt sein Stiefvater ihm angehängt hatte, wurde er allerdings trotzdem nicht mehr los.

Wieder tasteten Xavers Finger nach dem Medaillon, das sein Talisman und wertvollster Besitz war, und dachte an die junge Frau, der es einst gehört hatte. Sie war das schönste Geschöpf gewesen, das ihm je begegnet war, und sie hätte aus ihm einen besseren Menschen machen können, dessen war er gewiss. Doch dann war sie gestorben, bevor sie sich richtig hatten kennenlernen können – und sein Leben hatte eine andere Wendung genommen.

Während Xaver einen Fuß vor den anderen setzte und in der hereinbrechenden Dämmerung zurück in Richtung Lager lief, war er mit seinen Gedanken wieder bei jener Nacht, in der er sie am Rheinufer bei Bacharach gefunden hatte. Wie ein schlafender Engel hatte sie in ihrem weißen Gewand ausgesehen. Zuerst hatte er geglaubt, sie seit tot, doch sie hatte noch geatmet. Jetzt völlig in seine Erinnerungen versunken öffnete Xaver im Weitergehen seine Hände, weil er sich vergegenwärtigte, wie es sich angefühlt hatte, sie zu tragen, wie zart und leicht sich ihr Leib angefühlt hatte, beinahe ohne jedes Gewicht. Er hatte befürchtet, er könnte sie aus reiner Unachtsamkeit zerbrechen – so wie eben bei Evelyn. Manchmal hasste er seinen Körper und die Kraft, die in ihm steckte, und er hasste seinen Kopf, in den einerseits so etwas Einfaches wie Buchstaben nicht hineinwollte und der ihn andererseits manchmal Dinge tun ließ, die er hinterher bereute.

Doch in jener Nacht, da hatte er das Richtige getan. Er hatte die schöne Unbekannte zu der Kräuterfrau auf die Burg Stahleck gebracht, und in den folgenden Tagen und Wochen war er kaum mehr von ihrer Seite gewichen, Stunde um Stunde hatte er an ihrem Krankenbett gesessen. Sie hatten kaum miteinander gesprochen, doch das hatte ihm nichts ausgemacht. Er hatte sie nur immerzu ansehen müssen, innerlich ganz ruhig, so ruhig, wie nie zuvor in seinem Leben und nie wieder danach. Es war ebenjene Ruhe, nach der er sich seither so schmerzlich sehnte.

Auch in ihren letzten Stunden war er dort gewesen, wenn auch nicht genau in jenem Moment, in dem sie ihren allerletzten Atemzug getan hatte. Dieses Privileg hatte der Geistliche gehabt, den er auf ihren Wunsch hin mitten in der Nacht aus dem Pfarrhaus hatte herholen müssen.

Als sie gestorben war, hatte ihn nichts mehr in Bacharach gehalten. Stattdessen war er nach Holland gegangen, um dort einen Neuanfang zu machen. Damals hatte er auch begonnen, regelmäßig die heilige Messe zu besuchen und überhaupt bei jeder Gelegenheit in eine Kirche zu gehen, um dort ein Gebet zu sprechen, stets in der Hoffnung, wenigstens ein klein wenig von jener Ruhe wiederzufinden, die er an ihrer Seite empfunden hatte, denn auch sie war sehr fromm gewesen. Doch bis heute waren all seine Bemühungen vergeblich geblieben. Bisher hatte er keinen Frieden finden können, und er war auch nie wieder einem Menschen begegnet, der die Hitze in seinem Inneren, den brodelnden Vulkan, der von Zeit zu Zeit unvermittelt aus ihm hervorbrach, hätte besänftigen können, so wie sie es durch ihre bloße Anwesenheit gekonnt hatte.

Xaver blieb stehen, zog das Medaillon noch einmal hervor und küsste es. Eines Tages würde er seinen Engel wiedersehen, dachte er. Wenn nicht in diesem Leben, dann eben im nächsten.

18

JOHANN BEOBACHTETE DIE WACHEN der badischen Armee, die sich am Rand des Feldes in der Nähe eines Feuers miteinander unterhielten. Sie wirkten recht entspannt. Offenbar hatten sie keine große Sorge, dass es einen Überfall geben könnte, vielleicht weil die ersten Wochen so friedlich verlaufen waren. Einmal waren Schüsse gefallen, doch die waren von ein paar Männern abgegeben worden, die auf Kaninchen gezielt hatten. Und ein anderes Mal hatten einige Bauern, die allerdings nur mit Mistgabeln bewaffnet gewesen waren, versucht, die Bauarbeiten zu stören. Sie waren mit Leichtigkeit von den Soldaten aufgehalten worden. Doch Johann traute dem Frieden nicht recht, er hatte noch immer die erhitzte Diskussion aus der Knielinger Kirche im Ohr.

Mittlerweile war es Anfang November. In der Nacht hatte es Frost gegeben, und an diesem Morgen wehte ein eiskalter Wind, der scharf ins Gestrüpp fuhr und die spröden Blätter und die nackten Äste rascheln ließ. Tulla trieb die Arbeiten in schnellem Tempo voran, und Johann wusste, dass er die inzwischen mindestens vierhundert Männer am liebsten den ganzen Winter hindurch beschäftigt halten wollte, selbst wenn es bei Frost und Schnee schwierig werden würde, die Arbeiten fortzusetzen. Im Frühjahr würden nämlich viele der Arbeiter in ihre Dörfer zurückkehren, um ihre Felder zu bestellen. Es war nicht nur eine Menge Erde, die bewegt werden musste, sondern es war auch eine enorme organisatorische Herausforderung, die zu leisten war.

Johann ließ das Lagerfeuer der Soldaten links liegen und ging weiter, bis er direkt am Ufer stand. Der Rhein führte viel Wasser, viel mehr, als sonst um diese Zeit, eine undurchsichtige graubraune Flut, die alles mit sich nahm, was sich auf ihrem Weg befand. Johann sah, dass sich die Rinnsale, die ihm an den Tagen zuvor aufgefallen waren, mittlerweile zu einem Bachlauf vereinigt hatten. Dort, wo er stand, war der Boden vollkommen aufgeweicht, und ein paar Meter weiter hatte sich ein Tümpel gebildet. Johann kannte die Anzeichen, er hatte Ähnliches früher schon beobachtet – alles deutete darauf hin, dass der Rhein es eilig hatte, sich selbst ein neues Bett zu graben, noch bevor Tulla ihm im Namen der badischen und der bayerischen Regierung seinen Willen aufzwingen konnte.

Johann nahm den Plan hervor, den er, auf einem Holzbrett befestigt, bei sich trug, und kennzeichnete die Stelle, wo sich der immer größer werdende Tümpel befand, mit einem Kreuz. Dann drehte er sich um und betrachtete die roten und blauen im Wind flatternden Wimpel, die den zukünftigen Rheinverlauf kennzeichneten. Tulla hatte die Breite des künftigen Rheinbetts auf das Zehnfache des auszuhebenden Grabens berechnet. Die Verbreiterung sollte der Strom im Laufe der Zeit selbst erledigen. Der Ingenieur hatte aus zahlreichen früheren Wasserbauprojekten seine Rückschlüsse gezogen, doch erst die Zukunft würde zeigen, ob seine Berechnungen auch tatsächlich richtig waren – und sich seine Prophezeiungen bewahrheiten würden.

Johann stapfte über die brachliegenden Felder wieder vom Wasser weg. Er war von Bürgel in einem Bauabschnitt eingesetzt worden, der ziemlich weit entfernt von Knielingen lag, und war sehr erleichtert darüber. Er kannte hier niemanden, und als er im Trupp der Arbeiter doch noch seinem Onkel aus Eggenstein begegnet war, hatte er darauf verzichtet, sich ihm zu erkennen zu geben. Es war ihm schnell klar geworden, dass man ihm die Position, die er nun innehatte, nicht gönnte. Die übrigen Arbeiter hielten ihn für einen Emporkömmling, und vielleicht war er das ja auch, er verstand selbst nicht so recht, warum ihm das Schicksal mit einem Mal wohlgesonnen war. Im Stillen dankte er seiner Mutter dafür, die so strikt auf den Unterricht zu Hause am Küchentisch bestanden hatte. Obwohl Johann das Lernen leichtgefallen war, hatte er die Notwendigkeit, zusätzliche Zeit über den Büchern und mit der Schiefertafel zu verbringen, als Kind nicht immer eingesehen. Jetzt wusste er, wofür es gut gewesen war. Er war in der Lage, Pläne zu lesen und zu verstehen, konnte mit Zahlen bis zehntausend oder auch hunderttausend rechnen und fließend schreiben und lesen, was offenbar viele der Soldaten und sogar manche der Offiziere der badischen Armee nicht wirklich gut beherrschten.

Johann kehrte ins Lager zurück und erstattete Bericht beim Bauleiter, der Bürgel direkt unterstellt war. Bürgel selbst war schon fort, saß wahrscheinlich zu Hause in der warmen Stube bei Frau und Kindern. Johann war einer der wenigen Zivilisten, die bei diesem Projekt eine leitende Funktion innehatten, die meisten der anderen Aufseher waren Offiziere. Zu Johanns Aufgaben gehörte es unter anderem, die Männer in Kolonnen einzuteilen und darauf zu achten, dass keiner von ihnen sich einen faulen Lenz machte. Nachdem er das Protokoll abgeliefert und die Aufgaben für den nächsten Tag entgegengenommen hatte, hatte auch er Feierabend.

Mit der einsetzenden Dunkelheit kehrten die Arbeiter von den Baustellen zurück, holten sich eine Portion Eintopf mit Brot ab und wärmten sich an den Feuerkörben. Johann gehörte nirgends so richtig dazu. Er gesellte sich nicht gerne zu den Offizieren, die seinem Gefühl nach auf ihn herabsahen, mied aber auch die Arbeiter, weshalb er sich für gewöhnlich eher abseits hielt. Doch es war deutlich kälter geworden, und weil er fror, setzte er sich zu den anderen in den flackernden Lichtschein.

Ein Mann kam hinzu, schlug ihm von hinten auf die Schulter, und ließ sich dann neben ihm nieder. Es war Xaver Freigang, der Johanns Nähe suchte, seitdem sie sich vor gut einer Woche hier wiedergetroffen hatten. Jetzt bedauerte Johann es doch, dass er sich heute Abend nicht besser vorgesehen hatte. Es behagte ihm gar nicht, ständig von Freigang belagert zu werden. Je mehr er mit ihm zu tun hatte, desto weniger traute er seinem Bekannten – einen Freund mochte er ihn nicht nennen –, und zwar vor allem deshalb, weil er das Gefühl nicht loswurde, dass dieser es ihm bei all seiner zur Schau gestellten Leutseligkeit übelnahm, dass Johann es so viel besser getroffen hatte als er selbst. Das war ihm sofort bei ihrem Wiedersehen klar geworden, als Xaver Freigang ihn so stürmisch begrüßt hatte, als seien sie weit mehr als nur zufällige Bekannte.

»Wo hast du bloß gesteckt?«, hatte er gefragt. »Ich habe überall nach dir gesucht. Mir wurde gesagt, du seist festgenommen worden.«

Johann hatte genickt. »Stimmt. Das war ich auch«, hatte er gesagt und erklärt, dass er eineinhalb Tage in Gewahrsam hatte verbringen müssen.

Daraufhin hatte Freigang kritisch Johanns Hände gemustert und demonstrativ die eigenen vorgestreckt, die voller Risse und Schrunden gewesen waren. »Und was machst du hier? Graben tust du jedenfalls nicht«, hatte er stirnrunzelnd festgestellt.

»Oberstleutnant Tulla suchte zufällig jemanden, der bei der Organisation helfen kann. Keine große Sache, aber das Militär allein ist mit den Aufgaben überfordert. Die haben schon genug mit der Bewachung zu tun.«

»Moment mal. Du arbeitest für Tulla? Was hast du mit dem zu schaffen?«

»Er war es, der mich festgesetzt hat.«

»Und anschließend hat er dich befördert? Wieso denn das?«, hatte Freigang gefragt.

»Keine Ahnung, ich hatte einfach Glück. Aber wenn man bedenkt, dass ich eigentlich vorhatte, von hier fort zu gehen, dann habe ich mein Ziel nicht erreicht«, sagte Johann, um von seiner Beförderung abzulenken.

Freigang hatte Johann mit schief gelegtem Kopf und gerunzelter Stirn betrachtet, bis sich sein Blick erhellte.

»Moment mal. Haben sie dich etwa genommen, weil du schreiben kannst?«

Johann zuckte mit den Schultern. »Kann schon sein, dass es geholfen hat.«

Freigang war noch einen Schritt näher gekommen und hatte ihm mit dem Zeigefinger so fest auf die Brust getippt, dass es weh tat. »Das bedeutet, dass du deine neue Arbeit eigentlich mir zu verdanken hast. Ohne mich hättest du dich doch an jenem Tag gar nicht erst an dieses Pult gestellt.«

Freigangs Stimme war immer lauter geworden. Bedrohlich nahe hatte er sich vor Johann aufgebaut, der nicht das geringste Interesse hatte, ihn zu provozieren.

»Ja, das kann schon sein«, hatte er gesagt und seinem Gegenüber die Hand entgegengestreckt. »Ich danke dir sehr dafür. Lass mich dir einen ausgeben, du hast es dir verdient.«

Freigang hatte sich an jenem Abend mit ein paar Bieren besänftigen lassen, doch Johann wurde das Gefühl einfach nicht los, dass sein Bekannter beständig unter einer gewissen Spannung stand, und versuchte daher, ihm so gut wie möglich aus dem Weg zu gehen.

Heute war ihm das allerdings nicht gelungen.

»Wo hast du denn schon wieder gesteckt?«, fragte Freigang jetzt, beugte sich über seine Schüssel und schaufelte hungrig den Eintopf in sich hinein. »Ich habe dich seit zwei Tagen nicht gesehen.«

»Ich hatte zu tun«, erwiderte Johann ausweichend.

»Hast wohl wieder so eine Spezialaufgabe gekriegt?«, fragte Freigang.

»Das Übliche. Nicht der Rede wert. Und was ist mit dir? Warst du noch mal in Bockenreuth?«, fragte Johann, um dem Gespräch eine andere Richtung zu geben. Freigang hatte ihm nämlich erzählt, dass er dort ein Mädchen kennengelernt hatte.

Doch dieses Thema erwies sich auch als schlechte Wahl.

»Warum willst du das wissen? Hast wohl selbst Interesse?«, fragte Freigang unvermittelt scharf.

»Nein, nein«, wehrte Johann mit erhobenen Händen ab. »Nichts für ungut.« Und dann lud er Freigang wohl oder übel wieder einmal zum Bier ein.

19

JULIE TAUCHTE IM KLAREN WASSER, beobachtete die flinken Fische mit ihren im Sonnenschein funkelnden Schuppen und bemerkte, als sie sich reckte, um Luft zu holen, einen Graureiher, der seine Schwingen mit den gezackten Federn zum Trocknen ausgebreitet in die Sonne hielt. Sie schwamm noch ein Stück und drehte sich auf den Rücken, ließ sich treiben. Über ihr wölbte sich der tiefblaue Himmel, auch in den Augenwinkeln nichts als Blau, bis die Weiden in ihr Blickfeld kamen, die am Ufer des Werths ihre Kronen übers Wasser streckten. Auf einem der unteren schwankenden Zweige saß ein Eisvogel und wartete auf Beute. Julie näherte sich vorsichtig, um ihn nicht zu verjagen. Das Wasser umspülte sie, wollte sie mitnehmen und forttragen, doch sie stemmte die Füße gegen den Grund, verharrte regungslos. Sie liebte es, dem Eisvogel bei seinen geschickten Beutezügen zuzusehen. Schon schoss der Vogel wie ein blauer Blitz vor, erhaschte im Flug eine stattliche Libelle, deren schillernde Flügel jetzt aus einem Schnabel ragten. Julie tauchte nun gegen die Strömung zurück in die Richtung, aus der sie gekommen war. Ihr ganzer Körper bewegte sich anmutig wie eine Welle, die Arme und Hände weit vorgestreckt, geschmeidig und mühelos vorwärts, bis sie im Schutz der Felsen einem gewaltigen Karpfen begegnete, der träge dicht über dem Grund nach Futter suchte. Eine Weile lang beäugten sie sich gegenseitig. Dann kam er näher – und ehe sie es sich versah, schob er sich unter ihren Leib und hob sie empor in Richtung der Wasseroberfläche. Julie brauchte Luft, doch sie wollte nicht fort, sie wollte hier unten bleiben. Der Druck auf ihre Brust und Lungen wurde stärker, bis es unerträglich schmerzte, dann war sie oben und wehrte sich nicht mehr, sie musste jetzt dringend Atem holen, doch es ging nicht, etwas drückte ihr die Kehle zu. Verzweifelt kämpfte sie dagegen an, sah kein Sonnenlicht mehr, sondern nur noch helle Blitze vor dunklem Grund, bunte Schlieren und schwarze Schatten – bis es ihr endlich gelang, keuchend Luft zu schöpfen. Ihre Kehle schmerzte, sie hustete krampfhaft – und als sie wieder bei Sinnen war, lag sie rücklings in ihrem Ehebett, sah am Schädel ihres Mannes vorbei in die Dunkelheit, roch seinen ungewaschenen Körper. Er hatte immer noch die Hand an ihrem Hals, weidete sich am panischen Ausdruck in ihrem Gesicht.

»Verfluchtes Weib.« Er bleckte die Zähne, ließ endlich ihren Hals los, hielt jedoch stattdessen ihre Oberarme fest, presste sie mit Gewalt nach unten, während er grob mit dem Knie ihre Beine auseinanderdrückte, um in sie einzudringen. Sie wehrte sich nicht. Ergeben lauschte sie seinem schneller werdenden Atem, nahm seine schmerzhaften Stöße in sich auf, war im Begriff, wieder ins beruhigende Halbdunkel des Flusses einzutauchen – da schlug er ihr fest mit der Hand ins Gesicht. »Bleib hier, du verdammtes Stück«, herrschte er sie an, doch seine Erregung war abgeflaut. Kurz darauf wälzte er sich von ihr herunter. »Kalt wie ein Fisch. Kein Wunder, wenn es einem da vergeht«, fauchte Ludwig. Dann griff er nach seiner Hose, streifte sie über und verließ das Zimmer, ohne sich noch einmal zu Julie umzusehen.

Julie wartete ein paar Atemzüge ab, bevor sie sich vorsichtig streckte. Unten wurde die Tür geöffnet, und dann hörte sie, wie sich Ludwigs Schritte vom Haus entfernten. Sie lauschte und zählte die Schläge der Standuhr, die in der Stube stand, sorgfältig gepflegt und in Gang gehalten von Ludwig, denn die Uhr war sein ganzer Stolz. Es war sieben. Ihr Mann würde nun in die Weinstube gehen und eine Weile wegbleiben.

Julie schob ihre Beine über die Bettkante, bevor sie ihre Haare zu einem lockeren Zopf flocht. Dann stand sie auf, streifte sich ihr Kleid über, band die Schürze fest und ging hinunter in die Küche. In einer hölzernen Wanne lag ein ganzer Haufen Kohlköpfe, die sie noch zu hobeln und einzusalzen hatte. Im Licht einer einzelnen Kerze machte sie sich an die Arbeit, und während das gehobelte Kraut nach und nach den Bottich füllte, dachte Julie an Bacharach, wo sie unter Gundels Aufsicht Berge von Sauerkraut hatte herstellen müssen – und an ihre Hochzeit. Sie lag erst zwei Monate zurück, doch ihr kam es vor, als hätte sie in einem anderen Leben stattgefunden.

Ludwig Lenz war nicht selbst nach Bacharach gekommen, um sie abzuholen, sondern hatte einen Fuhrmann geschickt, der eines Tages vor der Tür stand, um sie mitzunehmen. Im ersten Moment hatte Julie gedacht, er wäre der Mann, den sie heiraten sollte, doch es war nur ein Knecht, der ein paar Säcke Getreide zu transportieren hatte – und sie. Er hatte einen Brief dabei, den er Gundel und Herbert aushändigte.

»Pack deine Sachen«, hatte Gundel zu Julie gesagt, den Brief in der Hand. »Die Trauung ist morgen.«

»Morgen schon?« Julie war bestürzt gewesen. Sie hatte geglaubt, dass sie Zeit haben würde, ihren Mann zumindest ein bisschen kennenzulernen, bevor sie ihn heiratete.

»Wozu warten?«, erwiderte Gundel kühl.

Doch dann hatte sie offenbar doch ein bisschen Mitleid mit Julie gehabt, denn zum Abschied überreichte sie ihr eine Schachtel. »Mach auf«, sagte sie mit einem seltsamen Ausdruck im Gesicht. Julie gehorchte und brachte unter einer Lage Seidenpapier einen Kranz zum Vorschein, an dem ein paar künstliche Blüten und ein Schleier aus weißem Musselin befestigt waren.

»Danke.« Julie war so überrascht gewesen, dass sie kaum gewusst hatte, was sie sagen sollte.

»Den habe ich bei meiner Hochzeit getragen«, erklärte Gundel, und ihre Miene wurde noch ein bisschen milder. »Er wird dir gut stehen.«

»Danke, Tante Gundel. Er ist wunderschön.«

»Du kannst ihn mir bei Gelegenheit zurückgeben. Für Frieda. Das Gör wird ja hoffentlich auch eines Tages einen Mann finden«, sagte Gundel, doch so herzlos ihre Worte auch klangen, Julie hatte sie noch nie so weich erlebt, es wirkte ja beinahe so, als falle ihr der Abschied wirklich ein bisschen schwer.

Dann hatte Gundel Julie beim Arm genommen und sie ein Stück auf die Seite gezogen, weg von Frieda, Gregor und Herbert, die soeben aus dem Haus getreten waren. »Weißt du, was auf dich zukommt? Was von einer Ehefrau erwartet wird?«, fragte sie leise.

Julie zuckte ein wenig ratlos die Achseln. »So ungefähr«, sagte sie und blickte verlegen zu Boden. Sie war schon bei Geburten dabei gewesen, schließlich war sie die Tochter einer Hebamme, und wie jedes Mädchen vom Land hatte sie schon Tiere bei der Paarung beobachtet, den Rammler mit der Häsin, den Ziegenbock mit der Ziege und den Stier mit der Kuh. Doch Muttchen hatte mit ihr nie darüber gesprochen, wie es bei Männern und Frauen vor sich ging.

Das hatte sie von Gundel allerdings auch nicht erfahren.

»Gut«, hatte die Löwenwirtin gesagt. »Wenn du auf meinen Rat hören willst, dann wehrst du dich nicht dagegen. Den wenigsten Frauen macht es Spaß. Ich kenne jedenfalls keine. Also wehre dich nicht, umso schneller geht es vorbei. Und sobald du ein Kind erwartest, lässt er dich mit ein bisschen Glück in Ruhe.«

Julie umarmte Frieda zum Abschied, der die Tränen übers Gesicht liefen und die sie gar nicht mehr loslassen wollte, reichte Gregor, der ganz eckige Bewegungen machte, die Hand, nickte Herbert zu und stieg schließlich zu dem Knecht auf den Kutschbock. Den Korb mit ihren Besitztümern wollte sie nicht hinten auf die Pritsche stellen. Sie hatte Angst um den Handspiegel von Frau Merkens, den diese ihr dann doch noch aufgedrängt hatte, und um Gundels Schleier, also nahm sie ihn auf den Schoß.

Während der ganzen Fahrt am Rhein entlang hatte Julie über Gundels Worte nachgedacht, so dass sie beinahe vergaß, die Aussicht zu bewundern. Viel schneller als gedacht war die Burg Kaub auf ihrer Felseninsel in Sicht gekommen. Die kannte Julie bereits, denn bis hierhin war sie auch früher schon ein paarmal zusammen mit Muttchen und Ruth gegangen. Der Anblick der Burg erinnerte Julie an ihre Schwester, und sie schniefte leise und wischte sich über die Augen. Ruth und sie hatten sich als Kinder ausgemalt, dass dort auf der Insel in dieser kleinsten aller Burgen, an der doch alles dran war – Türme, Zinnen und Mauern –, ein König wohnte, der eine von ihnen eines Tages heiraten würde. Und die andere würde dann selbstverständlich ebenfalls mit im Schloss wohnen, denn sie würden sich niemals trennen. In Julies Phantasie war es immer Ruth gewesen, die heiratete. Sie selbst träumte davon, auf einer Insel mitten im Rhein zu leben. Das stellte sie sich wunderbar vor.

Aber so wie es aussah, würde nichts davon jemals wahr werden. Julie hatte Ruth ja nicht einmal auf Wiedersehen sagen können. Mit einem Mal hatte alles ganz schnell gehen müssen, und nun saß sie hier eingeklemmt auf diesem Kutschbock neben einem Mann, der etwas streng roch und kaum ein Wort sagte. Julie versuchte rasch, an etwas anderes zu denken. Sie richtete ihre Aufmerksamkeit auf ein Schiff, das gerade auf dem Rhein stromabwärts segelte, sah ihm ein wenig sehnsüchtig nach, bis es hinter der nächsten Biegung verschwand. Die Hänge auf beiden Seiten des

Rheins rückten nun immer enger zusammen, ein besonders steiler Fels fiel Julie ins Auge.

»Die Loreley«, sagte der sonst so schweigsame Fuhrknecht.

Dann waren sie in Sankt Goar angekommen.

Ludwig Lenz hatte seiner Zukünftigen für ihre erste Nacht ein Zimmer bei einer Witwe besorgt. Seine Begrüßung war höflich, aber mehr auch nicht. Ein bisschen so, wie man jemanden begrüßt, von dem man vielleicht ein Pferd kaufen will oder eine Kuh und mit dem man es sich deswegen nicht verscherzen möchte, dachte Julie. Nachdem er sie bei der Witwe abgeliefert hatte, verabschiedete er sich, um ins Wirtshaus zu gehen.

Und am nächsten Tag heirateten sie. Julie schritt, angetan mit Gundels Schleier und ihrem einzigen guten Kleid, an Ludwigs Arm zur katholischen Kirche hinauf, die ein Stückchen außerhalb der Stadtmauern lag. Ludwig Lenz trug einen braunen Anzug, an dem Julie vor der Trauung noch rasch ein Loch flicken musste.

Sie hatte in der Nacht zuvor vor lauter Aufregung kaum ein Auge zugetan. Immer wieder hatte sie an Gundels Bemerkung denken müssen und an die bevorstehende Hochzeitsnacht mit Ludwig Lenz. Ihr Bräutigam war zweiundfünfzig Jahre alt, mittelgroß und so hager, dass seine Wangenknochen, Ellenbogen und Knie spitz hervorragten. Und dann kam unausweichlich der Abend, und sie musste mit ihm in sein Schlafzimmer gehen, das von nun an auch das ihre sein würde.

Ludwig zog Julie nicht aus. Er schob nur ihr Nachthemd hoch, und als sie sich zierte und sich unter seinen groben Berührungen wandte, schlug er sie ins Gesicht, einmal auf jede Wange, so dass es in ihren Ohren klingelte und ihr Kopf glühte. Daraufhin hielt sie ganz still, was ihm jedoch auch nicht zu gefallen schien. Es ging auch nicht schnell vorüber, wie Gundel es ihr prophezeit hatte.

Nach dieser ersten Erfahrung versuchte Julie, ihrem Mann möglichst wenig Anlass zum Klagen zu geben, merkte jedoch, dass es unmöglich für sie war, ihn zufrieden zu stellen, ohne Schläge einzustecken. Aus diesem Grund fing sie an, sich jedes Mal, wenn er sich ihr wieder näherte, um sein Recht einzufordern, weit weg zu träumen. Es war nicht so, dass sie sich dafür bewusst entschied. Es passierte einfach, und sie war dankbar dafür, denn so waren die Nächte mit Ludwig viel besser auszuhalten.

Die Tage waren sowieso recht in Ordnung. Alles in allem hatte sie es nämlich gar nicht so schlecht getroffen, fand Julie. Es gefiel ihr, im Fährhaus zu wohnen, wo sie bei jedem Blick aus dem Fenster den Rhein sehen konnte, und sie durfte sich die Arbeiten rund ums Haus, den Garten und den Stall – sie besaßen zwei Ziegen und ein paar Hühner – weitgehend frei einteilen. Auch zu ihren Nachbarinnen, die sie beim Wäschewaschen oder im Backhaus traf, hatte Julie schnell ein gutes Verhältnis. Vor allem jedoch liebte sie die Arbeit auf dem Fährnachen. Der Umgang mit Boot und Ruder fiel ihr leicht, der Rhein trug sie bereitwillig in jede Richtung, in die sie zu fahren wünschte. Zwei Fährknechte beschäftigte Ludwig. Eigentlich zu wenige für die viele Arbeit, wo doch beim großen Nachen, vor allem wenn er mit Menschen, Tieren oder Gerät voll beladen war, immer zwei Fährleute an Bord sein mussten, sofern man nicht einen der Passagiere zum Halten des Steuerruders abkommandieren wollte. Als Ludwig merkte, wie geschickt Julie im Umgang mit dem Nachen war, spannte er sie nur zu gerne für die Arbeit ein. Es gab einen festen Fahrplan. Alle halbe Stunde legte die Fähre ab – den Takt gab dabei die Kirchturmuhr vor –, und wer nicht zu warten bereit war, zahlte ein Vielfaches des normalen Tarifs, damit gleich übergesetzt wurde. Auch Lasten kosteten extra, Karren, Pferde und Ochsen sowieso.

An den Sonntagen ging Julie nun an Ludwigs Seite in die Kirche, denn darauf bestand er. Zwei Drittel der Bevölkerung von Sankt Goar war, genau wie in Bacharach, evangelisch, doch Ludwig Lenz war Katholik, und er hatte nach einer katholischen Braut gesucht. Eigentlich hätte es für ihn einfacher sein sollen, im näher gelegenen katholischen Oberwesel nach einer Frau Ausschau zu halten, aber dort kannte man ihn und seine Geschichte dafür wohl ein bisschen zu gut. Julie, die jeden Samstag Blumen auf die Gräber seiner drei verstorbenen Ehefrauen und der drei Kinder legte, schob den Gedanken weit von sich, dass deren Tod vielleicht kein Zufall gewesen war.

Endlich war der Kohl fertig gehobelt, und während Julie großzügig Salz darüber streute und ihn mit beiden Händen im Bottich zu kneten begann, kehrte Ludwig aus der Weinstube zurück. Er war nur leicht angetrunken und bester Laune.

»Krause hat einen neuen Nachen versprochen«, sagte er. »Nächste Woche wird er es vor den Gemeinderat bringen.«

»Das sind gute Nachrichten«, sagte Julie.

Sie wusste natürlich inzwischen, dass die Fähre zwar wie ein privates Geschäft betrieben wurde, jedoch offiziell zur Stadt gehörte. Die Bürger von Sankt Goar zahlten eine Brückenabgabe an die Gemeinde, die wiederum das Fährrecht an Ludwig Lenz verpachtet hatte und bei größeren Anschaffungen gelegentlich in Vorleistung ging.

»Lass gut sein«, sagte Ludwig zu ihr, als er sah, wie sie sich mit dem Kraut abmühte. Er war wirklich außerordentlich milde gestimmt, denn außer bei sich selbst, duldete Ludwig Lenz eigentlich keinen Müßiggang. »Das kannst du auch morgen noch fertig machen.«

Danach ging er die Treppe hinauf. Julie hörte ihn oben rumoren und kurze Zeit später sein Schnarchen.

Erleichtert tauchte sie die Hände in einen Eimer mit kaltem Wasser. Das Salz brannte auf ihrer Haut. Morgen früh würde sie mit dem Stößel weitermachen.

20

ANFANG NOVEMBER WAR der erste Abschnitt des Grabens, an dem Johann und die anderen seit Wochen geschuftet hatten, endlich fertiggestellt. Bürgel ordnete an, die Arbeiten an einer anderen Stelle fortzusetzen, die in entgegengesetzter Richtung lag.

»Suchen Sie sich dreißig Mann, König«, befahl Bürgel. Er zeigte Johann auf dem Plan, wo sie beginnen sollten. »Es ist schweres Gelände dabei, aber bis März sollte das trotzdem geschafft sein, sofern uns der Winter keinen Strich durch die Rechnung macht.«

Direkt über Bürgels Zeigefinger lag Knielingen. Johann starrte auf das Symbol, das die Kirche kennzeichnete, und hätte am liebsten »Nein« gesagt, aber das war natürlich nicht möglich. Sie würden also nahezu in Sichtweite seines Heimatdorfs arbeiten. »Besorgen Sie sich Äxte und weitere zehn Mann für die Baumfällarbeiten, denn da gibt es ein Stück Wald. Verstanden, König?«

Johann nickte. Er kannte diese Gegend wie seine Westentasche und natürlich auch den Wald. Er nahm die Zeichnung und die beigefügte Tabelle an sich, auf der er nun täglich den Fortschritt der Grabungsarbeiten einzutragen hatte. Jeden Abend musste er das Formular bei Bürgel abgeben und am Morgen gegengezeichnet wieder an sich nehmen. Er konnte nur immer wieder über das Maß an Planung und Ordnung staunen, das Tulla und Bürgel an den Tag legten. Für die Akten, die Tullas Gehilfen täglich durch die Gegend transportierten, weil der leitende Ingenieur darauf bestand, stets alles zur Hand zu haben, ganz so, als säße er an seinem Schreibtisch in Karlsruhe, war eigens ein Wagen abgestellt.

Es war ein nasskalter, grauer Tag im späten November, ein hartnäckiger Nebel hing über der Landschaft, als Johann durchs Unterholz stapfte. Nicht mehr lange, und es würde den ersten Schnee geben. Und er hatte keine Ahnung, wie Tulla und Bürgel sich die Arbeiten dann vorstellten, denn in manchen Jahren war der Frost so streng, dass er den Boden steinhart werden ließ. Johann zog mit ein paar Männern Seile für die Begrenzungen des Grabens, weil die gesteckten roten und blauen Fahnen im Wald zu schwierig auszumachen waren. Auch Freigang war dabei, Johann hatte es nicht verhindern können. Später stand er am Rand des Auwaldes, aus dem nun das stetige Geräusch von Sägen und Äxten zu hören war, und sah auf das offene Feld hinaus, wo weitere zehn Männer gleich am Morgen mit dem Graben begonnen hatten und sich die ersten Erdwälle türmten. Die Sicht war immer noch sehr eingeschränkt und betrug höchstens dreihundertfünfzig Fuß. Obwohl die Sonne nun schon höher am Himmel stand, war es immer noch nicht richtig hell geworden. Selbst die Wachen, die in einiger Entfernung patrouillierten, die Gewehre nachlässig geschultert, waren kaum zu erkennen.

Johann ging noch einmal die gesamte Strecke bis zum Rheinufer ab, um zu überprüfen, ob auch alle Fahnen noch an Ort und Stelle waren, und blieb bei einer Eiche stehen, die er schon als kleiner Junge gekannt hatte, und deren Rinde sich rau und vertraut anfühlte. Er begrüßte den Baum wie einen alten Bekannten und bedauerte, dass er würde weichen müssen. Ob der Bauer, dem das Feld gehörte, wenigstens das Holz bekam? Es war sicher ziemlich wertvoll.

Er hatte noch oft über das Gespräch nachgedacht, das er mit Tulla in Bürgels Büro geführt hatte – Tullas Vision. Es war das erste Mal gewesen, dass er mit jemandem geredet hatte, der so weit in die Zukunft blickte. Auch Bauern und Pferdezüchter, und von denen gab es viele in Knielingen, mussten planen. Sie dachten an die nächste Ernte, die neuen Fohlen und an das kommende Jahr. Doch Tulla blickte nicht nur Jahre, sondern Jahrzehnte in die Zukunft – ein ganzes Jahrhundert womöglich. Dabei war er sehr ehrgeizig und arbeitete, soweit Johann das beurteilen konnte, Tag und Nacht, ohne dabei Rücksicht auf die eigene Gesundheit zu nehmen. Eine Familie schien er nicht zu haben. Tulla stellte sich ganz in den Dienst der Sache, und weil sein Plan das Leben und die Zukunft von Tausenden betraf, war ihm das Schicksal des Einzelnen offenbar wirklich völlig egal. Obwohl Johann mittlerweile selbst für dessen nahezu größenwahnsinniges Projekt brannte, war er hin- und hergerissen zwischen Bewunderung und Ablehnung für diesen Mann und sein Vorgehen. Die Gleichgültigkeit gegenüber den Landbesitzern fand Johann nämlich dennoch mehr als fragwürdig. Auch wenn er selbst sich in seinem Heimatort nie sonderlich wohlgefühlt hatte, konnte er durchaus verstehen, dass sich die Knielinger wegen der Enteignungen verraten fühlten. Die Hand auf die Rinde der stattlichen Eiche gelegt nahm Johann sich vor, Bürgel zu bitten, dass zumindest das Holz seinem ursprünglichen Besitzer zugesprochen wurde.

Dann ging er zurück. Irgendwo über ihm rief ein Bussard. Ob er trotz des Nebels irgendeine Beute erspähen konnte? Und dann, gerade kam der äußerste Rand des neuen Grabens in sein Sichtfeld, fielen plötzlich Schüsse. Johann vernahm ein Pfeifen dicht neben seinem Ohr und warf sich zu Boden.

»Alle in Deckung!«, schrie er.

Als er vorsichtig den Kopf hob, sah er ein paar mit Sensen bewaffnete Gestalten aus dem Nebel auftauchen. Andere hatten Gewehre im Anschlag, insgesamt waren es etwa ein Dutzend. *Da kommt der Tod*, dachte Johann, während sein Herz wild hämmerte und sich seine Hände in die feuchte kalte Erde gruben. Wo waren nur diese verdammten Wachen abgeblieben? Die Arbeiter hatten hinter einem Erdwall Schutz gesucht, doch er lag auf dem nackten Boden und es gab nichts, wohinter er sich verstecken konnte. Er verharrte regungslos, in der Hoffnung, nicht entdeckt zu werden.

Wieder fiel ein Schuss und dann noch einer. Keine Frage, es waren nicht die Sensen schwingenden Männer, die am gefährlichsten waren, sondern die mit den Gewehren. Der nächste Schuss kam aus einer anderen Richtung. Johann hörte einen Schrei, offenbar war jemand getroffen worden.

»Waffen runter«, brüllte jemand hinter ihm. »Ergebt euch! Sofort!«

Der Mann, der getroffen worden war, schrie immer noch vor Schmerzen, es war ein markerschütterndes Geheul. Die ersten Angreifer ließen ihre Waffen fallen, und als links und rechts von Johann Soldaten vorbeimarschierten, ergab sich auch der Rest. Johann stemmte sich hoch und hielt sich im Hintergrund, er erkannte einige der Männer wieder, sie kamen aus Knielingen. Rasch wandte er sein Gesicht ab. Der Vorfall hatte höchstens ein paar Minuten gedauert. Schon wurden die Angreifer abgeführt, die Wachen verstärkt, und kurze Zeit später waren alle wieder bei der Arbeit.

Als sie am Abend zurück ins Lager kamen, wusste bereits jeder, was geschehen war. Manche protestierten. Unter den Arbeitern bildete sich eine Kommission, die eine Gefahrenzulage forderte. Tulla und Bürgel gaben nach und gewährten den Männern ein paar Kreuzer mehr pro Tag, damit sie blieben und sich nicht mehr beschwerten.

Mitte Dezember fiel der erste Schnee. Unmittelbar danach setzte Tauwetter ein, und so schwierig es jetzt auf dem morastigen Gelände auch war, wurden die Arbeiten fortgesetzt. Wie befürchtet, erwies sich der Auwald als besonders mühseliges Gelände – auf Wiesen oder auf dem freien Feld kam man mindestens vier- oder fünfmal schneller voran –, und eines Morgens fehlten drei von zwölf Mann, die eigentlich Bäume hätte fällen sollen. Niemand, auch nicht der Vorarbeiter, der die Aufsicht gehabt hatte, konnte Johann sagen, wo sie abgeblieben waren.

Johann war frustriert. Eigentlich hätte er auf die Suche nach den Abtrünnigen gehen müssen, doch er war sich sicher, dass es eine Zeitverschwendung sein würde, nach ihnen Ausschau zu halten. Also half er Freigang dabei, eine hartnäckige Wurzel aus dem Boden zu hacken. Anschließend hielt Freigang Johann den Griff einer großen Trummsäge hin, für deren Bedienung es zwei Leute brauchte. Johann nickte und griff zu, und gemeinsam rückten sie einer Birke zu Leibe. Als sie kurz innehielten, um Atem zu schöpfen, hörte Johann in der Ferne eine der beiden Glocken vom Knielinger Kirchturm läuten. Ein trauriger, eintöniger Ton. Jemand war gestorben. Er wischte sich den Schweiß von der Stirn, spürte Beklemmung in seiner Brust.

»Was ist? Deine Beamtentätigkeit hat dich wohl weich werden lassen«, sagte Freigang spöttisch. Johann gab keine Antwort und griff wieder nach der Säge.

Die nächsten zwei Stunden arbeiteten sie, abgesehen von wenigen knappen Kommandos, schweigend weiter. Die Stämme wurden umgelegt, von Ästen befreit und gestapelt, um später mit Hilfe von Ochsengespannen abtransportiert zu werden. Johann machte noch eine Runde, um den Fortgang der Arbeiten zu begutachten und dafür zu sorgen, dass alles Werkzeug an einen Ort gebracht und für die Nacht unter die Aufsicht der Wachen gestellt wurde. Während die anderen bereits den Rückweg angetreten hatten, zählte und hakte er ab – es fehlten eine Axt und eine Säge – als er aufsah und unvermittelt in die Mündung eines Gewehrlaufs blickte.

»Hab ich dich«, sagte die Gestalt, die auf ihn zielte. Johann konnte das Gesicht unter der Mütze nicht sehen, erkannte jedoch die Stimme. Es war Urban, der Mann, der in der Knielinger Kirche der Wortführer gewesen war.

»Was willst du, Urban?«, fragte Johann langsam und hielt aus den Augenwinkeln nach Hilfe Ausschau. Vergeblich, er war allein, die Arbeiter waren schon fort und die Wachen zu weit entfernt. Sein Angreifer hielt unverwandt das Gewehr auf ihn gerichtet, während Johann bis auf ein einfaches Messer unbewaffnet war.

Anstatt zu antworten, stieß Urban ihm nun mit dem Gewehrlauf heftig vor die Brust, so dass er rückwärts stolperte.

»Wage es nur nicht zu schreien«, fauchte der Knielinger und zwang Johann, tiefer in den Wald hineinzugehen.

»Was soll das? Was hast du vor?«, fragte Johann und hob beschwichtigend die Hände.

»Alfred ist tot. Am Wundbrand verreckt«, sagte Urban.

»Verdammt. Das tut mir leid«, erwiderte Johann ehrlich betroffen. Alfred Eckstein war der Mann, der an jenem Tag im November hier unten am Graben von einer Kugel erwischt worden war. Die übrigen Männer, die den Angriff auf die Arbeiter gewagt hatten, saßen in Karlsruhe im Gefängnis.

Ohne Johann aus den Augen zu lassen, vergewisserte sich Urban, dass ihnen niemand folgte.

»Also warst du auch dabei«, sagte Johann.

»Allerdings. Ich hatte Glück und konnte rechtzeitig fliehen. Ich weiß, dass du versucht hast, dein Gesicht vor mir zu verstecken, aber ich habe dich trotzdem erkannt.«

»Es tut mir leid um Alfred. Wirklich. Aber das war vorauszusehen. Es ist lebensgefährlich, sich mit der Regierung anzulegen. Der Kurfürst ist fest entschlossen, und Tulla hat die Befugnis, die Bauarbeiten mit Waffengewalt zu schützen. Du hast es doch selbst erlebt. Ihr könnte die Rektifikation nicht mehr aufhalten, es ist längst entschieden«, sagte Johann.

»Die Rektifikation«, wiederholte Urban und spie auf den Boden. »Ich hätte mir gleich denken können, was du für einer bist.«

Johann wurde langsam wütend. »In der Kirche hast du mich gefragt, ob ich für den Durchstich bin. Ja, Urban. Ich bin dafür. Endlich kein Hochwasser mehr, weniger Krankheiten, Sicherheit und Wohlstand für viele Menschen. Nicht zuletzt für deine Kinder und Enkel.«

»Pah! Das ist doch reine Propaganda!«

»Das ist nicht wahr. Aber selbst, wenn es so wäre, kannst du es nicht mehr verhindern. Und jetzt nimm das verdammte Gewehr runter. Hast du wirklich vor, mich zu erschießen?«

»Nur, wenn ich muss«, sagte Urban drohend und hielt das Gewehr weiter auf ihn gerichtet.

»Mein Tod würde euch nicht das Geringste nützen. Tulla interessiert sich nicht dafür, was mit mir passiert. Wenn du mich erschießt, handelst du dir Ärger ein, ohne einen Vorteil zu bekommen. Ich bin nicht dein Feind.«

»Aber du arbeitest für ihn. Den anderen, die erwischt worden sind, hat man acht Monate aufgebrummt.«

»Acht Monate? Das ist hart«, musste Johann zugeben. Er wusste genau, wie schwierig es für die Familien wurde, wenn der Ernährer ausfiel. Nicht nur die Väter, sondern auch die Frauen und Kinder würden leiden. »Ich will versuchen, ob ich ein gutes Wort für sie einlegen kann.«

»Das sagst du doch nur, damit ich dich laufen lasse«, sagte Urban und blickte ihm über die Mündung seines Gewehrs hinweg in die Augen.

»Das ist nicht wahr, und das weißt du auch«, entgegnete Johann und versuchte, ruhig zu bleiben.

»Mach es dir nur nicht zu einfach«, sagte Urban, doch dann ließ er das Gewehr tatsächlich ein Stück sinken.

Johann wollte schon erleichtert aufatmen, als er neben sich ein Geräusch vernahm. Irgendjemand bewegte sich seitlich von ihnen durchs Unterholz. Laub raschelte, Äste knackten – auch Urban hatte es bemerkt und riss das Gewehr sofort wieder hoch.

»Du wolltest mir wohl eine Falle stellen?«, zischte er.

»Ich dir eine Falle stellen? Wer hat denn hier die Waffe in der Hand?«, rief Johann aus, doch Urban befahl ihm wütend, sich umzudrehen, und stieß ihm den Gewehrlauf in den Rücken.

»Vorwärts. Na los, mach schon«, befahl er, und sie setzten sich im Gänsemarsch in Bewegung. Wer auch immer unsichtbar neben ihnen durch den Wald stiefelte, gab sich jedenfalls keine Mühe, seine Anwesenheit zu verbergen. Auch ohne sich umzudrehen, merkte Johann, wie Urban immer unruhiger wurde und es mit der Angst zu tun bekam, so fest drückte er ihm den harten Stahl in den Rücken. Johann überlegte, ob er versuchen sollte, Urban die Waffe aus der Hand zu schlagen, doch da hörte er hinter sich ein ersticktes Geräusch. Plötzlich war der Gewehrlauf fort, etwas fiel dumpf zu Boden.

Vorsichtig drehte Johann sich um und erstarrte bei dem Anblick, der sich ihm bot. Urban war in die Knie gegangen und hielt sich den Arm, das Gewehr hing nun schräg mit der Mündung nach unten. Direkt hinter Urban stand Xaver Freigang, ein Messer in der Hand.

»Sauhund«, stöhnte Urban.

Freigangs Gesicht verzerrte sich bei dieser Beschimpfung vor Wut, und er trat nach dem verletzten Arm.

Urban schrie vor Schmerz gequält auf. »Du Drecksack«, stieß er keuchend hervor, als er wieder atmen konnte.

Johann hob beschwichtigend beide Hände. Er hätte erleichtert sein müssen, doch wegen Freigangs unbeherrschtem Verhalten war er es nicht.

»Lass gut sein, Xaver. Es reicht. Hör auf! Ich kenne ihn. Das ist Urban, ein Nachbar aus Knielingen«, rief er.

Freigang achtete gar nicht auf Johann. »Wie nennst du mich? Dir werd ich's zeigen!« Er beugte sich vor und machte Anstalten, Urban die Messerklinge an die Kehle zu setzen.

»Halt. Lass ihn in Ruhe« schrie Johann, und glücklicherweise hielt Freigang tatsächlich in der Bewegung inne.

»Warum bist du so freundlich zu ihm? Der wollte dich doch erschießen«, zischte er und stierte Johann über den immer noch auf dem Boden knienden Urban hinweg an.

Der Knielinger schaffte es in dem Moment, trotz seines verletzten Arms, den Gewehrlauf wieder zu heben und auf Johann zu zielen. Ein Klicken war zu hören, das anzeigte, dass er den Abzug betätigt hatte. »Pfeif deinen verdammten Kettenhund zurück«, brachte er zwischen vor Schmerz zusammengepressten Zähnen hervor.

»Nein, nicht, Urban. Wirklich, ich …« Verzweifelt überlegte Johann, wie er Urban klar machen konnte, dass er selbst sich vor Freigang fürchtete, dessen Gesicht sich zu einer hässlichen Fratze verzogen hatte. Die Klinge des Messers blitzte gefährlich auf.

»Wirst du wohl endlich dein schmutziges Maul halten. Oder soll ich dir vielleicht zeigen, wozu ein verdammter Kettenhund in der Lage ist?«, knurrte Freigang.

»Sag ihm, dass er aufhören soll, König«, versuchte Urban es noch einmal. Dabei hielt er das Gewehr weiter unverwandt auf Johann gerichtet.

»Lass gut sein, Xaver, Urban wird mir nichts tun«, rief Johann beschwörend.

»Es gefällt mir aber nicht, wie er über mich spricht«, sagte Freigang, der immer noch mit gezücktem Messer hinter Urban stand.

»Urban meint es nicht so. Ich bin es doch, den er nicht leiden kann.«

In dem Moment machte Urban eine Bewegung, vielleicht ein Versuch, sich herumzudrehen, um mit dem Gewehr statt auf Johann auf Freigang zu zielen, doch dazu kam er nicht mehr. Freigangs Hand schnellte vor und stieß Urban das Messer seitlich in den Hals. Der gab noch einen gurgelnden Laut von sich, kippte um und rührte sich nicht mehr. Johann schrie auf und wandte den Kopf ab, so schrecklich war der Anblick. Einen Moment lang war es so still, dass er glaubte, hören zu können, wie das Blut aus Urbans Halsschlagader herausströmte.

»Der ist erledigt«, sagte Freigang heiser.

Johann schlug die Hände vors Gesicht. »Mein Gott. Was hast du getan?«

»Der Kerl hatte ein Gewehr.« Freigang gab sich äußerlich ruhig, doch Johann konnte hören, wie seine Stimme zitterte.

»Ja, aber – du hättest ihn trotzdem nicht umbringen müssen.«

Johanns Brust wurde ihm immer enger, als er langsam

begriff, was geschehen war. Er starrte sein Gegenüber an und fragte sich nun ernsthaft, ob Freigang wahnsinnig sein könnte.

»Er hatte ein Gewehr«, wiederholte Freigang, doch diesmal hatte sich auch bei ihm ein Anflug von Panik eingeschlichen.

»Wir waren zwei gegen einen. Gemeinsam hätten wir ihn gewiss überwältigen können, wenn du nur nicht gleich ausgerastet wärst«, fuhr Johann ihn an.

»Ein Dankeschön wäre angebrachter«, gab Freigang ebenso heftig zurück, und dann steckte er zu Johanns großer Erleichterung endlich das Messer weg.

Johann starrte entsetzt auf den toten Urban und wartete vergeblich darauf, dass sich sein rasender Herzschlag wieder beruhigte. »Jetzt ist alles zu spät«, brachte er endlich hervor. Er wollte sich in Bewegung setzen, doch Freigang hielt ihn am Arm fest und zwang ihn, stehen zu bleiben.

»He, warte mal. Was hast du vor?«, fragte er.

»Ich muss die Wachen informieren.« Johann riss sich von ihm los.

»Nein, das wirst du nicht tun!« Freigang machte einen Satz nach vorn und stellte sich Johann in den Weg. Einige Herzschläge lang starrten sich beide Männer in die Augen.

»Der Vorfall muss gemeldet werden. Lass mich vorbei!«

Freigang packte ihn erneut am Arm. »Verflucht, König, wenn du das tust, bin ich dran.«

Johann stieß ihn wütend vor die Brust. »Warum musstest du ihn auch umbringen?«, schrie er ihn an. »Aber dir wird schon nichts geschehen. Ich werde bezeugen, dass es Notwehr war.«

»Wie naiv bist du eigentlich?«, blaffte Freigang zurück.

»Es wird eine Untersuchung geben. Man wird uns alle beide einsperren, und davon hat niemand einen Vorteil. Dieser Kerl da hat es nicht anders gewollt. Er ist doch mit einem Gewehr in der Hand hier aufgekreuzt. Und darum sage ich, wir lassen ihn verschwinden!«

»Und wie stellst du dir das vor?«

Freigang wies mit der Hand in die Schatten unter den Bäumen. »Wir graben doch dem Rhein hier ein Bett. Und genau dort hinein werden wir ihn legen. In den Rhein.«

Johanns Gedanken überschlugen sich. Es war falsch, so falsch, den Überfall und Urbans Tod nicht zu melden. Doch Freigangs Miene und seine Haltung waren unerbittlich, er war größer und vermutlich auch stärker als Johann – und abgesehen davon hatte er immer noch das Messer.

»Dich haben sie wegen weniger eingesperrt, schon vergessen?«, setzte Freigang hinzu. Für ihn war es entschieden.

Johann blickte auf Urban hinab. Sein Mund stand offen, man sah direkt in die dunkle Höhle, aus der zuletzt kein Schrei, sondern nur noch ein dumpfes Ächzen gedrungen war. Seine Augen waren aufgerissen und nach oben verdreht. Johann kniete nieder und strich ihm über die Lider, um sie zu schließen. Er musste plötzlich daran denken, wie Urbans Frau ihm in der Kirche zugenickt hatte. Agnes, das war ihr Name gewesen. Und dann schob sich Maries Gesicht dazwischen, der verzweifelte Blick, mit dem sie ihn in ihrem Todeskampf angesehen hatte. So sehr er auch versuchte, es zu verdrängen, er fühlte sich schuldig an ihrem Tod. Und nun kam es ihm ganz so vor, als hätte er ein zweites Leben auf dem Gewissen. Als er wieder aufblickte, spürte er, wie sämtliche Kraft aus ihm herausströmte.

»Packst du jetzt endlich mit an?« Freigang zerrte am

linken Bein von Urbans Leichnam. Unfähig, weiter Widerstand zu leisten, griff Johann nach dem anderen Bein und half Freigang dabei, den Toten durchs Unterholz zum Graben zu ziehen.

18
24

21

JULIE STAND AM OFFENEN GRAB und sah zu, wie der Sarg mit dem Leichnam ihres Mannes in die Tiefe gelassen wurde. Der Pfarrer stimmte ein Kirchenlied an, und laut und falsch fiel die Trauergemeinde in den Gesang ein. Dann sprach der Pfarrer ein lateinisches Gebet, von dem Julie kein Wort verstand. Sie trat von einem Bein aufs andere und dachte mit leichtem Schrecken an den Leichenschmaus, den ihre Nachbarinnen sie genötigt hatten auszurichten. Im Fährhaus warteten geräucherter Fisch und Würste, Brot und Kuchen auf die Gäste. Es würde sicher lange dauern, bis alles aufgegessen war.

Die letzten Wochen und Monaten waren hart gewesen. Weil Ludwig zu krank gewesen war, um das Bett zu verlassen, hatte Julie neben ihrer üblichen Arbeit im Haus und auf der Fähre auch noch ihn versorgen müssen. Ein Gutes hatte seine Krankheit allerdings gehabt. Ludwig hatte nicht mehr ins Wirtshaus gehen können, um sich zu betrinken, und nüchtern war er weniger hitzig gewesen. Er hatte sie kaum noch beschimpft. Und die Kraft, sie zu schlagen, war ihm da schon längst abhandengekommen.

Julie überlegte, wann er sie das letzte Mal misshandelt hatte. Mathilda, ihre kleine Tochter, heute zwei Jahre alt, hatte noch nicht laufen können. Sie hatte den Säugling in einem Tuch vor der Brust getragen, als Ludwig ihr aus heiterem Himmel eine so heftige Ohrfeige verabreichte, dass sie beinahe gestürzt wäre. Im letzten Moment hatte sie sich an der Tischkante abfangen können.

Doch kurz nach jenem Zwischenfall hatten Ludwigs

Kräfte spürbar nachgelassen. »Es ist die Leber« hatte der Arzt diagnostiziert.

Nachdem Ludwig ans Bett gefesselt gewesen war, hatte sie ihn natürlich bedienen müssen. »Bring mir zu trinken«, hatte er verlangt und Julie hatte ihm Wein gebracht, obwohl sie wusste, dass er Schnaps meinte. Er hatte sich beschwert und sie beschimpft, doch je mehr seine Kräfte schwanden, desto ruhiger wurde er und am Ende regelrecht friedlich. »Bist eine gute Frau«, hatte er gesagt, und sie hatte seine Hand gehalten, als er gestorben war. Doch trauern konnte sie trotzdem nicht um den Fährmann Ludwig Lenz, und ein bisschen hatte sie sogar ein schlechtes Gewissen deswegen. Immerhin verdankte sie ihm Mathilda – und ihre Tochter war schließlich das Beste, was ihr je passiert war.

Endlich war der Pfarrer fertig mit seinem Sermon.

»Leb wohl, Ludwig«, sagte Julie mit fester Stimme, während sie etwas Erde auf sein Grab schaufelte.

Dann standen die Leute an, um Julie zu kondolieren. Erstaunlich viele Menschen waren an diesem schönen Tag im Mai gekommen, um an der Beisetzung teilzunehmen. Die meisten hatten vermutlich erwartet, dass sie, seine vierte Ehefrau, ebenfalls vor ihm sterben würde. Vielleicht waren die Trauergäste auch so zahlreich erschienen, weil sie sich alle selbst davon überzeugen wollten, dass Julie noch bei guter Gesundheit war – oder schon sterbenskrank.

Kurz nach der Beisetzung betrat Julie das Fährhaus, wo die Nachbarinnen das Essen vorbereitet und auf den Tisch gestellt hatten. Bei ihrem Heim, in dem sie mittlerweile seit sieben Jahren lebte, handelte es sich um ein schmales Häuschen, das direkt an der Lände der Fähre lag und sowohl links als auch rechts unmittelbar von zwei deutlich größeren Nachbarhäusern flankiert wurde. Im Erdgeschoss befanden sich neben der Diele ein einzelner Raum, an den sich die Küche anschloss, und im Obergeschoss drei weitere Kammern. Einen Keller gab es nicht, nur eine Luke im Lehmboden der Küche, um Vorräte zu lagern, und nach hinten raus einen Schuppen mit Hühnerstall und einen kleinen Garten. Ein weiteres Gartenstück mit Obstbäumen gehörte ebenfalls zum Fährhaus. Es lag nicht weit entfernt außerhalb des Ortes auf einer kleinen Anhöhe, von der aus man am Kirchturm vorbei die Burgruine Rheinfels oben auf dem Berg, sowie den Rhein mit Sankt Goarshausen und den steil ansteigenden Hängen dahinter am gegenüberliegenden Ufer sehen konnte. Auch die beiden Länden der Fähre waren vom Garten aus zu sehen. Der Anleger gegenüber lag direkt beim dicken runden Turm der Stadtbefestigung von Sankt Goarshausen. Entlang des Gartens plätscherte der Lohbach, der sich bei Regen zu einem Sturzbach auswachsen konnte.

Im Sommer war dieser Garten Julies liebster Aufenthaltsort, und sie wünschte sich in diesem Moment in ihrer mit Trauergästen überfüllten Stube nichts sehnlicher, als sich dorthin zurückziehen zu können. Vor allem Frieda fehlte ihr. Sie hatte ihr eine Nachricht nach Bacharach überbringen lassen, aber Frieda hatte es nicht geschafft herzukommen. Ruth war auch nicht da, aber mit ihr hatte Julie nicht ernsthaft gerechnet. Für sie wäre der dreistündige Fußmarsch zu beschwerlich gewesen, und selbst wenn Julie ihr das Geld für eine Kutschfahrt geschickt hätte, wäre sie wohl trotzdem nicht gekommen, weil ihr die Ausgabe wie eine Verschwendung vorgekommen wäre.

Jemand zog an ihrem Rock. Es war Mathilda, die zu ihr

auf den Arm wollte. »Da bist du ja, mein Schatz«, sagte Julie – und nun stiegen ihr doch die Tränen in die Augen, wenn auch weniger vor Trauer als vor Erleichterung, Mathilda zu sehen. Sie barg ihr Gesicht im wuscheligen Haarschopf ihrer Tochter und atmete ihren süßen Duft ein. Die Kleine begann zu weinen, sie hatte heute zu wenig Schlaf bekommen, und Julie nutzte die Gelegenheit, nach oben zu verschwinden, um sie zu Bett zu bringen.

Als sie nach einer Weile wieder herunterkam, hatten sich die Reihen der Trauergäste kaum gelichtet, denn, wie befürchtet, war immer noch etwas zu essen da. Otto, der Zuverlässigere ihrer beiden Fährknechte, trat zu ihr und vermeldete, dass der Tag ohne besondere Vorkommnisse verlaufen wäre.

Beim Anblick von Ottos herzensgutem Gesicht mit den klugen Augen und den abstehenden Ohren wurde ihr mit einem Male leichter zumute. Bestimmt würde nun alles einfacher werden. Julie hatte die Arbeit auf der Fähre vom ersten Tag an gemocht – nach Mathilda war die das Zweitbeste an ihrer Ehe gewesen –, und sie hatte in den letzten Monaten ohnehin schon die Verantwortung dafür übernehmen müssen. Ohne Ludwigs bösartige Beschimpfungen und Schläge erwarteten sie und Mathilda ein besseres Leben. Vielleicht konnte sie Ruth endlich dazu überreden, Burg Stahleck zu verlassen und bei ihr zu wohnen, und vielleicht konnte sie Frieda herholen. Bestimmt wäre Frieda in Sankt Goar besser dran als in Bacharach, wo sie mit ihren mittlerweile sechzehn Jahren immer noch von den Kühns nach Strich und Faden ausgenutzt wurde. Frieda, Ruth, Mathilda und sie – mehr würde Julie nicht brauchen, um glücklich zu sein.

Bürgermeister Krause schob nun seinen wohlgenährten Körper in ihre Richtung. Er saß auch gerne im Gasthaus, doch während Ludwig im Laufe der Jahre immer magerer geworden war, hatte Krause immer mehr an Umfang zugelegt.

»Mein Beileid. Ludwig wird uns allen fehlen«, sagte Krause feierlich, als er sie erreicht hatte.

Mir nicht, dachte Julie und bemühte sich, das Stück Wurst zu ignorieren, das sich in Krauses Bart verfangen hatte. »Danke. Und Danke, dass Sie gekommen sind.«

»Ist doch selbstverständlich.« Der Bürgermeister faltete die Hände vor dem Bauch und musterte sie mit gewichtiger Miene. »Mir wäre es lieb, wenn Sie gleich morgen zu mir ins Rathaus kommen könnten, Frau Lenz. Sagen wir, neun Uhr?«

»Worum geht es?«, fragte Julie.

»Um die Fähre«, erwiderte Krause.

»Machen Sie sich keine Sorgen, Herr Bürgermeister. Alles wird laufen wie zuvor«, versicherte Julie und fragte sich verwundert, ob Krause denn nicht mitbekommen hatte, dass sie nun schon seit einem Jahr allein die Verantwortung über den Fährbetrieb trug.

»Da bin ich mir sicher, Frau Lenz«, sagte Krause begütigend. »Ein bisschen Papierkram ist dennoch zu erledigen. Sie verstehen schon, die Vorschriften. Die Preußen sind nicht für ihre Nachsicht bekannt.«

»Nachsicht? Wofür brauchen die Preußen Nachsicht?«, fragte Julie.

»Dafür, dass eine Frau die Geschäfte führt. Bis Ende des Monats müssen wir die Fähre in neue verantwortliche Hände übergeben.«

»Ich *bin* verantwortlich«, erwiderte Julie mit wachsender Ungeduld.

»Die Stadt ist Ihnen zu Dank verpflichtet, Frau Lenz, dass Sie ihren Mann entlastet haben, als er nicht in der Lage war, seine Arbeit zu verrichten. Aber ich muss ihnen ja sicherlich nicht sagen, dass Sie als Frau das Geschäft nicht behalten können.«

»Wieso kann ich es nicht behalten?« Julie wurde plötzlich heiß. Jetzt fiel ihr wieder ein, dass Elisabeth Merkens, mit der sie dank der Hilfe des Apothekers korrespondierte, da ihre eigenen Fähigkeiten im Lesen und Schreiben noch immer nicht ausreichend waren, sie in ihrem letzten Brief vor irgendetwas hatte warnen wollen. Doch Julie war zu beschäftigt gewesen, den komplizierten Ausführungen der Kölner Kaufmannsgattin zu folgen, als dass sie die Bedeutung ihrer Worte vollends hatte erfassen können.

Krause blickte sie bekümmert an. »Nur Bürger dürfen einem Geschäft vorstehen, liebe Frau Lenz«, erklärte er und beugte sich ein wenig zu ihr vor. »Im Vertrauen gesagt, wenn Ludwig ein anderes Handwerk verrichtet hätte, könnte ich für eine gewisse Zeit ein Auge zudrücken. Aber die Fähre – das ist was Offizielles. Da können wir uns keinen Schlendrian erlauben.«

Julie hatte den Erläuterungen des Bürgermeisters mit wachsendem Entsetzen zugehört. »Natürlich. Was Offizielles«, sagte sie und nickte. Krauses gönnerhafter Ton war ihr zuwider. Und es war ihr zuwider, für dumm gehalten zu werden – was sie aber vermutlich war. Denn Elisabeth Merkens hatte in ihrem Brief versucht, ihr zu erklären, wie sie vorzugehen hatte, doch wegen all der Arbeit mit der Fähre, mit Ludwig und dem Kind, hatte sie nicht eine Minute gefunden, darüber nachzudenken, geschweige denn, sich darum zu kümmern.

»Was ist denn mit dem großen Nachen? Ludwig hat ihn von seinem eigenen Geld bezahlt«, sagte sie. Ihr Mann hatte sogar seine geliebte Standuhr dafür verkauft. Weil die Gemeinde nichts mehr hatte investieren können oder wollen, hatte Ludwig selbst diese Anschaffung übernommen, mit dem sich Tiere und Fuhrwerke leichter über den Rhein befördern ließen. Er hatte ausgerechnet, dass sie sich durch die höheren Einnahmen schon innerhalb weniger Monate lohnen würde.

»Der Nachen gehört selbstverständlich Ihnen, Frau Lenz.«

»Aber was soll ich damit, wenn ich keine Leute mehr über den Rhein bringen darf?«

»Ihnen steht frei, ihn zu verkaufen.«

»Aber an wen? Und was ist mit dem Haus? Kann ich hier wohnen bleiben?«

In Julie machte sich Panik breit. Wo sollte sie leben, wenn es einen neuen Fährmann gab und dieser sie vor sie Tür setzte? Und *wovon* sollte sie leben? Sie brauchte doch ein Einkommen.

Krause zuckte mit den Schultern und machte ein mitleidiges Gesicht. »Ich verstehe, dass das schwierig für Sie ist, Frau Lenz. Aber die Lage ist wirklich ernst. Schlimmstenfalls bin ich sogar gezwungen, die Fähre stillzulegen, und den Ärger möchte ich Ihnen und mir gerne ersparen. Aber die Preußen kennen kein Pardon, da sind sie genau wie die Franzosen.« Er seufzte vor Mitleid mit sich selbst und wiegte bedächtig den Kopf. »Eine Lösung gäbe es«, sagte er dann und hob die Hand, um jemanden, der hinter Julies Rücken stand herbeizuwinken.

Julie drehte sich um, wo Herr Labonte stand und nun grüßend seine Zylinder lupfte. Er war Weinhändler und der reichste Kaufmann von Sankt Goar. Er hatte etwa die gleiche Statur wie Krause, war jedoch besser gekleidet als der, er trug teures englisches Tuch. Julie fragte sich, wo er so plötzlich hergekommen war, während der Trauerfeier hatte sie ihn nicht gesehen.

»Mein Beileid«, sagte Labonte.

Julie nickte stumm.

»Herr Labonte hat sich bereit erklärt, nötigenfalls den Fährbetrieb auf seinen Namen zu übernehmen«, sagte Bürgermeister Krause.

»Aber was geschieht dann mit mir?«, fragte Julie.

»Das ist ja die gute Nachricht«, sagte Krause. Eine seiner buschigen Augenbrauen zuckte.

»Sie könnten im Fährhaus wohnen bleiben, Frau Lenz. Das heißt, wenn Sie wollen«, erklärte Labonte.

Ja, natürlich wollte sie. »Und was muss ich dafür tun?«

»Als Gegenleistung arbeiten Sie für mich«, sagte Labonte.

Julie dachte angestrengt nach. In ihrem Kopf herrschte Durcheinander, doch letztlich überwog die Erleichterung. Wenn sie mit Mathilda hier wohnen bleiben konnte, war dann nicht alles gut?

Labonte verbeugte sich leicht und rieb sich die Hände, wie um sie zu wärmen. »Denken Sie darüber nach, Frau Lenz.«

»Also dann, morgen früh um neun Uhr im Rathaus«, sagte Krause und zog den Hut. »Habe die Ehre.«

22

BESCHWINGT TRAT JULIE am nächsten Tag aus der Rathaustür und drückte Mathilda, die sie auf dem Arm trug, einen Kuss auf die Wange. Es war der dritte schöne Frühlingstag in Folge, die Sonne schien vom blauen Himmel und die Amseln zwitscherten von den Dächern.

Das war gerade noch einmal gutgegangen, dachte sie. Zwar mochte sie Herrn Labonte nicht sonderlich, doch für sie war es das Wichtigste, dass sie mit Mathilda im Fährhaus wohnen bleiben konnte. Sogar Lohn sollte sie bekommen. Ludwig hatte ihr nur manchmal etwas Geld gegeben, damit sie sich ein neues Leibchen oder einen Unterrock kaufen konnte, doch darauf hatte sie sich nicht verlassen können. Gut, viel war es nicht gerade, was Labonte zahlte, aber immerhin verlangte er kaum Miete für das Fährhaus – und sie hatte ja außerdem auch noch die Tiere und den Garten, mit dem sie sich selbst versorgen konnte.

Mathilda zuliebe, entschied sie sich, einen Abstecher zum Posthof zu machen, und kam dabei an Labontes stattlichem Geschäfts- und Wohnhaus vorbei. Neugierig lugte sie in den Hof. Hier herrschte ein buntes Treiben, gerade wurde ein Wagen voller Waren abgeladen. Niemand wusste so ganz genau, womit Labonte eigentlich alles handelte. Nach Weinfässern sahen diese Säcke und Ballen jedenfalls nicht aus. Schräg gegenüber befand sich die Poststation. Die Eilpost musste kurz zuvor eingetroffen sein, denn in diesem Moment wurden sechs schweißnasse Pferde vom Hof geführt, die frischen Tiere warteten bereits darauf, angeschirrt zu werden.

Mathilda streckte ihr Händchen aus und wollte näher an die Pferde heran. Julie ließ sie die Nüstern eines friedlich aussehenden Hengstes streicheln. Fahrgäste waren keine zu sehen, die saßen wahrscheinlich schon in der Gaststube. Dann machte Julie sich auf den Heimweg über die an diesem Vormittag ziemlich dicht bevölkerte Heerstraße, und sah dabei vor sich einen Mann, der eine teuer aussehende kleine Reisekiste mit Messingbeschlägen auf der Schulter trug. Julie nahm an, dass er zum Gasthaus *Zur Lilie* wollte, dem besten Haus in Sankt Goar, und war überrascht, als er weiter die Heerstraße entlangging und erst auf der Höhe des Fährhauses links abbog. Sie folgte ihm bis zu ihrer eigenen Haustür. Und dort saß auf der Bank in der Sonne Elisabeth Merkens unter einem aufgespannten Schirmchen und blickte über den Rhein.

»Was für eine schöne Überraschung«, rief Julie schon von weitem, als sie sie entdeckte.

»Es tut mir so leid, dass ich es nicht rechtzeitig zur Beisetzung geschafft habe«, erwiderte Frau Merkens. Sie schloss den Schirm, gab dem Gepäckträger eine Münze und streckte Julie beide Hände entgegen. »Mein Beileid, meine Liebe.«

Mathilda versteckte sich hinter Julies Rock, lugte jedoch gleich darauf wieder hervor, um die fremde Frau zu betrachten.

»Wie groß Mathilda geworden ist«, stellte Elisabeth fest, die Julies Tochter zuletzt als Säugling gesehen hatte.

»Sie kann sich nicht an Sie erinnern«, sagte Julie lachend, wuschelte Mathilda durchs Haar und griff die Kiste, um sie ins Haus zu tragen.

»Am besten dort hin«, dirigierte Elisabeth, und Julie stellte sie auf der Küchenbank ab.

Während Julie sich daran machte, das Feuer im Herd zu schüren und Wasser aufzusetzen, um ihren Gast bewirten zu können, öffnete Elisabeth das Schloss der Reisekiste. »Ich habe etwas für die Kleine mitgebracht – und für dich.«

»Wie schön, danke«, sagte Julie.

Inzwischen nahm sie gerne ihre Gaben entgegen, denn zum Glück sah Elisabeth mittlerweile davon ab, sie mit wertvollen Gegenständen, Schmuck oder feinen Kleidern zu beschenken, die sie hier in Bacharach sowieso nicht gebrauchen konnte. Nach all den Jahren, in denen sie sich mittlerweile kannten und in denen die Kölner Kaufmannsgattin so selbstverständlich den Kontakt zu Julie gehalten hatte, waren sie, wenn auch ungleiche, so doch gute Freundinnen geworden. Julie nannte Frau Merkens mittlerweile sogar bei ihrem Vornamen. Elisabeth zu duzen, brachte sie allerdings immer noch nicht fertig. Das wäre ihr anmaßend vorgekommen.

»Sind Sie heute ganz allein?«, fragte Julie.

»Annett ist mit dem übrigen Gepäck schon im Gasthaus abgestiegen«, erklärte Elisabeth. »Leider bin ich diesmal nur auf der Durchreise und muss gleich morgen früh schon weiter.« Sie klappte den Deckel der Kiste hoch, doch bevor sie ihre Geschenke hervorholen konnte, fiel ihr Blick auf den Umschlag mit dem Dokument aus dem Rathaus, den Julie auf den Tisch gelegt hatte.

»Das sieht offiziell aus. Ist das Ludwigs Testament?«, fragte sie.

»Nein. Es gibt kein Testament.«

»Also bekommst du alles, was ihm gehört hat?«

»Beinahe«, erklärte Julie. »Machen Sie den Umschlag

ruhig auf.« Sie war stolz auf das Schriftstück, unter das sie ihren Namen gesetzt hatte.

Während Elisabeth das Dokument las, stellte Julie eine Kanne mit Zichorienkaffee auf den Tisch und konnte beobachten, wie die Freundin immer blasser wurde. Schließlich ließ die Kaufmannsfrau das Blatt sinken und sah Julie betroffen an.

»Hast du gelesen, was du unterschrieben hast?«, fragte sie und hielt mit ernster Miene das Schriftstück hoch.

»Nein«, musste Julie zugeben.

»Wolltest du es nicht lernen?«

»Doch, ich habe ja auch Unterricht genommen und schon Fortschritte gemacht«, versicherte Julie, wies auf ihre Unterschrift, »die ist mir doch gut gelungen.«

»Das hättest du nicht tun dürfen. Hier steht, dass du das Geschäft an einen gewissen Herrn Labonte abgibst.«

»Aber das weiß ich doch. Und ich kann mit Mathilda im Fährhaus wohnen bleiben, das steht auch da.«

»Du sollst weiterhin die ganze Arbeit tun, bekommst einen Lohn, der kaum zum Leben reicht und von dem dieser Labonte Miete für das Fährhaus abzieht, und gibst dafür auch noch den Nachen ab, den dein Mann angeschafft hat. Und den ganz umsonst!«

Julie wurde immer beklommener zumute. Noch nie hatte sie erlebt, dass Elisabeth sich über etwas so aufregte – und überhaupt hatte sie mit einer ganz anderen Reaktion gerechnet, hatte geglaubt, dass die Freundin sie dafür loben würde, wie gut sie alles geregelt hätte.

»Aber was blieb mir denn übrig? Was nützt mir ein Fährnachen, wenn ich das Geschäft nicht behalten kann?«, wandte sie ein.

»Nichts nützt er dir. Darum habe ich dir ja auch geraten, einen Mann als Teilhaber in das Geschäft aufzunehmen, damit es dir nicht weggenommen wird. Und das am besten noch zu Lebzeiten deines nichtsnutzigen Mannes.« Elisabeth war anzumerken, dass sie kaum noch an sich halten konnte.

»Ludwig war doch am Ende viel zu krank«, sagte Julie und wusste selbst nicht, warum sie ihn verteidigte, denn das hatte er eigentlich gar nicht verdient. Aber es gefiel ihr andererseits auch nicht, von Elisabeth so an den Pranger gestellt zu werden. Schließlich war sie nicht mehr das dumme junge Mädchen von damals, als das sie sie kennengelernt hatte.

Elisabeth ließ ihren Einwand nicht gelten. »Er hatte Frau und Kind. Er hätte es besser wissen müssen. Und was dich betrifft, wir waren uns doch einig, wie wichtig es ist, dass du lesen und schreiben lernst.«

Elisabeth, die in ihrer Erregung im Raum auf und abgegangen war, hielt nun inne, und ließ sich mit einem Seufzer am Tisch nieder. »Entschuldige bitte. Ich wollte nicht so grob zu dir sein. Es ist nur …« Kopfschüttelnd schob sie das Schriftstück zurück in den Umschlag.

Noch ein wenig erschüttert vom plötzlichen Ausbruch ihrer Freundin, setzte Julie sich ebenfalls hin. Als Elisabeth jetzt zu sprechen fortfuhr, hatte ihre Stimme eine mildere Färbung angenommen.

»Ach, meine Liebe, ich mache mir solche Vorwürfe. Ich hätte dich mit alldem nicht allein lassen dürfen.«

»Das ist doch nicht Ihre Schuld«, wehrte Julie ab. »Ich weiß genau, was ich da unterschrieben habe. Und außerdem habe ich vor, Frieda zu mir zu holen. Dann habe ich jemanden im Haus, der lesen und schreiben kann. Frieda wird mir mit allem helfen.«

Elisabeth runzelte die Stirn. »Aber Herbert Kühn ist doch Friedas Vormund. Ist er denn damit einverstanden?«

»Das ist mir egal. Soll er doch kommen und sie zurückholen«, erwiderte Julie trotzig.

Elisabeth schüttelte erneut den Kopf. »So einfach ist das nicht, wie du dir das vorstellst, Juliane. Solange Frieda minderjährig ist, hat ihr Vormund das Recht, über sie zu bestimmen. Es sei denn, sie heiratet – mit seinem Einverständnis, natürlich.«

»Dann heiratet sie eben.«

»Wen denn?«

»Meinen Fährknecht Otto zum Beispiel. Die beiden mögen sich. Sie könnten eines Tages zusammen den Fährbetrieb übernehmen.«

»Der dir nicht mehr gehört.« Elisabeths Stimme klang mit einem Mal wieder schärfer, doch dann räusperte sie sich und legte besänftigend ihre Hand über Julies. »So versteh doch, dieser Herr Labonte ist jetzt der Pächter. Er bestimmt nun, wie es mit der Fähre weitergehen wird.«

»Das ist mir auch klar«, gab Julie zu, der inzwischen dämmerte, dass sie womöglich doch einen Fehler gemacht hatte. »Aber es kann mir trotzdem nicht schlechter gehen als zuvor mit Ludwig. Ich werde ganz bestimmt zurechtkommen. Das habe ich noch immer geschafft.«

»Ja, das hast du. Das hast du allerdings. Und überhaupt. Vielleicht sehe ich das alles ja auch viel zu schwarz.«

Elisabeth klopfte mit der flachen Hand leicht auf den Tisch, als wollte sie damit einen Schlussstrich unter die unangenehme Diskussion ziehen. Dann erhob sie sich, um aus ihrer Kiste eine Puppe für Mathilda hervorzuholen und förderte danach für Julie ein Päckchen Tee zutage, sowie Schokolade, Biskuits und ein Kästchen mit Nähzeug und Bändern in verschiedenen Farben – alles Dinge, über die Julie sich herzlich freute. Die Atmosphäre entspannte sich spürbar.

»Es ist wirklich schade, dass Frieda nicht hier ist. Ich hätte sie gerne mal wieder gesehen«, sagte Elisabeth, als sie wieder am Küchentisch saßen, Julie mit Hildchen und der neuen Puppe auf dem Schoß.

»Ja, ich vermisse sie sehr. Und die Kühns nehmen sie wirklich viel zu sehr an die Kandare. Sie soll neben der Arbeit im Gasthaus nun auch noch Gregor und Walburga den Haushalt führen, dabei hätte Walburga mehr als genug Zeit, das selbst zu tun. Sie muss wirklich ein ziemlicher Drache sein.« Julie dachte mit gemischten Gefühlen an ihre Zeit im Gasthaus zurück. Nicht alles in Bacharach war schlecht gewesen. Sie hatte Ruth regelmäßig sehen können, hatte Frieda in ihrer Nähe gehabt, und sogar wegen Gregor tat es ihr ein bisschen leid, denn er war eigentlich immer gut zu ihr gewesen.

»Die beiden sind jetzt seit zwei Jahren verheiratet und warten immer noch darauf, Eltern zu werden«, sagte Julie, und so fuhren sie fort, miteinander zu plaudern. Elisabeth erzählte von ihrem kleinen Sohn Franz – sie war nämlich auch noch einmal Mutter geworden –, dann spielten sie ein bisschen mit Hildchen, und als Elisabeth schließlich aufbrechen musste, war der Abschied ebenso schwer und warmherzig wie immer.

23

ELISABETH BEDAUERTE ES NUN doch sehr, schon am nächsten Morgen nach Winkel zu ihrer Freundin Bettine von Arnim aufbrechen zu müssen, doch weil sie vereinbart hatten, zusammen in Kur zu fahren, wollte sie sie nicht warten lassen. Dennoch war sie, als sie am nächsten Morgen ihre Reise fortsetzte, in Gedanken immer noch bei dem Gespräch mit Juliane. Sie fühlte sich wirklich ein bisschen schuldig an dem, was geschehen war, auch wenn Juliane schon immer ihren eigenen Kopf hatte. Ja, wahrscheinlich hätte sie auch mit noch so gutem Zureden nicht verhindern können, dass sie unvernünftige Entscheidungen traf – und wenn Elisabeth ehrlich mit sich selbst war, dann bewunderte sie die jüngere Freundin auch ein bisschen für ihren Mut und vor allem für ihren unerschütterlichen Optimismus.

Mit einem Lächeln im Gesicht rief sie sich das Bild von Juliane mit ihrer Mathilda auf dem Schoß ins Gedächtnis zurück. Juliane hatte wunderschön und anmutig ausgesehen, die Mutterschaft stand ihr ausgezeichnet. Dann musste Elisabeth an ihren eigenen kleinen Sohn denken, den sie in Köln bei ihrer ältesten Tochter Johanna zurückgelassen hatte, die inzwischen bereits über zwanzig Jahre alt war. Nie im Leben hatte sie damit gerechnet, mit Anfang vierzig noch ein drittes Mal Mutter zu werden. Und doch war es geschehen. Die späte Schwangerschaft und die intensive Zeit mit dem Säugling, den sie, entgegen der üblichen Gepflogenheiten, selbst gestillt hatte, hatten an ihren Kräften gezehrt, weswegen Erholung nun auch dringend nottat – und doch vermisste sie den Kleinen nun arg.

Auch ihre alte Freundin Bettine, deren sechs Kinder in diesem Jahr alle die Masern gehabt hatten, war nicht ganz bei Kräften. Sie litt an allgemeiner Schwäche und schlimmen Magenschmerzen, die sie auf Empfehlung ihrer Ärzte in ebenjener geplanten Kur behandeln lassen wollte. Der Besuch im gastfreundlichen Haus der Brentanos in Winkel war dieses Mal also nur als Zwischenaufenthalt gedacht, bevor sie gemeinsam nach Schlangenbad weiterreisen würden, um sich dort mit Hilfe des innerlich und äußerlich angewandten Heilwassers zu kurieren.

Am späten Nachmittag desselben Tages kam Elisabeth in Winkel an, wo sie herzlich empfangen wurde. Es war wunderbar, in das Haus am Rhein zurückzukehren, das sie von früheren Aufenthalten kannte – ein zweistöckiger langgestreckter Fachwerkbau, der mit seinem schiefergedeckten Mansardendach den zahlreichen Weingütern der Gegend ähnelte. Dazu gehörte ein romantischer Garten, der sich bis hinunter zum Rhein erstreckte und nicht weit von dem Ort entfernt lag, an dem eine Marmorstatuette daran erinnerte, dass die Dichterin Karoline von Günderode sich hier einst ein Messer in die Brust gestoßen hatte. Doch nicht nur durch diese traurige Begebenheit hatte das Anwesen Berühmtheit erlangt, auch Goethe hatte es durch mehrere Besuche geadelt. Einst von den Geschwistern Brentano erworben, gehörte es heute alleine Bettines Bruder Franz und dessen Frau Antonie, wurde jedoch nach wie vor von der ganzen Familie Brentano und engen Freunden als Feriendomizil genutzt.

Ein Pavillon mit hellgrauen Korbmöbeln darin diente als Wintergarten, in der man auch an kühleren Tagen sitzen und sich dennoch im Freien wähnen konnte. Auch wenn er schon ein wenig in die Jahre gekommen war – hier und da blätterte die weiße Farbe von den hölzernen Streben der großen Fenster, und die Scheiben waren stellenweise blind –, war er dennoch ein sehr idyllischer Ort, weshalb Bettine und Elisabeth sich den Pavillon auch am Tag nach ihrer Ankunft zum Schreibzimmer auserkoren hatten. Beide Frauen genossen die ungewohnte Ruhe, die mit der Entfernung zu den lebhaften Haushalten, denen sie sonst vorstanden, einherging. Ein blühender Rosenstock, der einen Bogen vor dem geöffneten Fenster zierte, erfüllte die Luft mit seinem süßen Duft. Neben dem Kratzen der Schreibfedern auf dem Papier hörte man nur das Gezwitscher der Vögel und aus dem Haus die perlenden Läufe einer Sonate von Beethoven. Wie so häufig saß Bettines Schwägerin Antonie am Flügel. Sie war eine Virtuosin auf diesem Instrument. Drei bis vier Stunden Klavierspiel am Tag und noch einmal eine Stunde am Abend waren für sie die Regel.

»Was ist mit dir? Warum seufzt du so?«, fragte Bettine nun.

Elisabeth, die gerade ihren Namen unter einen Brief an ihren Mann setzte, sah überrascht auf. »Habe ich geseufzt?«

»Allerdings. Ungefähr so«, sagte Bettine und stieß einen übertriebenen langgezogenen Seufzer aus, während sie sich theatralisch über ihre Schreibarbeit warf.

Elisabeth lachte. Sie freute sich, etwas von Bettines altem Witz durchblitzen zu sehen. Sie hatte ihre Freundin erschreckend blass vorgefunden, das Gesicht noch spitzer als sonst und das dunkle, schlicht frisierte Haar weit weniger glänzend, als sie es in Erinnerung gehabt hatte. Neununddreißig Jahre zählte Bettine jetzt, war also drei Jahre jünger als Elisabeth, hatte jedoch drei Schwangerschaften und Geburten mehr durchzustehen gehabt als sie.

»Entschuldige. Das war mir nicht bewusst«, sagte Elisabeth immer noch lachend. Sie legte die Feder auf die Ablage, trocknete den Brief mit Löschpapier und lehnte sich auf ihrem Stuhl zurück, wobei das Korbgeflecht vernehmlich ächzte.

»Also, was ist los?«, hakte Bettine nach.

Elisabeth zuckte mit den Schultern, dann stand sie auf und blickte versonnen in den Garten hinaus, wo Schmetterlinge um die blühenden Blumen flatterten.

»Weißt du, ich glaube, mich belastet immer noch, was in Sankt Goar geschehen ist«, sagte sie nach einigem Nachdenken und wandte sich zu ihrer Freundin um.

»Du meinst die Sache mit der Fährmannswitwe, die ihren Betrieb verloren hat? Du hast gestern davon gesprochen. Wie war noch gleich ihr Name?«

»Juliane. Juliane Lenz.«

Bettine hatte ebenfalls die Feder beiseitegelegt und goss nun ihrer Freundin und sich Tee nach.

»Ich mache mir Vorwürfe, weil ich zu streng mit ihr gewesen bin«, sagte Elisabeth. »Ich war ungehalten, weil ich das Gefühl hatte, sie verhielte sich höchst ungeschickt. Doch sosehr ich mir auch wünschen würde, dass sie auf meinen Rat hört, darf ich es dennoch nicht von ihr erwarten. Schließlich ist es nicht zuletzt ihr unerschrockener und eigensinniger Geist gewesen, der mich so angesprochen hat.«

»Ich weiß, dass du sie zuvor schon erwähnt hast, aber um ehrlich zu sein, bekomme ich die Geschichte nicht mehr zusammen. Woher kennst du sie noch gleich?«, fragte Bettine.

»Sie war früher Magd im Gasthaus zum *Löwen* in Bacharach, wo ich mit Peter auf unserer Rheinreise gewohnt habe. Achtzehnhundertsiebzehn, du weißt schon. In der Zeit habe ich dir viele Briefe geschrieben.«

Es waren Briefe gewesen, für die sie sich eine Veröffentlichung erhofft hatte – doch leider war es nie dazu gekommen. Elisabeth hatte es letztlich nie gewagt, sich darum zu bemühen.

»Natürlich, ich erinnere mich. Das schöne junge Mädchen mit dem blonden Haar«, sagte Bettine.

Elisabeth nickte. »Sie hat einfach nicht an diesen Ort gepasst. Trotz ihrer geringen Bildung ist sie mir damals gleich irgendwie aristokratisch vorgekommen. Aber die Leute haben sie schlecht behandelt. Ich weiß noch, dass ich dachte, sie ist wie ein Diamant an einem Strand voller Kiesel.« Elisabeth seufzte wieder. »Dann bin ich Zeugin geworden, wie sie einem Mann das Leben gerettet hat, einem Knecht, der sie zuvor geringschätzig behandelt und ihr Anzüglichkeiten an den Kopf geworfen hat. Als er durch eigenes Verschulden in Not geraten war und zu ertrinken drohte, hat sie nicht gezögert, sondern sich in die Fluten des Rheins gestürzt und ihn aus dem Wasser gezogen. Und was war der Dank dafür? Dieser Unmensch hat daraufhin doch tatsächlich behauptet, sie hätte sein Pferd verhext und wäre schuld an dem Unglück.«

»Hat er ihr nicht daraufhin die Haare abgeschnitten?«, fragte Bettine.

»Das war nicht der Knecht, das war der Pfarrer des Ortes.« Elisabeth flüsterte nun beinahe. »Ich habe ihr versprechen müssen, der Sache auf gar keinen Fall nachzugehen.«

»Das arme Ding. Jetzt entsinne ich mich wieder an die

Geschichte«, sagte Bettine kopfschüttelnd. »Aber wie ist sie überhaupt in Sankt Goar gelandet? Ich glaube, das hast du mir noch nicht erzählt.«

»Die Wirtsleute haben sie hinausgeworfen. Sie wurde dort an einen grausamen alten Mann verheiratet.« Elisabeth schüttelte den Kopf. Ihre Empörung war immer noch so stark wie damals, als sie davon erfahren hatte. »Diese Ungerechtigkeit hat mir keine Ruhe gelassen, und ich habe mich seitdem um sie gekümmert.«

»Und jetzt wird sie schon wieder ungerecht behandelt. Ich verstehe gut, dass dir das gegen den Strich geht.« Bettine seufzte. »Wir Frauen haben es nicht leicht, ganz gleich, welchem Stand wir angehören.«

Elisabeth sah Bettine eindringlich an. »Es ist aber nicht nur das. Irgendetwas stimmt da nicht. Es gibt in Bacharach eine zweite junge Frau in ihrem Alter. Sie sieht meiner Juliane nicht im Geringsten ähnlich. Haarfarbe, Gesichtsform, Haltung – alles ist vollkommen anders. Und doch behaupten die beiden, Schwestern zu sein. Zwillinge sogar.«

»Es kommt doch durchaus vor, dass Geschwister sich kaum ähneln«, wandte Bettine achselzuckend ein.

Elisabeth schüttelte den Kopf. »Aber nicht so. Dieses Gesicht, diese Haut, diese Haare ... Wenn du Juliane sehen könntest, würdest du mir zustimmen. Ruth, ihre vermeintliche Schwester, ist zwar auch hübsch, aber im Vergleich doch vollkommen gewöhnlich.« Sie senkte ihre Stimme noch ein bisschen mehr und beugte sich zu ihrer Freundin vor, als sie nun ihren Verdacht aussprach: »Mir will einfach nicht aus dem Kopf gehen, dass Juliane vielleicht ein Findelkind sein könnte, oder dass sie entführt wurde.«

Bettine blickte nun doch ein wenig skeptisch drein. »Wäre es nicht auch möglich, dass deine Juliane dir etwas vormacht?«

»Nein, im Gegenteil. Ich glaube, sie ist völlig unschuldig. Ich bin mir sicher, dass sie keine Ahnung hat.«

Das Haus am Rhein wurde unter der Woche normalerweise nur von Antonie und ihren beiden älteren Töchtern Josefa und Franziska bewohnt, doch am Wochenende kamen der Hausherr und häufig auch noch weitere Gäste hinzu. An diesem Samstag brachte Antonies Mann Franz zwei Herren mit, die Elisabeth zu ihrer Überraschung beide kannte.

»Herr Noelle, welch unverhofftes und freudiges Wiedersehen.« Elisabeth strahlte, während sie ihrem alten Bekannten die Hand reichte. Sie hatte den liebenswürdigen Kaufmann, den sie 1817 auf ihrer Rheinreise in Begleitung ihres Mannes kennengelernt hatte, nie vergessen. Noch einige Male hatten sie korrespondiert, doch nachdem sich Herr Noelle auf eine längere Europareise begeben hatte, war der Briefwechsel allmählich eingeschlafen. Vor ein paar Jahren hatte er ihr und Peter noch einmal aus Rom geschrieben, danach hatten sie nichts mehr von ihm gehört.

»Frau Merkens! Welch große Freude, Sie hier anzutreffen«, sagte Herr Noelle.

»Die Welt ist ein Dorf«, stellte Franz Brentano zufrieden fest.

Der andere Herr hatte sich in der Zwischenzeit mit Bettine unterhalten.

»Ich wollte euch gerade einander vorstellen, aber Sulpiz sagte mir, dass ihr euch bereits kennt«, wendete sich Bettine an Elisabeth. Der äußerst umtriebige Sulpiz Boisserée, der sowohl Kaufmann als auch bekannter Kunstsammler war, hatte schon vor Jahren die Errichtung eines Goethe-Denkmals für Frankfurt angeregt, weswegen Bettine, die eine große Verehrerin des berühmten Dichters war, mit ihm korrespondierte. Dass die Freundschaft der beiden so weit gediehen war, dass sie sich sogar duzten, hatte Elisabeth bisher allerdings nicht gewusst.

»Du hast recht, meine Liebe, Herr Boisserée und ich sind uns bereits einmal begegnet«, sagte Elisabeth und neigte den Kopf zur Begrüßung.

»Frau Merkens, hoch erfreut! Ist Ihr Mann auch zugegen?«

»Leider nein. Peter ist in Köln wie immer unabkömmlich«, sagte Elisabeth.

In dieser illustren Gesellschaft verging der Nachmittag wie im Flug, und am Abend wurde musiziert und Antonies Töchter führten sogar noch ein kleines Singspiel auf, das für viel Gelächter sorgte.

»Wo haben Sie nur all die Jahre gesteckt?«, fragte Elisabeth Herrn Noelle, als sie später alle im Salon beieinandersaßen.

Es war schon nach Mitternacht, doch Antonie ließ ein Souper servieren, und niemand machte Anstalten, schlafen zu gehen. Herr Noelle hatte sich kaum verändert, fand Elisabeth, höchstens zu seinem Vorteil, denn die graumelierten Koteletten sowie die dezenten Falten auf der Stirn und um die Augen herum standen ihm ausgezeichnet. Er erzählte ihr und den anderen Anekdoten von seiner Reise durch Italien, Griechenland und Spanien und erwies sich dabei als ein versierter Unterhalter. Sogar Ägypten hatte er bereist und die Pyramiden gesehen.

Elisabeth hörte staunend zu. »Dann halten Sie es hier wahrscheinlich kaum aus, oder? Es muss Ihnen doch sehr langweilig sein«, sagte sie neckend.

»Nein, im Gegenteil« erwiderte er ruhig, und sie erinnerte sich wieder daran, wie ernst er ihr immer erschienen war. »Ich habe Pläne. Ich habe vor, am Rhein ein Anwesen zu erwerben. Vielleicht sogar eine Burg, die ich herrichten lassen kann.«

»Das sind aber wahrhaft große Pläne«, sagte Elisabeth beeindruckt.

»Kennen Sie den Freiherrn von Coll?«, fragte Antonie.

»Leider nicht persönlich«, erwiderte Herr Noelle.

»Er hat die Burg Rheinstein in Niederheimbach gekauft«, sagte Antonie. »Allerdings hat er bisher noch nicht mit den Bauarbeiten begonnen.«

»Mir ist zugetragen worden, dass er die Burg weiterveräußert hat. Sie ist vergangenes Jahr in den Besitz von Prinz Friedrich Ludwig von Hohenzollern übergegangen, der sie zu einem Jagdschloss umgestalten will«, erklärte Herr Noelle.

»Haben Sie das etwa auch vor? Ein Jagdschloss?«, fragte Elisabeth.

»Ich dachte viel eher an ein Hotel nach italienischem oder französischem Vorbild. Wir haben hier zwar kein Mittelmeer, aber wir haben den Rhein. Die Gegend ist international bekannt, wie ich auf meinen Reisen feststellen durfte. Nur die passenden Unterkünfte fehlen noch.«

»Und welche Burg darf es denn sein?«, fragte Franz Brentano in einem Tonfall, als ob es um Äpfel oder Birnen ginge.

»Das gilt es herauszufinden. Hätten Sie nicht einen Vorschlag für mich?«, fragte Noelle, ohne sich von der Süffisanz irritieren zu lassen.

»Katz, Maus, Rheinfels …«, zählte Antonie auf.

»Alle diese Burgen sind sehr romantisch gelegen«, stimmte Elisabeth zu. »Die Auswahl ist groß.«

Franz Brentano war weniger enthusiastisch als die Damen. »Wenn ich ganz offen sprechen darf, ich finde es sehr mutig, auf den Tourismus zu setzen, wenn nicht sogar leichtsinnig.«

»Mit Verlaub, Sie irren sich. Mit der Dampfschifffahrt werden auch die Touristen kommen«, widersprach Herr Noelle. »Ich hatte bereits das Vergnügen, mich auf der Fahrt hierher mit Herrn Boisserée darüber auszutauschen. Er und sein Neffe Bernhard sind an der Niederländischen Dampfschifffahrtsgesellschaft beteiligt. Die Handelskammer von Köln hält ebenfalls fünfzig Aktien. Ich nehme doch an, dass Ihr Mann, liebe Frau Merkens, an dieser Sache nicht ganz unbeteiligt ist, oder? Jedenfalls erinnere ich mich noch gut an das Gespräch, das wir damals in Rolandseck miteinander geführt haben. Mir ist, als wäre es gestern gewesen.«

Elisabeth nickte. »Ich erinnere mich auch sehr gut daran. Es ging um Pferdestärken.«

»Allerdings. Mittlerweile dürften Sie wohl bestens mit der Materie vertraut sein.«

Sie nickte wieder und lachte. »Das hat sich kaum verhindern lassen. Sie kennen ja meinen Mann.«

Peter hatte die Beteiligung der Kölner Kaufleute an der neu gegründeten Niederländischen Dampfschifffahrtsgesellschaft energisch vorangetrieben, die künftig die Schleppschifffahrt zwischen Köln und Rotterdam vereinfachen sollte. Das erste Schiff, die *De Zeeuw*, war inzwischen so gut wie fertiggestellt und würde noch in diesem Jahr die Werft zu ihrer Jungfernfahrt verlassen.

»Peter kann es kaum erwarten. Er war sehr glücklich, als ihn kurz vor meiner Abreise die Nachricht erreichte, dass die Versuchsfahrt der *De Zeuuw* auf dem Mittelrhein im Oktober stattfinden soll.«

»Es freut mich sehr, das zu hören«, sagte Herr Noelle. »Ich hoffe, zur Versuchsfahrt an Bord gehen zu können. Werden Sie auch dabei sein?«

»Ich weiß noch nicht recht«, sagte Elisabeth ausweichend. Bisher hatte sie das eigentlich nicht vorgehabt. Aber vielleicht konnte sie Peter ja tatsächlich begleiten.

Elisabeth genoss das Wiedersehen und die Gespräche mit Herrn Noelle, der es nicht an Aufmerksamkeiten und Komplimenten ihr gegenüber mangeln ließ, und bedauerte es, dass die Männer sich schon am folgenden Vormittag wieder zur Abfahrt bereit machten.

Zum Abschied hielt Herr Noelle lange ihre Hand. »Ich hoffe wirklich sehr, dass wir uns im Oktober wiedersehen werden«, sagte er und sah ihr in die Augen.

»Das hoffe ich auch«, erwiderte Elisabeth.

24

DAS GESPRÄCH MIT ELISABETH und die Vorwürfe der älteren Freundin wollten Julie noch einige Tage lang nicht mehr aus dem Kopf gehen, doch da es ohnehin zu spät war, etwas an ihrer Situation zu ändern, beschloss sie irgendwann, nicht mehr darüber nachzugrübeln. Am Ende verstand Elisabeth auch gar nicht so viel von dem Leben, das sie führte. Es war freundlich von ihr, ihr helfen zu wollen, aber es war auch richtig, wenn Julie sich nicht zu sehr von ihren Ratschlägen abhängig machte und nach wie vor ihre eigenen Entscheidungen traf. Schließlich hatte sie nichts Unrechtes getan. Es war nur die Sorge um ihr Kind gewesen, die sie dazu bewogen hatte, auf Herrn Labontes Angebot einzugehen. Sie war jetzt ein Familienoberhaupt und konnte es sich nicht leisten, ein Risiko einzugehen. Ein Teilhaber, wie Elisabeth Merkens es vorgeschlagen hatte, hätte doch alles kein bisschen besser, sondern nur noch viel komplizierter gemacht.

Ludwigs Beerdigung lag mittlerweile eine Woche zurück. Julie hatte sich schnell an das Leben als Witwe gewöhnt – und an diesem Morgen erwachte sie mit einem neuen Gefühl der Leichtigkeit in der Brust. Mathilda, die in ihrem Bett schlief, rekelte sich neben ihr.

»Mama«, murmelte sie zufrieden und drückte sich verschlafen an sie.

»Guten Morgen, mein Schatz«, sagte Julie, knuddelte ihre Tochter und küsste sie auf die Wange.

Dann sprang sie aus dem Bett, stieß das Fenster weit auf und lehnte sich hinaus. Es war noch früh, leichter Dunst lag über dem Wasser. Dann sah sie Otto, der über den Platz hinunter in Richtung Rheinufer ging. Der arme Kerl hatte schon sehr lange keinen freien Tag mehr gehabt.

Nach dem Frühstück ließ Julie Mathilda bei der Tochter ihrer Nachbarin, ein junges Mädchen namens Mellie, das ihr manchmal gegen ein kleines Entgelt im Haushalt zur Hand ging, und lief zur Fährlände hinunter, wo Otto gerade dabei war, den großen Nachen von Pferdedreck zu befreien.

»Wo steckt Manfred?«, fragte sie.

»In Simmern. Seine Schwester heiratet«, sagte Otto und hatte wie immer Mühe, das S über die Lippen zu bringen. Ludwig hatte ihn oft wegen seines Sprachfehlers gehänselt, dabei war Otto der beste Mitarbeiter, den man sich nur wünschen konnte. Julie fand wirklich, dass Frieda und er gut zusammenpassen würden, genau wie sie es Elisabeth gegenüber gesagt hatte. Vielleicht wurde ja doch etwas daraus – nun, wo Ludwig nicht mehr da war und sich nicht mehr überall einmischte. Beim Gedanken daran hob sich Julies Laune noch einmal spürbar.

»Hatte ich ganz vergessen«, sagte sie und nahm sich vor, von nun an die Zügel wieder fester in die Hand zu nehmen.

Otto fuhr fort, das Boot zu putzen, und Julie blickte auf den Rhein und zu den Häusern von Sankt Goarshausen hinüber, die sich am anderen Ufer aneinanderdrängten. Die Salmfischer waren noch bei der Arbeit. Um diese Zeit des Jahres, wenn die größten Salme talaufwärts schwammen, um in den Nebenflüssen des Rheins zu laichen, konnten sie die besten Fänge machen. Gewöhnlich bildeten dreißig bis vierzig der stattlichen Tiere einen Schwarm. Julie erschien es wie ein Wunder, dass sie aus dem Meer den Weg zurück zu dem Ort fanden, an dem sie geschlüpft waren. Für die Fischer bedeuteten die gepachteten Fangplätze eine wichtige Einnahmequelle, wenn auch nicht die einzige, die meisten von ihnen arbeiteten zusätzlich im Wingert. Die einzelnen Salme brachten zwischen vier und acht Pfund im Sommer und bis zu sechzig Pfund im Frühjahr auf die Waage. Kaum jemand konnte sich allerdings leisten, die Fische selbst zu verspeisen, dafür waren sie viel zu wertvoll. Sie wurden ausnahmslos an wohlhabende Städter und Landbesitzer verkauft – an Leute wie Labonte.

Ein Nachen legte drüben vom Ufer ab und kam schnell näher. Es waren Kirchgänger, die wie jeden Sonntag hier im Ort die katholische Kirche besuchten. Julie half den Leuten beim Aussteigen und unterhielt sich ein Weilchen mit Christian Menges, dem Fährmann von Sankt Goarshausen. Weil nämlich Sankt Goar preußisch war und Sankt Goarshausen zu Nassau gehörte, war es beiden Fähren jeweils nur in einer Richtung gestattet, Passagiere überzusetzen, sie musste immer leer zurückfahren. Die Fährbetriebe Menges und Lenz waren also jeweils nur für eine Hälfte des Geschäfts verantwortlich. Besonders sinnvoll war das nicht. Die verordneten Leerfahrten sorgten regelmäßig für Ärger, die Leute wollten hinüber und nicht einsehen, warum sie nicht einfach mitfahren durften. Doch eine Lösung für diese absurde Situation war nicht in Sicht. Auch heute legte Menges wieder leer ab, obwohl gerade zwei Frauen angekommen waren, die drüben ihre alten Eltern besuchen wollten.

»Ich mach das schon, Otto«, sagte Julie kurz entschlossen. »Du kannst gehen, du hast heute frei.«

Ihr Knecht wollte widersprechen. »Aber, Frau Lenz, Sie sind doch jetzt …«

Er brach verlegen ab, aber Julie wusste auch so, worauf er hinauswollte. Ludwig Lenz war noch nicht lange unter der Erde, und Anstand und Sitte verlangten, dass sie als seine Witwe für eine Weile hinter verschlossenen Türen trauerte. Aber dafür hatte Julie eben keine Zeit, sie würde arbeiten – es musste ja weitergehen.

»Nun lauf schon, Otto«, ermutigte sie ihn.

Ein freudiges Grinsen erschien auf seinem Gesicht. Er hob die Hand zum Gruß an die Mütze und verschwand. Julie ließ die beiden Frauen einsteigen, als sich im letzten Moment noch ein Mann hinzugesellte, ein Fremder, den sie nie zuvor gesehen hatte. Er war sehr groß, hatte kantige Gesichtszüge, schulterlanges braunes Haar mit ein paar grauen Strähnen darin und einen Vollbart. Die jungen Frauen tuschelten und kicherten und sahen auffällig zu ihm hin, doch er reagierte gar nicht darauf. Seine Augen ruhten unverwandt auf Julie.

»Sind Sie hier in der Gegend zu Besuch?«, fragte sie, weil ihr sein Starren rasch unangenehm wurde. Im Gespräch wäre es vielleicht leichter auszuhalten.

Er knetete seine riesigen Hände. »Ja. Das heißt nein. Eigentlich suche ich nach Arbeit.«

»Dann wünsche ich dabei viel Glück«, sagte Julie.

Nun mischte sich eine der beiden jungen Frauen ein.

»Herr Labonte sucht immer Leute«, sagte sie eifrig. »Warum versuchen Sie es nicht mal bei dem?«

»Herr Labonte? Wer ist das?«, fragte der Fremde, und obwohl es nicht Julie gewesen war, die den Vorschlag gemacht hatte, sah er immer noch sie dabei an.

»Ein Weinhändler in Sankt Goar«, gab Julie zur Antwort.

Der Rest der Fahrt verlief schweigend. Die jungen Frauen steckten die Köpfe zusammen und lachten, aber immer, wenn Julie zu dem Fremden hinsah, drehte er sich weg, wie um zu verbergen, dass er sie unverwandt anstarrte.

Dann hatten sie das andere Ufer erreicht. Der Fremde zahlte und stieg aus, und als Julie mit der Fähre wieder ablegte, war sie sogar ein bisschen erleichtert darüber, dass sie in dieser Richtung keine Passagiere mitnehmen durfte und dem unangenehmen Zeitgenossen entronnen war – auch wenn womöglich nur fürs Erste, denn vielleicht würde er ja wirklich bei Labonte um Arbeit nachsuchen.

Ein Boot mit gehissten Segeln, das soeben die heikle Stelle zwischen der sogenannten *Bank* und dem rechten Rheinufer passiert hatte, war in der Zwischenzeit näher gekommen. Vielleicht war Julie zu unaufmerksam gewesen, jedenfalls war das fremde Schiff ihrem Nachen plötzlich überraschend nah. Die Längsschifffahrt hatte Vorrang, und Zwerchfahrer wie Julie mit ihrem Nachen mussten darauf Rücksicht nehmen, doch es gab auch noch weitere Regeln, an die sich die Schiffer normalerweise alle hielten. Der Steuermann dieses Bootes schien sich darum nicht zu scheren. Statt seinen Weg, wie zu erwarten gewesen wäre, in der Mitte des Rheins fortzusetzen, so dass sie kreuzend aneinander hätten vorbeifahren können, steuerte er direkt auf ihren Nachen zu. Hastig ruderte Julie rückwärts, während auf dem Schiff, das ihr so unglücklich in die Quere gekommen war, eine Glocke zu läuten begann.

»He, he, aus dem Weg«, rief jemand von drüben.

»Hab ich verstanden«, presste Julie zwischen zusammengebissenen Zähnen hervor, sie war vor Anstrengung mittlerweile schweißgebadet. Doch auch diesmal konnte Julie sich auf ihren Rhein verlassen. Er gab ihrem Nachen einen sanften Schubs, gerade rechtzeitig, um das fremde Boot in kaum einem Fuß Abstand an ihm vorbeigleiten zu lassen. Es war bis obenhin mit Waren beladen, voller riesiger mit Seilen festgezurrter Haufen. Erbost sah Julie ihm hinterher und reckte die Faust. Ein Mann mit einer dunkelblauen Jacke und einem roten Halstuch beugte sich über die Reling, sah zu ihr hin, winkte und rief etwas, das sie nicht verstand.

»Du Binnes«, schrie Julie zornig und schickte ihm noch ein paar weitere Schimpfwörter hinterher. Das hätte übel enden können, nicht auszudenken, wenn das Schiff ihren Nachen gerammt hätte. Als sie wieder in Sankt Goar anlegte, trommelte ihr Herz immer noch heftig. Sie machte das Boot fest und atmete erleichtert durch, bis ihr auffiel, dass ein großer Mann drüben am Ufer stand und herüberstarrte.

25

JOHANN STIESS ERLEICHTERT die Luft aus. Das war gerade noch einmal gutgegangen. Diese Querfahrer konnten einem das Leben gehörig schwer machen. Aber hatte dort wirklich eine Frau am Ruder gestanden und ihn beschimpft?

Der Rest der Fahrt verlief zum Glück ruhig, und Johann war froh, ohne weiteren Zwischenfall in Köln festzumachen. Im Hafen empfing ihn der Eigner des Schiffes, ein Holländer namens Eyselen, der schon lange in der Stadt ansässig war. Er beaufsichtigte persönlich das Entladen der Waren, ein Großteil davon waren Weinfässer. Johann nahm gleich wieder Kisten, Ballen und Fässer an Bord, allerdings konnte das Schiff weniger voll beladen werden als auf der Herfahrt, denn rheinaufwärts musste es getreidelt werden. Und schon wenige Tage später machte Johann sich wieder auf den Weg in Richtung Mainz.

Sie waren zu dritt an Bord. Johann stand an der Ruderpinne, der eine Knecht am Seitenruder, der andere vorne am Bug. Seine Aufgabe war es, die Leine im Auge zu behalten, die über eine Rolle am Bug hinauf zum Mast und von dort zu einem seitlich angebrachten Poller verlief und das Boot mit den sechs Zugpferden verband. Johann behielt alles im Blick, äußerlich ruhig, doch innerlich – wie meistens eigentlich – höchst angespannt. Das Treideln stellte jedes Mal aufs Neue seine Geduld auf eine harte Probe. Für eine Strecke, die stromabwärts in maximal zwei Tagen zu schaffen war, brauchten sie stromaufwärts mindestens sechs Tage und manchmal sogar noch länger. Er mochte es nicht, auf die Pferde und vor allem auf die Halfen angewiesen zu sein. Nur zu oft musste er sich mit irgendeiner Widrigkeit herumschlagen. So konnte es vorkommen, dass sich die Männer nicht an die Vereinbarungen hielten oder ein Tier lahmte und nicht ersetzt werden konnte.

Doch davon abgesehen, war Johann froh über seine Arbeit, die ihm vergleichsweise viele Freiheiten ließ. Das Boot gehörte ihm zwar nicht, aber wenn er unterwegs war, hatte trotzdem er allein an Bord das Sagen.

Wie so oft, wenn er in Richtung Süden fuhr, dachte er an die Zeit zurück, die er auf der Rheinbaustelle verbracht hatte. Urbans grausamer Tod verfolgte ihn bis heute, und er verfluchte sich selbst dafür, Freigangs Drängen nachgegeben und den Toten vergraben zu haben. Es hatte etwas Erbärmliches gehabt, die Leiche einfach so zu verscharren, und sehr bald hatte er festgestellt, dass es ihm unmöglich war, auch nur in der Nähe des Ortes zu bleiben, an dem die Mordtat geschehen war.

Xaver Freigang hatte die Geschichte auch zugesetzt, das

war ihm anzumerken gewesen. Der Mann war kein kaltblütiger Totschläger, sondern eher ein unberechenbarer Hitzkopf – was ihn allerdings nicht weniger gefährlich machte. Johann war froh gewesen, dass er sich schon wenige Tage später auf und davon gemacht hatte und er ihn seitdem auch nicht mehr wiedergesehen hatte. Er selbst war noch ein wenig länger auf der Baustelle geblieben, hatte sich, innerlich wie tot, durch die kalten nebligen Tage geschleppt, bis der Frost doch so sehr zugeschlagen hatte, dass die Arbeiten vorerst eingestellt werden mussten. Da hatte auch er seinen Dienst quittiert und war, so wie er es gleich von Anfang an hätte tun sollen, in Richtung Norden gegangen, immer weiter, bis er schließlich in London gelandet war, wo er gehofft hatte, alles vergessen zu können.

Sieben Jahre waren seither vergangen, doch seine Hoffnungen hatten sich nicht erfüllt, denn was geschehen war, ließ ihn nicht los. Nachts war es am schlimmsten. Er träumte oft davon, sah Urbans verwesendes Fleisch vor sich und fragte sich, ob das Wasser des Rheins die Knochen mittlerweile freigelegt hatte. Mindestens ebenso oft musste er an Urbans junge Witwe Agnes denken, die in seinem Alter gewesen war und nun ihre drei Kinder allein durchbringen musste. Oft stellte er sich vor, wie sie zu Hause gesessen und vergeblich auf ihren Mann gewartet hatte, wie die Ungewissheit, was geschehen war, sie bis heute quälen musste. Doch auch wenn er es sich oft vorgenommen hatte, noch einmal nach Knielingen zurückzugehen und ihr alles zu gestehen, so war er doch immer zu feige dafür gewesen, und inzwischen erschien es ihm ganz und gar unmöglich zu sein. Ja, seine einstige Heimat war für ihn endgültig verloren.

Johann schüttelte die düsteren Gedanken ab, um sich

wieder auf seine Aufgabe konzentrieren zu können. Sie waren gut vorangekommen, und hinter der nächsten Biegung kam, schneller als erwartet, ihr nächster Zwischenhalt in Sicht, Sankt Goar, wo er einen Ballen Tuch, sowie eine Sendung mit Pfeffer und anderen Gewürzen abzuliefern hatte.

Vor Sankt Goar, ein ganzes Stück vom Ufer entfernt, weil das Boot mit der Ladung zu viel Tiefgang hatte, um im seichten Gewässer anzulegen, warfen sie den Anker und die Halfen schirrten ihre Pferde aus. Der alte achteckige Lastkran war schon lange nicht mehr in Betrieb. Der Hafen war im Laufe der Franzosenzeit, die den Handel entlang des Rheins fast gänzlich zum Erliegen gebracht hatte, durch angeschwemmten Sand verlandet, so dass er nicht mehr benutzt werden konnte. Bisher hatte offenbar noch niemand der Verantwortlichen die Notwendigkeit gesehen, daran etwas zu ändern. Ein Fischer half Johann mit seinem Kahn, die Waren auszuladen, und an Land schafften sie alles auf einen Karren. Johann gab dem Fischer eine Münze und lieferte die Waren persönlich beim Empfänger ab.

Als das erledigt war, schlug die Kirchturmuhr zur vollen Stunde. Er ging in die Schankstube zum *Wilden Mann*, in dem sich die Zunft der Halfen traf, um mit dem Vorstand der Vereinigung die Schleppkosten für den nächsten Tag auszumachen. Der Mann hatte zwar glasige Augen, verhandelte jedoch hart. Ein nicht unbeträchtlicher Teil der Summe würde vermutlich in seiner eigenen Tasche landen. Die Halfen waren raue Gesellen, die sich die harte körperliche Arbeit mit Bier und Wein erträglicher zu machen suchten und dabei nicht selten über die Stränge schlugen. Nach ihnen war auch der *Wilde Mann* benannt. Mit laut knallenden Peitschenhieben ließen sie den Wirt oftmals schon aus der Entfernung wissen, wie viele Biere er für sie zapfen sollte.

Johann aß einen Teller Eintopf, doch nachdem er seinen ärgsten Hunger gestillt hatte, hielt ihn nichts mehr in der Wirtschaft. Draußen war es immer noch hell. Nach den vielen Stunden auf dem Boot hatte er das Bedürfnis, sich die Beine zu vertreten, also ging er ein Stück entlang des Rheins. Ein paar Fischerboote lagen am Ufer, sein Boot, die *Unschuld*, auf dem sein Rudergänger Wache schob, ankerte ein wenig davon entfernt. Etwa fünfzig Fuß weiter stromaufwärts erreichte er die Fährlände, eine schräge befestigte Rampe. Ein junger Mann hatte soeben ein paar Leute übergesetzt, den Nachen festgemacht und schlenderte nun pfeifend in Richtung *Wilder Mann*, während seine Passagiere das Gasthaus *Zur Lilie* anstrebten, von wo Stimmengewirr, Gelächter und Musik zu Johann herüberklang. Ganz Sankt Goar schien heute zu feiern.

Johann war plötzlich ein bisschen wehmütig zumute. Er ging noch ein kleines Stück weiter, setzte sich auf einen Stein und sah zu, wie sich das Licht veränderte und die Burgruine Katz am Ufer gegenüber nach und nach von einem rosigen Schimmer überzogen wurde. Da bemerkte er ein kleines Kind, das mit seinen krummen Beinchen zielstrebig über Wiese, Sand und Steine in Richtung Rhein stolperte. Johann schaute sich um, irgendwo musste ja jemand sein, der das Kleine beaufsichtigte, doch er konnte niemanden entdecken. Nun war das Kind am Ufer angelangt. Es blieb stehen, ging in die Hocke, hob einen Stein vom Boden auf und warf ihn ungeschickt ins Wasser. Dann stand es wieder auf, machte ein paar weitere Schritte, bis es mit den nackten Füßen und schließlich bis zu den Oberschenkeln im Wasser stand. Es beugte sich vor, offenbar, um nach einem weiteren Stein zu greifen, landete aber auf dem Po, und jetzt ragte nur noch das Köpfchen heraus.

Mit wenigen Schritten war Johann bei ihm.

Das Kind sah ihn, patschte vergnügt mit den Händchen, wollte sich hochstemmen – und geriet prompt ganz unter Wasser.

»Was machst du denn da für Sachen?«, sagte Johann, packte das Kind, das prustete und fröhlich strampelte, zog es aus dem Wasser und setzte es am Ufer ab.

»Rhein«, krähte das Kleine und zeigte auf den Rhein.

Johann musste lachen. »Das ist der Rhein. Darin kannst du ertrinken, wenn du nicht aufpasst.«

Die Kleine, er glaubte nun, ein Mädchen vor sich zu haben, erinnerte ihn an Marie. Ihn überkam Rührung, als er daran dachte, wie sie als Kleinkind gewesen war. Er hatte damals gerne mit ihr gespielt, auch wenn die anderen Jungs ihn deshalb ausgelacht hatten.

»Ich bin der Johann«, sagte er und tippte sich mit dem Zeigefinger an die Brust. »Und wie heißt du?«

»Rhein«, krähte die Kleine, rappelte sich auf und schickte sich an, wieder ins Wasser zu gehen.

»Moment, Moment.« Johann lachte, packte das Kind erneut und hielt es fest.

Wo blieb denn nur die Mutter, fragte er sich und sah sich suchend um, überlegte, ob er die Kleine auf den Arm nehmen und ihr entgegengehen sollte, entschied sich aber dagegen. Das Mädchen würde es womöglich nicht gut aufnehmen, von einem fremden Mann herumgetragen zu werden. Um es abzulenken, begann er, Steine ins Wasser zu werfen, die es ihm brachte. Jedes Mal, wenn ein Stein ins Wasser fiel, patschte es vor Begeisterung die Händchen zusammen.

»Mathilda!«, rief plötzlich eine Frauenstimme hinter ihm.

Johann drehte sich um und sah eine Frau, die auf ihn zu gerannt kam. Sie war barfuß, trug ein schwarzes Kleid und darüber eine blaue Schürze. Außer Atem kam sie bei ihm an, Mehlstaub im Gesicht und auf den nackten Armen. Die Kleine freute sich zwar, ihre Mutter zu sehen, hatte aber keine rechte Lust, ihr Spiel zu unterbrechen.

»Hildchen, du bist ja ganz nass«, sagte die Frau, sichtlich erleichtert, das Kind wieder zu sehen, und bückte sich, um es auf den Arm zu nehmen, doch es strampelte und wehrte sich, weil es weiter Steine einsammeln wollte. Die Mutter ließ es gewähren.

»Ihr Hildchen hat ein Bad im Rhein genommen. Ich konnte sie allerdings davon überzeugen, dass das keine so gute Idee ist«, sagte Johann lächelnd.

»Vielen Dank! Ich war in der Küche – morgen ist Backtag –, und Mathilda ist mir entwischt. Da drüben hinter der Mauer geht es hinauf zu unserem Garten, darum kennt sie den Weg.«

Die Frau zeigte auf ein kleines Tor in der Mauer hinter ihnen, lachte entschuldigend und ließ dabei zwei Reihen herrlich weißer gerader Zähne sehen.

»Ist ja noch mal gutgegangen«, sagte Johann begütigend.

Eigentlich fand er es ziemlich fahrlässig, das Kind so entwischen zu lassen, doch er hatte das Bedürfnis, nett zu dieser Frau zu sein und etwas Freundliches zu sagen – und er wollte noch einmal ihr fröhliches Lachen hören, das ein warmes Pulsieren in seinem Inneren ausgelöst hatte. Genau genommen, musste er sich beherrschen, die Frau nicht mit offenem Mund anzustarren, denn sie war tatsächlich das schönste Geschöpf, das er je gesehen hatte. Ihr langes blondes Haar ergoss sich wie ein glänzender Wasserfall über ihre Schultern und wurde von einem straff gebundenen Kopftuch aus ihrem bezaubernden Gesicht gehalten. Ihre von dichten Wimpern umrahmten Augen besaßen das tiefe Blau des Abendhimmels, ihre Haut war samtig und vollkommen rein – so vornehm, dass sie gar nicht zu der einfachen Kleidung passen wollte –, dazu hatte sie entzückende rosige Wangen und einen vollkommenen Mund. Noch nie, nicht einmal auf den Gemälden in den Londoner Museen, hatte er so schön geformte Lippen gesehen. Ihre Haltung und ihr Haar waren königlich, die von blassen Sommersprossen übersäte, niedliche Nase wirkte hingegen weniger nobel, sondern erfrischend normal. In dieser Frau vereinten sich auf anmutigste Art und Weise all jene Eigenschaften, die vornehme Frauen und einfache Mädchen auszeichneten.

»Wohnen Sie hier in der Nähe?«, fragte er.

Sie nickte. »Da drüben im Fährhaus. Danke, dass Sie sich um Mathilda gekümmert haben.« Sie nahm die Kleine an die Hand.

»Gerne.« Johann wollte nicht, dass sie schon wieder ging, und überlegte angestrengt, was er noch sagen könnte, um sie zurückzuhalten. »Haben Sie noch mehr Kinder?«

»Nein, nur Mathilda«, gab sie zur Antwort. Nach kurzem Zögern fügte sie hinzu: »Und was ist mit Ihnen?«

»Ich habe keine Kinder.«

»Ach so, ich dachte – es kam mir so vor, als hätten Sie Übung.«

»Ich mag Kinder.«

Sie nickte lächelnd. »Das merkt man. Dann wünsche ich Ihnen noch einen schönen Abend.«

»Wollen Sie wirklich schon gehen?«

»Ich muss zu meinem Teig.«

»Soll ich Ihnen helfen? Ich kann kneten, ich bin stark.« Johann hob wie zum Beweis seine Hände hoch.

Sie sah ihn erstaunt an, dann lachte sie. »Ist das ernst gemeint?«

»Natürlich. Sie könnten derweil auf Mathilda achten.«

Die Miene der schönen jungen Frau umwölkte sich. »Ich kann sehr gut auf mein Kind aufpassen.«

»So habe ich das nicht gemeint«, ruderte Johann hastig zurück. Er war es einfach nicht gewöhnt, Konversation zu machen. »Ich wollte nur sagen, zu zweit ist es einfacher.«

»Haben Sie wirklich nichts Besseres vor?«

»Was Besseres kann ich mir gar nicht vorstellen.«

Vom Gasthaus drang Musik und Gelächter zu ihnen herüber.

»In der Lilie ist was los. Da entgeht Ihnen was«, sagte sie, einen amüsierten Unterton in der Stimme.

»Das glaub ich kaum. Außer, Sie kämen mit.«

»Nein.« Sie schüttelte stirnrunzelnd den Kopf. »Das kann ich nun wirklich nicht.«

»Natürlich nicht. Ich weiß – das Kind, der Teig.«

»Es ist nicht nur das.« Sie sah zur Fähre hinüber und seufzte. Dann bückte sie sich, nahm ihr Kind hoch, das schon vor einem Weilchen zu quengeln begonnen hatte, und setzte es sich auf die Hüfte. Die Kleine war sofort zufrieden und betrachtete Johann aufmerksam. Mutter und Tochter hatten dieselbe Augenfarbe.

»Ich muss morgen sehr früh raus«, sagte sie, ohne weiter auf sein Angebot einzugehen.

Johann war inzwischen aufgegangen, dass sie womöglich nicht zufällig ein schwarzes Kleid trug, fand es aber unpassend zu fragen, ob sie Witwe wäre.

»Tun Sie selbst Dienst auf der Fähre?«, fragte er.

»Manchmal. Aber morgen muss ich als Erstes zum Backhaus. Gute Nacht.« Sie nickte noch einmal und wandte sich nun endgültig zum Gehen.

»Darf ich Sie vielleicht ein anderes Mal einladen?«, rief er ihr hinterher, nachdem sie sich schon ein paar Schritte entfernt hatte.

Sie blieb stehen und warf ihm über die Schulter hinweg einen kopfschüttelnden Blick zu, in dem jedoch ein kleines Lächeln lag. »Sie sind wirklich hartnäckig.«

»Liegt in meiner Natur.«

»Wie kommen Sie darauf, dass ich ja sagen könnte? Ich kenne Sie doch gar nicht.«

»Verzeihung.« Er riss seine Mütze vom Kopf und machte eine förmliche Verbeugung, die sie noch ein bisschen mehr zu amüsieren schien. »Mein Name ist Johann. Johann König.«

»Ich habe Sie noch nie hier gesehen.«

»Ich komme ursprünglich aus Knielingen. Das liegt stromaufwärts, bei Karlsruhe.«

Zum ersten Mal blitzte so etwas wie echtes Interesse im Gesicht der jungen Frau auf. »Stromaufwärts? Wie ist es da?«, fragte sie neugierig.

Er zuckte mit den Schultern. »Anders als hier. Der Rhein ist viel breiter, an manchen Stellen sieht man kaum hinüber ans andere Ufer.« Er war sich gar nicht sicher, ob das noch stimmte, doch von der Rheinbegradigung wollte er jetzt nicht sprechen.

»Und was tun Sie hier, Johann König aus Knielingen?«

»Das erzähle ich Ihnen, wenn ich Sie einladen darf.«

Ihre Augenbrauen zogen sich zusammen, und eine entzückende Falte erschien über ihrer Nasenwurzel. »Tut mir leid, aber das kommt wirklich nicht in Frage.«

»Nicht sofort, aber vielleicht doch irgendwann einmal?«

Sie musterte ihn mit schief gelegtem Kopf. »Wir werden sehen«, sagte sie vage. Dann fiel ihr Blick auf die Fischerboote, die am Ufer festgemacht waren, und auf die *Unschuld* dahinter. »Ist das Ihr Kahn dort drüben?«

Er nickte. »Ja. Morgen muss ich leider weiter, aber auf dem Rückweg könnte ich hier wieder Station machen.«

Sie betrachtete ihn nachdenklich, sah zum Schiff hinüber und dann wieder zu ihm, und plötzlich veränderte sich ihr Gesichtsausdruck. Sie wirkte nun nicht mehr freundlich, sondern vielmehr ausgesprochen erbost.

»Natürlich! Das rote Halstuch und die blaue Jacke. Jetzt erkenne ich dich wieder, du bist doch der Binnes!«, rief sie aus.

»Welcher Binnes?« Johann verstand im ersten Moment überhaupt nicht, wovon sie sprach.

»Du warst das auf dem Boot! Wegen dir hätte ich beinahe meinen Nachen verloren.«

Nun durchfuhr es ihn heiß. Den Vorfall hatte er völlig vergessen. »Dann waren Sie das auf der Fähre?«

»Allerdings.« Die junge Frau schüttelte empört den Kopf. Die Kleine sah jetzt mit großen Augen zu ihrer Mutter auf.

»Es tut mir leid, ehrlich. Ich hatte Ihren Nachen nicht gesehen.«

»Das habe ich gemerkt.«

Er überlegte angestrengt, wie er die Situation noch retten könnte. »Das wäre doch erst recht ein Grund – ich meine, ich bin Ihnen etwas schuldig. Ich bitte Sie, erlauben Sie mir, es wiedergutzumachen.«

»›Erlauben Sie mir‹«, wiederholte sie seine Worte. »Mit so vornehmem Getue brauchst du mir nicht zu kommen. Halte lieber künftig die Augen besser auf!«

Mit diesen Worten nahm sie das Kind hoch und marschierte entschlossen davon, und Johann sah ihr enttäuscht hinterher.

26

WIEDER WAR BACKTAG, schon zum zweiten Mal, seit Julie dem fremden Schiffer, Johann König aus Knielingen, am Rheinufer begegnet war. Während sie den Teig walkte, musste sie daran denken, wie er ihr seine Hilfe beim Kneten angeboten hatte. Sie würde wohl nie erfahren, ob er es damit ernst gemeint hatte, denn er war bisher nicht wiedergekommen. Nun bedauerte sie es ein bisschen, so unfreundlich zu ihm gewesen zu sein, denn eigentlich war er ja doch ganz nett gewesen, der Binnes. Erst im Nachhinein hatte sie gemerkt, wie neugierig er sie gemacht hatte – und das, obwohl sie wegen des gefährlichen Zwischenfalls wirklich erbost gewesen war. Immerhin hatte er nicht versucht, sich herauszureden, sondern sich für seine Unaufmerksamkeit entschuldigt. Und Hildchen hatte ebenfalls schnell Vertrauen zu ihm gefasst.

Julie packte den Teigklumpen, schlug ihn energisch auf den Tisch, und ermahnte sich selbst, nicht zu vergessen, dass sie aus gutem Grund dem Mannsvolk abgeschworen hatte. In ihrer Ehe hatte sie sich Nacht für Nacht von ihrem Mann weggeträumt, und nach Ludwigs Tod hatte sie nichts als Erleichterung empfunden. Nein, sie war dem Elend entronnen und würde sich niemals wieder ohne Not an einen Mann binden!

Am nächsten Morgen stand Julie früh auf, um ihre Brotlaibe ins Backhaus zu bringen. Sie schwatzte ein bisschen mit den anderen Frauen und ging auf dem Rückweg am Fähranleger vorbei, um dort nach dem Rechten zu sehen. Die Sonne schob sich gerade über die Hügel am gegenüberliegenden Ufer, und Julie blinzelte ins milde Morgenlicht. Otto und Manfred waren dabei, alles für die Überfahrt vorzubereiten, die ersten Passagiere warteten schon.

Am Ufer lag ein fremder Lastenkahn. Gerade waren die Rheinhalfen dabei, ihre Gäule anzuschirren, und als das erledigt war, ruderte der Bootsknecht mit einem kleinen Beiboot zurück zum Kahn. Dort an Bord stand ein Mann, und wohl, weil sie versunken in den Anblick nun schon so lange hinübersah, winkte er ihr grüßend zu und legte beide Hände wie einen Trichter um den Mund. »Guten Morgen, schöne Frau!«, rief er, was die Rheinhalfen, die inzwischen in ihren Sätteln saßen, mit lautem Gejohle quittierten. Julie wandte sich ab. Schon wieder musste sie an den fremden Schiffer denken. Der war zwar auch forsch gewesen, aber nicht so unverschämt wie die anderen. Ja, aufmerksam war er gewesen und witzig noch dazu. Außerdem hatte er gut ausgesehen, sein Blick aus den warmen braunen Augen hatte ihr gefallen.

Später am Tag, sie hatte soeben ihre Brote abgeholt, und das Haus duftete nach Frischgebackenem, klopfte es an ihre Tür. Draußen stand Herr Labonte – und neben ihm ein Mann, den sie sofort wiedererkannte, obwohl er seine Haare diesmal im Nacken zu einem Zopf gebunden hatte. Es war der Fremde, den sie neulich nach Sankt Goarshausen hinübergebracht hatte. Sie hatte ihn seither nicht mehr gesehen, doch bei seinem Anblick waren die unangenehmen Gefühle, die sie in seiner Gegenwart gehabt hatte, sofort wieder da.

»Guten Morgen, Frau Lenz. Ich hoffe, wir stören nicht«, sagte Labonte übertrieben freundlich.

»Wie kann ich helfen, Herr Labonte?«

»Wenn wir vielleicht kurz hereinkommen könnten?«

Julie machte einen Schritt zur Seite und ließ die Männer eintreten, obwohl ihr alles andere als wohl dabei war. Gut zwei Monate waren seit ihrem Besuch im Rathaus vergangen, und so froh sie auch zu Beginn über die Vereinbarung mit dem Kaufmann gewesen war, inzwischen war sie nicht mehr so glücklich darüber. Immerhin hatte er sie bisher in Ruhe gelassen.

Labonte stand nun in seinem feinen Anzug mit Weste und eleganter Halsbinde mitten in ihrer einfachen Behausung und wollte so gar nicht hierher passen. Der Fremde trug eine einfache Jacke aus braunem Drillich und hatte die Mütze vom Kopf gezogen, die in seinen riesigen Händen klein aussah. Julie überlegte kurz, ob es angebracht wäre, die beiden Platz nehmen zu lassen, doch Labonte schien ohnehin in Eile zu sein.

»Frau Lenz, ich wollte Ihnen nur rasch meinen Mitarbeiter Wolf Frei vorstellen. Ab jetzt ist er für die Fähre zuständig«, sagte er geschäftig.

Julie war so überrascht, dass es ihr im ersten Moment die Sprache verschlug. »Was soll das denn heißen?«, fragte sie dann. »Ich habe doch schon zwei Knechte.«

»Meine liebe Frau Lenz, was haben Sie sich denn vorgestellt?« Labonte musterte sie herablassend. »Ich kann Sie ja nicht allein mit dem Geschäft lassen. Und mir selbst fehlt die Zeit, mich um alles zu kümmern. Darum hat Herr Frei von nun an hier die Aufsicht.«

»Und was mache ich dann?«

»Natürlich dasselbe, was sie zuvor auch gemacht haben – als ihr Mann noch lebte, meine ich. Ich dachte, Sie freuen sich.«

Julie starrte Labonte an. Sie freute sich ganz und gar nicht, vielmehr war sie entsetzt darüber, dass ihr nun jemand ins Handwerk pfuschen sollte – und noch dazu ausgerechnet jemand, den sie nicht einmal in ihrer Nähe haben wollte.

Labonte musterte sie mit erhobenem Kinn. Ein spöttisches Lächeln umspielte seine Lippen, als warte er nur darauf, dass sie aus der Haut fuhr, doch den Gefallen würde sie ihm ganz gewiss nicht tun. Sie hielt seinem Blick stand.

»Zusätzliche Hilfe ist nicht nötig, Herr Labonte. Ich komme zurecht, danke«, sagte sie. Glücklicherweise klang ihre Stimme beherrscht.

»Ich bin nicht gekommen, um mit Ihnen zu verhandeln, Frau Lenz. Das ist eine Anweisung. Ich bin sicher, es wird noch einen Platz an ihrem Tisch geben.«

Nun konnte Julie doch nicht mehr an sich halten. »Muss ich etwa auch für ihn kochen?«

»Selbstverständlich. Steht alles so im Vertrag.«

Der Vertrag! Hätte sie das verdammte Ding doch nur nicht unterschrieben. Julie sah jetzt doch den Bärtigen an, was sie zuvor vermieden hatte, und erwartete, dass er vielleicht auch etwas sagen würde, doch er erwiderte ihren Blick wortlos. Er hatte recht dunkle Haut, fiel ihr nun auf, und stand ein wenig vornübergebeugt da, wie jemand, der es gewohnt war, schwere Lasten zu tragen. Die schwarzen Augen, unter denen dunkle Schatten lagen, musterten sie unverwandt.

Labonte war währenddessen in der Stube umhergegangen. »Wirklich schön haben Sie es hier«, sagte er. »Wäre doch ein Jammer, das alles aufzugeben.«

»Ich habe nicht vor, es aufzugeben«, erwiderte Julie.

»Aber das weiß ich doch.« Labonte tätschelte ihren Arm. »Also dann, einen schönen Tag noch, Frau Lenz.«

Einige Wochen später, inzwischen war es Anfang August, stand eines Morgens Frieda vor der Tür des Fährhauses. Ihr Gesicht war schmal und blass, sie musste mitten in der Nacht aufgestanden und losgelaufen sein, um so früh hier anzukommen. Julie, die gerade mit ihrer Wäsche zum Rhein hatte hinuntergehen wollen, wusste sofort, dass etwas passiert sein musste.

»Was ist los?«, fragte sie und zog Frieda mit sich in die Stube, wo sie erzählte, dass sie aus Bacharach geflohen war.

»Walburga ist ein solches Biest«, sagte sie mit Tränen in den Augen. »Sie tut nichts, außer den ganzen Tag zu essen und mich zu schikanieren.«

Julie drückte Frieda an sich. »Weiß sie, dass du hier bist?«

»Nein, natürlich nicht. Sie hätte mich niemals gehen

lassen, dafür macht es ihr viel zu viel Spaß, auf mir herumzuhacken.« Frieda schnäuzte sich herzhaft in ein Schnupftuch, das Julie ihr gereicht hatte. »Ich bin heimlich abgehauen. Und ich gehe auch nicht mehr zurück. Ich will lieber bei dir bleiben.«

Julie, die sich immer gewünscht hatte, dass Frieda bei ihr in Sankt Goar leben würde, hatte nun, da es so weit war, Elisabeths warnende Worte im Ohr. Womöglich wäre auch das nicht so einfach zu machen, wie sie es sich seinerzeit vorgestellt hatte.

Frieda legte ihre Haube ab. Julie begann, die Reste ihrer Zöpfe zu lösen, und summte ein Kinderlied, während sie ihr das widerspenstige Haar bürstete. Frieda wurde ruhiger, hörte jedoch nicht auf, über Walburga zu schimpfen.

»Was werden deine Tante und dein Onkel dazu sagen, dass du einfach fortgegangen bist?«, fragte Julie und legte ihr die Hände auf die Schultern. »Werden sie es hinnehmen?«

Frieda hatte noch immer Tränen in den Augen, doch nun blitzte auch Wut und Entschlossenheit aus ihnen hervor. »Ist mir ganz egal, was sie sagen. Sie haben mich doch nur zu Walburga gesteckt, weil es sonst niemand mit ihr aushält und weil sie mich nicht zu bezahlen brauchen.«

Keine beruhigende Auskunft fand Julie, aber Frieda wieder fortzuschicken, kam für sie nicht in Frage.

»Ich freue mich jedenfalls sehr, dass du da bist«, sagte sie darum, »und Hildchen wird begeistert sein, dich zu sehen.«

»Wo ist sie überhaupt?«, fragte Frieda.

»Nebenan bei Mellie.«

Julie reichte Frieda eine Schüssel mit Haferbrei, den sie mit großem Appetit vertilgte. Mit dem Löffel kratzte sie noch den letzten Rest aus, dann stand sie vom Tisch auf und hantierte geschäftig mit dem Geschirr, wie um zu zeigen, dass sie nun selbstverständlich hierher gehörte.

»Und jetzt machen wir zusammen die Wäsche«, sagte sie dann. Ihre Wangen waren schon wieder ein bisschen rosig.

Bald darauf knieten Julie und Frieda Seite an Seite und in Gesellschaft von ein paar anderen Frauen, die sich ebenfalls eingefunden hatten, mit Bottich, Waschbrett und Seife am Rheinufer. An einem so schönen Sommertag wie diesem war die anstrengende Arbeit besser zu ertragen.

»Was ist denn das?«, fragte Frieda. Sie hielt ein großes Tischtuch in den Händen. »Hübsch. Das habe ich bei dir noch nie gesehen.«

»Das ist auch von Frau Dengler.«

»Ist das nicht die Krämersfrau?«

Julie nickte. »Ja, ich habe angeboten, ihre Wäsche zu machen.«

Frieda sah sie bestürzt an. »Musst du noch dazuverdienen?«

Julie wollte nicht, dass Frieda den Eindruck bekam, sie wäre in Geldnot. Sie sollte nicht auch noch diese Sorge haben müssen.

»Es macht mir nichts aus. Ich muss doch sowieso waschen«, sagte Julie deshalb leichthin.

»Ist das Geld so knapp?«, fragte Frieda noch einmal.

»Es geht schon. Mach dir bitte keine Gedanken«, sagte Julie.

Von der gebückten Haltung schmerzte ihr der Rücken. Sie hielt einen Moment inne und streckte sich, während Frieda Frau Denglers Tischtuch durchs Wasser zog. Es dauerte lange, bis die Seifenreste herausgewaschen waren.

Julies Blick fiel auf Otto, der gerade mit der Fähre anlegte und zu ihnen hinüberwinkte. Frieda winkte fröhlich zurück und sah dann wieder zu Julie.

»Ist alles in Ordnung mit dir?«, fragte sie lachend. »Das war doch nur Otto.«

»Mir ist gerade eine Idee gekommen.«

»Was denn für eine Idee?«, fragte Frieda.

»Erzähle ich dir später. Ich will erst noch ein bisschen darüber nachdenken«, erwiderte Julie ausweichend. Ihr Einfall hatte nämlich damit zu tun, wie sie noch an ein paar weitere Münzen kommen konnte, und darüber wollte sie jetzt wirklich nicht reden. »Du freust dich wohl sehr, Otto wiederzusehen«, sagte sie neckend zu Frieda, um sie auf andere Gedanken zu bringen.

»Wieso? Und wenn schon. Was ist denn dabei?«, erwiderte Frieda trotzig. Doch dann kicherte sie und schaufelte eine Handvoll Wasser in Julies Richtung.

Gemeinsam schleppten sie eine Stunde später den Bottich mit den ausgewrungenen Wäschestücken hoch in Julies Garten, um sie über die Leinen zum Trocknen aufzuhängen.

Mittags bat Julie Frieda, den Tisch für sechs Personen zu decken, denn auch wenn Wolf Frei, den sie auf dessen Wunsch hin bei seinem Vornamen Wolf nannte, sich bisher kaum in ihr Tagesgeschäft einmischte und stattdessen viel Zeit damit verbrachte, im Auftrag von Labonte Dinge zu erledigen, über die er kein Wort verlor, ließ er selten eine Mahlzeit aus. Schlag zwölf Uhr fanden sich alle bis auf Manfred, der an der Fähre Dienst tat, zum Essen im Fährhaus ein. Gemeinsam mit Frieda, Otto und Mellie lachte Julie über die Versuche der kleinen Mathilda, alleine mit dem Löffel zu essen. Und selbst Wolf huschte ein Lächeln übers Gesicht.

Eine Weile später, als alle bis auf Mathilda fort waren – Julie hatte Mellie weggeschickt, mit Frieda im Haus würde sie das Mädchen nicht mehr brauchen –, sprach Frieda sie auf Wolf an, der sich angeboten hatte, Holz für den Herd zu hacken. Das Geräusch der Axtschläge drang zu ihnen herein.

»Warum ist der denn hier?«, fragte Frieda, die Stimme zu einem Flüstern gesenkt, als ob Wolf sie hier drinnen hören könnte. Mathilda auf ihrem Arm nuckelte friedlich an ihrem Daumen.

»Labonte hat ihn eingestellt«, sagte Julie.

Sie hatte Frieda schon erklärt, dass der Kaufmann jetzt offiziell das Sagen über den Fährbetrieb hatte, aber sie hatte es so klingen lassen, als wäre das keine große Sache und nur eine Formalität.

»Wie ist er so?«, fragte Frieda.

Julie zuckte mit den Schultern und bearbeitete die Holzschale, die sie in den Händen hielt, noch ein bisschen energischer mit ihrer Bürste.

»Weißt du es nicht, oder ist es dir egal?«, hakte Frieda nach.

Wolf hatte beim Mittagessen wenig gesprochen, wie meistens eigentlich. Julie blickte noch immer nicht hinter seine Fassade. Zumindest war er zurückhaltend, im Grunde sogar höflich. Jedenfalls machte er ihr gegenüber nie eine freche Bemerkung oder versuchte gar, sie anzufassen.

»Ich weiß nicht, was ich von ihm halten soll«, gab sie zu.

Das Holzhacken beispielsweise gehörte nicht zu seinen Aufgaben, er tat es dennoch, offenbar aus reiner Gefälligkeit. Wären da nur nicht seine Blicke, die sich in ihren Rücken bohrten. Er beobachtete sie, wann immer er glaubte, sie würde es nicht merken. Aber sie konnte es jedes Mal spüren.

Durchs Fenster sah sie, wie er draußen die Axt schwang. Er zerteilte jeden der dicken Scheite mit einem einzigen Schlag, niemals braucht er einen zweiten Anlauf. Dann lud er das Holz in einen großen Korb.

»Und wo kommt er her?«, fragte Frieda.

»Aus Bacharach, hat er gesagt.«

»Aus Bacharach?« Frieda riss die Augen auf. »Dann könnte ich ihn also kennen?«

»Nein. Er ist doch mehr als doppelt so alt wie du. Als du zu deinem Onkel gekommen bist, war er längst fort. Ich kann mich auch nicht an ihn erinnern, muss vor meiner Zeit gewesen sein.«

»Ach so«, sagte Frieda und legte nachdenklich den Kopf schief. »Ich mag ihn nicht«, sagte sie dann und flüsterte schon wieder. »Mathilda hat Angst vor ihm.«

Julie nickte, das war ihr auch schon aufgefallen. Die Kleine wollte immer auf den Arm, sobald Wolf das Haus betrat.

»Er ist ja auch sehr groß. Und sie kennt nicht so viele Männer mit Vollbart«, sagte Julie und kitzelte Mathilda, die sich bei ihrer Berührung kichernd krümmte, am Kinn. »Er ist im Norden auf den großen Holländerschiffen mitgefahren«, erklärte sie.

»Echt?«, Frieda wunderte sich. »Was will denn so einer wie er bei einem Fährbetrieb?«

Julie zuckte wieder mit den Schultern. Sie hatte sich auch schon gefragt, warum Wolf sich darauf eingelassen hatte. Die naheliegendste Antwort war natürlich, dass Labonte mit seiner Hilfe irgendwelchen heimlichen Geschäften nachging. Schmuggel war schließlich an der Tagesordnung. So ziemlich jeder, der hier am Rhein etwas auf sich hielt, versuchte, die Abgaben und Steuern zwischen dem linken und dem rechten Ufer zu umgehen, die als ungerecht und willkürlich empfunden wurden, und Labonte konnte es sich eben leisten, speziell dafür eigene Leute zu beschäftigen. Doch das war nur ihre vage Vermutung, die wollte sie Frieda jetzt nicht auseinandersetzen.

»Keine Ahnung«, sagte Julie daher.

»Soll ich es für dich herausfinden?«, fragte Frieda, ein alarmierendes Funkeln in den Augen.

Sei bloß vorsichtig, lag es Julie auf der Zunge, doch sie sprach es nicht laut aus, um nicht zugeben zu müssen, dass sie sich insgeheim auch vor ihm fürchtete. In dem Moment ging die Tür auf, und Wolf kam mit dem Korb herein, den er mit einer Leichtigkeit trug, als sei kein Holz, sondern ein Haufen Federn darin. Er stellte ihn neben dem Herd ab.

»Ich bin dann mal wieder weg, Frau Lenz. Hab draußen ein Paket, das ich Herrn Labonte bringen muss.« Er stand wie immer nach vorn gebeugt, seine langen Arme mit den großen Händen baumelten an ihm herunter.

Julie nickte. Mathilda, die auf Friedas Schoß saß, begann zu weinen.

»Ich nehm sie«, sagte Julie, und Frieda reichte ihr das Kind, das sein Köpfchen an ihrer Schulter barg.

»Also dann.« Wolf wandte sich zum Gehen.

»Ich komme mit«, sagte Frieda plötzlich und griff nach ihrer Haube. »Du sagtest doch, dass wir für heute Abend noch ein paar Eier brauchen.« Ihre Stimme klang übertrieben fröhlich.

»Ja, ist gut«, erwiderte Julie überrascht. Frieda wollte offenbar ihr Vorhaben, Wolf auszuhorchen, direkt in die Tat umsetzen. Recht war es ihr nicht, doch da Julie sie wirklich darum gebeten hatte, Eier zu holen, weil ihre Hühner heute nicht genügend gelegt hatten, war es schwierig, etwas dagegen einzuwenden. »Geh zu Dengler. Da kannst du anschreiben lassen«, sagte sie nur.

27

DER TAG WAR SONNIG, und Julie nahm Mathilda an der Hand und ging noch einmal hinauf in den Garten, um nach der Wäsche zu sehen, sie war aber noch zu klamm, um schon wieder abgenommen zu werden. Mathilda quengelte, ihr würde ein Mittagsschlaf guttun – und dann beschloss Julie, sich ausnahmsweise auch eine halbe Stunde Pause zu gönnen.

Sie nahm ihren Schal ab und breitete ihn unter dem Birnbaum auf der Wiese aus. Ihre Tochter war darüber ganz begeistert. Sie tollte ein Weilchen darauf herum, bis die Müdigkeit sie endgültig einholte und sie mit dem Däumchen im Mund einschlummerte.

Julie machte es sich neben ihrem schlafenden Kind bequem. Von hier aus konnte sie ein Stück des Rheinufers sehen und die Masten eines Bootes, das sich näherte und gerade im Begriff war, in Sankt Goar anzulegen. Julie blinzelte müde, legte sich auf den Rücken und blickte in die

Baumkrone über ihr. Dann schrak sie noch einmal hoch, weil jemand die Fährglocke geläutet hatte, bis sie sich daran erinnerte, dass Otto und Manfred heute beide da waren. Schließlich schlief sie ein. Als sie wieder zu sich kam, hatte sie keine Ahnung, wie viel Zeit vergangen war. Neben sich hörte sie Mathildas Stimmchen.

»Hopp, hopp, hopp«, rief die Kleine und krähte fröhlich.

»Hopp, hopp, im Galopp«, antwortete eine Männerstimme.

Julie sah sich verschlafen um. Neben Mathilda lag, bequem auf einen Arm gestützt, der Schiffer Johann König im Gras.

Der Binnes war zurückgekommen.

Sie setzte sich auf. »Wo kommst du denn auf einmal her?« Sie musste die Hand zum Schutz vor der Sonne über die Augen legen, um ihn richtig ansehen zu können – doch kein Zweifel, er war es, braune, goldgesprenkelte Augen, freundliches Gesicht, das hellbraune dichte Haar über der Stirn hochgekämmt, Koteletten und ein Dreitagebart.

Er setzte sich ebenfalls auf und deutete mit dem Kinn zum Rheinufer. »Wir haben gerade eben mit der *Unschuld* festgemacht. Verzeihen Sie, wenn ich Sie erschreckt habe. Ich sah Sie hier so friedlich liegen, und da wollte ich Sie nicht stören.«

»Hast du mir etwa beim Schlafen zugesehen?«, fragte Julie.

»Wie gesagt, ich wollte Sie auf keinen Fall wecken. Ich habe ein bisschen mit Hildchen gespielt. Und ich habe ihr etwas mitgebracht – in der Hoffnung, dass mir ihre Mutter vielleicht doch noch vergibt?« Sein Gesichtsausdruck und der schief gelegte Kopf erinnerten Julie an einen Welpen.

Julie sah auf das Spielzeug, das Mathilda in der Hand hielt. Die Begeisterung, die das Geschenk bei ihr hervorrief, war nicht zu übersehen. »Zeig mal her, Hildchen«, sagte Julie.

Mathilda hielt es ihr unter die Nase. Es war ein geschnitztes, sehr fein gearbeitetes Holzpferdchen. Ohren, Nüstern und Augen waren genau zu erkennen, und es besaß sogar ein richtiges Zaumzeug aus Leder.

»Das ist aber ein hübsches Pferdchen« sagte sie zu Mathilda.

»Hopp, hopp, hopp«, sagte Mathilda und ließ das Pferdchen erneut galoppieren. Falls Julie sich entscheiden sollte, das Geschenk abzulehnen, würde sie damit ihre Tochter sehr unglücklich machen.

Julies Blick begegnete dem des Schiffers, der offenbar ziemlich genau begriff, was in ihrem Kopf vorging. Er hob unschuldig seine Augenbrauen und Schultern, doch das Lächeln, das auf seinen Lippen lag, war frech und wirkte ansteckend auf Julie. Sie musste einfach lachen. Seine Dreistigkeit war mit so viel Charme gepaart, dass sie nicht anders konnte, als ihm zu vergeben.

»Hast du das selbst gemacht?«, fragte sie auf das Pferdchen weisend. »Einen Binnes sieze ich grundsätzlich nicht«, fügte sie erklärend hinzu und strich den Rock über ihren Knien glatt.

Er nickte. »Ich habe früher oft welche für meine kleinen Geschwister geschnitzt. Und ich dachte, Mathilda könnte das auch gefallen.«

»Das tut es. Es ist genau das Richtige für Hildchen, sie liebt Pferde.«

Er nickte und sah Mathilda lächelnd beim Spielen zu,

freute sich sichtlich an ihrer Begeisterung. Dann stellte er ihr seine Hand als Hindernis zur Verfügung, damit sie das Pferdchen darüber springen lassen konnte.

»Sie mag dich«, sagte Julie.

»Bin ja auch ein feiner Kerl« sagte Johann und zwinkerte ihr zu.

Sie kamen ins Gespräch, was ganz einfach war. Mathilda erinnere ihn an seine kleine Schwester, erzählte er ihr. Marie. Er beschrieb Julie, wie niedlich sie gewesen war und wie fröhlich als Kind – und wie ernsthaft später, als sie viel zu früh die Last eines erwachsenen Lebens hatte tragen müssen. Sie war mit gerade einmal zwölf Jahren gestorben.

»Wie traurig«, sagte Julie betroffen. »Das tut mir sehr leid.«

»Sie wäre heute neunzehn Jahre alt. Wenn sie noch leben würde, könnte sie schon selbst Mutter sein.«

Julie erkundigte sich nach seinen übrigen Geschwistern und nach seinen Eltern, aber auch seine kleinen Brüder waren tot, genau wie seine Mutter und sein Vater.

»Ich bin ganz allein auf der Welt«, sagte er abschließend.

»Ganz allein, wirklich?«, fragte Julie. Das war für sie schwer vorstellbar. »Ganz allein war ich nie. Man hat doch immer jemanden. Freunde.«

»Ich nicht«, sagte Johann. Ein Schatten glitt über sein Gesicht.

»Ich kann nicht glauben, dass du ganz allein bist.« Er war viel zu nett, um allein zu sein, dachte sie.

Johann betrachtete sie lange und nachdenklich. »Erzählst du mir etwas über dich?«, fragte er. Auch er war nun zum Du übergegangen.

Sie sah vor sich auf ihre Knie – sie hatte die Beine angewinkelt, die Hände um ihre Unterschenkel gelegt – und fühlte sich plötzlich ganz eigenartig. Es kam selten vor, dass jemand etwas von ihr erfahren wollte. Die meisten gaben sich mit dem zufrieden, was sie in ihr sahen – eine schöne Frau mit blonden Haaren. Denn schön war sie. Elisabeth hatte ihr irgendwann erklärt, was das für sie bedeutete. »Das Wesen eines Menschen erkennst du daran, wie er dich behandelt. Für dich gilt das in besonderem Maße, meine liebe Julie, denn deine Schönheit überstrahlt alles andere. Sie blendet die Menschen. Entweder meiden sie dich, weil sie damit nicht zurechtkommen, oder aber sie wollen dich besitzen.«

»Aber was hat das mit mir zu tun? Was hat es mit dem zu tun, wie ich in mir drinnen bin?«, hatte sie gefragt.

»Du bist innen wie außen schön, das darfst du niemals vergessen«, hatte Elisabeth geantwortet. »Und du wirst immer merken, wenn dich jemand wirklich liebt, denn dieser Mensch sieht direkt hier hinein.« Dabei hatte sie Julie zart die Fingerspitzen aufs Brustbein gelegt. Bei Johanns Frage konnte Julie nun wieder den sanften Druck von Elisabeths Fingern auf ihrer Haut spüren.

Lange saß sie schweigend da. Johann König hatte eine seltsame Wirkung auf sie, er ließ sie äußerlich ganz ruhig, aber tief drinnen irgendwie auch ganz zappelig werden.

»Ich weiß ja noch nicht einmal deinen Namen«, sagte Johann mit sanfter Stimme.

»Ich bin Julie.«

»Woran denkst du, Julie?«, fragte Johann.

»An nichts. Es gibt auch nichts über mich zu erzählen.«

»Du weichst mir aus. Das ist sehr schade, denn ich würde wirklich gerne mehr über dich wissen.«

Er sagte es so ernst, dass Julie ihm glaubte, doch irgendwie schaffte sie es nun erst recht nicht mehr, wirklich von sich zu reden.

»Mein Vater war Köhler. Er ist in seinen glühenden Meiler eingebrochen und verbrannt«, brachte sie heraus, doch es fühlte sich falsch an, denn eigentlich wollte sie sagen, dass sie sich um ihre Schwester Ruth und um Frieda sorgte, dass sie sich ein bisschen vor Wolf fürchtete und davor, dass Labonte ihr die Fähre doch noch wegnahm, und am liebsten hätte sie sogar erzählt, dass sie Angst davor hatte, ihrer Verantwortung für Mathilda nicht gerecht zu werden. Gerade eben hatte sie noch behauptet, nicht allein zu sein, aber auf eine Art war sie es eben doch.

»Das klingt nach einem sehr grausamen Tod«, sagte Johann, doch es war ihm anzumerken, dass er ihre Taktik durchschaute.

»Ich kannte meinen Vater ja gar nicht, also habe ich ihn auch nicht vermisst. Aber das mit deiner Familie tut mir sehr leid«, sagte sie, um von sich abzulenken.

»Meine Mutter und meine Geschwister sind hier drin«, sagte er und klopfte sich auf die Brust.

Julie musste schlucken. Unvermittelt war sie zu Tränen gerührt und konnte verwirrenderweise kaum unterscheiden, ob sie sich selbst oder ihn bedauerte.

»Also dann«, sagte er nun und stand auf. »Ich muss wieder los. Es ist noch früh am Tag, ein paar Stunden haben wir noch vor uns.«

Julie spürte, wie ihr das Herz schwer wurde.

»Jetzt schon?«, sagte sie enttäuscht und sah zu ihm auf.

Er reichte ihr die Hand, half ihr hoch, und ließ sie nicht mehr los, also standen sie eine Weile so da, die Hände einander wie zum Abschied gereicht, und sahen sich an.

»Danke für das Geschenk«, sagte sie.

»Darf ich wiederkommen?«, fragte er.

»Natürlich darfst du, du Binnes«, sagte sie.

Und dann nahm sie Mathilda an die Hand und begleitete ihn hinunter bis zum Ufer, wo die *Unschuld* gerade zur Abfahrt bereit gemacht wurde.

28

XAVER WÄRE FRIEDA AM LIEBSTEN sofort wieder losgeworden, aber sie klebte an seinen Fersen und stellte lauter Fragen, wollte zum Beispiel wissen, was in dem Paket wäre, das er unter dem Arm trug, welche Arbeiten er für Labonte erledigte, und dann erkundigte sie sich auch noch nach seiner Familie. Er hielt sich bei allem bedeckt. Er hatte schließlich nicht umsonst seinen Namen abgeändert und ärgerte sich nicht zum ersten Mal darüber, dass er nicht auch, was seinen Geburtsort betraf, gelogen hatte.

Während Frieda plappernd neben ihm her ging, fragte er sich plötzlich, ob Juliane Lenz das Mädchen wohl auf ihn angesetzt hatte – ein Gedanke, der ihn so sehr beschäftigte, dass es ein Weilchen dauerte, bis ihm einfiel, den Spieß umzudrehen und seinerseits Frieda auszuhorchen. Dabei war das doch eigentlich das Naheliegendste. Endlich hatte er die Gelegenheit, jemanden zu sprechen, der Juliane von früher kannte.

Von dem Moment an, als er sie auf der Fähre das erste

Mal gesehen hatte, hatte er gewusst, dass er bleiben musste, so sehr glich sie seinem Engel, den er damals am Rheinufer gefunden und viel zu schnell wieder verloren hatte. Er war sich sicher gewesen, dass dies unmöglich ein Zufall sein konnte. Natürlich war er, wie geraten, bei Labonte vorstellig geworden und hatte sich große Mühe gegeben, sich rasch bei dem Kaufmann einen guten Namen zu machen, so dass dieser ihn sogar zum Obmann des Fährbetriebs bestimmt hatte. Endlich einmal, so hatte Xaver gedacht, war das Schicksal ihm wohlgesonnen, und wenn er morgens erwachte und in sich hineinhorchte, dann fand er dort bereits einen Anflug des ersehnten Seelenfriedens, einfach nur, weil er die Gewissheit hatte, dass er sie auch an diesem Tag wiedersehen würde.

»Du kennst Frau Lenz wohl noch aus Bacharach?«, fragte er nun.

Frieda nickte. »Wir haben beide im Gasthaus zum Löwen gearbeitet. Kennen Sie es?«

Er tat, als sei er sich nicht sicher. »Es ist lange her, dass ich zuletzt in Bacharach war.«

Das stimmte. Er hatte den Ort kurz nach dem Tod seines Engels verlassen und seither mehr oder weniger ein Vagabundenleben geführt. Erst recht, seitdem die Sache am Rheindurchstich passiert war, die ihm immer noch nachhing. Aber vielleicht war es ja nun an der Zeit, doch noch mal sesshaft zu werden.

Er überlegte, was er aus dem Mädchen noch herauskitzeln könnte, ohne zu viel über sich zu verraten, denn er wollte seine Geheimnisse lieber noch eine Weile für sich behalten.

»Kennst du zufällig eine Grete Winter?«, fragte er schließlich. Das war der Name der Kräuterfrau, in deren Obhut er seinen Engel damals gegeben hatte.

»Klar habe ich sie gekannt«, gab Frieda Auskunft.

»Du *hast* sie gekannt? Lebt sie nicht mehr?«

»Nein, sie ist gestorben. Darum kam Julie ja …« Das Mädchen unterbrach sich selbst und verstummte.

»Was ist? Rede doch weiter.«

»Ach, nichts. Sie ist gestorben, das ist alles.«

Xaver sah, dass das Mädchen rot angelaufen war. Sie hatte sich verplappert, und so verbissen, wie sie nun aussah, würde sie heute mit Sicherheit nichts mehr preisgeben. Auch gut. Er hatte ja im Grunde schon genug erfahren, und er war sogar froh, als Frieda nun im Laden des Krämers verschwand und ihn allein ließ.

Xaver wechselte Labontes Paket, das er unter dem rechten Arm getragen hatte, auf die linke Seite und tastete nach dem Medaillon, das er wie immer unsichtbar unter dem Hemd trug. Er nahm es jeden Morgen und jeden Abend in die Hand, betrachtete es und vergewisserte sich, dass das Glasfläschchen noch darinnen war. Er hatte also richtig geraten. Juliane Lenz hatte mit Grete Winter zu tun. Er war auch nicht darüber erstaunt. Das Alter stimmte, und die Ähnlichkeit war unübersehbar. Juliane war ihrer Mutter nämlich wie aus dem Gesicht geschnitten. Einzig die Nase war etwas anders – mit den Sommersprossen wirkte sie ein klein wenig vorwitziger.

Xaver lieferte das Paket ab, und weil der Chef nicht im Kontor war, ging er anschließend wieder zum Fährhaus zurück, wo er gerade rechtzeitig ankam, um Juliane mit einem Mann unten am Rheinufer stehen zu sehen. Er sah den Kerl zunächst nur von hinten, und doch kam er ihm irgendwie bekannt vor. Xaver blieb, von einem Baumstamm verdeckt, stehen und sah zu den beiden hin. Sie sprachen miteinander, während das kleine Mädchen, Mathilda, um sie herumwuselte und die Mutter am Rock zog. Dann reichten sie einander zum Abschied die Hand – viel zu lange, wie Xaver fand – und der Mann wuschelte dem Kind durchs Haar und stieg in sein Beiboot – und während er zum Schiff hinüberruderte, das abfahrbereit war, konnte Xaver endlich auch sein Gesicht sehen. Die Ahnung, ihn zu kennen, hatte Xaver schon erzittern lassen, aber die Gewissheit fuhr ihm nun heiß in die Eingeweide. Er war es, der Kerl, den er in Karlsruhe kennengelernt hatte. Der Schreiberling, den er für seinen Freund gehalten hatte und dem er seine schlimmsten Albträume verdankte:

Johann König.

29

ELISABETH UND BETTINE BLIEBEN gute vier Wochen in Schlangenbad und machten auf dem Rückweg auf Antonies Einladung hin noch einmal Halt in Winkel. Für Elisabeth sollte es nur ein kurzer Zwischenstopp sein, denn wenige Tage später wollte sie sich einer Reisegruppe in Richtung Köln anschließen. Am Tag nach ihrer Ankunft traf ein weiterer Überraschungsgast im Haus der Brentanos ein. Elisabeth, die soeben von einem langen Spaziergang zurückkam, stolperte beinahe über eine Reisetruhe, die in der Eingangsdiele mitten im Weg stand. An der Wand stapelten sich weitere Kisten und Taschen und Koffer.

»Wem gehören die denn?«, fragte sie Antonies Mädchen, das soeben mit einem Teetablett die Treppe herunterkam.

»Der Schwager meiner Herrin ist angekommen«, sagte das Mädchen, eine Auskunft, die nicht sonderlich hilfreich war, da Antonie über zahlreiche Schwäger verfügte.

»Welcher denn?«

»Clemens Brentano.«

»Wie schön«, sagte Elisabeth überrascht.

Nachdenklich ging sie auf ihr Zimmer. Sie hatte früher sehr für Bettines Dichterbruder geschwärmt, jedoch in all den Jahren noch nie das Vergnügen gehabt, mit ihm unter einem Dach zu wohnen. Allerdings spürte sie nun, wo es so weit war, nicht mehr dieselbe Leidenschaft in sich. Man hatte zuletzt wenig von Clemens Brentano gehört. Da er vom Geld seiner Familie lebte, hatte er es nicht nötig, auf die Publikation seiner Werke zu dringen. Zwei Ehen hatte er hinter sich, war einmal verwitwet und einmal geschieden, und selbst Bettine, die einst eine innige Verbindung zu ihrem großen Bruder gehabt hatte, äußerte sich längst nicht mehr immer nur positiv über ihn. Trotz alledem freute Elisabeth sich darauf, ihn nach mittlerweile über zwanzig Jahren wiederzusehen.

Zu Gesicht bekam sie ihn dann allerdings doch nicht so bald. Die Kisten und Koffer verschwanden zwar aus dem Eingang, doch ihr Besitzer ließ sich weder zu den Mahlzeiten noch sonst in den Gesellschaftsräumen der ersten Etage blicken. Als Elisabeth sich schließlich bei Bettine nach ihm erkundigen wollte, hatte die einen Rückfall erlitten, nahm wegen ihrer Magenschmerzen das Abendessen auf ihrem

Zimmer ein und wollte nicht gestört werden. Antonie wiederum war, wie Elisabeth rasch feststellte, ohnehin nicht gut auf den Gast zu sprechen.

Am nächsten Vormittag begegnete Elisabeth wieder dem Dienstmädchen, das gerade im Begriff war, mit einer Tasse heiße Milch ins Zimmer des unsichtbaren Gastes zu gehen.

»Lassen Sie mich das machen«, sagte Elisabeth und nahm ihr, ohne lange zu überlegen, das Tablett ab. Sie wartete, bis das Mädchen, das erleichtert wirkte, von seiner Pflicht befreit zu sein, den Flur verlassen hatte, bevor sie selbst an die Zimmertür klopfte.

Von drinnen ertönte ein dumpfes Geräusch, etwas polterte zu Boden. Dann sagte eine männliche Stimme: »Herein.«

Brentano saß mit einem Morgenrock bekleidet auf der Bettkante und blickte nicht auf, als sie ins Zimmer trat. Sein schwarzes Haar stand wirr vom Kopf ab. Auf dem Boden lagen verstreut Bücher, die wohl vom Bett heruntergefallen waren, manche davon aufgeschlagen und mit geknickten Seiten.

»Stell es irgendwo hin«, sagte er mit einer müden Handbewegung und ohne aufzusehen.

Elisabeth musste ein paar Papiere auf der Kommode zur Seite schieben, um Platz für das kleine Tablett zu schaffen. In dem Zimmer, eines der besseren im Haus, weil es nicht zur Straße hin lag, sondern auf den Garten hinaus zeigte, herrschte ein heilloses Durcheinander. Papiere, bedeckt mit einer spinnwebdünnen Handschrift, quollen aus den geöffneten Kisten und Koffern, häuften sich auf der Schreibplatte des kleinen Sekretärs, dem Stuhl, der Kommode und dem Fußboden. Dazwischen lagen Kleidungsstücke und Reiseutensilien, ein Hut, ein Regenschirm, eine Pelerine, ein

Fernglas und ein Felleisen, in dem eine Trinkflasche steckte. Am merkwürdigsten erschien Elisabeth jedoch eine kleine Kiste, aus der sich grauweiße Mullbinden mit dunklen Flecken darauf ergossen. War das etwa Blut? Sie mochte kaum hinsehen. Insgesamt herrschte ein solches Chaos, dass es Elisabeth, die Ordnung liebte, beinahe körperlich weh tat.

Sie bückte sich, um ein paar Blätter übereinander zu schieben und aufzuheben. Dann stand sie unschlüssig da, die Papiere in der Hand, und betrachtete den berühmten Dichter, der immer noch auf der Bettkante saß, sich gedankenverloren die Stirn rieb und im Nacken kratzte. Sie legte die Papiere auf die Kommode und trat ans Fenster, um die Vorhänge zu öffnen, denn draußen war längst heller Vormittag, während hier drinnen ein trübes Dämmerlicht herrschte – und da kam Bewegung in Brentano.

»Nicht doch. Was tust du denn da?«, sagte er und streckte abwehrend die Hand aus, wie um sich vor dem bösen Blick zu schützen.

Erschrocken hielt Elisabeth inne, doch nun fiel etwas Sonnenlicht durch einen schmalen Spalt zwischen den Vorhängen herein und beleuchtete das Durcheinander im Zimmer.

»Wer sind Sie?«, fragte er, immer noch mit erhobener Hand, denn nun war ihm wohl doch aufgegangen, dass er es nicht mit einer Dienstbotin zu tun hatte.

»Ich bin Elisabeth Merkens.«

Er starrte sie verständnislos an.

»Früher Elisabeth von Coels«, fügte sie ihren Mädchennamen erklärend hinzu.

Ein Ausdruck des Erkennens trat auf sein Gesicht. »Die Tochter des Bürgermeisters?«

Sie nickte und freute sich, dass er sich daran erinnerte.

»Wie geht es Ihrem Vater?«, fragte Brentano höflich, wenn auch spürbar ohne echtes Interesse.

»Er ist letztes Jahr gestorben.«

»Tut mir leid, das zu hören.«

»Er ist friedlich von uns gegangen. Seine Zeit war gekommen. Als ich Sie damals im Beisein meines Vaters kennengelernt habe, war ich ja noch beinahe ein Kind.«

Er antwortete nicht. Sein Blick glitt schon wieder von ihr fort.

»Es ist darum nicht erstaunlich, dass Sie mich nicht gleich erkannt haben«, sagte sie, um das Gespräch in Gang zu halten.

»Danke«, sagte er ohne rechten Zusammenhang, und sie merkte, dass er mit etwas anderem beschäftigt war, etwas, das in seinem Inneren vor sich ging.

Sie betrachtete sein Gesicht, das sie einst so anziehend gefunden hatte. Selbst als sie Peter geheiratet hatte, der ebenfalls gutaussehend war, hatte sie insgeheim noch immer für Elisabeths großen Bruder mit seinem edlen, italienischen Profil und den schwarzen Locken geschwärmt. Aber es war ein unschuldiges Schwärmen gewesen. Sie hatte nie die Hoffnung gehegt, dass er sich ernsthaft für sie interessieren könnte.

»Geht es Ihnen gut?«, fragte sie vorsichtig, denn nicht nur, dass er vollkommen derangiert wirkte, auch sein Teint wirkte trotz der natürlichen Bronzetönung der Haut fahl, und er hatte dunkle Ringe unter den Augen.

»Kann ich etwas für Sie tun? Brauchen Sie einen Arzt?«

»Nein, keinen Arzt«, sagte er.

Sie nahm die Milch vom Tablett und hielt sie ihm hin. »Trinken Sie, das wird Ihnen guttun«, sagte sie.

Folgsam nahm er ein paar Schlucke. Dann legte er die Hand über die Augen und stöhnte. Rasch nahm sie ihm das immer noch halbvolle Glas wieder ab, damit er den Inhalt nicht versehentlich über seinen kostbaren Büchern verschüttete.

»Nun denn«, sagte sie, und weil er keine Reaktion zeigte, stellte sie das Glas zurück aufs Tablett und ging mit zögernden Schritten in Richtung Tür.

»Bitte bleiben Sie«, hörte sie ihn in ihrem Rücken sagen.

Sie hielt inne, wartete einen Moment und glaubte schon, sich verhört zu haben, doch als sie sich zu ihm umdrehte, sah er ihr direkt in die Augen. »Bleiben Sie«, wiederholte er.

Sie nickte. »Ich könnte Ihnen helfen, hier ein bisschen Ordnung zu machen – nur wenn Sie es wünschen, natürlich.«

»Das wäre sehr freundlich von Ihnen.«

Elisabeth bückte sich und kümmerte sich als Erstes um die Bücher, froh darüber, die lädierten Seiten glätten zu können. Da es kein Regal gab, stapelte sie sie an der Zimmerwand aufeinander. Dann hob sie einzelne Kleidungsstücke vom Boden, legte sie zusammen und verstaute sie in den Schubladen der Kommode, hängte Pelerine, Regenschirm und Hut an die Haken an der Wand. Nun wandte sie sich den Papieren auf der Kommode zu, zögerte jedoch, diese zu ordnen.

»Werden Sie anschließend auch alles wiederfinden?«

Brentano schaute kurz auf, dann winkte er desinteressiert ab, woraufhin Elisabeth anfing, die Unterlagen auf der

Kommode zu sortieren. Dabei fiel ihr eine Federzeichnung in die Hände, die eine Frau mit einer weißen eng anliegenden Haube zeigte, von der Art, wie Nonnen sie unter ihrem Habit trugen. Verwirrt starrte Elisabeth auf das Bild, denn die Frau darauf sah Juliane zum Verwechseln ähnlich. Vor allem die Partie rund um die Augen und der Mund mit den vollen, geschwungenen Lippen glichen ihr vollends. Nur die Nase schien ein klein wenig anders zu sein.

Aber wie war das möglich?

»Ist sie das? Ist das die Nonne Anna Katharina Emmerick?«, fragte sie und hielt Brentano das Bild hin.

Von Bettine hatte sie erfahren, dass er sich lange in Dülmen aufgehalten hatte, um die Visionen einer dahinsiechenden Nonne niederzuschreiben, die sich angeblich nur von Hostien ernährte. Sie trug Wundmale an Händen und Füßen und die Spuren einer Dornenkrone auf der Stirn. Er hatte sich offenbar so sehr in diese Aufgabe verrannt, dass er mehr als fünf Jahre lang für das weltliche Leben verloren gewesen war. Doch vor wenigen Wochen war die Nonne gestorben – und Bettines Bruder war mit seinem gesamten Hausstand nach Winkel gereist. Der Tod der Nonne Anna Emmerick, so vermutete Bettine, musste der Grund für seinen desolaten Zustand sein.

Brentano betrachtete die Zeichnung, und im nächsten Augenblick ging ein erschütternder Wandel mit ihm vor.

»Wo haben Sie das her?«, rief er aus, sprang auf und riss ihr das Bild aus der Hand.

»Es lag bei ihren Sachen. Hier auf der Kommode«, sagte Elisabeth erschrocken. »Bestimmt ist es aus einer dieser Mappen herausgefallen.« Sie wies zaghaft auf das Durcheinander.

»Nein. Das ist sie nicht. Das ist nicht Anna.«

Er legte das Blatt auf der Kommode ab und begann zunächst langsam, doch dann immer hektischer, seine Papiere zu durchsuchen. Hefte und lose Blätter flogen durch die Luft. Er kniete sich auf den Boden und öffnete einen Koffer, in dem sich ein paar gebundene Kladden befanden. Eine nach der anderen nahm er sich vor, warf einen Blick darauf und legte sie achtlos beiseite, bis er plötzlich in seiner Bewegung erstarrte. Immer noch auf dem Boden kniend, ließ er sich auf seine Fersen sinken, den Blick unverwandt auf ein bestimmtes Blatt gerichtet. Er hatte es aus einer der Kladden hervorgezogen – und wie es aussah, hatte er nun gefunden, was er gesucht hatte.

Elisabeth trat einen Schritt näher heran und sah ihm über die Schulter. Es handelte sich ebenfalls um eine Federzeichnung, und sie zeigte gleichfalls eine Frau, aber nicht von vorne, sondern ein bisschen seitlich. Sie saß, ein Kissen im Rücken, auf einer Bettstatt und hatte die Hände über der Decke gefaltet. Auch sie trug eine Haube, doch abgesehen davon waren ihre Gesichtszüge andere, die Lippen waren etwas weniger voll, die Augen lagen tiefer in ihren Höhlen, die Wangenknochen waren anders geformt. Die Ähnlichkeit mit dem Bild, das sie zuerst gefunden hatte, lag vor allem in der Haltung – und in der Kopfbedeckung. Bei beiden Frauen schien es sich um Nonnen zu handeln.

»*Das* ist Anna.« Er stand auf, schwankte und Elisabeth griff nach seinem Arm, um ihn zu stützen. Er schien sie kaum zu bemerken. Er nahm die erste Zeichnung von der Kommode und hielt beide nebeneinander, sein Blick wanderte nun zwischen den Abbildungen hin und her. Elisabeth konnte beobachten, wie er womöglich noch blasser wurde.

Wie in vollkommener Erschöpfung ließ er sich auf die Bettkante sinken.

»Das ist es. Natürlich, das ist es«, murmelte er immer wieder.

»Was ist was?«, wagte Elisabeth zu fragen.

Tränen liefen über seine Wangen und tropften auf das Blatt, das sie zuerst gefunden hatte, verwischten die Tinte.

»Nein, nein«, rief er entsetzt aus, als er es bemerkte. Seine Hände zitterten.

Elisabeth beeilte sich, ihm zu helfen, indem sie ihm das Blatt abnahm und vorsichtig mit ihrem Taschentuch trocken tupfte.

»Der Schaden ist nicht groß«, sagte sie und setzte sich nach kurzem Zögern neben ihn. Seine Schultern bebten. Elisabeth empfand Mitleid mit ihm, doch nun war auch ihre Neugier geweckt. Sie hielt die erste der beiden Zeichnungen immer noch in der Hand. Die frappierende Ähnlichkeit mit Juliane stach ihr erneut ins Auge.

»Haben Sie diese Zeichnung gemacht?«, fragte sie im Plauderton und so, als würde sie sein merkwürdiges Verhalten gar nicht bemerken.

Er nickte wortlos.

»Sie erinnert mich an das Bildnis einer Nonne. Darum dachte ich, es könnte sich um Anna Emmerick handeln«, erklärte Elisabeth, doch dann verstummte sie erschrocken, weil Brentano sich plötzlich die Hände vors Gesicht schlug und laut aufschluchzte. Es dauerte lange, bis er sich so weit gefasst hatte, dass er wieder sprechen konnte.

»Es stimmt. Sie war eine Nonne. Sie kam aus Tiefenthal.«

»Aus dem Kloster Tiefenthal, das gleich hier um die Ecke liegt?«, fragte Elisabeth vorsichtig, und er nickte wieder.

Nachdenklich betrachtete sie das Blatt. Das musste schon länger her sein, die letzten Klöster in dieser Gegend waren vor 1810 säkularisiert worden. Die Tränen waren auf die Stelle getropft, wo Signatur und Datum gestanden hatten, die nun dummerweise nicht mehr zu entziffern waren.

»Was ist mir ihr geschehen?«, fragte sie.

»Ich weiß es nicht. Ich habe sie aus den Augen verloren und nie mehr wiedergesehen«, sagte er. Er nahm ihr das Blatt aus der Hand und starrte darauf, wirkte nun regelrecht entrückt.

»War sie eine Freundin von Ihnen?«, wagte Elisabeth nach einer Weile zu fragen.

»Ich habe sie geliebt«, sagte er kaum hörbar.

Der geflüsterte Satz ließ Elisabeths Herz einen Moment lang aussetzen. Clemens Brentano hatte also einst eine Nonne geliebt. Wie lange war das her? Und war es eine transzendentale Liebe gewesen, oder hatte er sie so geliebt, wie ein Mann eine Frau liebte? Hatte er sie begehrt?

Der Gedanke verursachte ihr Herzklopfen. Sie wollte nun die ganze Geschichte erfahren und überlegte, wie weit sie mit ihren Fragen gehen konnte, ohne ihn zu verschrecken. Vielleicht würde sich dann alles nur als ein Zufall erweisen. Womöglich maß sie der Ähnlichkeit mit Juliane einfach nur zu viel Bedeutung bei. Doch um das herauszufinden, musste sie versuchen, ihn zum Reden zu bringen.

»Wer war sie?«

Keine Antwort.

»Wie war ihr Name?«, startete sie einen neuen Versuch.

»Merle.«

»Merle. Wie ungewöhnlich. Würden Sie mir von ihr erzählen?«

Statt zu antworten, ließ er das Blatt sinken. Es flatterte lautlos zu Boden.

»Wie konnte ich es nur nicht sehen?«, rief er aus.

Dann stand er auf, hielt sich am Bettpfosten fest, wankte ein wenig, und sein Blick fiel auf die blutigen Binden – Elisabeth war mittlerweile zu dem Schluss gekommen, dass es sich um solche handeln musste, und hatte sie nicht angerührt. Brentano tat zwei Schritte, sank erneut zu Boden. Wieder kniete er wie ein demütiger Bittsteller, den Oberkörper vorgeneigt, zog eine Binde hervor, wickelte sie sich wieder und wieder um seine Hand, bis nur noch das obere Drittel seiner Finger zu sehen war, presste dann den Stoff an seine Lippen und verharrte eine Weile in dieser Haltung. Schließlich drehte er sich zu Elisabeth um und hielt ihr seine Hand mit dem Stoff hin, als erwarte er, dass sie es ihm nachtun und ebenfalls einen Kuss darauf drücken würde, doch sie ekelte sich und wich zurück.

»Haben Sie keine Angst, Elisabeth. Es ist Christi Blut. Anna ist gestorben, um uns zu erlösen.« Er lachte und weinte zugleich, bäumte sich auf und fasste sich mit der bandagierten Hand an die Brust.

Das war zu viel. Elisabeth bekam nun große Angst, ob vor ihm oder um ihn, vermochte sie kaum zu entscheiden. Sie hätte zwar gerne noch mehr über die Frau auf dem Bild erfahren, doch der verzweifelte, nahezu irre Ausdruck in Brentanos Augen und sein wahnsinniges Gebaren waren so erschreckend, dass sie es bereute, überhaupt in sein Zimmer gekommen zu sein.

Sie sprang auf. »Ich hole einen Arzt«, stammelte sie und rannte hinaus.

30

DER SOMMER NEIGTE SICH dem Ende zu. Beim Löschen der Ladung in Köln regnete es ohne Unterlass, das Wasser tropfte von Johanns Mütze und von den Dächern der Häuser, doch ihn störte das nicht, er hatte für jeden ein gutes Wort. Das fiel auch Eyselen, dem Schiffseigner, auf, der ihm leutselig auf die Schulter klopfte und ihn bat, nach der Arbeit ins Kontor zu kommen, wo er ihm einen Schnaps anbot.

»Wie geht's?«, fragte er mit seinem holländischen Akzent, der sich anhörte, als hätte er Kieselsteinchen im Mund.

»Danke, ausgezeichnet«, antwortete Johann.

»Ich bin sehr zufrieden mit dir.« Eyselen prostete Johann zu und schüttete sich den Schnaps in die Kehle. Dann stand er auf und schloss mit einem großen Schlüssel den Schrank hinter sich auf, in dem die Geldkassette stand. Er zählte Johann seinen Lohn auf den Tisch – und legte mit großer Geste noch eine goldene Münze obendrauf. »Das bekommst du für diesen Monat extra – und von nun an jeden Monat.« Johann hatte nicht um eine Lohnerhöhung gebeten, wusste jedoch sehr wohl, dass sie ihm zustand.

Zwei Tage später machten sie wieder die Pferde an der *Unschuld* fest, und anders als früher, freute sich Johann nun darauf, rheinaufwärts zu treideln, denn dort wartete Julie auf ihn. Es war Anfang September, die schönste Jahreszeit am Mittelrhein. Johann stand am Ruder und sah zu, wie die Sonne mit ihren warmen Strahlen den Morgennebel auflöste. Einzelne Schwaden lagen noch über dem Wasser oder hingen in den Hügeln der Ufer. Der verregnete Spätsommer war einem sommerlichen Frühherbst gewichen. Nun gab es keine stehende Hitze mehr, sondern angenehme Temperaturen und ein sanftes Licht, das die Burgruinen und die ihnen zu Füßen liegenden Dörfer und Städte in die bei den reisenden Engländern so beliebte Kulisse verwandelte. Dabei war der Traum vom behaglichen, einfachen Leben, den sie sich beim Vorüberfahren ausmalten, natürlich eine Illusion. Die Arbeit in den steilen Weinbergen war hart. Etliche Winzer und Winzerinnen – denn das Schneiden und die Pflege der Reben war Frauensache – mussten eine Stunde den Hügel hinaufkraxeln, um zu ihren Weinstöcken zu gelangen.

Johann machte sich nichts vor, Träume hatte er allerdings sehr wohl. In seiner Jackentasche steckte eine zusammengerollte Ausgabe der Kölner Nachrichten. Papier und Druckerschwärze waren vom Regen etwas in Mitleidenschaft geraten, aber die Zeitung war immer noch gut lesbar. »Dampfschiffe auf dem Rhein«, lautete die Überschrift des Artikels, wegen dem er sie mitgenommen hatte. Eyselen hatte keine klare Vorstellung von Johanns Zukunftsplänen, er ahnte nur, dass er seinen besten Mann verlieren könnte. Und Johann verfolgte Nachrichten dieser Art neuerdings mit noch größerem Interesse als zuvor. Seit dem ersten längeren Gespräch mit Julie Lenz, das sie unter dem Birnbaum geführt hatten, hatte er die Fährmannswitwe genau dreimal wiedergesehen. Doch er war sich bewusst, dass es mehr brauchte, als diese kurzen Besuche und Geschenke für die kleine Mathilda, um sie zu erobern. Er hatte einer Frau nichts Rechtes zu bieten. Wenn er Julie heiraten wollte, würde er mehr aus sich machen müssen.

Schließlich kam Sankt Goar in Sicht. Die Häuser, die sich an den Fuß des rückwärtigen Berges schmiegten, lagen einladend in der hellen Sonne. Wie passend, dass der Ort seinen Namen einem gütigen Heiligen verdankte, Goar, ein Einwanderer aus Aquitanien, freundlicher Gastgeber und Helfer der Rheinschiffer, um den sich zahlreiche Legenden rankten. Unter anderem hieß es über ihn, dass er, von der Mosel kommend, ohne Ruder einzusetzen, flussaufwärts gefahren wäre. Eine schöne Geschichte, wenn auch keine, die Johann glauben konnte. Die Pferde schafften es ja kaum, gegen die Strömung anzukommen.

Die *Unschuld* ankerte, und die Rheinhalfen schirrten die Pferde ab. Johann wurde ungeduldig, weil ihm das Entladen nicht rasch genug vonstattenging. Es war früher Nachmittag. Unter normalen Umständen wären sie nach einem kurzen Halt bis Oberwesel weitergezogen, doch er plante, länger zu bleiben. Er hatte in den vergangenen Tagen Zeit gutgemacht. Erst morgen früh würden sie ihre Reise fortsetzen. Also lieferte er die Waren beim Empfänger, einem Herrn Labonte, ab, ging in den *Wilden Mann*, um mit den Treidlern die Vereinbarungen für den nächsten Tag zu treffen, und war danach frei.

Johann trat auf die belebte Straße und sah hinauf in den Himmel. Das schöne Wetter würde halten. Er hoffte, dass er Julie dazu überreden konnte, einen Spaziergang mit ihm zu machen, irgendwohin, wo sie ein bisschen für sich wären – unbeobachtet. Gehobener Stimmung, die Hände in den Hosentaschen wandte er sich um und trat den Rückweg in Richtung Rhein an, als ihm ein bärtiger Mann auffiel, der ihn über einige Entfernung hinweg zu beobachten schien. Johann kniff die Augen ein wenig zusammen, um ihn besser sehen zu können, denn der Kerl stand im Schatten eines Hauses. Sein erster Eindruck hatte ihn nicht getrogen. Die

Größe, die Haarfarbe, die Haltung – der Mann dort war niemand anderes als Xaver Freigang mit Bart.

Johann zog sich der Magen zusammen. Eine Zeitlang hatte er regelmäßig von Freigang geträumt, und nicht selten war er morgens mit dem Geschmack von Blut im Mund aufgewacht, weil er sich im Schlaf vor lauter Anspannung auf die Zunge gebissen hatte. Er hatte gehofft, darüber hinweg zu sein, so sehr wünschte er sich, diese düstere Episode seines Lebens endlich hinter sich zu lassen. Dann fiel ihm ein, dass Freigang aus Bacharach kam, was schließlich ganz in der Nähe lag. Womöglich hatte es ihn ja nach all den Jahren in seine alte Heimat verschlagen. Beim Gedanken daran, dass dies nicht unwahrscheinlich war, rieb sich Johann frustriert das Gesicht.

Im nächsten Moment war der Mann verschwunden, ohne dass Johann gesehen hätte, wohin er gegangen war. Er lief los und bog auf Höhe des Hauses, wo er gestanden haben musste, in eine schmale Gasse ein, die kaum breiter war als er selbst. Er kam zu einem kleinen Platz. Ein kühler Luftzug ließ ihn den Kopf wenden, das niedrige Tor eines Weinkellers stand offen, ein paar Stufen führten nach unten und verloren sich im Dunklen. Der Geruch nach Vergorenem stieg Johann in die Nase. Er blickte hinunter und lauschte, aber alles war still. Ein Schatten fiel über ihn, eine schwarze Wolke, die sich vor die Sonne schob, und dann bemerkte er aus dem Augenwinkel eine Bewegung am anderen Ende des Platzes, er fuhr herum und sah gerade noch, wie etwas in einer Lücke zwischen zwei Häusern verschwand. War es der Fuß eines Menschen oder nur eine Katze gewesen? Johann hastete hinterher, bog in eine weitere enge Gasse ein, die an ihrem Ende ein klein wenig breiter wurde, und stand nun vor einer Mauer. Direkt dahinter lag ein steil ansteigender, mit Obstbäumen bewachsener Hügel, doch ein Tor, um dorthin zu gelangen, war nicht zu entdecken. Die einzige Tür, die er sah, gehörte zu einem Haus, mehr einer Ruine, die direkt an die Mauer angrenzte. Sie ließ sich öffnen, und er trat ein. Drinnen roch es muffig, und im Staub, der den Boden bedeckte, waren frische Fußspuren auszumachen. Johann sah in alle Räume, doch da war niemand. Er fand die Treppe, von der nur noch Reste übrig waren, und hangelte sich hinauf. Im oberen Stockwerk betrat er vorsichtig den morschen Boden und schob sich in den ersten Raum, dessen Fenster auf den Obstgarten hinaus zeigte. Es stand offen und Johann erkannte, dass man von ihm aus mit Leichtigkeit auf den Hügel dahinter springen konnte. Wenn er den Mann bis hierher verfolgt hatte, so war er ihm am Ende auf diesem Weg doch noch entkommen.

Verärgert schlug Johann mit der Faust aufs Fensterbrett und fing sich prompt einen Splitter ein, was ihn noch mehr fluchen ließ. Freigang hatte ihn ausgetrickst. Oder er war einem Phantom hinterhergerannt.

Als Johann fünf Minuten später wieder auf der belebten Hauptstraße stand, kam es ihm vor, als hätte er diese irre Jagd nur geträumt. Selbst der Himmel war wieder blau, keine Spur von der dunklen Wolke, die er eben noch gesehen hatte. Nur, dass seine Hand schmerzte. Er betrachtete sie prüfend, der Splitter steckte noch darin. Nachdenklich ging er zum Rhein hinunter.

Schon von weitem erspähte er Julie an der Lände der Fähre und winkte ihr zu.

»Bist du unter die Fischer gegangen?«, rief er ihr entgegen, weil sie gerade im Begriff war, etwas Schweres,

Triefendes aus dem Wasser zu ziehen. Sie trug nicht länger Schwarz, sondern hatte ein blaues Kleid an, dessen Rock sie an der Taille festgesteckt hatte, so dass ihre bloßen Unterschenkel zu sehen waren. Auch die Ärmel hatte sie hochgeschoben. Ein paar Strähnen ihrer zu einem dicken Zopf geflochtenen blonden Mähne kringelten sich feucht um ihre Wangen. *Ein Anblick für die Götter*, dachte Johann und hielt einen Moment inne, um sich ihre wunderschöne Erscheinung vor dem in der Sonne glitzernden Wasser des Rheins einzuprägen. Kein Maler hätte diese Szene reizvoller ins Bild setzen können – und wieder wurde ihm bewusst, wie viel Julie ihm inzwischen bedeutete.

»Allerdings, du kommst gerade recht«, antwortete Julie, ein wenig außer Atem.

»Was hast du denn da für einen Fang gemacht?«, fragte er. Er packte mit an und erkannte überrascht, was ihre Beute war – Wäsche. Julie hatte einen Bottich bereitgestellt, in den sie nun mit seiner Hilfe die Wäschestücke hineinhob.

»Hast du die Fähre etwa zu einem Waschschiff umgebaut?«, fragte er verblüfft und betrachtete den Ausleger an ihrem Nachen.

»Nur zum Spülschiff«, sagte sie verschmitzt. »Es ist jedes Mal sehr aufwendig, die Seife aus den Wäschestücken wieder herauszubekommen, und die Fähre fährt sowieso jeden Tag hin und her. Ich dachte, wenn ich die Wäsche einfach mitnehme, einmal hin, einmal her, ist die Seife ausgewaschen.«

»So einfach war es bestimmt nicht«, sagte Johann und betrachtete anerkennend die Konstruktion, die am Nachen angebracht war.

»Ich hab's mir vorher ganz genau überlegt. Und Otto hat

mir geholfen.« Julies Wangen glühten von der Anstrengung, die schweren Wäschestücke aufs Boot zu ziehen, aber auch vor Stolz.

Johann nahm den Bottich und trug ihn zum Haus, während er immer wieder, wie auch zuvor schon, nach einer großen dunklen Gestalt Ausschau hielt. Aber es war niemand zu sehen.

Frieda war mit Hildchen im Fährhaus. Johann begrüßte die Mädchen erfreut und wirbelte die Kleine durch die Luft, bis sie vor Vergnügen kreischte. Julie kam hinzu, und jetzt schlug er ihr, wie er es sich vorgenommen hatte, vor, einen Spaziergang zu machen. Zunächst lehnte sie ab – das Haus, die Fähre, die Wäsche und Hildchen, es gab eine Menge Gründe, warum sie keine Zeit hatte. Doch dann schaltete sich Frieda ein und schob Julie aus der Tür. »Na los. Otto und Manfred sind auch noch da, und die Wäsche kann ich auch allein aufhängen. Für zwei Stunden geht es auch mal ohne dich«, sagte sie.

Sie gingen stromabwärts – Julie wie meistens barfuß – und bogen dann in einen steilen Weg ein, der in die Weinberge hinaufführte. Hier und da raschelte ein Vogel oder eine Maus im Gras, irgendwo über ihnen ertönte der langgezogene Ruf eines Milans. Rechts von ihnen lag ein steil abfallender Wingert, der fast bis hinunter zum Rheinufer reichte, links ein mit Büschen bewachsener Hang.

»Das wird bestimmt eine gute Ernte«, sagte Johann und wies auf die mattgrünen Trauben, die üppig zwischen den Blättern des Weins hingen. Julie nickte lächelnd. Am Hang leuchteten gelb und rot die Hagebutten sowie Liguster und Vogelbeeren im wärmenden Sonnenlicht, die ganze Luft war von würzigen Gerüchen erfüllt. Sie kamen zu einem umzäunten Grundstück, auf dem jemand ein Spalier aus Obstbäumchen gepflanzt hatte. Aprikosen vermutlich, denn sie trugen keine Früchte mehr.

Unten sah Johann die *Unschuld* liegen. Die Fähre war gerade auf dem Weg zur anderen Seite des Rheins. Julie hob die Hand schützend über die Augen und blickte dem Nachen hinterher.

»Machst du dir Sorgen?«, fragte Johann.

»Nein«, sagte Julie. »Otto macht das schon.«

»Kennst du eigentlich einen Xaver Freigang?«, kam es ihm nun über die Lippen. Johann hatte das nicht fragen wollen, es war einfach aus ihm herausgeplatzt.

»Xaver Freigang?«, wiederholte Julie nachdenklich. »Nein, den kenne ich nicht.«

Johann war erleichtert.

»Aber ich kenne einen Wolf Frei«, fügte sie nach einer kurzen Pause hinzu.

Johanns ungutes Gefühl kehrte sofort wieder zurück. »Und wer ist das? «

Julie zuckte mit den Schultern. »Labonte hat ihn eingestellt. Er soll sich eigentlich um die Fähre kümmern, aber zum Glück kümmert er sich vor allem um Labonte.«

»Wie sieht er denn aus?«

»Groß, dunkel.«

»Hat er einen Bart?«

Sie nickte.

Johann versuchte, sich seine Unruhe nicht anmerken zu lassen. Es half ja nichts, ihr Angst zu machen. Am Ende wäre es womöglich völlig unbegründet. *Xaver Freigang, Wolf Frei*, klangen die Namen in seinem Kopf.

»Warum fragst du?«, wollte sie wissen.

»Ich dachte nur, ich hätte ihn vorhin hier gesehen«, sagte er scheinbar leichthin, um sie nicht zu beunruhigen.

»Ich mag Wolf nicht«, sagte Julie nach einer Weile. »Aber für Labonte ist er irgendwie wichtig.«

»Weißt du, was er gemacht hat, bevor er hergekommen ist?«

»Nicht so genau. Er kommt wohl ursprünglich aus Bacharach und ist früher einmal Schiffer gewesen.«

Ein Schiffer aus Bacharach. Johann biss sich beinahe auf die Zunge, um nichts Unbedachtes zu sagen. Bestimmt war er das. Aber warum versteckte Freigang sich vor ihm? Am ehesten, weil er befürchtete, Johann würde ihm nachträglich einen Mord anhängen, glaubte er. Doch daran hatte er kein Interesse, er fühlte sich ja selbst schuldig.

»Erzählst du mir von Knielingen?«, bat Julie, setzte sich auf die Mauer und klopfte einladend auf den Platz neben sich.

Obwohl Johann sonst gar nicht gerne an seinen Heimatort erinnert wurde, war er diesmal froh über die Ablenkung. Bereitwillig erzählte er von den Knielinger Pferdezüchtern und von der Goldwäscherei seines Vaters. »Als Kind habe ich meinen Vater bewundert, weil er nicht war wie die anderen. Doch dann ist alles immer schwieriger geworden. Es hat an allem gefehlt. Aber mein Vater hat so getan, als könnte er nichts für sein Unglück. Immer waren die anderen schuld oder die Umstände. Und irgendwann hatte ich begriffen, dass er im Grunde nur ein Träumer war.«

»Träumen ist was Schönes«, sagte Julie.

»Schon. Aber irgendwann muss man aufwachen und etwas tun.«

»Und du hast etwas getan?«

Johann nickte. »Mit dreizehn habe ich Knielingen verlassen und wurde Knecht auf einem Boot am Oberrhein, habe das Handwerk des Schiffers gelernt und ein bisschen was von der Welt gesehen, war am Bodensee und in der Schweiz. Aber später habe ich dann doch daheim die Feldarbeit übernommen. Erst nachdem meine gesamte Familie tot war, bin ich endgültig fortgegangen.« Seine Zeit bei Tulla und die Arbeit am Rheingraben streifte er nur mit einem Nebensatz, daran wollte er jetzt nicht rühren. Er sagte auch nicht, wie seine Schwester Marie genau gestorben war. Er hatte noch nie auch nur einem Menschen davon erzählt, nicht einmal Cilli wusste, was damals wirklich passiert war. »Den Süden kannte ich ja schon, also bin ich nach Norden gegangen, einfach immer weiter. Irgendwann kam ich nach London.«

»Du warst in London?«, fragte Julie ehrfürchtig.

»Yes.« Er grinste und sagte noch ein paar Worte auf Englisch, womit er sie zum Lachen brachte. »Ich habe einige Jahre in London gelebt.«

»Und wie war das?«

Johann zögerte mit der Antwort. Er hatte seine Zeit in England nicht als eine Abfolge von Ereignissen in Erinnerung, sondern eher wie ein einziges, nicht sonderlich schönes und noch dazu verschwommenes Bild. Er begann zu erzählen und versuchte, alles weniger traurig klingen zu lassen, als es gewesen war. Julie sollte nicht den Eindruck bekommen, dass sie es mit einem trübsinnigen Herumtreiber zu tun hatte.

»London ist sehr groß«, begann er und berichtete Julie von den Straßen, Gebäuden und Fabriken. Er ließ alles ein bisschen bunter scheinen, so dass die Stadt an der Themse nicht wie das gefräßige stinkende Ungeheuer wirkte, als das er sie in Erinnerung hatte. Ein paar Monate hatte er sich mit Gelegenheitsjobs über Wasser gehalten und gelernt, sich mit den Leuten zu verständigen. Später hatte er sich einen sogenannten Dictionary besorgt – und als er mit dem Buchhändler ins Gespräch gekommen war, hatte der ihm klargemacht, dass das, was er für Englisch gehalten hatte, tatsächlich eine ganz andere, eigene Sprache war.

Johann erzählte Julie von der Freundschaft, die sich daraus ergeben hatte. »Er hatte nichts dagegen, dass ich meine freie Zeit bei ihm verbrachte. Ich habe in seinen Büchern gestöbert und zugehört, wenn er sich mit den Kunden unterhielt. Auf diese Weise habe ich gelernt, auch das ›richtige‹ Englisch zu sprechen und zu verstehen«, erzählte Johann und machte Witze darüber, wie dumm er sich zu Beginn angestellt hatte. Julie lachte.

Doch abgesehen von dieser Bekanntschaft und seinen Besuchen in dem kleinen vollgestopften Laden hatte das Leben in London nichts Gutes für ihn bereitgehalten. »Ich habe nur wenig verdient und sehr einfach gewohnt«, berichtete er, denn er hatte in einem Verschlag gehaust und kaum genug Geld für Essen gehabt. Johann hatte auch nie eines der zahlreichen Londoner Bordelle aufgesucht. Er hatte überhaupt noch nie mit einer Frau geschlafen, dabei war er schon siebenundzwanzig.

Doch das erwähnte er natürlich nicht, und kurz wurde ihm heiß, als er daran dachte. Er hatte das Gefühl, Julie könnte ihm an der Nasenspitze ansehen, was ihm durch den Kopf ging, doch sie schaute ihn gar nicht an. Sie hatte die nackten zierlichen Füße auf den warmen Felsen gelegt und blickte auf das in der Sonne glitzernde Wasser hinunter.

Ihr goldenes Haar floss über ihren Rücken herab. Unauffällig schnupperte Johann daran. Es roch ganz leicht nach dem Rauch des Herdfeuers und darüber lag der erfrischende Duft von Sommerregen. Johann atmete noch einmal tief durch die Nase ein und nahm den Duft von frischen Kräutern wahr, dann konnte er förmlich einen sprudelnden Quell vor sich sehen, dessen Wasser sich zu einem türkisfarbenen kleinen See vereinigte, irgendwo in den Bergen, unter blauem Himmel, vor weißem Gestein …

»Und dann? Erzähl weiter«, forderte sie ihn auf.

Ein wenig bedauernd verscheuchte er die Bilder, die vor seinem inneren Auge aufgetaucht waren.

»Und dann hatte ich es satt, ziellos in den Tag hineinzuleben, und als auf einem nagelneuen Dampfschiff ein Rudergänger gesucht wurde, habe ich mich beworben.«

»Und sie haben dich genommen?«, fragte Julie erstaunt.

Er nickte. »In London hatte ich zwar nur als Schauermann gearbeitet, aber nun war es doch gut, dass ich einigermaßen die Sprache gelernt hatte. Vor allem aber besaß ich eine Bescheinigung, die mir damals mein Lehrmeister auf dem Oberrhein ausgestellt hat, mit einem Stempel von der Mainzer Schiffergilde. Damit hatte ich ein offizielles Dokument in der Hand, das mir bestätigte, ein ausgebildeter Steuermann zu sein.«

Johanns Chancen hatten als Ausländer trotzdem nicht zum Besten gestanden. Er war selbst überrascht gewesen, die Stelle tatsächlich zu bekommen. Zwei Gründe waren dafür, wie er später erfahren hatte, ausschlaggebend gewesen. Der eine war der, dass er im Gegensatz zu den meisten anderen nicht trank, und der andere, vermutlich noch wichtigere, dass sich viele Steuerleute bewusst von den Dampfschiffen fernhielten, die damals erst seit etwa drei Jahren auf der Themse verkehrten. Sie vertrauten den Maschinen nicht, ja, sie hatten regelrecht Angst vor dem fauchenden, rauchenden Ungetüm unten im Schiffsbauch, das sie für unberechenbar hielten. Nicht ganz zu Unrecht. Kesselexplosionen waren relativ häufig vorgekommen, und nur kurz bevor Johann angeheuert hatte, war ein Dampfschiff in Flammen aufgegangen und gesunken.

»Aber du hast keine Angst gehabt?«, wollte Julie wissen.

»Nein. Die Technik machte rasch Fortschritte, und ich war der Meinung, das Risiko wäre es wert.«

Drei Jahre lang, von 1819 bis 1822 war er auf der Themse gefahren, hatte die Eigenheiten von Dampfschiffen kennengelernt und sich rasch nach oben gearbeitet, war Steuermann und schließlich Schiffsführer geworden.

»Warum bist du an den Rhein zurückgekommen? Du hattest doch eine gute Stellung.«

Er zuckte mit den Schultern. »Ich habe wohl meine alte Heimat vermisst.«

Sie sah ihn aufmerksam an. »Ist das alles?«

Er schüttelte den Kopf, fand jedoch nicht die passenden Worte, um ihr zu erklären, was damals in ihm vorgegangen war.

»Du musst es mir nicht sagen, wenn du nicht willst.« Julie hob die Hand und fuhr mit dem Zeigefinger die Falten auf seiner Stirn nach. »Haben die damit zu tun?«

»Vielleicht. Aber ein paar Falten kommen sicher auch von der Sonne und dem Wind«, sagte er – und dann nahm er ihre Hand und drückte sie an seine Wange. Es war das erste Mal, dass er sich eine so innige Geste bei ihr herausnahm, und sie sah ihn erschrocken an. So plötzlich, als habe er eine zu heiße Kartoffel angefasst, ließ er ihre Hand wieder los. »Entschuldige bitte«, sagte er.

»Ist schon gut«, sagte Julie. Sie lächelte verlegen – noch nie hatte er sie so verunsichert erlebt. Sie vermied es, ihm in die Augen zu sehen. Stattdessen wies sie auf seine Hand. »Du hast dich verletzt«, sagte sie.

Er betrachtete seine Hand. Die Stelle, wo der Splitter unter der Haut steckte, war rot, geschwollen und fühlte sich heiß an.

»Ach, das ist nichts. Nur ein Holzspreißel.«

»So etwas kann böse enden, wenn man nicht aufpasst«, widersprach Julie und stand auf. »Lass uns gehen. Es ist spät geworden. Ich will Frieda nicht länger warten lassen. Und im Fährhaus kann ich dich verarzten.«

31

»NEIN, ICH KOMME NICHT mit dir mit«, schrie Frieda. Sie stand mitten in der Stube des Fährhauses und weinte. Gregor hatte sie am Arm gepackt, eigentlich, um sie zu beruhigen, doch er erreichte damit nur, dass sie sich noch heftiger wehrte. Das Gör, Mathilda, saß auf dem Boden und brüllte durchdringend.

»Du musst mitkommen. Walburga braucht dich«, fuhr Gregor sie an.

»Mathilda und Julie brauchen mich auch.«

Gregor ließ ihren Arm los. Die bloße Erwähnung von Julies Namen brachte ihn aus der Fassung. Er hatte die ganze Zeit über gehofft, sie wiederzusehen, und dann wiederum war er froh gewesen, sie nicht anzutreffen, als er hier angekommen war. Es war besser so. Besser, wenn er sofort wieder verschwand. Doch Frieda ließ sich nicht so einfach verladen.

»Walburga kann mich nicht einmal leiden«, sagte Frieda immer noch weinend. Das Kind auf dem Boden schrie wie am Spieß, das Gebrüll zerrte an Gregors Nerven.

»Sie ist schwanger, Herrgott, Frieda. Sie bekommt Zwillinge.« Dies auszusprechen, erfüllte Gregor mit einer Mischung aus Stolz und Furcht. Nach zahlreichen Fehlversuchen war es ihm endlich gelungen, gleich zwei Kinder aufs Mal zu zeugen. Er hatte sich zuvor Mut angetrunken. Eigentlich war er davon ausgegangen, dass er dann erst recht nichts würde ausrichten können, doch das Gegenteil war der Fall gewesen. Geholfen hatte auch, dass er sich Julie dabei vorgestellt hatte. Auf diese Weise war es gegangen – und es hatte ihm sogar Spaß gemacht. Doch seitdem Walburga wusste, dass sie in anderen Umständen war, wollte sie ihn nicht mehr ranlassen. Versteh mal einer diese Weiber.

Und Frieda hatte sogar recht. Walburga konnte das Mädchen wirklich nicht ausstehen. Aber das tat nichts zu Sache. Denn auch wenn noch mindestens zwei Monate bis zur Niederkunft ins Land gehen würden, hatte Walburgas Leib mittlerweile einen beträchtlichen Umfang angenommen und sie kam ohne Hilfe kaum noch aus dem Bett. Gregor selbst konnte und wollte nicht den ganzen Tag um sie sein. Und da er sich finanziell mit seinen Investitionen übernommen hatte, blieb kein Geld, eine Zofe für sie zu bezahlen. Auch Walburgas Mitgift war inzwischen aufgebraucht.

Darum musste Frieda zurückkommen und diese Aufgabe übernehmen – ob sie nun wollte oder nicht.

Die Kleine brüllte immer noch, ihr Kopf war rot wie ein überreifer Apfel. Rotz lief ihr aus der Nase.

»Jetzt bring doch endlich das Balg zum Schweigen«, fuhr er Frieda an.

»Siehst du? Sie braucht mich«, sagte Frieda mit unverhohlener Genugtuung und nahm das Kind auf den Arm, das noch ein paarmal schniefte, sich dann jedoch schnell beruhigte.

Gregor starrte sie an und war unentschlossen, was er nun tun sollte. Doch dann entschied er, dass er sich keinesfalls auf der Nase herumtanzen lassen durfte. Schließlich war er im Recht.

»Und jetzt komm mit. Gib das Kind bei den Nachbarn ab und steig auf den Bock«, befahl er, nahm Frieda am Arm und riss die Tür des Fährhauses auf.

»Was ist hier los?«, hörte er da eine Frauenstimme.

Gregor durchfuhr es heiß. Julie.

Da war sie – und sie war noch schöner, als er sie in Erinnerung hatte. Sie trug das lange blonde Haar offen und dazu ein blaues Kleid, das die leuchtende Farbe ihrer Augen betonte. Sie war barfuß. Daheim hatte sie meistens Holzpantinen getragen, und so waren ihm nie ihre niedlichen Zehen aufgefallen. Gregor betrachtete Julie von Kopf bis Fuß – sie hatte in all den Jahren nichts von ihrer Anziehungskraft verloren, nein vielmehr war sie noch stärker geworden. Es verschlug ihm den Atem.

»Was machst du denn hier?«, fragte Julie verblüfft und mit einem Unterton in der Stimme, der beinahe so klang, als freute sie sich, ihn zu sehen. Das machte ihn nur noch verlegener, aber er durfte keinesfalls sein Ziel aus den Augen verlieren. Er drückte den Rücken durch und straffte die Schultern.

Hinter Julie bemerkte er jetzt einen fremden Mann. Er war groß, hatte braunes, dichtes Haar, ein blankrasiertes Gesicht mit kräftigem Kinn, und er musterte Gregor misstrauisch, offenbar bereit, Julie jederzeit beizustehen. Nun traten Julie und der Fremde in die Stube. Der berauschende Duft, der von Julie ausging, erinnerte ihn an früher.

»Julie, Gott sei Dank bist du da!«, rief Frieda. Julie stellte sich schützend an ihre Seite. Die Kleine auf Friedas Arm streckte sofort die Ärmchen nach der Mutter aus.

»Was geht denn hier vor?«, fragte Julie.

Gregor antwortete prompt. »Ich bin gekommen, um Frieda nach Hause zu holen.« Zu seiner Erleichterung klang seine Stimme fest und bestimmt.

»Nach Hause«, zischte Frieda aufgebracht. Tränen schossen ihr in die Augen. »Ich bin hier zu Hause.«

»Bist du nicht, und das weißt du genau«, blaffte Gregor sie an.

»Er will, dass ich Walburga versorge«, erklärte Frieda weinend.

»Frieda hat ihrem Vormund gefälligst zu gehorchen, und ihr Vormund ist mein Vater.« Gregor unterließ es zu erwähnen, dass sein Vater Herbert inzwischen nicht mehr ganz richtig im Kopf war. Er erkannte an manchen Tagen nicht einmal mehr seine eigene Frau, geschweige denn ihn, seinen Sohn. Eine zusätzliche Belastung für alle – und ein weiterer Grund, warum er heute gekommen war, um Frieda zurückzuholen. »Ich fahre hier nicht ohne sie wieder weg, und wenn ich in der Sache zum Bürgermeister gehen muss.«

Gregor zog ein Schriftstück aus seiner Tasche und hielt es in die Höhe. »Hier steht es schwarz auf weiß. Friedas Geburtsort und ihr Geburtstag, die Todestage ihrer Eltern und die Bestätigung der Vormundschaft.«

»Darf ich?«, fragte der Fremde und streckte die Hand nach dem Papier aus.

»Wer sind Sie?«

»Johann König. Ein Freund von Frau Lenz.«

»Gib ihm, was immer du da hast, Gregor«, sagte Julie leise.

Widerstrebend reichte er dem Mann das Schriftstück, der es rasch überflog und dann nickte. »Es stimmt, was er sagt.«

»Es ist ein Wunder, dass ihr überhaupt so lange damit durchgekommen seid«, sagte Gregor, der es genoss, für einen Moment die Oberhand zu haben, und steckte das Dokument wieder in seine Tasche. »Und jetzt machst du Frieda bitte klar, dass sie mit mir mitzukommen hat.« Er sah Julie auffordernd an. »Falls du dich weigerst, jage ich dir die Behörden auf den Hals.«

Julie war ganz blass geworden. »Ich fürchte, das Recht ist auf seiner Seite«, sagte sie schließlich zu Frieda. »Herbert ist dein offizieller Vormund. Ich kann nichts tun.«

Frieda verschwand nach oben, um unter immer noch hörbarem Geschluchze und Geschimpfe ihre Sachen zu packen.

Gregor war es nun fast unangenehm. Sicher, er hatte geschafft, was er sich vorgenommen hatte, doch er sah auch große Schwierigkeiten auf sich zukommen. Frieda und Walburga unter einem Dach – er wagte kaum zu hoffen, dass das gutgehen würde. Und eine Auseinandersetzung mit

Julie hätte er sowieso lieber vermieden. Er wollte nicht mit ihr im Streit liegen.

Sie standen nun draußen vor dem Fährhaus in der Sonne. Noch eine gute Stunde würde es dauern, bis sie untergegangen wäre, gerade lang genug, um im Hellen zurück nach Bacharach zu kommen. Julie brachte ihm Wein. Ihr Freund, dieser König, war immer noch da und wich ihr nicht von der Seite. Gregor leerte den halben Krug, und dadurch etwas gestärkt, entschuldigte er sich bei Julie dafür, dass er sich nie bei ihr gemeldet hatte, und brachte dann noch die Sprache auf Ruth. Julies Gesicht erhellte sich sofort.

»Wie geht es ihr denn?«, fragte sie.

»Es geht ihr gut.«

Gregor hatte Julies Schwester in den letzten Monaten tatsächlich häufiger aufgesucht. Er hatte sich nämlich Rat von ihr erbeten, hatte wissen wollen, was zu tun wäre, damit es Walburga besser ginge, die schlecht schlief, seitdem sie in Umständen war, und noch unausstehlicher war als zuvor. Ruth hatte ihm ein Fläschchen mit einer Kräutertinktur gegeben, die Walburga abends vor dem Schlafengehen trinken sollte. Die schien tatsächlich zu helfen, Walburga verlangte mittlerweile jeden Abend danach, und er hatte schon zweimal Nachschub besorgt. Er ging gerne zu Ruth. Sie hörte ihm zu, besser als jeder andere, und allein das tat ihm schon gut.

Julie freute sich, zu hören, dass Gregor und Ruth sich regelmäßig sahen. »Das ist schön. Das beruhigt mich. Mir wird es immer schwer ums Herz, wenn ich daran denke, dass sie so allein dort oben wohnt.«

Dann war es endgültig Zeit abzufahren. Gregor ignorierte Friedas verkniffene Miene, nahm ihr das Bündel und den

Korb ab, die sie in Händen hielt, und legte ihr als Zeichen des guten Willens eine Decke auf den Kutschbock, damit sie bequemer saß.

32

JULIES AUGEN BRANNTEN, als sie dem Wagen hinterherblickte. Johann war neben ihr, strahlte Ruhe aus und spendete Trost. Es half ja nichts, Julie fuhr sich mit der Hand übers Gesicht, es musste weitergehen. Frieda würde es schon schaffen, und sie würde auch allein irgendwie klarkommen. Jetzt fiel ihr Johanns verletzte Hand wieder ein. »Ach, der dumme Spreißel«, sagte sie geschäftig, froh, etwas zu tun zu haben. Sie lief ins Haus, holte ihren kleinen Medizinkasten hervor. In dem Moment fing Mathilda an zu weinen.

»Meine Hand hat Zeit«, sagte Johann, der mit der Kleinen ebenfalls in die Stube gekommen war. »Du kannst zuerst Hildchen versorgen.«

Julie ließ den Medizinkasten sein, schürte das Feuer im Herd, und während Johann sich um Hildchen kümmerte, wärmte sie Hafergrütze auf. Der Brei warf blubbernde Blasen.

Hildchen hatte nach ein paar Löffeln genug. Julie brachte sie nach oben und legte sie schlafen. Lange blieb sie in der einbrechenden Dunkelheit neben dem Bettchen sitzen, während ihre Gedanken zuerst zu Frieda und dann zu Johann wanderten. Ihre Freundschaft hatte sich in eine Richtung entwickelt, die sie nicht für möglich gehalten hatte. Nach Ludwigs Tod war sie nicht davon ausgegangen, jemals einen Mann kennenzulernen, dessen Nähe sie herbeisehnen würde. Doch als Johann heute ihre Hand gehalten hatte, da hatte seine Berührung ein wohliges Prickeln durch ihren Körper geschickt – mehr noch, alles vibrierte in ihr, wenn er bei ihr war. Und es verwirrte sie, dass ein und dieselbe Sache ihr Lust und Angst zugleich machte, ein Widerspruch, von dem ihr ganz schwindelig wurde.

Als sie wieder nach unten in die Stube kam, saß Johann am Tisch. Sie zündete eine Kerze an und holte ihr Wundbesteck hervor. Johann tat keinen Mucks, während sie den tiefsitzenden Splitter herauszog, die Wunde mit Alkohol abtupfte und mit einem Streifen Leinen verband.

»Nur für einen Tag. Danach kannst du die Binde wieder entfernen«, sagte sie, während sie einen Knoten in das Leinen machte und die Enden feststeckte.

»Wo hast du das gelernt?«

»Bei Muttchen.«

Julie hielt immer noch Johanns Hand und betrachtete die bläulichen Adern an der Innenseite seines Handgelenks, die sie an einen Flusslauf erinnerten. Dort war seine Haut ganz zart, und sie ließ ihre Fingerspitzen einen Augenblick länger darauf ruhen, als es nötig gewesen wäre. Ein verlegenes Schweigen entstand zwischen ihnen, das Johann als Erster durchbrach.

»Erzählst du mir von deinem Muttchen?«, fragte er.

Und dann erzählte Julie ihm zum ersten Mal wirklich von sich. Sie beschrieb das karge, aber glückliche Leben mit ihrer Mutter und ihrer Schwester auf der Burg, erzählte von ihrer Zeit als Magd im *Löwen*, erklärte ihm, dass Gregor im

Grunde kein schlechter Mensch war, nur eben zu schwach, dass er unter Walburgas Fuchtel stand und schon immer unter Gundels, die wiederum darunter zu leiden hatte, dass ihr Mann dem Alkohol verfallen und zu nichts nutze war. Und dann erzählte sie auch, dass es bei ihrem Mann Ludwig mit dem Alkohol genauso gewesen wäre, dass sie ihm aber für Mathilda auf ewig dankbar sein würde. Doch sie sorgte sich um die Kleine, gab sie zu. Hatte Angst, ihr keine so gute Mutter zu sein, wie ihr Muttchen es für sie gewesen war. Es war, als hätte sich eine Schleuse geöffnet, so lebhaft sprudelten die Worte aus Julie hinaus.

»Ich bin sicher, du bist die beste Mutter, die Hildchen sich wünschen kann«, sagte Johann. »Sei nicht so streng mit dir, wo du doch in allen anderen Menschen nur das Gute siehst.«

»Nur dort, wo es etwas Gutes gibt, du Binnes«, sagte sie und musste an Pfarrer Wurm denken, an dessen Gutsein sie ihre Zweifel hatte. Und dann dachte sie schon wieder an Ludwig, obwohl sie sonst jede Erinnerung an ihn immer so weit wie möglich von sich schob. Mit Johann war er schon gar nicht zu vergleichen. Johann war ganz anders als alle anderen Männer, die sie kannte. Weder war er gewollt lustig noch prahlsüchtig oder selbstverliebt. Er war klug, und er hatte was von der Welt gesehen. Auch hörte er ihr auf eine für sie ganz neue Art zu. Sein Zuhören machte, dass ihre Worte Gewicht bekamen und in ihr nachklangen.

Lange saßen Julie und Johann so beieinander und redeten, und irgendwann stand Julie auf, um etwas zu essen zu holen. Es war keine Hafergrütze mehr da, und so aßen sie Brot mit Butter und frisch eingekochten Holunderbeeren, und jede zufällige oder auch nicht so zufällige Berührung der beiden schickte kleine Blitze durch Julies Arme und Beine und durch ihren ganzen Körper. Nach ihrer Mahlzeit blieben sie sitzen. Julie ging nicht in die Küche, und anders, als es ihre Gewohnheit war, nahm sie auch keine Handarbeit hervor, begann nicht zu stricken, zu nähen oder Nüsse zu knacken. Vorsichtig tastete Johanns Hand nach ihrer, die auf dem Tisch neben dem Holzbrett lag. Seine Hand war groß, und die Finger und die Handinnenfläche waren rau. Julies Hand war ebenfalls von der Arbeit ganz rau, aber im Vergleich zu seiner klein, schmal und weiß. Sie verschwand fast gänzlich unter seiner. Es fühlte sich gut an. Sehr gut sogar.

Julie wurde heiß. Feuchtigkeit sammelte sich zwischen ihren Brüsten und ihren Schulterblättern, bildete da wie dort kleine Rinnsale, und plötzlich kam ihr der säuerliche Geruch von Ludwigs nacktem Körper in den Sinn, seine spitzen Knochen und seine grobe Kraft – und auch das Gefühl des Verlorenseins nach ihrer Hochzeitsnacht.

Sie stand abrupt auf und begann, den Tisch abzuräumen, doch in der Hand, die unter der von Johann gelegen hatte, prickelte es weiterhin. Johann war auch aufgestanden. Er trug das Holzbrett in die Küche, von dem sie gegessen hatten, und stellte es auf ihre Bitte hin oben auf das Bord, und als er den Arm hob, nahm sie seinen Geruch wahr – er roch nach Sommer, nach Erde kurz vor einem Gewitter, herb und beruhigend. Julie hatte mit einem Mal Sorge, dass er sich gleich verabschiedete. Sie konnte die Leere, die Johanns Abwesenheit hinterlassen würde, schon jetzt fühlen – und in dem Moment verstand sie, dass sie im Begriff war, sich in ihn zu verlieben. Die Erkenntnis traf sie so plötzlich, dass sie mitten in der Bewegung innehielt. Das war es also, was Ruth für Gregor empfand, dachte sie. Alles, was heute passiert war, gehörte mit dazu – die Wiedersehensfreude, die Sehnsucht nach Berührung, das Prickeln auf der Haut, aber auch die Furcht vor dem Verlassenwerden.

»Was ist denn mit dir los?«, frage Johann mit einem amüsierten Unterton in der Stimme. »Du machst ein Gesicht, als ob dir die heilige Jungfrau erschienen wäre.«

Seine Stimme weckte sie aus der Erstarrung. »Ich dachte nur gerade, dass ich dir noch nichts zu trinken angeboten habe«, sagte sie. Dann holte sie einen Riesling, den ihr die Frau des Krämers geschenkt hatte, und sie setzten sich wieder an den Tisch, und Julies Herz schlug schneller, weil sie glaubte, er würde gleich wieder ihre Hand nehmen, doch das geschah nicht. Stattdessen lehnte sich Johann zurück und betrachtete sie aufmerksam.

»Darf ich dich zeichnen?«, fragte er.

Überrascht starrte sie ihn an. »Zeichnen?«

»Das wollte ich dich schon die ganze Zeit fragen, doch ich habe es nie gewagt. Du warst immer so beschäftigt.«

»Kannst du das denn?« Julie war ehrlich verblüfft. Im *Löwen* waren ein paarmal Künstler abgestiegen, deren Skizzen vom Rhein, den Burgen oder der Loreley sie gesehen hatte. Doch abgesehen von diesen Herren, die sie immer als ungeheuer fremdartig empfunden hatte mit ihren graphitverschmierten Kragen und den abgelaufenen Lederschuhen, die sie zum Schuster hatte bringen müssen, kannte sie niemanden, der diese Kunst beherrschte. Wozu sollte das auch gut sein? Zeichnungen waren doch zu nichts nutze. Nicht einmal an die Wand hängen konnte man sie sich, das taten nur reiche Leute.

»Ein bisschen schon«, sagte Johann. »Aber erwarte nicht

zu viel. Es ist für mich nur ein Zeitvertreib, ähnlich wie das Schnitzen.«

»Ich habe gar keine Erwartungen«, sagte Julie. »Was muss ich tun?«

»Gar nichts, das heißt, vielleicht doch. Du könntest dich näher ans Fenster setzen, von draußen fällt etwas Mondlicht herein. Und die Kerze kommt hier neben dich.« Er arrangierte alles, wie er es haben wollte. »Darf ich?«, fragte er und strich ihre Haare hinter die eine Schulter zurück. Sein Atem streifte ihre Wange, als er sich über sie beugte, und sie spürte an ihrer Ohrmuschel, dass seine Finger zitterten. Dann holte er einen Skizzenblock und einen Graphitstift aus seinem Bündel hervor und fing im Licht der Lampe, die sie für ihn auf den Tisch gestellt hatte, an zu zeichnen.

Eine Weile hörte man nur noch das Geräusch seines Stifts auf dem Papier. Johann war sehr konzentriert. Seine Zungenspitze stahl sich zwischen den Lippen hervor, immer wieder wanderte sein Blick zwischen ihr und dem Zeichenblock hin und her.

Wann hatte Julie zuletzt einfach nur still dagesessen und nichts getan? Sie konnte sich nicht erinnern. Irgendwann fielen ihr beinahe die Augen zu.

»Julie?«

Johann stand neben ihr und berührte sie sanft an der Schulter. Sie war im Sitzen eingeschlafen. Die Kerze neben ihr war fast ganz heruntergebrannt und knisterte leise. Auf dem Tisch lag die Zeichnung.

»Willst du mal schauen?«, fragte er.

Sie stand auf, trat zum Tisch und sah auf das Bild einer jungen Frau mit geneigtem Kopf. Das offene, wellige Haar war nur angedeutet und verlor sich im Hintergrund, das

Gesicht schwebte darin wie in Wasser. Die Konturen ergaben sich aus dem Kontrast von Licht und Schatten. Johann hatte eine Wange und die Seite der Nase schraffiert, die andere Wange leuchtete hell, so dass man fast meinte, die Lichtquelle ausmachen zu können. Die Lider waren halb geschlossen. Alles wirkte so echt, dass Julie meinte, das Bild müsse lebendig sein. Sie erkannte sich sogar wieder, denn ab und zu, sehr selten, holte sie den Handspiegel von Elisabeth hervor – halb verstohlen, als täte sie etwas Verbotenes – um sich darin anzuschauen. Und doch sah die Frau auf diesem Bild ganz anders aus, als sie sich selber in Erinnerung hatte. Sie wirkte so ernst, klug und nachdenklich und so ganz in sich selbst versunken, als gäbe es keine Welt um sie herum.

»Wie hast du das gemacht?«, flüsterte Julie.

Als sie aufsah, merkte sie, dass sein Blick nicht auf der Zeichnung ruhte, sondern auf ihr.

Er lächelte sie an. »Es ist nur eine Zeichnung. Aber du – du bist vollkommen.«

Sie standen dicht beieinander, und wieder nahm Julie seinen Geruch wahr, der ihr schon so vertraut schien, als gehörte er zu ihr. Johann war einen halben Kopf größer als sie, so dass sie zu ihm aufsehen musste, jetzt beugte er sich zu ihr, näherte sich ihr langsam und vorsichtig, legte seine Lippen auf die ihren, und dann küssten sie sich. Es war ein langer, zarter Kuss, bei dem sie sich erkundeten, schmeckten, immer weiter vortasteten, ein Kuss, der im ganzen Körper zu fühlen war, denn Julies Knie wurden weich, und als er seine Arme enger um sie schlang und sie noch näher an sich zog, konnte sie durch ihrer beider Kleidung hindurch spüren, dass auch er sie begehrte.

Im ersten Moment war alles noch so klar und einfach gewesen. Sie hatte die Muskeln seiner Oberarme unter seinem Hemd gespürt und sich bereitwillig an ihn geschmiegt, doch schon im nächsten Moment überkam Julie Unsicherheit. Wieder stahlen sich Ludwigs knochige Züge in ihr Gedächtnis, die Grobheit, mit der er in sie hineingestoßen hatte. Sie wusste zwar, dass Johann nichts, aber auch gar nichts mit Ludwig gemein hatte, doch ihr Körper besaß offenbar eine ganz eigene Erinnerung.

Johann schien zu merken, dass sich bei ihr etwas verändert hatte. Er streichelte ihr Haar und sah sie ernst an.

»Was ist?«, fragte Julie und befürchtete schon, dass er ihre Gedanken lesen konnte und sie womöglich falsch interpretierte.

»Es ist nur … du solltest vielleicht wissen, dass ich noch nie …«

Sie hielt den Atem an. »Noch nie?«

»Nein. Noch nie«, sagte Johann.

Heiterkeit überkam Julie. Ein Lachen stieg in ihrer Kehle auf und gluckste heraus.

»Findest du das komisch?«, fragte er stirnrunzelnd. Über den verwirrten Ausdruck in seinem Gesicht musste sie noch mehr lachen, doch dann nahm sie sich zusammen. Sie durfte jetzt nichts Falsches sagen.

»Nein, es ist nicht komisch. Es macht mich einfach – froh. Mathildas Vater war kein guter Mann. Er hat mir sehr weh getan. Doch du würdest mir niemals weh tun, das weiß ich. Du bist der beste und liebste Mensch, dem ich je begegnet bin. Ich lache, weil wir zusammen ganz von vorne anfangen können«, sagte sie. Und dann umarmte sie ihn stürmisch, küsste ihm statt einer weiteren Erklärung den erstaunten

Ausdruck von den Lippen, drehte sich, um mit ihm durchs Zimmer zu tanzen.

Er hatte ihren Kuss erwidert, trotzdem wirkte er angespannt, und nach wenigen Schritten, die sie ihn herumgewirbelt hatte, blieb er stehen.

»Jetzt sei nicht so, Johann«, sagte Julie. »Ich habe zwar gelacht, aber so habe ich es nicht gemeint.«

»Ich verstehe, was du gemeint hast, und ich bin auch froh über uns beide. Aber es macht mich so unglaublich wütend, dass du das erleben musstest.«

Sein Mitleid ließ Julie verlegen werden. »Ich habe dir das nicht erzählt, damit du mich bedauerst.« Sie wollte nicht, dass er so ernst wurde. Sie wollte jetzt fröhlich sein und den Moment genießen.

»Jeder, der dir etwas antun will, bekommt es von nun an mit mir zu tun«, sagte er, ein hartes Funkeln in den Augen.

»Es ist vorbei, Johann«, sagte sie beruhigend. »Ludwig ist tot. Und er wusste es nicht besser. Er hat es nicht anders gelernt.« Sie küsste Johann wieder, schmiegte sich an ihn, um ihn zu beruhigen. »Was ist?«, fragte sie. »Willst du mich denn nicht mehr?«

»Und ob ich dich will«, sagte Johann. Er setzte sich auf einen Stuhl und zog sie auf seinen Schoß. »Aber du weißt noch nicht alles über mich.«

»Aha.« Sie lächelte ihn an, ein wenig verlegen darüber, wie ein Kind auf seinem Schoß zu sitzen. Doch gleichzeitig fühlte es sich sehr gut an. Sie lehnte sich an ihn.

»Ich habe Sorge, dich zu enttäuschen«, fügte er leise hinzu.

»Ich kann mir zwar kaum vorstellen, dass du mich enttäuschen könntest, aber gut. Also, was hast du mir verschwiegen?«, gab sie ebenso leise zurück.

»Du hast mich doch vorhin gefragt, warum ich aus England hierher zurückgekommen bin.«

Sie nickte und wartete darauf, dass er weitersprach.

»Das habe ich noch nie jemandem erzählt.«

Sie nickte wieder. »Heute ist ein guter Tag für erste Male.«

»Es war im Oktober. Wir fuhren unsere tägliche Route, und man konnte vor lauter Nebel kaum die Hand vor Augen sehen. London ist eine schmutzige Stadt. Es gibt viele Fabriken mit qualmenden Schloten, so viel Dreck und Staub, dass einem manchmal das Atmen schwerfällt. An diesem Morgen war es besonders schlimm. Ich stand an Bord der Élise und sah hinunter ins Wasser der Themse. Die Themse ist nicht wie der Rhein, dort leben so gut wie keine Fische mehr. An manchen Tagen stinkt der ganze Fluss nach Kloake.«

Julie versuchte, sich so viel Schmutz vorzustellen, doch es fiel ihr schwer. »Wie kann das sein?«

»Es leben einfach so viele Menschen in London. Ungefähr tausendmal mehr als hier in Bacharach«, erklärte Johann.

Diese Zahlen nützten Julie auch nicht viel, doch sie verstand, dass es schlimm gewesen sein musste.

»Das hört sich schrecklich an«, sagte sie.

Johann räusperte sich, bevor er weitersprach. »Ich sah in den Fluss und dachte plötzlich daran, hineinzuspringen. Ich fühlte mich so schwer. Ich dachte, dass all das Gewicht, das auf mir lastete, reichen würde, um mich unter Wasser zu drücken. Und dann wäre es endlich vorbei.«

»Du wolltest sterben?«, fragte Julie traurig. Der Schmerz

in seinem Gesicht drückte sogar ihr die Kehle zu. Trotz allem, was sie erlebt hatte – den Tod hatte sie noch nie herbeigesehnt. Sie dachte an den Rhein, der immer ihr bester Freund gewesen war. Vielleicht verdankte sie ihr Leben ja am Ende dem Fluss.

Er brauchte einen Moment, um zu antworten. »An diesem Tag ist mir bewusst geworden, dass diese Stadt mich umbringen würde, wenn ich dortbliebe. Und so bin ich in Köln und bei Eyselen gelandet. Seitdem fahre ich auf der Unschuld den Rhein hinauf und hinunter. Und da ist noch etwas …«

Er hielt mitten im Satz inne und starrte über ihre Schulter hinweg in Richtung Fenster. Seine Muskeln spannten sich an. Julie erschrak und sprang von seinem Schoß.

»Was ist los?«, fragte sie.

»Da war jemand am Fenster.«

»Das kann nicht sein.« Ihre beiden Fenster hatten zwar weder Vorhänge noch Läden, aber das Erdgeschoss lag erhöht, um vor Hochwasser geschützt zu sein. Man konnte von draußen nicht ohne weiteres hereinsehen, es sei denn …

»Er war da.« Johann stand schon bei der Tür.

»Er? Wen meinst du?«, fragte Julie.

»Schließ die Tür hinter mir ab«, bat Johann und war im nächsten Augenblick verschwunden.

33

ELISABETH STIEG, ALS EINE der ersten Frauen überhaupt, am dreißigsten Oktober 1824 auf das Dampfschiff *De Zeeuw* in Richtung Mainz. Seit Wochen hatte es für Peter kaum ein anderes Thema als diese Versuchsfahrt gegeben, die beweisen sollte, dass eine Dampfschifffahrt auf dem Rhein oberhalb von Köln möglich war. Um Einmischungen seitens der Behörden vorzubeugen, hatte die Kölner Handelskammer die wichtigsten Regierungsmitglieder eingeladen, sich selbst ein Bild von der Leistungsfähigkeit des Schiffes zu machen.

Am Tag zuvor, direkt nachdem das Schiff aus Rotterdam eingetroffen war, hatte eine Lustfahrt bei Köln stattgefunden, wenn auch ohne weibliche Begleitung, da im großen Salon nur fünfzig Personen speisen konnten. Das Schiff bewies dabei seine Manövrierfähigkeit, indem es gegen die Strömung rückwärtsfuhr oder mitten im Lauf innehielt und wendete. Als Höhepunkt der Demonstration nahm die *De Zeeuw* ein Segelschiff in Schlepp, das mit zweitausend Zentner Getreide beladen war, und verließ mit dieser Last sogar ruhigere Fahrwasser und begab sich in die Mitte des Stroms.

Elisabeth hatte diese Vorführung trotz des stürmischen Wetters zusammen mit Tausenden anderen Schaulustigen vom Ufer aus verfolgt. Der Koloss maß über einhundert Fuß in der Länge und bot mit seinem rauchenden Schlot einen imponierenden, wenn auch leicht beängstigenden Anblick. Von Peters Ausführungen wusste Elisabeth, dass die Maschine im Bauch des Schiffes eine Kraft von zweihundert Pferdestärken entfaltete, die sich auf die beiden großen Schaufelräder übertrug. Was sie sich vor Jahren in ihren kühnsten Träumen nicht hatte vorstellen können, war also wahr geworden.

Auf der Weiterfahrt am nächsten Morgen gingen, neben den geladenen Honoratioren, außer Elisabeth noch drei weitere Damen an Bord. Die Besatzung bestand aus zwei Maschinisten, vier Heizern, sechs Matrosen und zwei Steuermännern, zudem gab es vier Stewards, zwei Köche und einen Küchenjungen, die sich um das Wohl der Gäste zu kümmern hatten. Nur rund eine Woche plante Gerhard Moritz Roentgen für die Fahrt nach Mainz und zurück ein. Der etwa dreißigjährige ehemalige Leutnant der niederländischen Marine war nicht nur der technische Direktor der Niederländischen Dampfschifffahrtsgesellschaft, die die *De Zeeuw* hatte bauen lassen, sondern auch der Kapitän des Schiffes.

In Koblenz nahm die Triumphfahrt allerdings vorerst ein Ende. Kurz hinter Andernach wurde die Strömung nämlich aufgrund eines einsetzenden Hochwassers so stark, dass das Schiff trotz voller Motorleistung nahezu auf der Stelle stand. Nur mit Mühe schafften sie das letzte Stück in den rettenden Hafen. Ein paar Röhren hatten sich mit Schlamm zugesetzt, erklärte Roentgen den Passagieren, deren Begeisterung durch diese Mitteilung kaum getrübt wurde, und mussten gereinigt werden. Außerdem wurden zwecks intensiverer Feuerung und Steigerung der Motorleistung Saarkohle und Buchenholz an Bord genommen.

Doch nun waren sie wieder unterwegs, hatten bereits Braubach mit der malerischen Marksburg passiert, und näherten sich den beiden Burgen Sterrenberg und Liebenstein, die einer Sage nach auch die Feindlichen Brüder genannt wurden. Diese Information entnahm Elisabeth dem Rheinpanorama im Leporelloformat, das sie sich angeschafft hatte, um sich besser orientieren zu können.

Elisabeth sah die Burgen vor dem Fenster des Damensalons auftauchen, ein kleines, geschmackvoll eingerichtetes Zimmer im vorderen Teil des Schiffes, das üblicherweise dem Kapitän vorbehalten war. Auch hier hörte man den unaufhörlichen Lärm der Maschine und fühlte die Vibrationen des Schiffsrumpfs, während sich die Räder ihren Weg durch die Fluten des Rheins schaufelten, eine Art Mühlrad auf dem Wasser. Elisabeth wurde es in Gesellschaft der vier Holländerinnen, die ebenfalls ihre Ehemänner begleiteten, allmählich langweilig, und auch wenn Peter sie vor der kalten Oktoberluft gewarnt hatte, entschied sie sich, dem Deck einen Besuch abzustatten.

Es nieselte, und der Wind blies die feuchten Schauer unter das Segeltuchdach. Nur wenige Männer hielten sich an Deck auf, darunter Sulpiz Boisserée, der zusammen mit Herrn Noelle in Remagen zugestiegen war. Der Anblick der beiden hatte sie an ihr Erlebnis im Haus der Brentanos in Winkel erinnert. Clemens Brentano war an jenem Tag im Sommer, an dem sie ihn in seinem Zimmer aufgesucht und ihn halb wahnsinnig vorgefunden hatte, vom Hausarzt der Familie mit einem Schlaftrunk ruhiggestellt worden. Sie hatte ihn vor ihrer Abreise nicht mehr wiedergesehen und auch mit niemandem über das Erlebte gesprochen. Nicht einmal Bettine hatte sie sich anvertraut. Doch die Frage, wer die Frau auf seiner Zeichnung gewesen war, hatte sie seitdem nicht mehr losgelassen.

Boisserée war mit Roentgen in ein Gespräch vertieft, das

sich sehr technisch anhörte und bei dem sie nicht stören wollte. Elisabeth zögerte noch, ob sie bleiben oder in der großen Kajüte auf die Suche nach Peter gehen sollte, als ein weiterer Herr mit einer Pfeife in der Hand erschien. Es war Herr Noelle, und an der Art und Weise, wie ihr Herz mit einem Mal schneller schlug, merkte sie, dass sie insgeheim darauf gehofft hatte, ihm zu begegnen. Erfreut zog er bei ihrem Anblick seinen Hut.

Sie unterhielten sich über den Lärm der Maschine und der Schaufelräder hinweg, die ihr unermüdliches Werk im schäumenden Wasser taten, und winkten den Menschen am Ufer zu. Die *De Zeeuw* war für jedermann eine Sensation. Kein Wunder, denn das Hochwasser war mittlerweile so stark, dass die Leinpfade an beiden Ufern überflutet waren. Kein anderes Schiff fuhr unter diesen Bedingungen stromaufwärts.

»Was halten Sie von der Ausstattung?«, rief Herr Noelle, seinen Hut mit der Hand auf dem Kopf festhaltend, ihr zu. Seine Pfeife hatte er wieder eingesteckt.

»Beeindruckend. Mit so viel Eleganz hatte ich nicht gerechnet. Hatten Sie schon Gelegenheit, einen Blick in die Küche zu werfen? Das beheizbare Spülbecken wäre für jedes Gasthaus eine Bereicherung.«

Herr Noelle nickte anerkennend. »Ihr praktischer Sinn ist bewundernswert, liebe Frau Merkens.«

»Ein zusätzlicher überdachter Aufenthaltsbereich auf dem Vorderdeck wäre allerdings gerade bei schönem Wetter wünschenswert. Ein paar Bänke würden schon reichen. Unten in der Kabine lässt es sich gewiss angenehm speisen, aber um die Natur zu erleben, kommt man doch lieber an Deck.«

»Ich stimme Ihnen zu. Je komfortabler und moderner die Fahrgastschiffe, desto mehr Touristen werden sie anziehen. In der großen Kajüte sind die Gespräche zur Gründung einer deutschen Dampfschifffahrtsgesellschaft in vollem Gange.«

»Mit Sicherheit werden sie erfolgreich sein. Mein Mann ist nicht zu bremsen. Was machen denn Ihre Pläne, ein Rheinhotel betreffend?«

»Ich habe inzwischen einen Agenten damit betraut, für mich ein geeignetes Anwesen ausfindig zu machen. Er hat mir vorgeschlagen, Burg Stahleck in Augenschein zu nehmen.«

»Burg Stahleck in Bacharach?«

»Kennen Sie die?«

»Mein Mann und ich haben in Bacharach übernachtet. Sie wissen schon, das war auf der Reise, auf der wir uns kennengelernt haben.«

»Eine denkwürdige Fahrt.« Herr Noelle nickte.

»Sie haben einem Halfen Geld gegeben, damit er aufhört, sein Pferd zu schlagen.«

»Daran erinnern Sie sich noch?«

»Es hat eben Eindruck auf mich gemacht.«

»Dabei war es vermutlich eher ziemlich sinnlos«, gestand Noelle ein. »Nun, wo Sie es erwähnen, denke ich, dass ich damit vor allem eine gewisse Dame beeindrucken wollte.«

»Das ist Ihnen gelungen.« Sie merkte, dass sie wie ein Backfisch errötete.

Er räusperte sich und wechselte das Thema. »Sie kennen also die Stahleck.«

Elisabeth nickte. »Die Lage ist herrlich. Man blickt

stromauf und stromab über den Rhein und auf die Burg Katz direkt gegenüber. Es ist allerdings nicht mehr viel von der Bausubstanz vorhanden.«

»Es kann nur von Vorteil sein, wenn niemand dort wohnt.«

»Was das betrifft, irren Sie sich. Eine junge Frau lebt dort oben. Und zwar schon sehr lange. Um genau zu sein, seit ihrer Geburt.«

»Sie müsste sich eben eine neue Bleibe suchen.«

»Sie werden Sie ja kennenlernen, wenn Sie die Burg besichtigen. Vielleicht überlegen Sie es sich noch einmal. Sie ist nämlich blind. Ihre gewohnte Umgebung zu verlassen, wäre sicher schwer für sie.

»Ihnen liegt etwas am Schicksal dieser Frau«, stellte Noelle fest. Er betrachtete Elisabeth nachdenklich. »Ich habe Roentgen darum gebeten, mich in Bacharach abzusetzen. Sie hätten nicht zufällig Interesse daran, mich zu begleiten? Die Sichtweise einer klugen Dame zu hören, wäre mir sehr willkommen.«

»Ich weiß nicht recht.«

»Auf der Rückfahrt der *De Zeeuw* würden wir wieder an Bord gehen.« Herrn Noelles Augen leuchteten nun vor Tatendrang, bis er endlich ihr Zögern registrierte. »Verzeihen Sie meine Unverfrorenheit. Selbstverständlich dürfen Sie Ihren Mann nicht allein lassen.«

»Ach, im Grunde braucht er mich ja nicht«, erwiderte Elisabeth nach kurzem Nachdenken. »Ich werde gleich mit ihm sprechen. Allerdings bin ich mir ganz und gar nicht sicher, ob die *De Zeeuw* Bacharach überhaupt erreicht. Wir scheinen wieder auf der Stelle zu stehen.« Sie deutete ans Ufer, wo schon seit einer ganzen Weile eine Gruppe von

Menschen das fauchende Ungetüm auf dem Wasser bestaunte. Und immer mehr Leute strömten herbei.

»Roentgen schafft das schon. Er ist ein Tausendsassa«, sagte Noelle.

Der junge Kapitän hatte sich mittlerweile auf die offene Brücke begeben, stand jetzt neben seinem Steuermann und brüllte über ein Sprechrohr Befehle hinunter in den Maschinenraum. Ein Windstoß blies Noelle beinahe den Hut vom Kopf, und da der Regen nun nahezu waagrecht unter das Segeltuchdach peitschte, gingen Noelle und Elisabeth zu den anderen unter Deck.

Johann saß wegen des Hochwassers in Sankt Goar fest. Unglücklich war er darüber nicht, im Gegenteil. Er pries das Schicksal dafür, dass die *Unschuld* es bis hierher geschafft hatte, bevor die Leinpfade unpassierbar geworden waren. Nun standen er und Julie inmitten anderer Schaulustiger am Ufer, um das Eintreffen des Dampfschiffs zu erwarten, das Stafettenreiter vor einer Stunde angekündigt hatten, die *De Zeeuw*. Er dachte an den Zeitungsartikel, den er seit ein paar Wochen mit sich herumtrug. Der Erfolg oder Misserfolg dieser Versuchsfahrt konnte auch über seine berufliche Zukunft entscheiden, was sogar noch wichtiger geworden war, seitdem sein persönliches Glück nun so viel greifbarer schien. Julie war an seiner Seite, und Mathilda saß auf seinen Schultern und krallte sich mit ihren Händchen an seinen Haaren fest.

Endlich kam das Schiff in Sicht, dessen Schnaufen schon seit einer Weile im engen Tal zu hören war, und der Männerchor der evangelischen Kirche hob an, das einstudierte Lied zum Besten zu geben. Viel zu früh, wie sich herausstellte, denn das Dampfboot hatte Mühe, gegen die Strömung anzukommen. Fünfzehn Minuten später war es endlich geschafft, und es ging vor Anker. Ein knappes Dutzend Passagiere kletterte in eines der mitgeführten Beiboote und wurde von den Matrosen an Land gerudert, die übrigen blieben an Bord. Offenbar hatte der Kapitän Hoffnung, die Fahrt heute noch fortzusetzen, was gewiss eine Herausforderung werden würde.

Während die Menge der Schaulustigen hin und her wogte und der Chor sein Lied zum vierten Mal zum Besten gab, diesmal sogar in Hörweite der Ankömmlinge, entdeckte Johann weiter vorne am Ufer neben Labonte und einem anderen gewichtigen Herrn mit Uhrkette, bei dem es sich um Bürgermeister Krause handelte, einen weiteren Mann, den er sofort erkannte. Xaver Freigang. Er sah aus, wie Johann ihn in Erinnerung hatte, ein wenig hagerer vielleicht, die Jahre hatten an ihm gezehrt. Aber er war es, eindeutig. Johann duckte sich unwillkürlich weg, doch Freigang sah sowieso nicht in seine Richtung, sondern half dem Beiboot der *De Zeeuw* beim Anlegen.

Julie folgte Johanns Blick.

»Ist das Wolf Frei?«, fragte er und kannte die Antwort bereits.

»Ja. Das ist er«, sagte Julie.

In jener Nacht im September hatte er den Störenfried nicht erwischt, aber draußen vor dem Fenster hatte er eine Kiste gefunden. Ein Beweis dafür, dass er sich nicht getäuscht hatte. Sie waren beobachtet worden, und er war sich vollkommen sicher, dass es Freigangs Gesicht gewesen war, das er gesehen hatte. Doch er hatte die Sache gegenüber Julie im Nachhinein heruntergespielt, um sie nicht zu beunruhigen. Obwohl er mittlerweile glaubte, dass das ein Fehler gewesen war. Julie wirkte nämlich ohnehin nie sonderlich ängstlich, sondern neigte dazu, unvorsichtig zu sein. Sie ging durchs Leben, als könne ihr nichts und niemand etwas anhaben. Und wie sollte Johann sie beschützen, wenn sie selbst nirgendwo Gefahren sah? Der Gedanke, ihr könnte etwas passieren, war ihm unerträglich.

Julie nahm ihm Hildchen ab, die auf seinen Schultern herumzappelte, setzte sie sich auf die Hüfte und sah wieder in Richtung des anlegenden Beiboots. Plötzlich wurden ihre Augen groß und rund.

»Elisabeth! Da ist Elisabeth«, rief sie, und bevor er fragen konnte, wer Elisabeth war, hatte Julie ihn am Ärmel gepackt. »Und ihr Mann ist auch dabei! Kommt mit! Ich muss dir die beiden unbedingt vorstellen.«

Julie zog Johann zum Ufer. Er folgte ihr, auch wenn das der denkbar ungünstigste Zeitpunkt für eine Konfrontation mit Freigang war. Lieber hätte er ihn erst unter vier Augen gesprochen, um herauszufinden, was er im Schilde führte, obwohl er inzwischen so eine Ahnung hatte. Freigang hatte selbst ein Auge auf Julie geworfen – und Johann war ihm in die Quere gekommen.

Die Passagiere waren ausgestiegen, darunter eine auffällig kleine dunkelhaarige Dame, die Julie ebenso herzlich begrüßte, wie Julie sie. Johann hielt sich zunächst im Hintergrund. Freigang, Labonte und der Bürgermeister sprachen jetzt mit einem Mann, der, seiner Uniform nach, der Kapitän des Dampfboots sein musste. Johann stand nahe genug, um zu verstehen, was gesprochen wurde, und er begriff, warum Freigang Teil der Delegation war. Er war auserkoren worden, die *De Zeeuw* bis nach Bacharach zu lotsen.

Julie unterhielt sich mit der kleinen Dame und winkte ihn nun herbei. »Das ist er. Das ist mein guter Freund Johann König. Johann, das sind Herr Merkens und seine Frau.«

»Sehr erfreut.« Frau Merkens reichte ihm lächelnd die Hand, und ihr Mann, ein Herr mit nahezu weißem, jedoch noch vollem Haar und einem jung gebliebenen Gesicht, der Selbstbewusstsein und Wohlwollen ausstrahlte, musterte ihn interessiert.

In dem Moment drehte Freigang sich zu ihnen herum. Seine Augen weiteten sich, als er Johann erkannte, aber nicht nur vor Überraschung. Johann las noch etwas anderes in seinem Blick, nämlich offene Feindseligkeit.

Freigangs Blick wanderte von Johann zu Julie und wieder zurück zu ihm, fixierte ihn. Dann fasste er sich an den Kragen seiner Jacke und zog daran, als rücke er ihn zurecht, doch auf Johann wirkte diese Geste wie eine Drohung.

»Sie kennen sich also mit Dampfschiffen aus?« Die Frage von Herrn Merkens drang gerade noch rechtzeitig an Johanns Ohr. Er wandte sich wieder dem Kaufmann zu und versuchte, sich auf die Unterhaltung zu konzentrieren. Doch auch noch während des ganzen folgenden Gesprächs wurde Johann das Gefühl nicht los, dass Freigangs Blicke ihn durchbohrten, obwohl er inzwischen aus seinem Blickfeld verschwunden war.

»Ich bin ein paar Jahre auf der Themse gefahren. Zuletzt als Kapitän auf dem Räderboot Élise«, sagte er.

»Als Kapitän«, wiederholte Merkens anerkennend. »Linienfahrten zwischen London und Gravesend. Richtig?«

»Vollkommen richtig«, sagte Johann.

Merkens lächelte zufrieden. »Ich kenne so ziemlich jedes Dampfschiff das zwischen Köln und London verkehrt«, erklärte er. »Und was machen Sie jetzt, wenn ich fragen darf?«

Johann wies in Richtung der *Unschuld*, die nicht weit entfernt vor Anker lag. »Jetzt fahre ich wieder auf dem Rhein.«

»Sie kennen also das Gebirge?« So wurde der Abschnitt zwischen Sankt Goar und Bingen unter Schiffern bezeichnet.

Johann nickte wieder. »Allerdings. Das ist mein Geschäft.«

»Herr Roentgen.« Merkens hob die Hand, um dem Kapitän ein Zeichen zu geben. »Das hier ist Ihr Mann.«

Roentgen kam herbei, und wenige Minuten später waren sie sich einig. Labonte war ihm gefolgt, und als er begriff, was geschah, erhob er Einwände und pochte auf die getroffene Vereinbarung, doch niemand schenkte ihm Gehör. Roentgen und Merkens entschieden, dass Johann als ehemaliger Dampfschiffer am besten qualifiziert war, die *De Zeeuw* durchs Gebirge zu lotsen. Alles ging so schnell, dass Johann kaum begriff, wie ihm geschah. Ein paarmal sah er zu Julie hinüber, die mit Frau Merkens zusammenstand und übers ganze Gesicht strahlte. Sie begriff, ebenso wie er, dass dieser Auftrag eine riesengroße Chance für ihn bedeutete. Freigang blieb verschwunden, aber Johann war sich sicher, dass er ihn nach wie vor beobachtete. Er musste auf der Hut sein.

»Wir müssen sofort weiter«, entschied der Kapitän der *De Zeeuw*. »Oder was meinen Sie? Macht es Sinn zu warten?«

»Nein.« Johann schüttelte den Kopf. Er wusste aus Erfahrung, dass der Höhepunkt des Hochwassers sehr wahrscheinlich noch nicht erreicht war. »Es sei denn, Sie wollen ein paar Tage hier vor Anker liegen.«

»Das ist unmöglich.« Roentgen zog düster die Augenbrauen zusammen und kratzte sich am Kopf. Zum ersten Mal war ihm so etwas wie Unsicherheit anzusehen. Er nahm Johann ein Stück beiseite. »Seien Sie ehrlich, König. Können wir es bis Mainz schaffen?«, fragte er leise.

»Sind die Kohlebunker voll?«

Roentgen wiegte den Kopf. »Zu zwei Dritteln. Aber die Saarkohle, die wir in Koblenz geladen haben, brennt nicht optimal.«

»Verstehe.« Johann dachte nach. Er hatte größte Hochachtung vor diesem Mann und vor seinem Schiff. Es war eine enorme Leistung, es unter diesen Bedingungen bis hierher geschafft zu haben. Trotzdem, im Vergleich mit einer Fahrt durchs Gebirge war die bisher zurückgelegte Strecke einfach zu bewältigen gewesen. Johann schadete sich selbst, wenn er falsche Versprechungen machte.

»Vielleicht nicht bis Mainz. Aber bis Bacharach können wir es schaffen«, sagte er.

18
25

34

DER FROST HIELT DEN LANDSTRICH fest im Griff. Die Kälte war früh in diesem Winter gekommen, normalerweise setzte sie erst später im Januar oder im Februar ein. Der Eisgang auf dem Rhein hatte Johann die Rückfahrt in Richtung Köln unmöglich gemacht, und jetzt saß er in Bingen fest. In der Nahemündung hatte er für die mit Waren voll beladene *Unschuld* einen sicheren Liegeplatz gefunden. Das Schiff war zwar außer Gefahr, doch er war trotzdem unruhig. Schon seit Mitte Dezember herrschten diese eisigen Temperaturen, und inzwischen war Neujahr und an vielen Stellen im engen Mittelrheintal gab es kein Durchkommen mehr. Die Eisschollen schoben sich übereinander, türmten sich an den Engstellen wie der Loreley oder dem Binger Loch zu bizarren Gebilden auf, brachten alles zum Stillstand, und Johann blieb nichts anderes übrig, als in der Kajüte der *Unschuld* Däumchen zu drehen. Fröstelnd rieb er die Hände aneinander, legte ein neues Holzscheit in den eisernen Ofen und zwang sich, an etwas Schönes zu denken. Die Fahrt mit der *De Zeeuw* im Oktober zum Beispiel, das war wirklich ein Abenteuer nach seinem Geschmack gewesen.

Die Herausforderungen des Mittelrheins waren nämlich, verglichen mit denen der Themse, ungleich größer. Das Schiff hatte sich schwer damit getan, gegen die Strömung anzukommen. Johann hatte das Steuerrad fest mit beiden Händen umklammert gehalten und auf das Stampfen der Maschine gelauscht. Dass dieser Merkens den Namen des Themse-Schiffs, das er befehligt hatte, gekannt hatte, hatte ihn schon ein bisschen stolz gemacht. Wer hätte denn auch ahnen können, dass Julie so einflussreiche Freunde besaß? Sie hatte nie auch nur die kleinste Andeutung in dieser Richtung gemacht. Aber das passte zu ihr, dachte er. Pläne für die Zukunft zu schmieden, kam ihr ebenso wenig in den Sinn, wie über die Vergangenheit nachzugrübeln.

Er war da anders und hatte schon vor einiger Zeit damit begonnen, in die Zukunft zu schauen. Mit Julie an seiner Seite sah diese nämlich mit einem Mal gar nicht mehr so düster aus – ganz im Gegenteil. Die Vorstellung, gemeinsam mit ihr eine Familie zu gründen, für Mathilda, die er längst innig in sein Herz geschlossen hatte, ein Vater zu sein und dann vielleicht – irgendwann, eines Tages – auch noch eigene Kinder zu bekommen, stimmte ihn froh und glücklich.

Wieder dachte er an die Fahrt auf der *De Zeeuw*. Gleich zu Beginn hatten sie natürlich die *Loreley* passieren müssen. Dort gab es einen Abschnitt, in dem das Rheinwasser wirbelte, brodelte, schäumte und stellenweise sogar stromaufwärts floss. Wer sich hier nicht auskannte, riskierte, dass das Schiff entweder aufs Ufer oder auf die mittig im Strom gelegenen Felsen gedrückt wurde und zerbarst.

Dann, auf dem Stück von Oberwesel bis Kaub, hatte Johann es sich erlauben dürfen, ein wenig durchzuatmen. Er hatte den Heizern befohlen, mehr Brennmaterial nachzulegen, denn ab dem *Kauber Werth* wurde es wieder gefährlich und das *Wilde Gefähr*, kurz vor Bacharach, trug seinen Namen schließlich auch nicht umsonst. Im Grunde war diese Passage sogar noch gefährlicher als die Durchfahrt am berüchtigten *Binger Loch*.

»Mehr Hitze, wir brauchen mehr Hitze«, hatte Roentgen, der neben ihm gestanden hatte, über das Sprachrohr nach unten in den Maschinenraum gebrüllt, doch trotz ununterbrochener Feuerung hatte der Dampfdruck im Kessel am Ende nur knapp ausgereicht. Bei Bacharach hatte Johann darum auch davon abgeraten, die Fahrt fortzusetzen, und selbst der junge ehrgeizige Kapitän hatte zugeben müssen, dass es unmöglich sein würde, die Stromschnellen beim *Binger Loch* auch noch zu bewältigen. Also waren sie wieder umgekehrt.

Trotzdem hatte Johann auf Roentgen und vor allem auch auf Merkens Eindruck gemacht, und zwar so sehr, dass der Kölner Geschäftsmann ihm nach Beendigung der Fahrt eine Arbeit angeboten hatte. Sobald die Kölner Gesellschaft gegründet wäre, würde er ihn zum Schiffsführer machen, hatte er ihm versprochen, und dass er ihn schon ab dem neuen Jahr in Dienst stellen wollte. Johann sollte gleich im Januar zu ihm nach Köln kommen, um die entsprechende Vereinbarung zu unterschreiben.

Das war genau die berufliche Chance, auf die er die ganze Zeit gehofft hatte. Doch seine Zuversicht war nicht ungetrübt, es gab etwas, das ihm größte Sorge bereitete: Die Anwesenheit von Xaver Freigang. Der Gedanke an ihn in Julies und Mathildas Nähe setzte Johann so sehr zu, dass es ihm ausgesprochen schwerfiel, ruhig zu bleiben, vor allem, nachdem er seinen Plan, die Weihnachtstage in Sankt Goar zu verbringen wegen des zugefrorenen Rheins hatte aufgeben müssen. Er fürchtete, dass Freigang die Gelegenheit nutzen würde, um sich auf irgendeine Art und Weise an Julie heranzumachen.

Zumindest war Julie jetzt gewarnt. Johann hatte sich dann doch ein Herz gefasst und sie gebeten, sich vor Freigang in Acht zu nehmen. Er hatte ihr erklärt, dass er ihn von früher kannte und dass der Mann nicht der war, der er zu sein vorgab – wenn auch ohne zu erwähnen, was genau ihn mit ihm verband. Darüber zu reden, brachte er einfach nicht fertig. Dann hätte er sich auch seiner eigenen Schuld stellen müssen – denn weder hatte er den Mord an Urban verhindert noch, dass Freigang mit seiner Tat davonkam. Vor allem aber machte er sich große Vorwürfe, weil letztlich niemand anderes als er selbst der Grund dafür war, dass sich die Lage für Julie so bedrohlich entwickelt hatte. Freigangs Feindseligkeit galt doch in Wahrheit gar nicht ihr, sondern ihm. Sie ging noch auf ihre allererste Begegnung zurück, im Grunde darauf, dass Johann bei der Rekrutierung am Rheindurchstich bevorzugt behandelt worden war. Johann selbst hatte also Julies Leben in Gefahr gebracht. Falls ihr etwas geschehen würde, würde er sich das niemals verzeihen.

Unruhig wanderte er weiter in der Kajüte umher. Nur einen einzigen Tag musste er noch überstehen. Am zweiten Januar würde sein Steuermann die Wache auf der *Unschuld* übernehmen, die sie wegen Eyselens Ladung nicht allein lassen konnten. Dann würde er nach Sankt Goar wandern und Julie endlich in seine Arme schließen.

Julie hatte das Haus seit Heiligabend bei Tag nicht mehr verlassen. Nicht einmal zur Kirche war sie gegangen. Immer erst im Schutz der Dunkelheit war sie hinüber zu den Nachbarn gehuscht, wo sie mit Mellie, ihren Geschwistern und Eltern beisammensaß. Wie es in den Raunächten üblich war, hatten sie Lieder gesungen und einander Geschichten erzählt. Die ganze Zeit über war ein kalter Wind durchs Tal gefegt und hatte Eis und Schnee vor sich her geblasen.

Inzwischen war Neujahr. Es war immer noch klirrend kalt, aber windstill und sonnig. Aus dem Fenster sah sie, wie die Menschen aus ihren Häusern strömten, um über das Eis hinüber nach Sankt Goarshausen zu wandern. Julie zog es ebenfalls nach draußen, aber zuvor drückte sie sich am Fenster die Nase platt, um nach Wolf Ausschau zu halten. Sie wollte ihm um keinen Preis über den Weg laufen.

An Heiligabend nach der Christmette war es gewesen, da hatte er sie nach Hause begleitet. Sie hatte es nicht verhindern können. Ihre Nachbarn waren evangelisch und darum war sie allein gewesen. Von drüben, von Sankt Goarshausen, war wegen des Wetters natürlich auch niemand herübergekommen, und Johann fehlte sowieso. Anders, als er es ihr versprochen hatte, war er an Weihnachten nicht erschienen, was natürlich ebenfalls am Eisgang liegen musste. Dann war sie so dumm gewesen, Wolf aus Höflichkeit einen Schnaps anzubieten. Noch während sie die Einladung ausgesprochen hatte, hatte sie an Johann denken müssen. »Nimm dich vor ihm in Acht«, hatte er zu ihr gesagt. »Ich kenne ihn von früher. Da nannte er sich Xaver Freigang.«

Für Julie blieb er trotzdem Wolf, sie fand, der Name passte zu ihm – und Johann hatte ihr auch nicht erklärt, wie sie es anstellen sollte, sich vor ihm in Acht zu nehmen. Sie konnte sich schließlich nicht den Rest ihres Lebens vor ihm verstecken. Irgendwie mussten sie ja miteinander klarkommen.

Doch Wolf hatte gar nicht mehr gehen wollen. Groß und sperrig hatte er auf einem Stuhl gesessen und versucht, mit ihr zu reden, doch sie hatte immer nur einsilbige Antworten gegeben. Irgendwann hatte er dann endlich verstanden, dass sie lieber allein sein wollte.

»Was stört dich nur an mir?«, hatte er mit ganz enttäuscht klingender Stimme gesagt. »Ich hatte gehofft, wir könnten vielleicht Freunde sein, oder sogar …« Dann war er verstummt.

Fassungslos hatte sie in sein kantiges Gesicht geschaut, und es hatte sie richtig gegruselt, weil sie nicht umhinkam, darüber nachzudenken, was er mit »oder sogar« gemeint hatte.

»Warum sollte ich mit jemandem befreundet sein wollen, der unter falschem Namen herumläuft?«, war es aus ihr herausgeplatzt.

»Hat *er* das gesagt?«

Wolf Freis Stimme hatte plötzlich verändert geklungen. Ein bedrohlicher Unterton hatte sich darin eingeschlichen.

Julie hatte sich in Wolfs Gesellschaft noch nie wohl gefühlt, doch mit Johanns Warnung im Ohr war ihr nun richtig mulmig zumute. Mathilda war noch in der Christmette eingeschlummert, und Julie hatte sie schlafend auf die Ofenbank gebettet. Zu gerne hätte sie sich neben sie gekuschelt und die Augen zugemacht, doch mit Wolf in ihrer Nähe würde sie sowieso keine Ruhe finden.

»Warum hast du nie erwähnt, dass du Johann kennst?«, fragte sie.

»Warum hätte ich das tun sollen?« Wolf lehnte sich auf dem Stuhl zurück, auf dem er es sich bequem gemacht hatte. »Das mit dem Namen ist keine große Sache. Bei meinem letzten Passierschein hat sich der Beamte vertan. Hat was weggelassen, so wurde aus Freigang Frei. Es hat mich nicht gestört. Und Wolf ist mein zweiter Vorname. Es war Zeit für eine Veränderung. Wolf Xaver Frei gefällt mir sowieso besser als Xaver Wolf Freigang.«

Julie starrte ihn an, und er starrte zurück. Die Geschichte klang sogar plausibel, dachte sie.

»Hast du vor, ihn zu heiraten?«, hatte er dann aus heiterem Himmel gefragt.

»Davon war nie die Rede«, hatte Julie völlig perplex geantwortet.

Nach über einer Stunde war er zu ihrer großen Erleichterung endlich gegangen, aber seither grübelte sie darüber nach, ob Wolf Frei allen Ernstes annahm, sie könnte ihn als Ehemann in Betracht ziehen. Sie war kein junges dummes Ding mehr. Sie kannte ihre Rechte. Niemand auf der ganzen Welt konnte sie dazu zwingen, zum zweiten Mal einen Mann zu heiraten, den sie verabscheute.

In den darauffolgenden Tagen hatte er noch mehrfach an ihre Tür geklopft, doch sie hatte ihm nicht aufgemacht und immer gewartet, bis der Sturm so stark geworden war, dass garantiert niemand mehr draußen herumschlich. Erst dann war sie zu den Nachbarn gegangen. Und die ganze Zeit über hatte sie sehnsüchtig auf Johann gewartet.

Doch trotz aller Vorsicht, und obwohl sie mehrfach aus dem Fenster gespäht hatte, stand Wolf direkt vor ihr, als Julie an diesem sonnigen Morgen um halb zehn die Tür öffnete. Er ließ sie erst gar nicht aus dem Haus treten, sondern drängte sie über die Schwelle zurück und schloss die Tür hinter sich. Obwohl es noch so früh am Tag war, hatte er getrunken, sie roch es an seinem Atem.

»Mellie wartet auf mich. Sie wird gleich hier sein und wissen wollen, wo ich bleibe«, behauptete Julie schnell, um nach draußen zu kommen.

»Ich wollte nur mit dir reden«, sagte Wolf und nahm seine Mütze ab.

»Wir könnten doch auch draußen reden.«

In diesem Moment fing Mathilda an zu weinen. Julie nahm sie hoch und wiegte sie beruhigend in ihrem Armen, doch Hildchens Gebrüll wurde rasch lauter. Schon bald schrie sie wie am Spieß.

»Also gut«, sagte Wolf. An der Art, wie er die Kiefer aufeinanderpresste, sah Julie, wie angespannt er war. »Du bringst das Kind zu Mellie. Und dann reden wir.« Er öffnete die Tür. »Ich komme mit«, sagte er und machte ihre aufkeimende Hoffnung, unter einem Vorwand im Haus der Nachbarn verschwinden zu können, sofort wieder zunichte.

Julie blinzelte ins helle Licht. Der vereiste Rhein war von unwirklicher Schönheit, Eiskristalle funkelten in der Sonne. Wolf wich nicht von Julies Seite. Mellie öffnete ihr zum Glück sofort. Sie nahm ihr Mathilda ab und schöpfte nicht den geringsten Verdacht, während ihre fünf Geschwister wie die Orgelpfeifen neben ihr standen und sie und Wolf aus großen Augen ansahen. Wolf Frei geleitete Julie ins Fährhaus zurück, wo er sich sofort aus seinem Mantel schälte. Seine Hände waren riesig und ihre Stube kam Julie plötzlich viel zu eng vor, zu eng für diese Hände und den ganzen Kerl.

Und wenn sie ihn einfach allein hier stehen ließ? Er schien zu merken, was ihr durch den Kopf ging, denn er bewegte sich in Richtung Tür und baute sich so davor auf, dass an ihm kein Vorbeikommen war.

»Willst du nicht auch deine warmen Sachen ausziehen?«, sagte er und fuhr sich mit den Fingern durch die langen Haare. Sein Kinn war neuerdings rasiert, nur einen Schnauzbart auf der Oberlippe hatte er stehen lassen.

»Sieht gut aus, der neue Bart. Steht dir«, sagte Julie, um

etwas Nettes zu sagen. Vielleicht half das ja, die Stimmung zu entspannen. Dann nahm sie zögernd ihren Schal ab und widerstrebend auch ihr dickes wollenes Umschlagtuch. Sie fühlte sich schutzloser ohne diese Kleidungsstücke.

Wolf fasste sich ans Kinn. Ein Lächeln erschien auf seinen Lippen. »Danke«, sagte er, und Julie schöpfte mit einem Mal Hoffnung, dass alles gut ausgehen würde. Irgendwie würde sie mit ihm zurechtkommen.

»Hast du schon gegessen? Ich habe noch etwas Suppe von gestern Abend übrig«, sagte sie. »Oder willst du lieber Kartoffeln mit Speck? Oder Hafergrütze?«

»Jetzt nicht«, sagte Wolf. Er sah sich in ihrer Stube um, als wollte er überprüfen, ob sich dort jemand versteckt hielt. Tisch, Hocker, eine Bank, ein Buffetschrank an der Wand, mehr gab es nicht. In der Ecke noch den Ofen, in den Julie nun etwas Holz nachlegte. So musste sie Wolf nicht länger ansehen.

Aus dem Augenwinkel sah sie, dass er es sich am Tisch bequem machte, so als gehörte das Haus ihm.

»Jetzt setz dich schon zu mir her«, sagte er und klopfte mit der flachen Hand auf den Tisch vor sich.

Julie stocherte länger als nötig in der Glut, dann schloss sie nachdrücklich die Ofenklappe und drehte sich zu ihm um.

»Ich meine es gut mit dir«, sagte er leise. Sein Blick war dunkel, und seine Stimme klang nun sehr sanft. Geradezu zärtlich sah er sie an. »Ich wollte dich warnen. Du denkst, Johann König wäre dein Freund. Ich habe mich nur gefragt, was du wohl über *ihn* weißt?«

Ich weiß, dass er ein feiner Mensch ist. Anders als du, dachte sie.

»Setz dich hin«, forderte er sie noch einmal auf. Strenger diesmal.

Julie gehorchte.

»Also«, sagte er gedehnt, machte eine Pause. »Du weißt ja schon, dass Johann König und ich uns von früher kennen. Aber hat er dir auch erzählt, was damals passiert ist?«

Julie begann zu frösteln. Worauf wollte er hinaus?

»Ich meine, hat er dir von der Sache mit dem Toten erzählt?«

»Mit was für einem Toten?«, entfuhr es ihr und bemerkte erschrocken einen triumphierenden Glanz in Wolfs Blick.

»Johann hat einen Mann erstochen.« Wolf schüttelte bedauernd den Kopf, als könnte er das, was geschehen war, noch immer nicht fassen. Dabei ließ er sie nicht aus den Augen, beobachtete Julie, prüfte, wie sie darauf reagierte.

Julie atmete schnell und flach. Ihr Mund und ihr Hals waren inzwischen ganz trocken. Sie stand auf.

»Was hast du vor?«, fragte er sofort.

»Nur etwas zu trinken holen«, antwortete sie.

»Du machst mich nervös. Setz dich wieder hin«, sagte er scharf.

Sie stand stocksteif da.

Er holte tief Luft und atmete langsam aus. »Entschuldige bitte. Setz dich wieder her zu mir«, sagte er dann mit weicherer Stimme. »Ich will dir doch alles erzählen.«

Widerstrebend fügte sie sich und versuchte, sich nicht anmerken zu lassen, dass sie Angst hatte. Was war das für eine unglaubliche Geschichte, die er Johann andichtete? Wie konnte er nur annehmen, dass sie ihm die abnahm?«

»Du glaubst mir nicht«, fuhr er fort, als hätte er ihre Gedanken gelesen, »aber ich war dabei. Ich habe es mit meinen eigenen Augen gesehen. Es war Notwehr, das muss man ihm zugutehalten. Aber die Art und Weise …« Er schüttelte wieder den Kopf, als mache es ihn auch in der Erinnerung immer noch ganz fassungslos.

»Du lügst«, sagte Julie.

»Es war bei den Bauarbeiten am Rhein«, fuhr er unbeirrt fort. »Der neue Rheingraben. Davon hat er dir doch sicher erzählt?«

Julie nickte langsam. Johann hatte erwähnt, dass er für ein paar Monate auf der Baustelle war.

»Und da kam eines Tages einer mit einer Knarre. Er war aus seinem alten Dorf, also, er und Johann, die kannten sich. Sie haben sich gestritten. Und weil Johann Angst vor ihm bekommen hat, hat er mit seinem Messer zugestochen und ihn am Arm erwischt. Dabei hätte er es bewenden lassen können, der andere war ja außer Gefecht gesetzt. Aber er hat weitergemacht, bis der andere tot war.« Wolf machte eine Geste, imitierte mit erhobenem Arm, die Hand zur Faust geballt, ein schnelles Zustechen. Er wirkte ehrlich betroffen, seine Stimme klang rau und dunkel. »Ich wollte die Wachen rufen. Es war ja Notwehr gewesen, der andere hatte, wie gesagt, eine Waffe. Doch Johann wollte nicht. Er hat darauf bestanden, dass wir ihn im Graben verschwinden lassen.«

»Ich glaube dir kein Wort.«

»Urban. Das war sein Name. Aber eigentlich wundert es mich nicht, dass Johann dir nichts davon erzählt hat.« Er schüttelte nachdenklich den Kopf. »So was sitzt halt tief.«

Julies Herz schlug bis zum Hals. Johann hatte nicht gesagt, woher er Wolf Frei kannte. Warum hatte er es ihr verschwiegen?

»Woher kennt ihr zwei euch eigentlich?«, fragte Wolf.

Julie hätte sich am liebsten die Ohren zugehalten, damit seine heisere Stimme nicht weiter sein Gift in sie hineinträufeln konnte.

Seine Augenbrauen hoben sich, weil sie immer noch nichts sagte. Sie waren zusammengewachsen, sahen ein bisschen aus wie der Schnurrbart. Ein Balken oben, einer unten.

»Woher kennst du Johann König?«, fragte er noch einmal.

»Zufall. Wir sind uns zufällig über den Weg gelaufen«, sagte sie, als sei Johann gar nicht so wichtig für sie. »Was ist jetzt, soll ich dir nicht doch etwas zu essen oder zu trinken holen?«

»Was ist mit Schnaps?«

»Die Flasche ist leer.«

»Lügst du mich auch nicht an?« Ein Funkeln glomm in seinem Blick auf.

»Sie ist wirklich leer. Ich habe nur Wein. Nebenan in der Küche. Ich würde gerne selbst was trinken.«

»Dann hol ihn. Und lass die Tür auf, damit ich dich sehen kann«, befahl Wolf.

Sie holte aus der Küche eine Steingutflasche, die noch zur Hälfte mit Wein gefüllt war, und zwei Becher.

»Komm her. Ich will dir noch etwas erzählen«, sagte er nun wieder mit seiner weichen Stimme.

Julie musste an ein Märchen denken, das Mellies Mutter ihnen vor ein paar Tagen vorgelesen hatte. »Der Wolf und die sieben jungen Geißlein.« Da hatte der Wolf Kreide gefressen, um seine Stimme heller zu machen.

»Du kommst doch aus Bacharach, genau wie ich«, sagte Wolf.

Julie sah ihn stumm an. Über Bacharach wollte sie erst recht nicht reden.

»Ich bin ja ein bisschen älter als du, und ich habe Grete Winter gekannt. Und deine Mutter.«

Seine Pupillen waren groß, die Augen wie zwei Stücke Kohle. Julie wollte, dass er aufhörte und endlich ging.

»Wundert dich das gar nicht? Ich meine, dass ich das so sage – Grete *und* deine Mutter?« Wolf wiegte nachsichtig den Kopf. Dann schob er Flasche und Becher beiseite, legte die Arme auf die Tischplatte, faltete die Hände ineinander und beugte sich zu ihr vor. »Ich habe sie gekannt.« Er flüsterte beinahe. »Sie sah aus wie du.«

»Jetzt weiß ich, dass du meine Mutter nicht gekannt haben kannst. Sie sieht mir nämlich kein bisschen ähnlich«, entschlüpfte es Julie, und im nächsten Moment hätte sie am liebsten ihre Zunge verschluckt.

Seine Lippen verzogen sich zu einem Lächeln. »O doch«, sagte er und legte den Kopf schief. »Deine Mutter sah aus wie ein Engel, und du bist ihr wie aus dem Gesicht geschnitten.«

Er nestelte an seinem Kragen herum und zog eine Kette unter seinem Hemd hervor, die um seinem Hals hing. Ein goldener runder Anhänger war daran befestigt, ein Medaillon.

Dann klappte er den Deckel auf und zeigte ihr, was darin lag. Ein Glasfläschchen, dessen winziger Korken mit einem Tropfen roten Siegellacks verschlossen worden war. In dem Fläschchen steckte ein zusammengerolltes Stück Papier. Winzige Buchstaben waren darauf zu sehen.

»Das hat ihr gehört.« Er klappte das Medaillon wieder zu, und hielt es ihr auf der offenen Handfläche hin. Fasziniert starrte Julie darauf, wollte danach greifen, doch blitzschnell schlossen sich seine Finger.

»Nur anschauen«, sagte er. Julie nickte, und er öffnete seine Hand wieder. Lange betrachtete Julie das Schmuckstück. Das fein eingravierte Bild auf dem Deckel des Medaillons zeigte eine gewundene Linie zwischen angedeuteten Bergen. *Der Rhein*, dachte Julie sofort. Darüber schwebte ein Stern oder eine Sonne, die ihre Strahlen nach unten schickte. Julie hatte noch nie etwas so Schönes gesehen. So etwas Edles besaß nicht einmal Elisabeth. Es kribbelte sie in den Fingern, das Stück anzufassen.

Wolf sah gedankenverloren auf das Schmuckstück in seiner Hand und strich immerfort mit dem Zeigefinger über das Bild auf dem Deckel.

»Grete hatte auf einmal zwei Mädchen. Ein schwarzes und ein blondes. Sie hat allen erzählt, dass sie Zwillinge bekommen hat, aber in dem Moment, als ich dich auf der Fähre gesehen habe, habe ich verstanden, dass das gelogen gewesen war. Ich hätte schon viel früher darauf kommen können. Das blonde Mädchen, das warst du. Du bist die Tochter von meinem Engel. Du bist *ihre* Tochter.«

Er sah auf und Julie direkt in die Augen. Julie erschrak vor dem stechenden Kohlenblick, der sich in sie hineinbohrte.

Ihr gingen hundert Gedanken durch den Kopf. Konnte das wirklich wahr sein? Die schwarze Ruth und die blonde Juliane. So verschieden die beiden. *Kaum zu glauben, dass sie Schwestern sind*, hatten die Leute gesagt. *Eine Laune der Natur*, so hatte Muttchen es immer genannt. *Meine beiden Mädchen.*

Hatte Muttchen sie die ganze Zeit angelogen? Wusste Ruth etwas darüber?

»Wo kam sie denn her?«, fragte Julie, auch wenn sie damit zugab, dass sie seinen Worten Glauben schenkte.

»Frag den Pfarrer, der weiß Bescheid.«

Wolf hängte sich die Kette wieder um den Hals, lehnte sich zurück und wischte sich mit dem Handrücken über die Augen.

Julie starrte ihn betroffen an. »Meinst du Pfarrer Wurm?«

Wolf nickte und nahm noch einen großen Schluck Wein. »Wurm, so hat er geheißen. Er hat ihr die Beichte abgenommen.«

Julie war wie vor den Kopf geschlagen. Plötzlich ergab seine Geschichte ein bisschen mehr Sinn. »Das heißt, Wurm hat sie auch gekannt?«, fragte sie noch einmal und dachte an die vielen Male, in denen der Pfarrer sie voller Abscheu angesehen hatte. Als Teufel hatte er sie beschimpft, und dann diese Sache mit den Haaren. Sie hatte nie verstanden, was in ihm vorgegangen war.

»Er hat sie gekannt«, bestätigte Wolf.

»Wie war ihr Name?«, fragte sie flüsternd.

»Den habe ich nie erfahren.«

Seine Kohlenaugen waren jetzt ganz matt und müde. Zwei schwarze tiefe Brunnen. Auch Wolf sehnte sich nach Frieden, erkannte sie. Im Grunde genau wie jedermann. Er goss den Rest Wein aus der Flasche in den Becher und leerte ihn mit einem Zug.

Julie war jetzt wirklich nahe daran, ihm zu glauben. Warum konnte sie nicht recht sagen. Vielleicht wegen der Sache mit dem Pfarrer. Oder weil er so angefasst wirkte. Er konnte kein so guter Schauspieler sein. Andererseits hatte er auch bei der Geschichte mit dem Toten angefasst gewirkt. Ihr wurde schwindelig, wenn sie daran dachte.

»Labonte zahlt gut«, sagte Wolf. »Ich kann es hier im Ort richtig zu was bringen. Wir könnten sogar die Fähre behalten, ich weiß, dass dir daran was liegt. Ich verspreche dir, dass du mit mir ein gutes Leben haben wirst.« Er hatte wieder seine Kreidestimme. Lockend. Wollte seine Hand über die ihre legen, doch sie zog sie rasch fort.

Julies atmete flach. Sie überlegte, ob sie es schaffen konnte, ihm die Steingutflasche auf den Kopf zu schlagen. Ein rascher Griff, ausholen, zuhauen und dann fliehen. Weit fort von hier. Das Wetter war kalt, aber trocken. In drei Stunden konnte sie in Bacharach sein. Sie musste mit Ruth sprechen. Gemeinsam würden sie über diese dumme Geschichte lachen. Natürlich war Ruth ihre Schwester, was denn sonst. Wolf redete dummes Zeug.

»Warum sagst du nichts?«, fragte er.

Julie presste die Kiefer aufeinander, ihr tat schon das ganze Gesicht weh. Mit der linken Hand hielt sie ihre Rechte umklammert. Sie durfte es nicht wagen, sich ihm mit Gewalt zu widersetzen. Er war stärker als sie.

Wolf sah sie lange an, als überlegte er, ob sie seiner Nachsicht wert wäre. Dann griff er nach der leeren Flasche und hielt sie ihr auffordernd hin.

»Ich hole mehr«, sagte Julie rasch.

Wolf nickte. Sein Magen knurrte jetzt vernehmlich, und er ließ zu, dass sie nun doch in die Küche verschwand, um etwas zuzubereiten. Drei Flaschen Wein befanden sich noch in ihrem Lehmbodenvorrat. Als sie die Klappe öffnete, fiel ihr Blick auf einen Beutel mit den getrockneten Kräutern und Beeren. Sie hatte damit Ludwigs Schmerzen behandelt. In der richtigen Dosierung konnte sie so der Wirkung des Weins nachhelfen. Das Märchen mit den sieben Geißlein fiel ihr wieder ein, und sie schöpfte wieder Hoffnung. Diese Kräuter würden ihre Wackersteine sein.

»Heiße Suppe und Glühwein. Einverstanden?«, fragte sie über die Schulter hinweg.

Wolf nickte.

Eine Stunde später war er eingeschlafen. Wein und Suppe hatten ihm geschmeckt, und er hatte sie für ihre Kochkünste gelobt, so dass sie beinahe ein schlechtes Gewissen bekommen hatte. Aber nur beinahe. Er saß immer noch am Tisch. Den Kopf hatte er auf seinen verschränkten Armen abgelegt. Um zu sehen, ob er auch tatsächlich fest schlief, stieß sie ihn vorsichtig an. Er rührte sich nicht. Julie sah auf seine zusammengesunkene Gestalt und überlegte, ob sie irgendwie an das Medaillon kommen konnte. Sie wollte es sich gerne noch einmal ansehen. Oben an seinem Hals lugte ein Stück der goldenen Kette hervor, doch den Anhänger hatte er wieder unter sein Hemd gesteckt. Zu gefährlich, daran zu rühren, es könnte ihn aufwecken. Das Papier in dem Glasfläschchen fiel ihr ein. Es hatte so ausgesehen, als hätte er das Fläschchen nie geöffnet.

35

JULIE STAPFTE ÜBER DEN verschneiten Fahrweg. In dem Tempo würde sie fünf Stunden bis Bacharach brauchen und erst nach Einbruch der Dunkelheit dort eintreffen. Mathilda hatte sie bei Mellie gelassen. Julie versuchte, sich die

Worte zurechtzulegen, die sie zu Ruth sagen wollte, doch es gelang ihr nicht. Bei so etwas war sie noch nie gut gewesen.

Sie geriet in eine Schneewehe. Schon wieder. Ihre Füße, die in einem Paar von Ludwigs alten Lederstiefeln steckten, die sie notdürftig mit Stroh ausgestopft hatte, weil sie ihr viel zu groß waren, fühlten sich an wie zwei Eisklumpen. Am Ende schaffte sie es gar nicht bis Bacharach, sondern würde erfrieren. Vor lauter Erschöpfung blieb sie einen Moment lang liegen. Der Schnee war weich und fühlte sich beinahe warm an. Sie schloss die Augen, und es dauerte eine ganze Weile, bis sie sich aufraffen konnte, sich aus dem Schnee zu befreien. Im Weitergehen malte sie sich aus, wie Ruth die Geschichte weiterspinnen würde – *Dann lag sie da, und in der Nacht fiel neuer Schnee und deckte sie zu. Sie fanden sie erst Wochen später. Immer noch steifgefroren.*

Unwahrscheinlich war das nicht. Julie war kaum jemandem begegnet. Nur einmal hatte ein Reiter sie überholt, doch vor dem hatte sie sich versteckt. Dann wieder dachte sie an Johann. Sie sehnte sich so sehr nach ihm. Die Geschichte vom Mord glaubte sie zwar nicht, aber sie musste ihn trotzdem danach fragen. Johann würde alles richtigstellen.

Hinter Oberwesel wurde der Weg endlich besser. Hier waren Pferdeschlitten langgefahren, in den Fahrspuren war das Gehen einfacher. Trotzdem dämmerte es bereits, als endlich die Burg Pfalz auf ihrer Rheininsel in Sicht kam.

Völlig ermattet erreichte Julie das Stadttor am Münzturm. Trutzig ragten die von Schnee bedeckten Dächer der Häuser mit ihren Erkern, Zinnen und Türmchen vor Julie auf. Wächter waren zum Glück keine zu sehen. Die saßen wahrscheinlich auch lieber irgendwo drinnen am warmen Ofen. Bei der Vorstellung, jetzt noch zur Stahleck hinaufklettern zu müssen, wurde Julie ganz schwach in den ohnehin weichen Knien. Sie musste unbedingt eine Pause einlegen und sich ein bisschen aufwärmen.

Im *Löwen* war ein ausgelassenes Fest mit Musik und Gesang im Gange. Alle Fenster waren hell erleuchtet, und die Klänge einer Sackpfeife drangen auf die Straße heraus. Obwohl Julie schrecklich fror und weder Hände noch Füße spüren konnte, zögerte sie hineinzugehen. Nur die Furcht, sich Zehen und Finger abzufrieren, wenn sie nicht augenblicklich ins Warme kam, ließ sie schließlich in den Gastraum treten.

Erstaunt bemerkte Julie, dass sämtliche Lichter an den Wänden brannten, genau wie die beiden eisernen mit zahlreichen Kerzen bestückten Leuchter an der Decke, dabei hatte sie dort früher immer nur höchstens vier Lichter entzünden dürfen. Zum Glück achtete niemand auf sie. Die Aufmerksamkeit der Gäste galt dem Mann mit der Sackpfeife, der Julie den Rücken zuwandte, ziemlich schief spielte und dessen Darbietung von begeistertem rhythmischem Klatschen begleitet wurde.

Die Wärme tat Julie wohl. Dick eingemummelt, wie sie war, blieb sie dicht bei der Tür stehen, bewegte vorsichtig ihre Zehen in den Stiefeln und sah sich weiter um – bis sie direkt in das Gesicht des Sackpfeifenspielers blickte, der sich in dem Moment zu ihr herumdrehte. Es war Gregor. Ein letzter quäkender Ton erklang, der in einem schrillen Pfeifen endete. Die Männer lachten, johlten und klopften ihm auf die Schulter. Dann widmeten sie ihre Aufmerksamkeit der Magd, die soeben mit einem vollen Krug an den

Tisch trat, um Wein nachzuschenken. Gregor kam indessen mit unsicherem Gang auf sie zu.

»Grüß dich«, sagte Julie.

»Du bist es wirklich.« Gregor starrte sie erstaunt an. Ein dümmliches Grinsen erschien auf seinem Gesicht.

»Was ist hier los?«

»Wir feiern Taufe.«

»Dann bist du also Vater geworden.«

Er nickte stolz und rieb sich mit der Hand übers Gesicht. Seinem Schwanken und seiner Fahne nach zu urteilen, hatte er einiges getrunken. »Vor drei Tagen. Zwei Jungs. Arthur und Manuel.«

»Ich gratuliere«, sagte Julie.

»Willst du mich nicht umarmen?«, fragte Gregor, und im nächsten Moment hatte er Julie auch schon gepackt und drückte sie an sich. Das Instrument, das vor seinem Bauch hing, wurde zwischen ihren Leibern eingeklemmt und gab einen ächzenden Ton von sich.

»Nicht, Gregor! Denk an deine Frau!« Julie machte sich von ihm los. »Wo ist Walburga überhaupt?«

»Die liegt im Bett.«

»Eigentlich suche ich nach Frieda.«

»Die ist bei ihr.«

Gregor sah Julie aus rotgeränderten Augen an. Seine Lippen glänzten feucht, und das dämliche Grinsen wollte einfach nicht aus seinem Gesicht verschwinden. Er versuchte wieder, sie an sich zu ziehen.

»Lass, Gregor, jeder kann uns sehen. Du willst dir doch keinen Ärger einhandeln«, sagte Julie versuchsweise schelmisch, so als machte er nur einen Scherz. Dabei fand sie es überhaupt nicht lustig, dass Gregor ihr immer weiter auf die Pelle rückte. »Was ist mit deinen Eltern?«, fragte sie, während sie Gregor mit beiden Händen auf Abstand hielt.

Gregor kam ihr so nah, dass sie seinen heißen Atem auf ihrer Ohrmuschel spürte. »Vater ist …« Gregor wedelte sich mit der Hand vor dem Gesicht herum. »Er ist nicht mehr ganz richtig im Kopf. Das ging im Frühjahr schon los, da war er aber nur ein bisschen durch den Wind. Im Oktober wusste er dann plötzlich nicht einmal mehr, wie man sich morgens anzieht. Mutter muss ihn waschen, zu Bett bringen, alles …«

»Verstehe. Tut mir leid für Herbert«, sagte Julie.

So war das also. Die Ordnung bei den Kühns war auf den Kopf gestellt. »Also bist du jetzt der Löwenwirt?«, schloss sie daraus.

Gregor nickte und versuchte wieder, sie an sich zu ziehen.

»Lass gut sein, Gregor«, sagte Julie. »Ich werde gleich wieder gehen. Ich will noch rauf zu Ruth.«

»Ruth wohnt nicht mehr auf der Burg.«

»Was erzählst du da?«

»Sie wohnt jetzt hier im Ort.«

»Wo hier?«, fragte Julie ungeduldig. »Lebt sie jetzt bei euch?«

Gregor schüttelte den Kopf. »Ich habe sie im Roten Anker untergebracht.«

»Im Anker? Dann steht das Haus wieder?« Julie kannte das einst stattliche Haus, das auf der Stadtmauer zum Rhein hin lag, nur als Ruine. Es war irgendwann abgebrannt und nicht wieder aufgebaut worden.

»So halb«, sagte Gregor. »Hab's gekauft. Ich werde ein Gasthaus daraus machen. Das erste Haus am Platz.«

Das waren hochfliegende Pläne, dachte Julie, die bezweifelte, dass Gregor das Zeug dazu hatte. Doch im Grunde war es ihr egal, was mit den Kühns passierte. Sie musste sich um ihre eigenen Angelegenheiten kümmern.

Gregor kam wieder näher, griff nach ihrem Arm.

»Nicht, Gregor. Alle gucken schon her.« Tatsächlich erregten sie beide mittlerweile wesentlich mehr Aufmerksamkeit, als ihr lieb war. Gregor schien es gleich zu sein, was die anderen von ihm dachten. Julie wand sich unter seinem Griff. »Du hast nicht vielleicht einen Teller Suppe für mich? Ich hab schrecklichen Hunger.«

Das half. Endlich ließ er von ihr ab, um die Magd herbeizuwinken, und Julie nutzte die Gelegenheit, um aus der Tür nach draußen zu schlüpfen.

Das Haus zum Roten Anker lag in der Nähe des Kranenturms. Julie lief, so schnell sie konnte, die dick verschneite Spurgasse hinunter und setzte dann ihren Weg oben auf der Stadtmauer fort. Es war eine Eigenheit von Bacharach, dass die Häuser, die in der ersten Reihe zum Rhein hin lagen, im Mittelalter, also schon vor Hunderten von Jahren, direkt auf die dicke Befestigungsmauer gebaut worden waren. Vorsichtig hangelte Julie sich eine vereiste schmale Treppe hinauf und blickte nun auf den grauweiß zugefrorenen Rhein, der sich zu ihren Füßen erstreckte. Darüber wölbte sich der Himmel der sternenklaren Nacht. Doch sie nahm sich keine Zeit, das Naturschauspiel zu würdigen. Ihre Lungen brannten vor Kälte und Anstrengung. Sie hastete weiter unter den steinernen Bögen entlang, die den Wehrgang schützten, und erreichte bald darauf die geschwärzten Mauern. Das Haus verdankte seinen Namen einem mittlerweile verrosteten Anker, der einst sauber und glänzend in den Türsturz eingelassen worden war und der die Zeitläufte und den Brand des Hauses überdauert hatte. Ein Gerüst ragte an der Fassade empor. Die Haustür aus massivem Eichenholz war hell und neu, die meisten der Fensteröffnungen mit Brettern vernagelt.

Sie hämmerte an die Tür. »Ruth, bist du da? Ich bin es, Julie.«

Mit wild klopfendem Herzen und schmerzender Brust stand sie da und lauschte. Ihr Atem bildete Kristalle in der eiskalten Luft. Sie hämmerte wieder, rief erneut nach Ruth. Dann endlich hörte sie Schritte und das Klackern eines Stockes.

»Mach auf, Ruth! Ich erfriere hier draußen.«

Ein Schlüssel drehte sich im Schloss – und dann stand Ruth vor ihr, blass, mit schwarzen Augen und dunklem wildem Haar, schöner denn je leuchtete ihr Antlitz im Widerschein der Sterne.

Das Untergeschoss des Hauses war noch nicht wieder hergerichtet worden. Aber eine hölzerne Treppe nach oben gab es bereits, die Ruth nun vorausging. Sie führte Julie, die sich im Dunkeln die Wand entlangtasten musste, in eine Kammer, wo sie zuvor auf einem Lager unter einem Berg von Decken gelegen hatte. Julie zündete mit Hilfe eines Kienspans und Feuer aus dem Ofen ein Talglicht an, während Ruth auf dem Tisch ein Stück Brot und Trockenwurst für sie abschnitt.

Währenddessen sah Julie sich um. Der kleine Raum glich mit seinen bloßen steinernen Wänden eher einer Höhle als einem Zimmer. Die vielen Decken, der Teppich auf dem Boden und ein winziger eiserner Ofen, der tapfer gegen die Kälte anheizte, sorgten dabei für einen Anflug für Behaglichkeit.

»Gregor hat es für mich eingerichtet. Ich habe nur das Nötigste mitgenommen«, sagte Ruth. Sie schob das Brett mit Brot und Wurst in Julies Richtung und ging zurück zu ihrem Lager mit den vielen Decken, dabei bewegte sie sich genauso sicher wie früher auf der Burg.

»Komm her, setz dich.« Ruth klopfte einladend neben sich. »Was führt dich bei dieser Kälte zu mir?«

Julie rang nach Worten. Das Brot in ihrem Mund war hart. Es dauerte, bis sie den Bissen herunterbekam, und an dem, was sie zu sagen hatte, kaute sie mindestens ebenso schwer. Sie zog die nassen Stiefel aus und streckte die Füße neben Ruths unter die Decken. Ihr Körper war steif vor Kälte. Erst nach einer geraumen Weile begann sie, stockend zu erzählen, berichtete Ruth von der Sache mit Wolf, alles, was er zu ihrer Vergangenheit behauptet hatte, dass sie nicht die Tochter von Grete wäre und Ruth nicht ihre Schwester. Nachdem sie geendet hatte, wartete Julie mit wachsender Besorgnis darauf, dass Ruth endlich etwas sagte, denn ihre Schwester hatte die ganze Zeit über geschwiegen. Ihre Miene wirkte wie erstarrt.

»Er lügt doch, oder nicht?«, fragte Julie. »Jetzt sag doch was.«

Endlich kam wieder Leben in Ruth. Sie tastete unter der Decke nach Julies Hand. »Ich muss dir etwas erzählen«, sagte sie und räusperte sich. Ihre Stimme zitterte, als sie weitersprach. »Ich habe ein Gespräch belauscht. Es ist lange her, kurz vor unserer Erstkommunion. Der Pfarrer kam vorbei, um mit Muttchen zu sprechen. Er wollte dir die Kommunion verweigern, weil er meinte, du seist in Sünde empfangen und geboren. Sein Gewissen lasse das nicht zu. Muttchen hat es nicht abgestritten. Aber dann hat sie ihn dazu gezwungen, dir die Kommunion trotzdem zu geben. Sie hat gesagt, dass er sonst keine Medizin mehr von ihr bekäme. Sie haben gar nicht gemerkt, dass ich auch da war. Ich hab unter der Küchenbank gesessen.«

»Unter der Küchenbank?«

»Du und ich, wir hatten uns gestritten, und ich wollte mich vor dir verstecken. Ich saß da und habe alles mit angehört.«

Ruths Stimme klang leise, doch das Geständnis kam flüssig, als habe sie diese Rede in Gedanken schon Hunderte Male geübt. Ihre Worte kamen Julie vor wie unbefugte Eindringlinge. Sie gesellten sich in ihrem Kopf zur Kreidestimme von Wolf. Am liebsten hätte sie alle zum Schweigen gebracht.

»Das ist ewig her. Warum hast du mir nie etwas davon gesagt?«, fragte sie.

»Ich habe doch zuerst gar nicht verstanden, worum es ging«, verteidigte sich Ruth. »Erst viel später habe ich begriffen, was sie gemeint haben könnten.«

»Du hättest es mir sagen müssen. Wenn nicht sofort, dann eben später.«

»Ich fand es nicht so wichtig.«

»Du vielleicht nicht, aber ich. Für mich ist es wichtig. Du hättest es mir sagen müssen, Ruth!«

Julie schaffte es kaum noch, einen sinnvollen Gedanken zu fassen, zu vieles ging in ihrem Kopf durcheinander, doch sie begriff, dass sie verraten worden war. Ihr geliebtes Muttchen hatte sie angelogen – und Ruth ebenfalls. Alle beide hatten sie hintergangen.

»Warum hast du mir das verschwiegen?«, fragte Julie noch einmal.

»Kannst du es dir nicht denken?«

»Nein.«

»Ich habe nichts gesagt, weil du dich sowieso immer für etwas Besseres gehalten hast.«

Julies Kopf pochte schmerzhaft im Rhythmus ihres Herzschlags, während sie versuchte, diesen Vorwurf zu verstehen. *Etwas Besseres?* Immer hatte sie geglaubt, dass Ruth die Klügere von ihnen wäre, hatte sie für ihre Phantasie und ihr gutes Gedächtnis bewundert. Wenn eine von ihnen beiden nicht gut genug war, dann war das doch sie – Julie.

In Windeseile nahm jetzt eine flammende Hitze von ihrem Körper Besitz. Sie hatte das Gefühl, vom Hals abwärts zu brennen, nur ihre Füße waren immer noch wie Eis.

»Wie kommst du darauf?«, fragte sie mit schwacher Stimme.

»Einfach weil du so bist, wie du bist. Die schöne Julie.«

Tränen standen in Ruths Augen, als sie das sagte, in ihrer Miene spiegelte sich offener Zorn. »Sogar Muttchen hat dich mehr geliebt als mich blindes Huhn. Und ich dachte, wenn du erfährst, dass du nicht einmal mit mir verwandt bist, wird alles noch viel schlimmer. Ich dachte, dann willst du erst recht nichts mehr mit mir zu tun haben.«

»Was für ein dummes Zeug«, rief Julie aus.

»Und Gregor hat sowieso immer nur dich gewollt«, hielt Ruth dagegen.

Julies Zähne schlugen aufeinander, sie fror und schwitzte gleichzeitig. »Gregor ist mit Walburga verheiratet«, sagte sie, obwohl es ihr ohnehin nebensächlich vorkam. Sie schälte sich unter den Decken hervor.

»Er liebt Walburga nicht, er wollte immer nur dich. Er

hat dich auch früher schon heimlich beobachtet. Ich war ihm vollkommen egal.«

Es war merkwürdig für Julie zu sehen, wie Ruth weinte, das geschah sonst so gut wie nie. Die Ruth, die sie kannte, hatte sich immer unter Kontrolle. Aber nein. Sie kannte sie ja gar nicht. Ihre Schwester war ihr fremd.

»Ich habe nie etwas von Gregor gewollt. Ich war immer der Meinung, dass ihr beide ein gutes Paar abgeben würdet«, verteidigte sie sich, doch ihre Zunge wollte ihr nicht recht gehorchen. Sie steckte ihre kalten Füße in die nassen Stiefel.

»Was hast du vor?«, fragte Ruth, die merkte, dass sie aufgestanden war.

»Ich werde nach Hause gehen. Hier bin ich nicht willkommen«, sagte Julie.

»Das kannst du nicht tun, es ist mitten in der Nacht, und es ist eiskalt. Du wirst sterben.« Ruth tastete nach Julie, fand ihre Hand und befühlte sie, griff nach Julies Stirn. »Du hast Fieber. Du kannst jetzt nicht gehen.«

»Sagt wer? Ich gehe zu Frieda. Auf dem kleinen Stück werde ich schon nicht erfrieren.«

»Tu das nicht. Bitte bleib hier!«

»Du hast mir gar nichts zu sagen«, fuhr Julie Ruth an und fühlte sich im selben Moment schlecht dabei. Doch sie fühlte sich ohnehin schlecht. Es rauschte und summte in ihren Ohren. Ja, sie hatte Fieber, doch hier bei Ruth wollte sie dennoch nicht bleiben. Sie wickelte sich in ihr klammes Umschlagtuch und öffnete die Tür.

»Geh nicht fort, Julie«, rief Ruth hinter ihr her, doch Julie hörte nicht auf sie. Ohne ein Licht mitzunehmen, trat sie hinaus in das zugige Treppenhaus, nahm ihre letzten Kräfte zusammen, um auf den Stufen, die nach unten führten, nicht zu stolpern, als plötzlich unten die Tür aufging. Ein kalter Wind pfiff herein. Sie sah das Licht einer Laterne und einen großen Schatten im Türrahmen, mehr konnte sie nicht erkennen.

»Julie?«, sagte eine lallende Männerstimme. »Warum läufst du vor mir weg?« Der Schatten mit der Laterne bewegte sich auf die unterste Treppenstufe zu.

»Bist du das, Gregor?«, konnte Julie noch fragen, bevor ihr, vom Fieber geschwächt, wie sie war, die Beine versagten. Sie versuchte noch, sich zu halten, doch ihre Hand griff ins Leere, und sie stürzte die Treppenstufen hinab. Das letzte, was sie wahrnahm, war, dass sie gegen jemanden fiel, der vergeblich versuchte, sie aufzufangen, und dabei die mitgebrachte Laterne fallen ließ, denn plötzlich stieg ihr der intensive Geruch von Petroleum in die Nase – und dann versagten endgültig ihre Sinne.

Als Julie wieder zu sich kam, fühlte sie kalten Stein unter sich. Sie lag auf dem Boden und neben ihr kniete Ruth, sagte immer wieder ihren Namen und tätschelte ihre Wangen.

Julie stöhnte.

»Julie, Gott sei Dank, du bist wach. Kannst du aufstehen? Hier auf dem Boden holst du dir den Tod.«

»Was ist passiert?« Julie brauchte mehrere Anläufe und Ruths Unterstützung, um sich aufzusetzen. Die Finsternis um sie herum war furchteinflößend, und sie hatte keine Ahnung, was geschehen war und wie sie hierher gelangt war. »Wo bin ich?«

»Du bist immer noch im Anker«, sagte Ruth und hielt ihre Hand. »Kannst du dich an gar nichts erinnern?«

»Nein. Oder doch, ich wollte …« Eben hatte sie noch

einen klaren Gedanken gehabt, doch schon hatte er sich wieder verflüchtigt. »Ich kann nichts sehen«, jammerte sie. Die Schwärze drohte, sie zu verschlingen.

»Komm, ich bringe dich wieder hinauf. Du musst ins Warme«, sagte Ruth.

»Ich fühle mich so schwach«, sagte Julie und klammerte sich an ihre Schwester.

Ein paar ihrer Erinnerungen kehrten zurück.

Muttchen. Wolf Frei. Das Medaillon.

Julie fühlte wieder eine Ohnmacht nahen. Sie konnte es nicht aufhalten. Sie wollte es nicht aufhalten. Sie wollte nur noch die Augen schließen und alles vergessen.

36

GREGOR FÜHLTE SICH ERBÄRMLICH, als er erwachte. Sein Schädel dröhnte. Vorsichtig schlug er die Augen auf, konnte jedoch trotzdem nichts sehen, so finster war es. Er tastete umher und fühlte eine bröcklige Wand neben sich. Dann hob er den Kopf, und nachdem seine Augen sich etwas mehr an die Dunkelheit gewöhnt hatten, merkte er, dass er am Fuße einer Treppe lag. Er war im *Anker*, erkannte er, und irgendjemand hatte ein warmes Fell über ihn gebreitet, andernfalls wäre er trotz des Mantels, den er trug, wohl erfroren, so lausig kalt war es.

Bruchstückhaft kehrten seine Erinnerungen zurück.

Die Taufe in der Kirche. Das Fest im Gasthaus.

Er hatte zu viel getrunken und Sackpfeife gespielt. Dann war plötzlich Julie aufgetaucht, schön, so schön mit ihren geröteten Wangen und den blitzenden Augen.

Ihr vollkommener Mund.

Er hätte sich auf sie stürzen mögen, sie küssen und liebkosen. So viele Jahre hatte er immer nur von ihr geträumt, und zum allerersten Mal hatte er sich ihrer Schönheit gewachsen gefühlt. Endlich war er Vater geworden. Endlich hatte er bewiesen, dass er durchaus in der Lage war, seinen Mann zu stehen.

Gregor stöhnte. Er hatte einen fürchterlichen Kater, aber da war noch mehr. Er hob die Hand und befühlte eine dicke, mit Blut verkrustete Beule an seiner Schläfe, doch in ihm blitzte nichts auf, was ihm verraten hätte, woher diese Verletzung stammte. Was hatte er getan? Und wie war er hierhergekommen?

Stöhnend richtete er sich auf und überlegte, ob er Ruth fragen sollte. Das mit dem Fell, unter dem er lag, das konnte eigentlich nur sie gewesen sein. Aber dann wagte er es doch nicht. Er mochte ihr in diesem Zustand nicht unter die Augen treten.

Er rappelte sich auf alle Viere hoch, kam endlich zum Stehen und hielt sich an der Wand fest, bis sich der Schwindel etwas gelegt hatte. Dann stieß er leise die Tür nach draußen auf und trat in die Nacht.

Am nächsten Morgen kam Ruth in den *Löwen*.

Gregor hatte sich aus dem Bett gequält. Er wollte Haltung zeigen, niemand sollte merken, wie grässlich er sich fühlte. Jetzt stand er in der leeren Gaststube, umgeben vom typischen Geruch aus kaltem Rauch und kaltem Fett, stützte sich am Schanktisch ab und sah stumm vor sich hin, immer noch bemüht, ein klares Bild von dem zu gewinnen, was am Abend zuvor geschehen war.

»Gott sei Dank, du bist wohlauf. Ich hatte gehofft, dich hier anzutreffen«, sagte Ruth zu ihm, die einen Schwall Kälte von draußen mit hereingebracht hatte. Dann streckte sie die Hand aus, tastete nach seinem Kopf und fand die Beule auf Anhieb. Gregor zuckte unter ihrer Berührung zusammen.

»Entschuldige«, sagte sie.

»Weißt du, wie das passiert ist?«, fragte er.

»Nicht so genau, aber wahrscheinlich hast du dir den Kopf an der Türschwelle gestoßen, als Julie auf dich draufgefallen ist. Gestern Nacht habe ich dich nicht wach bekommen. Tut es sehr weh?«

»Höllisch. Was war denn mit Julie?«, setzte er zaghaft hinzu.

»Kannst du dich an gar nichts erinnern?«

»Doch«, sagte er langsam. »Julie war hier im Löwen.«

»Danach kam sie zu mir. Und du warst auch da. Jedenfalls ist sie die Treppe hinuntergestürzt und direkt auf dich drauf. Ihr habt beide dort unten gelegen.«

Ruth redete noch weiter, doch er hörte nicht mehr richtig hin. Er erinnerte sich jetzt wieder daran, dass Julie nach Frieda und Ruth gefragt hatte. Er musste ihr also wirklich nachgegangen sein.

»Gregor. Gregor, hörst du mir überhaupt zu?«, drang endlich Ruths Stimme wieder zu ihm durch.

Er stierte sie mit brennenden Augen an. »Was ist mit Julie?«, flüsterte er, »wie geht es ihr?«

»Davon rede ich doch die ganze Zeit. Du musst einen

Arzt kommen lassen. Julie hat hohes Fieber. Sie ist nicht ansprechbar. Mein Heilwissen reicht dafür nicht aus.«

»Ist das … ist das …« Es dauerte, bis er den Satz zu Ende brachte. »Ist das meine Schuld?«

»Aber nein. Wie kommst du nur darauf?«

»Ich dachte … ich wollte …«, stammelte er mit brechender Stimme.

Nun war ihm alles egal. Er gab eine erbärmliche Figur ab, doch wenn er sich schon so erniedrigen musste, dann am liebsten vor Ruth. Von allen Menschen auf der Welt würde sie am ehesten bereit sein, ihm zu vergeben. Schon seit langem war sie seine engste Vertraute. Nie stellte sie Forderungen an ihn, bei ihr brauchte er sich nicht zu verstellen, bei ihr konnte er so sein, wie er war.

»Es tut mir so leid. Ich begreife nicht, was in mich gefahren ist. Ich muss von Sinnen gewesen sein.«

»Jetzt nimm endlich Vernunft an, Gregor. Du hast nichts Schlimmes gemacht.«

»Du willst mich nur schonen«, jammerte er.

»Nein, nicht doch.« Beruhigend redete sie auf ihn ein. »Du hast eine Gehirnerschütterung. Das geht vorbei.« Sie nahm sein Gesicht mit beiden Händen – und dann küsste sie ihn plötzlich auf den Mund, und nach kurzem Zögern erwiderte er ihre Liebkosung und zog sie an sich. Es war tröstlich, ihren Körper an seinem zu fühlen.

Ein paar Herzschläge lang schmiegte sie sich an ihn. »Ich hoffe, du glaubst mir jetzt endlich, dass du nichts verbrochen hast. Julie hat sich mit dem Marsch von Sankt Goar nach Bacharach übernommen und war völlig ausgekühlt. Sie hat Fieber bekommen, und darum ist sie gestolpert und die Treppe hinabgestürzt. Sie hatte Glück, dass du da gewesen bist und ihren Sturz abgefangen hast. Und jetzt sei bitte vernünftig. Ich brauche dich, Julie braucht dich. Du musst den Arzt rufen.«

»Natürlich. Das mache ich sofort«, sagte Gregor.

Sie küssten sich noch einmal lang und zärtlich, und Gregor wunderte sich, dass Leid und Freud so dicht beieinanderliegen konnten, und dann verabschiedete sich Ruth, sie müsste sofort zu Julie zurück, sagte sie, und er brachte sie an die Vordertür. Danach wollte er die Magd suchen gehen, um sie mit dem Gang zum Arzt zu beauftragen – als er Walburga in die Arme lief. Er erschrak beinahe zu Tode. Sie hatte im Vorraum auf ihn gewartet, direkt hinter der Tür zur Gaststube, die einen Spalt offen stand.

»Wie lange stehst du schon da?« Er konnte sein Entsetzen nicht verbergen, es schwang in seinen Worten und in seiner Stimme mit.

»Lange genug«, sagte sie und musterte ihn aus ihren Beerenaugen.

»Ruth hat nach einem Arzt gefragt. Ihre Schwester ist krank.«

»Das habe ich gehört.« Walburga sah ihn immer noch durchdringend an. Ihre rundlichen Wangen glänzten. Es war das erste Mal seit der Geburt der Kinder, dass sie aufgestanden war.

Ausgerechnet heute. Er erwartete, dass sie eine Erklärung von ihm verlangte, dass sie zetern und schimpfen, ihn beschuldigen würde, ein Schürzenjäger zu sein – ausgerechnet er –, doch sie tat nichts dergleichen. Sie machte einen Schritt zur Seite. »Dann geh«, sagte sie ganz ruhig. »Geh und sag der Magd Bescheid. Danach komm zu mir. Ich habe noch weitere Aufträge für dich.«

37

JOHANN WACHTE AN JULIES Krankenlager. Ruth hatte ihre Schwester in ihrem Zimmer untergebracht, und schlief selbst in einer nebenliegenden Kammer. Johann wohnte offiziell im *Löwen*, doch er verbrachte kaum Zeit dort. Um die Mittagszeit des zweiten Januars war er im Gasthaus angekommen, eigentlich nur, um sich aufzuwärmen und um etwas zu essen, doch dann hatte ihm ein von der Tauffeier seiner Söhne reichlich mitgenommen wirkender Gregor erzählt, wo er Julie finden konnte. Seitdem saß Johann ununterbrochen an ihrem Bett, wo er auch dann und wann einnickte. Wenn er wach war, zeichnete er viel. Unzählige Skizzen fertigte er von der kranken Julie an, deren Leiden rätselhaft war. Sie fühlte sich heiß an, schwitzte aber nicht und atmete ganz ruhig. Kein Seufzer kam von ihren Lippen. Vollkommen regungslos lag sie in ihrem Bett. Der Arzt, den Gregor bestellt hatte, fand zunächst auch keine Erklärung. Schließlich diagnostizierte er eine Lungenentzündung, doch sicher schien er sich dabei nicht zu sein. Johann und Ruth taten für sie, was sie konnten, und auch Frieda kam regelmäßig vorbei, um am Bett ihrer Freundin zu sitzen, doch trotz all der Pflege änderte sich Julies Zustand kaum. Johann quälte die Erinnerung an Marie. Wenn Julie nicht überleben sollte, dann wäre das auch sein Ende, davon war er überzeugt. Den Verlust eines weiteren geliebten Menschen würde er nicht verkraften.

Schließlich fragte er Ruth, die er mit ihrer ruhigen und fürsorglichen Art sehr zu schätzen gelernt hatte, warum

Julie bei dieser Witterung überhaupt nach Bacharach gekommen war.

»Sie muss einen guten Grund gehabt haben, sonst hätte sie Mathilda nicht allein zurückgelassen.«

»Wie nahe steht ihr euch?«, wollte Ruth von ihm wissen.

»Julie ist für mich der wichtigste Mensch auf Erden«, sagte Johann.

Ruth zögerte lange mit der Antwort. Ihr war anzusehen, wie sie in sich hineinhorchte und darüber nachdachte, wie viel sie preisgeben durfte. Schließlich entschied sie, ihm zu vertrauen. »Vielleicht aus Eigennutz«, gab sie zu. »Ich habe einen Fehler gemacht und rede nun mit dir, um mein Gewissen zu erleichtern.«

Johann nickte. Mit Fehlern und Gewissensbissen, die einen nicht mehr losließen, kannte er sich aus.

»Julie kam her, um mich zur Rede zu stellen. Ein gewisser Wolf hatte ihr etwas über sie erzählt, und sie wollte wissen, ob es stimmt.«

»Wolf Frei?«

»Sie nannte ihn nur Wolf.«

»Erzähl weiter«, sagte Johann angespannt.

Und dann erzählte Ruth ihm Julies Geschichte – das, was sie von Wolf erfahren hatte. Demnach war also nur Ruth Gretes leibliche Tochter, Julie hingegen ein Findelkind, geboren von einer Frau, deren Identität niemand kannte. Auch Wolf nicht – falls er die Wahrheit sprach.

Es war immer noch eiskalt, der Rhein eine bizarre Landschaft und die Brunnen eingefroren. Johann kam sich selbst vor wie eingefroren, so sehr raubte ihm die Sorge um Julie die Energie. Julie verharrte in einem Zustand zwischen

Schlaf und Bewusstlosigkeit. Immer wieder vergewisserte er sich, dass sie noch atmete, hielt ihre heiße trockene Hand in seiner. Er dachte an den Sommer, dachte daran, wie sie nebeneinander auf der Wiese gelegen hatten, erinnerte sich an das flirrende Licht, das durch die Blätter des Birnbaums gefallen war und ihre Seelen und ihr Innerstes zum Tanzen gebracht hatte. An jenem Nachmittag hatte er sich in sie verliebt, auch wenn sie sehr verschlossen gewesen war. Er hatte begriffen, dass auch sie Trost brauchte, dass auch sie sich nach einem Menschen sehnte, dem sie ganz und gar vertrauen konnte.

Das Essen wurde ihm und Ruth aus dem *Löwen* gebracht. Gregor musste das veranlasst haben, ihn selbst bekam Johann allerdings nur selten zu Gesicht. Zweimal am Tag holte Johann Schnee von draußen herein. Sie ließen ihn schmelzen, und aus dem gewonnenen Wasser kochte Ruth Tee und Kräutersude und bereitete kalte Wickel, um die trockene Hitze aus Julies Körper zu treiben.

Eines Morgens trat Johann genau in dem Moment ins Zimmer, als Ruth die immer noch bewusstlose Julie ausgezogen hatte, um sie zu waschen. Ihren Körper in seiner Nacktheit zu sehen, die anmutigen Glieder, den schlanken Leib mit den kleinen, festen Brüsten, so verletzlich und zart und dabei so wunderschön, raubte ihm den Atem.

»Woher hat sie die Blutergüsse?«, fragte er, denn Julies porzellanweiße Haut war übersät von blauen Flecken.

Ruth zog rasch die Decke wieder über Julie. »Die Prellungen muss sie sich bei dem Sturz zugezogen haben. Das ist aber nicht weiter schlimm, sagt der Arzt, das wird vergehen. Es ist nichts gebrochen«, erwiderte sie und bat Johann, den Raum zu verlassen.

Johann fügte sich, obwohl ihn die Erklärung nicht recht zufrieden stellte. Er grübelte darüber nach, ob es möglich sein könnte, dass Freigang ihr das angetan hatte. Sein Magen zog sich zusammen, wenn er an diese Möglichkeit dachte.

Er trat aus dem Haus, vorsichtig, weil der Schnee auf der Wehrmauer mittlerweile vereist war. An diesem Morgen holte er keinen Schnee, sondern lief mit den beiden Eimern immer weiter, bis er direkt am Rhein stand. Die Sonne war eine milchige Scheibe am Himmel. Sie spendete ein fahles Licht, aber keine Wärme. Die treibenden Eisschollen hatten sich auch hier in Bacharach zu einer begehbaren Fläche verbunden. Johann hatte sich eine Hacke besorgt, mit der er nun das Eis aufbrach. Er lud die Brocken in die Eimer, brachte sie zu Ruth, und ab diesem Tag bereitete sie den Tee für Julie nur noch mit Rheinwasser zu.

An diesem Nachmittag begann es plötzlich, wärmer zu werden. Wolken zogen auf, und in der Nacht setzte Tauwetter ein. In den folgenden Tagen brach das Eis auf dem Rhein auf und brachte erstaunlicherweise kein Hochwasser mit sich. Julie ging es langsam besser. Sie war zwar noch sehr schwach, es gab nun aber schon längere Phasen, in denen sie ansprechbar war. Immer noch sehr blass, aber mit rosenroten Lippen und goldschimmerndem Haar lag sie da. Aus Sankt Goar wurden von Mellie und ihrer Familie Genesungswünsche geschickt, Mathilda ginge es gut. Erleichtert vernahmen Ruth und Johann schließlich das bedächtige Urteil des Arztes, der – genauso ratlos über die plötzliche Heilung wie zuvor über die Krankheit – Julies Genesung bestätigte. Julie war über den Berg.

Johann blieb jetzt nicht mehr viel Zeit. Er musste zurück auf sein Schiff, aber vorher gab es noch so vieles, was er Julie zu sagen hatte. Er gestand ihr, dass Ruth ihn auf sein Drängen hin über das Geheimnis um ihre Herkunft ins Bild gesetzt hatte.

»Es macht mir nichts aus, nicht das Geringste«, versicherte er. »Aber für dich muss es schwer sein.«

»Muttchen hat mich sehr geliebt, und Ruth liebt mich auch. Sie haben es immer gut mit mir gemeint, das weiß ich jetzt. Ich zürne ihnen nicht mehr.« Und nach kurzem Zögern fuhr sie fort: »Aber es gibt etwas, das du noch nicht weißt, Wolf hat mir ein Medaillon gezeigt, das meiner Mutter gehört haben soll. Darin lag ein versiegeltes Glasfläschchen mit einem Papier, auf dem etwas geschrieben stand. Auf dem Deckel des Medaillons war das Bild von einem Fluss zu sehen.«

Augenblicklich kochte in Johann wieder die Wut auf Freigang hoch. »Woher hat er es? Wie ist es in seinen Besitz gekommen?«

Julie zuckte mit den Schultern. »Ich weiß es nicht, das hat er mir nicht gesagt.«

»Er hat das Medaillon bestimmt gestohlen. Der Schmuck steht dir zu.«

Sie seufzte. »Ich durfte es nicht einmal anfassen. Dafür habe ich mir aber das Bild ganz genau angesehen. Ich würde es sofort wiedererkennen.«

Johann zückte seinen Bleistift. »Sag mir, was du gesehen hast. Ich werde es für dich aufzeichnen«, sagte er, und dann skizzierte er das Bild nach Julies Anweisungen neben eines der Porträts, das er von ihr angefertigt hatte.

»Es gibt noch etwas.« Julie rang nach Worten. »Er hat

noch etwas sehr Schlimmes gesagt. Aber bevor ich dir das erzähle, musst du wissen, dass ich seinen Worten nicht eine Sekunde lang Glauben geschenkt habe. Trotzdem hat er mir mit seiner Geschichte Angst eingejagt.«

»Was hat er gesagt?«

»Er hat behauptet, dass du damals in Knielingen einen Mord begangen hast. Er sagte, es wäre zunächst Notwehr gewesen, aber dann doch ein Mord, weil der Mann schließlich wehrlos am Boden gelegen habe. Er bekannte sich schuldig, dir geholfen zu haben, die Leiche im Rheingraben verschwinden zu lassen.«

»Urban«, sagte Johann. Ihm wurde übel.

»Der Name, er hat diesen Namen genannt«, sagte Julie aufgeregt. »Aber diese Geschichte kann doch nicht stimmen.«

Er schluckte trocken. »Nein. Natürlich nicht.«

»Wie kommt er nur darauf, dir so etwas Schreckliches zu unterstellen?«

Aus Eifersucht, dachte Johann. Das war der einzige Grund, der ihm einfiel. Warum sonst sollte Freigang an diese alte Geschichte rühren? Indem er diese Dinge preisgab, schadete er sich doch nur selbst. Aber Freigangs Hass auf Johann schien groß zu sein und immer größer zu werden – genau wie Johanns Angst um Julie.

»Es ist wirklich ein Mensch ums Leben gekommen«, sagte Johann schließlich. »Aber nicht ich habe den Mord begangen. Freigang war es, der Urban erstochen hat. Aber ich … ich habe ihm geholfen, ihn heimlich zu begraben. Ich habe das nie jemandem erzählt. Du bist der erste Mensch, der davon erfährt. Es war der größte Fehler meines Lebens.«

Julie sah ihn mitleidig an. »Wie konnte es dazu kommen?«, fragte sie, und da erzählte Johann ihr die ganze Geschichte. Erzählte ihr, wie Urban ihn mit dem Gewehr bedroht und wie Freigang eingegriffen hatte.

»Verstehst du jetzt, Julie? Ich habe gesehen, zu was er fähig ist. Darum habe ich keine ruhige Minute mehr, seitdem ich ihn in deiner Nähe weiß. Verdammt. Und ich ...«, er schüttelte in Verzweiflung den Kopf, »... ich bin ein solcher Feigling.«

»Wie kommst du darauf?«

»Weil Agnes und ihre Kinder nie erfahren haben, was passiert ist.«

»Wer ist Agnes?«

»Urbans Frau. Ich hätte hingehen und es ihr sagen müssen. Stattdessen bin ich geflohen. Das war der eigentliche Grund, weshalb ich nach England gegangen bin, weil ich ihr nicht in die Augen sehen konnte.«

»Du bist ein Mensch. Menschen machen Fehler.«

»Aber nicht solche.«

Johann sprang auf. Er hatte sich immer mehr in seine Selbstanklage hineingesteigert, stand nun mitten im Zimmer und wandte Julie den Rücken zu.

Julie dachte eine Weile nach. »Du könntest es immer noch tun«, sagte sie dann. »Du könntest immer noch zu Urbans Frau gehen und ihr erzählen, was passiert ist. Wahrscheinlich ahnt sie es ohnehin. *Er* ist schließlich mit dem Gewehr losgezogen. Gewiss hat er ihr gesagt, was er vorhatte, und sie wusste, dass er sich dadurch in Gefahr bringen würde.«

Johann drehte sich zu ihr um.

»Komm wieder her zu mir«, sagte sie zärtlich. Nach kurzem Zögern setzte er sich erneut neben sie, gebeugt wie ein alter Mann.

Julie berührte ihn sanft an der Schulter. »Du kannst niemanden mehr lebendig machen, aber du könntest Urbans Familie Gewissheit und ein bisschen Seelenfrieden bringen. Und dir auch.«

Johann schwieg lange. »Vielleicht hast du recht. Ich muss darüber nachdenken«, sagte er schließlich mit einem Seufzer.

Julie lächelte und gab ihm einen Kuss auf die Wange.

»Kann ich dir noch etwas sagen? Es ist aber etwas – sehr Schlimmes. Etwas, das mich schon seit Jahren bedrückt.« Johann hatte zögernd gesprochen und merkte, wie sich seine Augen dabei mit Tränen füllten.

»Du kannst mir alles sagen«, erwiderte Julie liebevoll.

»Es geht um Marie«, fuhr er zögernd fort.

»Deine kleine Schwester?«

Er nickte. Die Tränen strömten jetzt nur so über sein Gesicht und tropften auf seine und Julies ineinander verschränkten Hände, doch er versuchte nicht, sie zurückzuhalten.

»Ich habe dir nie erzählt, wie sie gestorben ist.«

Julie nickte ihm ermutigend zu. Auch ihr standen jetzt Tränen in den Augen.

»Sie hatte … sie hatte die Halsbräune. Es war so … so unglaublich schrecklich. Ich saß an ihrem Bett und hielt ihre Hand, aber sie … sie bekam einfach keine Luft mehr. Wie sie mich angesehen hat, so …« Er stockte und schüttelte den Kopf, war eine ganze Weile lang unfähig weiterzusprechen. »Dieser Blick, mit dem sie mich angesehen hat. Sie wollte doch so gerne leben, sie war so tapfer, sie hat immer weitergekämpft, aber irgendwann … und ich … ich konnte doch nichts tun. Wie so ein gottverdammter Idiot habe ich dabeigesessen und konnte ihr nicht helfen.« Johann schluchzte jetzt heftig, die geballte Faust gegen die Stirn gepresst. Schließlich beruhigte er sich so weit, dass er weitersprechen konnte.

»Also habe ich …«

»Also *hast* du ihr geholfen«, sagte Julie, die jetzt ebenfalls weinte. Sie streichelte seine Schulter.

Er nickte, ohne aufzublicken. »Ich habe ein Kissen genommen und es auf ihr Gesicht gedrückt. *Ich* habe sie umgebracht.«

»Du hast ihr geholfen, Johann. Du hast das Richtige getan.«

»Das dachte ich auch in dem Moment, aber … es fühlt sich nicht so an. Ich muss einfach immer daran denken.«

»Natürlich kannst du es nicht vergessen. Trotzdem war es richtig. Du bist ein guter Mensch, Johann.«

»Ich wünschte, es wäre so.«

»Nur weil es schwer war und sich jetzt so schrecklich für dich anfühlt, heißt es nicht, dass es falsch gewesen ist. Muttchen hat auch nicht immer allen Menschen helfen können. Niemand auf der ganzen Welt kann das. Du musst dir selbst verzeihen, Johann. Wir alle müssen uns vergeben, dass wir Menschen sind und nicht mehr als das.«

Johann sah zu ihr hin und lächelte sie durch die Tränen hindurch an.

»Wie kannst du nur so sein?«, fragte er.

»Wie bin ich denn?«

»So lieb und gut und so … weise.«

»Ich bin doch nicht weise.«

»O doch, das bist du. Du bist sehr klug. Vielleicht nicht besonders hübsch, aber sehr klug.«

Und dann fielen sie sich in die Arme, küssten sich, lachten und weinten gleichzeitig.

»Es fällt mir so schwer, dich zu verlassen«, sagte Johann nachdem sie sich beide wieder ein bisschen beruhigt hatten, »aber ich muss nach Bingen auf die *Unschuld*. Ich muss die warme Witterung nutzen, Eyselen wartet immer noch auf seine Ladung. Aber ich komme so schnell wie möglich wieder hierher zurück.«

»Dann werde ich wohl nicht mehr hier sein. Wir sehen uns in Sankt Goar.«

Er traute seinen Ohren nicht. »Du willst nach Sankt Goar?«

»Dort ist mein Zuhause.«

»Das darfst du nicht tun, Julie. Ich dachte, wir wären uns einig, dass Freigang gefährlich ist.«

»Aber wo soll ich denn hin?«

»Heirate mich!«

»Was?«

»Heirate mich!«, wiederholte er. »Ich wollte mit meinem Antrag warten, bis ich bei Merkens in Lohn und Brot stehe. Doch unter diesen Umständen ... Ich kann dir vielleicht nicht die ganze Welt zu Füßen legen, aber alles, was ich besitze, soll dir gehören. Mein Herz gehört dir schon längst, vom allerersten Moment an. Ich liebe dich, Julie, und ich bitte dich, meine Frau zu werden. Wenn du mich trotz allem, was du nun über mich weißt, immer noch willst, bin ich dein.«

Er ging vor ihr in die Knie.

Julie betrachtete ihn, ein leicht belustigtes Erstaunen im Gesicht. Es war nie leicht für Johann, ihre Reaktionen vorherzusagen, doch dieses Schmunzeln brachte ihn so sehr aus dem Konzept, dass er kurz wegschauen musste. Die Hoffnung, dass sie ja sagen könnte, ließ ihn ganz demütig werden. Mit klopfendem Herzen kniete er da und wartete auf ihre Antwort.

Julie beugte sich zu ihm vor. Dann gab sie ihm einen Kuss auf den Mund.

»Natürlich will ich dich, du Binnes.«

Johanns Wohnsitz war in Köln, darum musste er dort auf dem Standesamt das Aufgebot für die amtliche Trauung bestellen, eine Regel, die die Preußen von den Franzosen im Rheinland übernommen hatten. Sie würden also in Köln heiraten, doch Johann versprach Julie, dass sie später gemeinsam darüber entscheiden würden, wo sie leben wollten. Da die *Unschuld* mitsamt der Fracht bereits verspätet war, hatte Johann es nun sehr eilig, loszukommen. In aller Frühe des nächsten Morgens machte er sich auf den Weg nach Bingen. In drei Tagen wollte er wieder in Bacharach sein, um sie abzuholen. Bis dahin blieb Julie bei Ruth. Die war sehr schweigsam und wirkte bedrückt.

»Was hast du? Du darfst dich für mich freuen, ich werde heiraten«, sagte Julie zu ihr.

»Natürlich freue ich mich für dich.«

»Und warum bist du dann so traurig?«

»Weil es mir leidtut, dass ich dir das mit Muttchen und dem Pfarrer nie erzählt habe«, sagte Ruth kleinlaut.

So schuldbewusst hatte Julie sie noch nie erlebt.

»Verzeihst du mir?«

Erleichtert umarmte Julie sie und drückte ihr einen Kuss auf die Wange. »Natürlich verzeihe ich dir! Aber ich habe eine Bitte.«

»Welche ist es?«

»Begleitest du mich zu Pfarrer Wurm?«

»Wozu?«

»Ich will ihn fragen, was damals genau geschehen ist. Vielleicht hat er meine«, sie stockte kurz, bevor sie zu sprechen fortfuhr, »meine Mutter gekannt.«

Julie hielt den Atem an. Wenn Ruth nein sagte, würde sie es auf sich beruhen lassen. Doch Ruth willigte ein.

»Natürlich. Wenn dir so viel daran liegt.«

Julie legte eine Hand auf Ruths Arm. »Muttchen wird immer mein Muttchen bleiben. Unser Muttchen. Und du für immer meine Schwester.«

Ruth nickte und drückte ihre Hand.

Am späten Vormittag gingen sie zusammen zum Pfarrhaus. Die Sonne schien und ließ Eis und Schnee tauen. Überall tropfte und plätscherte es, doch noch gab es letzte weiße Inseln auf dem schlammigen Boden. Julie klopfte an die Tür des Pfarrhauses. Niemand öffnete.

»Er ist nicht da. Lass uns wieder gehen«, sagte sie beinahe erleichtert, nachdem sie eine Weile gewartet hatten.

»Sollten wir nicht auch noch in der Kirche nachsehen?«, fragte Ruth.

»Ja, vielleicht«, sagte Julie zögernd.

Seite an Seite gingen sie hinüber und drückten die schwere Holztür auf. Drinnen war es kälter als draußen, der typische Geruch von Kerzenwachs und Weihrauch lag in der Luft. Durch die schmutzigen Fenster fiel trübes Licht herein. Julie überkam ein Frösteln.

»Was ist?«, fragte Ruth.

»Nichts. Aber die Kirche ist leer, es ist kein Mensch hier«, sagte Julie. »Komm, lass uns gehen.«

Julie wollte Ruth nach draußen ziehen, doch die blieb stehen.

»Du wolltest doch mit ihm sprechen. Jetzt komm, lass uns zuerst noch in der Sakristei nachsehen«, sagte sie.

Julie straffte die Schultern, und versuchte, ihre Beklommenheit abzuschütteln. Ruth hatte recht, sie durfte sich nicht einschüchtern lassen, jetzt wo sie einmal hier war.

Der Eingang zur Sakristei lag links vom Chor. »Herr Pfarrer?« Julie klopfte an die Tür und schob sie vorsichtig auf. »Niemand da.« Sie wandte sich zu Ruth um und sah im selben Moment etwas großes Dunkles hinter dem Altar auf dem Boden liegen. Vor Schreck zog sie scharf die Luft ein.

Dort lag ein Mensch.

»Was ist? Was hast du?«, fragte Ruth.

»Da – da auf dem Boden vor dem Kreuz liegt jemand«, flüsterte Julie. »Ich glaube, es ist Pfarrer Wurm.«

»Und warum sagt er nichts?«, fragte Ruth, und weil Julie nicht reagierte, streckte sie den Arm aus und tastete sich selbst in Richtung des Altars.

Julie folgte ihr. Tatsächlich, das musste der Pfarrer sein. Auch wenn sie sein Gesicht nicht sehen konnte, weil er auf dem Bauch lag, konnte sie ihn an dem mit groben Stichen geflickten liturgischen Gewand eindeutig erkennen.

»Hier ist es. Er liegt direkt zu unseren Füßen«, wisperte Julie.

Ruth kniete sich neben ihm nieder. »Herr Pfarrer?« Er antwortete nicht. Sie tastete nach seiner Halsschlagader.

»Und?«, fragte Julie, die stehen geblieben war. Ihre Stimme klang gespenstisch in dem leeren Kirchenraum.

»Nichts. Ich kann keinen Puls fühlen.«

Julie überwand sich, trat jetzt einen Schritt näher und beugte sich über ihn. Um Wurms Kopf hatte sich eine dunkle Lache gebildet. »Da ist ganz viel Blut. Es sieht aus, als hätte er aus dem Mund geblutet.«

Ruth seufzte, griff nach Julies Hand und ließ sich von ihr hochhelfen. »Jedenfalls ist er tot.«

Julie nickte stumm. Pfarrer Wurm, der sie einen Teufel genannt und aus Bacharach verjagt hatte, lebte nicht mehr. Zu ihrer Erleichterung gesellte sich nun doch die Enttäuschung darüber, dass sie von ihm keine Antworten auf ihre Fragen mehr bekommen würde. Sein Wissen würde er mit ins Grab nehmen.

Der Pfarrer wurde auf Geheiß des Bürgermeisters im Pfarrhaus aufgebahrt, damit die Gemeindemitglieder sich von ihm verabschieden konnten. Viele kamen, wenn auch vermutlich eher aus Neugierde als aus Mitgefühl, denn Wurm war nie besonders beliebt gewesen. Julie ging nicht hin. Sie mied Kirche und Pfarrhaus und wartete nur noch ungeduldig auf Johanns Rückkehr. Dann traf ein weiterer Brief von Mellies Familie aus Sankt Goar ein, in dem es hieß, dass es Mathilda gutginge und sie sich keine Sorgen zu machen bräuchte. Otto ließ Grüße ausrichten, mit der Fähre wäre alles in Ordnung, sie könnte sich also Zeit lassen mit dem Gesundwerden. Julie ließ sich den Brief von Frieda vorlesen. Ganz oben standen zwei Wörter. Ihren Namen konnte Julie lesen – Julie –, das Wort davor jedoch nicht. »Da steht ›Liebe‹, ›Liebe Julie‹«, sagte Frieda, und dann nahm sich Julie einen von Johanns Stiften, den er dagelassen hatte, und übte, »Liebe Julie« und danach »Lieber Johann« zu schreiben. »Wie schreibt man König?«, wollte sie am nächsten Morgen von Frieda wissen und übte, um Johann zu überraschen, ihren neuen Namen zu Papier zu bringen – Juliane König.

Schon wenige Tage später waren Julie und Johann mit der *Unschuld* unterwegs nach Köln. Julie genoss die Fahrt, sie hatte noch nie eine so weite Strecke auf einem Schiff zurückgelegt. Sie ließ sich von Johann sämtliche Gefahrenstellen erklären. Alle Felsen und Untiefen hatten Namen, die die Anwohner und Schiffer ihnen im Laufe der Jahre gegeben hatten. Julie hatte sie alle schon einmal gehört, doch jetzt sah sie sie mit neuen Augen.

Die *Unschuld* passierte das Tauber-Werth vor dem linken Ufer, daneben lagen die Marley und ein Stück weiter der Geisenrücken mit der Heringsnase an der Spitze. Gleich darauf drängten die steilen Berghänge den Rhein auf nur noch gut vierhundert Fuß zusammen. Das Wasser strömte hier besonders schnell und war besonders tief, dennoch reichten manche der Felsenriffe bis an die Wasseroberfläche. Julie lehnte sich über die Reling. Sie konnte fühlen, wie viel Wasser die *Unschuld* unter dem Bug hatte und warnte Johann vor ein paar treibenden Eisschollen, noch bevor dieser sie sah. Zügig segelten sie an Sankt Goar vorbei, erreichten Koblenz, und bei Einbruch der Dunkelheit ankerten sie in Andernach. Julie zog sich in Johanns Kabine zurück, um den neugierigen Blicken seiner Schiffsknechte zu entgehen, die sie mit großen Augen bestaunten. Julie beobachtete durch die Luke in der Schiffswand, wie Johann jedem der drei eine Münze in die Hand drückte, woraufhin sie sich trollten, um dem Gasthaus am Kranen einen Besuch abzustatten. Die Männer grinsten, als sie ins Beiboot kletterten.

»Wie fühlst du dich?«, fragte er, als er zu ihr in die Kajüte kam. Er hatte sie schon den ganzen Tag über immer wieder besorgt gemustert. Es war schließlich noch nicht lange her, dass sie sehr krank gewesen war.

»Ich bin einfach nur glücklich«, sagte Julie.

Der kleine Kanonenofen verwandelte die Kajüte in eine gemütliche Höhle und es duftete nach warmem Holz. Die *Unschuld* war ein schönes Schiff. Sie wäre Eyselens ganzer Stolz, erklärte Johann. Überhaupt redete er viel an diesem Abend, viel mehr als sonst, wahrscheinlich, um seine Befangenheit zu überspielen. Und die rührte Julie sehr. Sie hatte die Blicke, Bemerkungen und sogar die Komplimente von Männern zeit ihres Lebens immer eher als grob empfunden. So gut wie nie hatte etwas Schönes darin gelegen. Nicht selten hatten Männer über sie geredet und geurteilt, als wäre sie ein Ding oder ein Stück Vieh ohne Verstand – und ohne Gefühle.

Doch Johann war anders.

Jetzt goss er Wein ein, schnitt Brot und Wurst in Scheiben und bot Julie davon an, aber sie hatte keinen Hunger. Sie trat einen Schritt näher und nahm ihm das Glas aus der Hand. Seit sie sich in Bacharach zum Abschied geküsst hatten, waren sie einander noch nicht wieder so nahegekommen, und Julie sehnte sich danach, ihn zu berühren.

»Wir werden bald Mann und Frau sein«, sagte sie und griff nach seiner Hand.

Johann zog sie an sich. »Du bist bezaubernd«, sagte er und streichelte ihr Haar. »Ich hatte solche Angst um dich. Ich bin so froh, dass du wieder gesund geworden bist. Und ich bin unendlich glücklich, dass du ja gesagt hast.«

Julie sah zu ihm auf. Er wirkte sehr ernst, seine Augen

waren ganz dunkel. Sie strich mit den Fingern über die steile Falte zwischen seinen Brauen. »Du sagst, du bist froh. Aber du siehst gar nicht so aus.«

»Es ist nur …«, es fiel ihm sichtlich schwer weiterzusprechen, er suchte nach Worten. »Als du so krank warst«, fuhr er fort, »da hat deine Schwester dich gewaschen und ich – ich habe die Blutergüsse gesehen.« Seine Stimme brach. Er streichelte sanft ihren Arm, sein Blick wurde noch dunkler. »Das kann ich nicht vergessen.« Er räusperte sich. »Ich muss dich das fragen, hat Freigang dir etwas angetan? Bitte, Julie, sag mir die Wahrheit!«

Sein Körper hatte sich versteift, und seine Stimme klang dringlich. Julie spürte, wie ernst es ihm war. Sie begriff, dass Johann jeden Mann, der ihr ein Leid zufügte, verfolgen würde, und wenn er sich dabei selbst in Gefahr brachte. Aber zum Glück brauchte sie ihn nicht anzulügen.

»Nein, Johann. Er hat mich nicht angefasst.«

Johann atmete erleichtert aus. »Gott sei Dank. Diese Vorstellung hat mich tagelang gequält. Falls er dir, Gott behüte, eines Tages noch einmal über den Weg laufen sollte, dann nimmst du Reißaus. Ich beschwöre dich, halte dich von ihm fern.«

Julie nickte. »Mach dir nicht solche Sorgen. Ich kann auf mich selbst aufpassen«, beruhigte sie ihn.

»Ja, du hast ja recht. Dir kann so schnell keiner das Wasser reichen« Johann lächelte sie an. »Ich könnte dich immerzu einfach nur ansehen.«

»Du willst mich nur ansehen?«, fragte Julie neckend.

Statt einer Antwort zog Johann sie an sich und küsste sie zart und dann immer leidenschaftlicher. Sie drängte ihm entgegen, und wie immer, wenn sie sich geküsst hatten, wurden ihr die Knie ganz weich. Die Pritsche in der kleinen Kabine bot nicht viel Platz, aber als sie nun ineinander verschlungen darauf niedersanken, reichte er für sie beide vollkommen aus. Johann beugte sich über Julie, fuhr mit dem Zeigefinger ihre Augenbrauen nach, küsste ihre Stirn, die Nase, die Mundwinkel und das Kinn. Dann wanderten seine Lippen über ihren Hals abwärts, er löste die Bänder ihres Kleids, streifte es ihr über den Kopf, bis sie nur noch in ihrem Unterkleid vor ihm lag. Er fuhr fort sie zu küssen, liebkoste ihr Dekolletee und den Ansatz ihrer Brüste.

Julie verstand kaum, was mit ihr geschah. Sie fühlte, wie Johann behutsam den Stoff hochschob und die Innenseiten ihrer Schenkel streichelte. Zuerst spürte sie seine Hände, seine warmen, rauen Finger, dann seine Lippen und wieder seine Zunge. Er schmeckt das Salzige von ihrer Haut, tauchte in sie ein, erkundete sie. Sie hoffte halb, er würde aufhören, weil sie befürchtete, einfach zu zerfließen, doch dann sehnte sie sich danach, dass er weitermachte. Sie bog sich Johanns forschenden Lippen entgegen und mit aller Leidenschaft gab sie sich ihm hin. Hinterher war sie benommen und ein bisschen schläfrig, und als sie wieder richtig zu sich kam, lag Johann neben ihr und lächelte sie an.

Heiterkeit erfasste sie, und ein Lachen stieg in ihrer Kehle auf. »Gundel hat ja keine Ahnung«, platzte sie heraus.

»Was?« Johann zog fragend die Augenbrauen hoch.

»Sie sagte, sie kennt keine Frau, die Freude daran hat. Und du … du hast wirklich noch nie? Das kann ich gar nicht glauben.«

»Ich bin von mir selbst überrascht«, sagte Johann.

Ein verschmitzter Ausdruck stahl sich auf sein Gesicht und ließ ihn jünger aussehen. So erinnerte er viel mehr an den Mann von achtundzwanzig Jahren, der er war. Julie war noch ganz berauscht von der wohligen Wärme, die sie erfüllte. Sie legte ihren Kopf auf Johanns Brust und lauschte seinem Herzschlag, während sich ihre Hand langsam in Richtung seiner Lenden tastete.

Xaver zog den Schal hoch bis unter die Nasenspitze und die Mütze tief in die Stirn und sah mit zusammengekniffenen Augen zur *Unschuld* hinüber. Die drei Bootsknechte saßen inzwischen im Wirtshaus, Johann hingegen war an Bord geblieben und in der Kajüte verschwunden, aus der ein schwaches warmes Licht nach draußen drang. Hineinsehen konnte Xaver nicht, trotzdem wusste er, dass Juliane dort drinnen war, denn er hatte sie vorhin beim Anlegen noch gesehen. Offenbar waren die beiden nun wirklich und wahrhaftig ein Paar, und ihm kam es so vor, als hätte jemand zwei Klingen aufs Mal in seine Brust gestoßen. Juliane hatte nichts von ihm wissen wollen, was schon höllisch weh tat, und dann hatte sie sich auch noch ausgerechnet für Johann König entschieden – was mehr war, als Xaver verkraften konnte. So war er ja auch auf die Idee gekommen, ihm die Sache mit dem Toten anzuhängen. In dem Moment, in dem er es ausgesprochen hatte, hatte es sich richtig angefühlt – nicht einmal wie eine Lüge. Er hatte sich die Szene, wie König seinen ehemaligen Nachbarn erstach, so lebhaft vorgestellt, dass er seinen Worten selbst geglaubt hatte. Wenigstens ein paar Augenblicke lang hatte er spüren können, wie es wäre, von dieser Last befreit zu sein. Aber im Nachhinein gereichte ihm diese Lüge vermutlich zum Nachteil. Juliane würde König Glauben schenken und nicht ihm. Er hatte damit alles nur noch schlimmer gemacht.

Überhaupt war er es am Neujahrstag vollkommen falsch angegangen. Er war nicht so freundlich und beherrscht gewesen, wie er es eigentlich hätte sein wollen, hatte den Fehler gemacht, sich zuvor Mut anzutrinken – und dann hatte ihn das schreiende Gör zusätzlich aus der Fassung gebracht. Natürlich hätte er auch nicht einfach an ihrem Küchentisch einschlafen dürfen – und zu allem Unglück und aus eigener Dummheit hatte er inzwischen auch noch seine Arbeit in Sankt Goar verloren. Labonte war nämlich dahintergekommen, dass er ihm gelegentlich höhere Schmiergelder in Rechnung gestellt hatte, als tatsächlich geflossen waren, und hatte ihn daraufhin gefeuert. Auch wenn Labonte in unlautere Geschäfte verstrickt war, über die Xaver bestens Bescheid wusste, saß er dennoch am längeren Hebel. Vorerst konnte er sich in Sankt Goar darum nicht mehr blicken lassen. Er hatte seitdem in verschiedenen Städten entlang des Rheins nach Arbeit gesucht und dabei überall nach der *Unschuld* Ausschau gehalten. Und heute hatte er endlich nicht nur das Schiff und Johann König, sondern noch dazu Juliane wiedergefunden.

Wieder musste er an den Ausdruck in ihrem schönen Gesicht denken, als er ihr von ihrer Mutter erzählt hatte, an den Glanz in ihren Augen, als sie zum ersten Mal das Medaillon erblickte. Da hatte sie ihm glauben müssen.

Xavers Finger umklammerten das Schmuckstück, das er inzwischen nicht mehr um den Hals trug, sondern in seiner Jackentasche verwahrte. Er hoffte immer noch, dass Juliane eines Tages zumindest seine Freundschaft akzeptieren würde. Er musste sich von jetzt an nur jeden seiner Schritte ganz genau überlegen, viel gründlicher als zuvor. Vor allem musste er geduldiger sein. Seine Zeit würde kommen, aber um sein Ziel zu erreichen, brauchte er das Medaillon unbedingt, glaubte er, und darum beruhigte es ihn, sich jederzeit mit einem Griff in die Tasche vergewissern zu können, dass es noch da war. Xaver warf noch einen letzten Blick auf die *Unschuld*, dann wandte er sich ab und ging hinüber zum Wirtshaus, in dem die Bootsknechte verschwunden waren.

38

Bacharach, 3. Oktober 1825

Liebe Bettine,
nun schreibe ich dir also wieder einmal aus Bacharach nach Berlin und wünschte, du könntest hier sein, um die goldenen Herbst- und Erntetage am Rhein zu erleben, denn ich weiß, wie sehr du sie liebst.
Heute war die Taufe der kleinen Lisette König. Der neue Gemeindepfarrer hat den Namen als Taufnamen durchgehen lassen, auch wenn mir als Patentante »Elisabeth« natürlich lieber gewesen wäre. Er heißt Vogel, der neue Pfarrer meine ich, und ist ebenso trinkfest und fröhlich, wie Pfarrer Wurm asketisch und griesgrämig gewesen ist. Bestimmt ist Juliane glücklich darüber, dass der alte Geistliche fort ist, aber ich habe sie vorsichtshalber gar nicht erst darauf angesprochen.
Beide Eltern sind mächtig stolz auf die Kleine, die ungemein niedlich ist – mehr als das, sie ist vollkommen, auch ich kann mich nicht an ihr sattsehen. Johann König wird

jedenfalls seine Familie ernähren können, denn er arbeitet ja jetzt für Peter. Peter hält große Stücke auf ihn, und mich freut es, dass ich durch diese Bekanntschaft hoffentlich auch ein bisschen zum Erfolg der Unternehmung beitragen kann. Heute werden nämlich in Köln die Papiere unterschrieben und die Preußisch-Rheinische Dampfschifffahrtsgesellschaft offiziell gegründet. Sie muss dann noch von der Regierung genehmigt werden, doch Peter ist, was das betrifft, sehr zuversichtlich. Es wird in Zukunft mit Abstand sein bedeutendstes Geschäft sein, sagt er.
Mein guter Freund Herr Noelle hat übrigens inzwischen hier im Ort ein Hotel gekauft. Weißt du noch, wie er damals in Winkel erzählt hat, er wolle eine Burgruine zum Hotel ausbauen? Dein Bruder Franz hielt es für eine verrückte Idee. Er ist aber trotzdem dabei geblieben, nur dass es jetzt eben ein Haus direkt am Rhein geworden ist. Es heißt »Zum roten Anker«. Ursprünglich hatte Gregor Kühn es erworben, der ehemalige Wirt des Löwen, doch der hatte sich damit finanziell übernommen. Noelle hat das Haus, das zuvor noch eine halbe Ruine gewesen war, nun in Windeseile wieder aufbauen lassen und für sich darin eine kleine Wohnung eingerichtet, auch wenn er selbstverständlich nicht vorhat, immer vor Ort zu sein. Darum wird auch Kühn weiter hier wirtschaften – der Mann hat, wenn du mich fragst, mehr Glück als Verstand. Ich bezweifle, dass er das Zeug dazu hat. Doch sosehr Noelle auch sonst auf mein Urteil vertraut, diesmal hat er mich leider nicht gefragt.
Wie auch immer – für mich geht es sich gut aus, denn wenn ich nun mein Patenkind besuchen komme, werde ich mit ein bisschen Glück auch Noelle sehen können.
Wie geht es dir und Achim und den Kindern? Und was

macht dein Bruder Clemens? Arbeitet er noch immer an der Biographie der Nonne Anna Katharina Emmerick? Ich hatte meinen Buchhändler in Köln danach gefragt, doch er sagte, es sei bisher nichts erschienen.
Ich freue mich darauf, wieder von dir zu hören, und sende dir herzliche Grüße
Deine treue Freundin Elisabeth

18
27

39

JULIE UND ELISABETH SASSEN mit ihren Kindern im Salon der ersten Klasse am Bord des Rheindampfers *Concordia* und tranken Kaffee. Es war eine der letzten Fahrten im Oktober, bevor das Räderboot zur Durchsicht zurück auf die Werft nach Südholland sollte. Bei der anstehenden Inspektion handelte es sich um eine reine Vorsorgemaßnahme. Bisher hatte es keine Probleme oder Ausfälle gegeben, aber es empfahl sich dennoch, die Dampfmaschine, die Schaufelräder und den Rumpf nach den ersten paar Monaten der Beanspruchung einer gründlichen Inspektion zu unterziehen, hatte Johann seiner Frau erklärt. Julies Finger fuhren über das Mahagoni der Tischplatte, das in glänzendes Messing eingefasst war. Hier drinnen im Salon sah das Schiff noch ebenso neu aus wie am ersten Tag. Es roch sogar immer noch nach Lasur und frischem Holz. Zu Julies und Elisabeths Füßen spielten Mathilda und Franz, der jüngste Sohn der Merkens, die nun beide fünf Jahre alt waren, mit ihren Holzpferdchen. Die zweijährige Lisette kuschelte sich in den Schoß ihrer Patentante Elisabeth und lutschte am Daumen, während ihr langsam die Äuglein zufielen. Elisabeths Mann Peter war ebenfalls an Bord und mit ihm die wichtigsten Anteilseigner der Preußisch-Rheinischen Dampfschifffahrtsgesellschaft. Sie begossen oben an Deck in der Oktobersonne ihren wirtschaftlichen Erfolg. Sogar eine kleine Kapelle hatten sie engagiert, deren beschwingten Klänge bis zu Elisabeth und Julie herunterdrangen, die sich schon vor einem ganzen Weilchen zurückgezogen hatten, um sich in Ruhe unterhalten zu können.

Zwei Schiffe betrieb die Gesellschaft nun, die vor einem Jahr den Liniendienst aufgenommen hatte. Mehrfach in der Woche wurde die Strecke von Mainz nach Köln bedient, die innerhalb eines Tages zu schaffen war, jedoch in der Regel in Koblenz für eine Nacht unterbrochen wurde. Und zweimal pro Woche fuhr man von Köln in Richtung Mainz, was deutlich länger dauerte. Wer es eilig hatte, nahm für die Bergfahrt zwar immer noch lieber die Eilpost, doch die Engländer, bewaffnet mit Ferngläsern, Reiseführern und Panoramakarten, zogen sehr zur Freude von Peter Merkens und den anderen Aktionären die Fahrt auf dem Dampfer vor. Inzwischen neigte sich die diesjährige Saison jedoch ihrem Ende zu. Ab nächster Woche trat der ausgedünnte Winterfahrplan in Kraft. Da die Schiffe nicht nur Passagiere, sondern auch Waren transportierten, würden sie auch in der kalten Jahreszeit unterwegs sein, sofern die Witterungsverhältnisse und der Wasserstand des Rheins es zuließen.

»Wenn die Concordia auf die Werft geht, hat doch dein Mann ein paar Tage frei. Habt ihr dann etwas Schönes vor?«, fragte Elisabeth und lächelte verzückt auf die in ihrem Schoß schlummernde Lisette hinunter.

»Wir wollen Zeit mit den Kindern verbringen«, antwortete Julie und stellte vorsichtig die feine Porzellantasse ab, aus der sie gerade getrunken hatte. Sie gab sich Mühe, würde sich aber wohl niemals an das vornehme Leben gewöhnen, das Elisabeth führte. Zum Glück ging es zu Hause in Sankt Goar rustikaler zu. Sie fand es viel zu anstrengend, ständig auf ihre Wortwahl und ihr Benehmen zu achten, nur Elisabeth zuliebe tat sie es, wenn sie mit ihr zusammen war.

Lächelnd betrachtete sie das Gesichtchen ihrer Tochter,

die inzwischen eingeschlafen war. »Soll ich sie nehmen?«, fragte sie.

»Nein, das weckt sie nur auf.«

Lisettes Lippen bewegten sich. Die Kleine saugte im Schlaf. Sie war sehr niedlich mit ihren blonden Härchen, den sanft gerundeten Wangen und der absolut perfekten kleinen Nase.

»Sie ist zum Dahinschmelzen«, flüsterte Elisabeth.

»Keine Sorge, Sie brauchen nicht leise zu sprechen, Lissi hat einen festen Schlaf«, sagte Julie schmunzelnd.

»Könntest du denn überhaupt weg? Du hast doch immer so viel zu tun«, sagte Elisabeth und setzte sich vorsichtig ein bisschen bequemer hin.

Julie hörte den leisen Vorwurf in ihren Worten, ging jedoch darüber hinweg. »Otto wird sich so lange um die Fähre kümmern.«

»Was ist denn mit ihm und Frieda? Wollten die beiden nicht heiraten?«

»Otto würde gerne, aber Frieda schiebt die Hochzeit immer weiter hinaus. Sie will nicht nach Sankt Goar. Es ist wegen der Zwillinge, sie sind ebenso sehr ihre Kinder wie die von Walburga. Sie müsste sich dann von ihnen trennen, und das fällt ihr schwer.«

»Wie heißen die beiden noch gleich?«

»Arthur und Manuel«, sagte Julie und lächelte versonnen. Die Zwillinge erinnerten sie an Ruth und sich, denn der kleine Arthur war hellblond und Manuel schwarzhaarig, der eine guckte in die Welt aus blauen Augen wie sein Vater und der andere aus grünen wie seine Mutter, wenn sie auch eher die Farbe von Smaragden hatten und nicht so blass waren wie die von Walburga.

»Also verträgt sie sich jetzt besser mit Walburga?«, fragte Elisabeth.

»Das würde ich so nicht sagen. Walburga wird nur immer fauler. Sie kommt kaum noch aus ihrem Zimmer und lässt sich den ganzen Tag bedienen. Also kümmert sich Frieda um die Jungs und geht Walburga so gut wie möglich aus dem Weg.«

»Und Gregor lässt seine Frau gewähren?«, fragte Elisabeth erstaunt.

»Gregor lässt Walburga machen, was sie will«, gab Julie achselzuckend zur Antwort. Die Ehe der beiden war ihr ein Rätsel, aber im Grunde war es ihr auch egal. Hauptsache, Frieda war glücklich – und Ruth natürlich.

»Und was macht deine Schwester? Wo wohnt sie jetzt eigentlich?«

»Sie hat neulich eine kleine Wohnung in der Kranenstraße bezogen. Sie kümmert sich viel um Herbert Kühn, dem geht es gar nicht gut.«

Gregor verbrachte viel Zeit bei ihrer Schwester und kam auch für ihren Unterhalt auf, den sie sich natürlich durch die Pflege seines Vaters redlich verdiente. Julie wusste, dass die beiden inzwischen ein Verhältnis miteinander hatten, aber weil Elisabeth nicht danach fragte, äußerte sie sich nicht dazu.

»Willst du dir das mit Köln nicht vielleicht doch noch einmal überlegen?«, fragte Elisabeth nun.

Julie schluckte eine harsche Entgegnung hinunter. Elisabeth meinte es gut, konnte aber mit ihren ständigen Einmischungen auch recht anstrengend sein. Julie war im Frühjahr des vergangenen Jahres mit ihren Kindern nach Sankt Goar zurückgekehrt und arbeitete nun wieder als

Fährfrau, was Elisabeth überhaupt nicht verstehen konnte. Ihre Freundin hatte fest damit gerechnet, dass Julie nach Köln umziehen würde. Doch Johann war als Schiffsführer sowieso immer viel unterwegs. Da wollte sie die Zeit ohne ihn lieber an einem Ort verbringen, an dem sie sich wohlfühlte – und an dem sie gebraucht wurde. Johann wusste das. Er verstand sie besser als Elisabeth, trotzdem, so musste sie sich eingestehen, war es nicht einfach gewesen, ihn davon zu überzeugen, das Fährrecht von Labonte zurückzukaufen, nachdem dieser es plötzlich wieder hatte loswerden wollen. Nur ihr zuliebe – und natürlich, weil Freigang aus Sankt Goar verschwunden gewesen war – hatte er schließlich nachgegeben.

»Ich bleibe in Sankt Goar. Es gibt keinen Grund, dort wegzugehen«, erwiderte Julie.

Elisabeth seufzte. »Verzeih mir. Ich würde mir eben wünschen, dich und die Kleine häufiger sehen zu können. Ich weiß, ich bin ein bisschen penetrant«, sagte sie und schaute schuldbewusst.

Julie lachte und drückte kurz Elisabeths Arm. »Ist schon gut. Wir verdanken Ihnen und Ihrem Mann so viel. Bitte verstehen Sie mich nicht falsch, ich bin Ihnen sehr dankbar.«

»Schon gut.« Elisabeth seufzte wieder. Dann zwinkerte sie Julie zu. »Ihr zwei wart eben das schönste Brautpaar, das Köln je gesehen hat.«

Julie lächelte verlegen. Sie dachte gerne an den Tag ihrer Trauung zurück. Johann hatte wirklich fabelhaft ausgesehen in seiner nagelneuen Jacke mit den Messingknöpfen. Sie selbst hatte ein Brokatkleid von Elisabeths erwachsener Tochter geschenkt bekommen, das dieser nicht mehr gepasst hatte. Weil es nicht ganz neu gewesen war, hatte Julie es auch gerne angenommen. Julie lächelte bei der Erinnerung und betrachtete ihren goldenen Ehering, den sie mit Stolz trug.

Das Schiff hatte inzwischen die gefährliche Passage an der Loreley hinter sich gelassen und näherte sich nun der Felsengruppe der Sieben Jungfrauen. Julie zeigte Elisabeth die weißen Felsspitzen, die in der Nähe des Ufers aus dem Wasser ragten und nur bei Niedrigwasser richtig zu erkennen waren.

»Sieben Jungfrauen – was für ein merkwürdiger Name«, sagte Elisabeth.

»Man sagt, dass es sich bei diesen Felsen um sieben junge Frauen handelt, die einst auf der Schönburg gewohnt haben«, erzählte Julie. »Viele Ritter haben um ihre Hand angehalten, doch kein Bewerber war ihnen gut genug. Zur Strafe hat man sie verzaubert und dazu verurteilt, als Felsen im Rhein zu liegen.«

»Was für ein schaurig schönes Märchen. Und was muss passieren, damit sie von dem Fluch erlöst werden?«, fragte Elisabeth mit leuchtenden Augen. Sie liebte solche Geschichten.

»Dafür müsste ein Fürst die Felsen aus dem Strom bergen und aus dem Gestein eine Kirche bauen. Doch da besteht wenig Hoffnung, glaube ich. Bisher hat sich niemand gefunden, der dazu bereit gewesen wäre«, sagte Julie mit gerunzelter Stirn.

»Was ist? Gefällt dir die Geschichte nicht? Sie ist doch nur erfunden«, sagte Elisabeth schmunzelnd.

»Aber sie hat einen wahren Kern«, erwiderte Julie. »Ich

finde es ungerecht, dass die Frauen bestraft wurden, nur weil sie sich ihren Mann selbst aussuchen wollten.«

»Wenn du es so siehst.« Elisabeth wiegte nachdenklich den Kopf.

»Wie sollte ich es denn sonst sehen?«, fragte Julie erstaunt. Dann fiel ihr etwas ein. Johann hatte ihr am Morgen vor ihrer Abfahrt ein in braunes Packpapier eingeschlagenes Päckchen in die Hand gedrückt. Es steckte ungeöffnet in ihrem Korb. Julie raffte ihren Rock und stieg über die beiden immer noch friedlich am Boden spielenden Kinder hinweg. Mit dem Päckchen in der Hand setzte Julie sich wieder neben Elisabeth, entfernte die Schnur und die erste Lage Papier. Darunter kam grünes Seidenpapier zum Vorschein, auf dem das Etikett einer Kölner Galerie klebte.

»Ist das ein Bild?«, fragte Elisabeth neugierig.

»Ja, ich glaube, ich weiß, was drin ist«, sagte Julie freudig. Johann hatte nämlich davon gesprochen, dass er eines ihrer Porträts rahmen lassen wollte.

Vorsichtig entfernte sie das Seidenpapier und strich es glatt, bevor sie den Rahmen umdrehte und das Bild betrachtete. Es handelte sich um eine der Zeichnungen, die Johann während ihrer Krankheit in Bacharach von ihr angefertigt hatte. Trotz Fieber hätte sie ausgesehen, als würde sie einfach nur schlafen, hatte er gesagt. Das Bild zeigte sie von vorn mit leicht geneigtem Kopf und geschlossenen Lidern auf einem Kissen liegend. Ihr offenes Haar lag in Wellen um ihren Kopf und verlor sich auf Schulterhöhe, denn der Oberkörper war auf der Zeichnung schon nicht mehr zu sehen. Johann hatte mit feinem Strich und feinsten Schraffuren zahlreiche Details eingefangen, die Biegung der Wimpern, die Wölbung des Kinns. Ein leichter Glanz lag auf Lippen, Stirn und Nase und ließ ihr Abbild vollkommen plastisch erscheinen. Julie hatte keine Ahnung von Kunst, doch sie war sich sicher, dass dies ein Meisterwerk war.

»Lass doch mal sehen«, sagte Elisabeth, und stolz hielt Julie ihr das Bild hin.

»Mein Gott.« Elisabeth bekreuzigte sich hastig. Sie war mit einem Mal sehr bleich geworden.

»Was ist denn los?«, fragte Julie besorgt. »Was haben Sie?«

»Das Bild. Dieses Bild. Wo kommt das her?«, fragte Elisabeth.

»Das hat Johann gemacht. Gefällt es Ihnen nicht?«

Ein wenig ratlos betrachtete Julie die Zeichnung erneut. Sie konnte sich Elisabeths heftige Reaktion nicht erklären.

»Zeig noch mal her.« Elisabeth streckte die Hand nach dem Bild aus.

Julie nahm ihr die schlafende Lisette ab und reichte ihr den Rahmen. Ihre Freundin war von der Zeichnung völlig gebannt. Sie hielt sie mit beiden Händen vor sich und sah unverwandt darauf.

»Die Zeichnung erinnert mich an etwas«, sagte Elisabeth mit heiserer Stimme.

Julie lachte. »Das ist kein Wunder. Das bin ja auch ich auf dem Bild. Johann kann das ganz gut. Er hat in London sehr viel gezeichnet und sich in den Galerien dort umgesehen. Er hat Talent, finden Sie nicht?«

Elisabeth ging nicht auf Julies heiteren Einwurf ein.

»Es erinnert mich an ein anderes Bild, das ich vor ein paar Jahren gesehen habe …« Sie unterbrach sich. Die Erschütterung stand ihr ins Gesicht geschrieben.

Elisabeth sah vom Bild auf und zu Julie hinüber, die sie ratlos anblickte. Was musste die Ärmste nur von ihr denken? Elisabeth versuchte etwas gequält ein beruhigendes Lächeln und ging im Geiste rasch ihre Optionen durch. Sollte sie Julie erzählen, dass Clemens Brentano einst vor vielen Jahren ein Bild von einer Frau angefertigt hatte, die ihr bis aufs Haar glich? Sie hatte das Erlebnis in Clemens' Zimmer damals in Winkel nie vergessen. Oft hatte sie überlegt, zumindest Bettine ins Vertrauen zu ziehen, vielleicht hätte sie ja gewusst, was davon zu halten oder was zu tun wäre. Doch dann hatten ihr immer die richtigen Worte dafür gefehlt – und daher kannte bis heute niemand den wahren Grund dafür, warum Clemens Brentano so sehr außer sich geraten war, dass der Arzt hatte gerufen werden müssen. Mit dieser Zeichnung, die sie in den Händen hielt, war die Erinnerung an all das mit einem Schlag wieder da.

Genau wie damals fiel ihr auch jetzt die Begegnung mit dem Pfarrer von Bacharach wieder ein. Zehn Jahre war das inzwischen her, doch sie erinnerte sich noch zu gut an das unheimliche Pfarrhaus und das abgedunkelte Arbeitszimmer des Geistlichen. Sogar den Geruch nach Moder und Lampenöl hatte sie noch in der Nase. Julie wusste nicht, dass sie damals zu Pfarrer Wurm gegangen war, um etwas über ihre Vergangenheit herauszufinden. Und bis zum heutigen Tag hatte Elisabeth außer ihrem Bauchgefühl und der Erinnerung an die Zeichnung eines von ihr sehr bewunderten Dichters keinerlei Beweise dafür, dass Julie nicht die war, die sie zu sein glaubte.

Elisabeth betrachtete wieder das Porträt in ihren Händen und versuchte, sich an die Einzelheiten von Brentanos Bild zu erinnern. Die überwältigende Ähnlichkeit von seiner Zeichnung mit Julies Antlitz hatten sie damals zutiefst getroffen, die Kopfform, die Stirnpartie, der Schwung der Wangen, Augen, Kinn und Mund … einzig die Nase, so hatte sie damals gedacht, war vielleicht ein klein wenig anders gewesen.

Julie sah sie immer noch abwartend an. Natürlich wartete die Arme auf eine Erklärung.

Sie räusperte sich. »Weißt du, Julie, ich musste nur gerade daran denken, wie wir uns kennengelernt haben. Die Sache mit deinen Haaren. Der Pfarrer, der dir die Haare abgeschnitten hat.«

Sie hatte langsam und leise gesprochen und wartete vorsichtig auf Julies Reaktion. Die sah sie mit großen Augen an. »Natürlich weiß ich das noch. Aber was hat das mit Johanns Bild zu tun?«

»Es hat mich einfach nur an damals erinnert«, versuchte Elisabeth sich herauszureden. »Ich habe mich immer gefragt, warum er das getan hat.«

»Das habe ich mich auch gefragt«, sagte Julie. »Aber noch schlimmer als die Geschichte mit den Haaren fand ich, dass er wollte, dass ich Bacharach verlasse.«

»Der *Pfarrer* hat das verlangt?« Das hatte Elisabeth nicht gewusst.

»Aber ja. Wegen ihm war ich doch gezwungen, Ludwig zu heiraten. Dabei hatte ich ihm nur helfen wollen …« Sie brach ab.

Elisabeth wurde immer unruhiger. Julie hatte dem Geistlichen *helfen* wollen? Auch das war neu für sie. Gab es noch etwas, das ihr Julie nicht erzählt hatte?

Sie warf einen Blick auf die beiden älteren Kinder, die mittlerweile am anderen Ende des Salons spielten. Sie waren so vertieft, dass sie sicher nichts von dem mitbekamen, was sie hier besprachen, und Lisette auf Julies Arm schlief immer noch friedlich.

»Was meinst du damit, du hast ihm helfen wollen? Ich dachte, er wäre zornig gewesen, weil er dich dabei erwischt hat, wie du durch sein Fenster gesehen hast.«

»Ach so«, sagte Julie und sah plötzlich verlegen aus. Röte überzog ihren Hals und ihre Wangen. »Das habe ich damals nur so gesagt. Wie es wirklich gewesen ist, hab ich Ihnen nie erzählt, weil ich mich damals so furchtbar geschämt hab.« Sie senkte die Stimme zu einem Flüstern. »Pfarrer Wurm hat sich in jener Nacht selbst geschlagen. Vor dem heiligen Jesus und der Jungfrau Maria.« So wie Elisabeth vorhin bekreuzigte sich nun auch Julie. »Sein Rücken war ganz blutig. Und dann wurde er ohnmächtig.«

»Er hat sich gegeißelt?«, rief Elisabeth aus und schlug sich sofort die Hand vor den Mund, um sich selbst zu ermahnen, leiser zu sprechen. »Gegeißelt hat er sich?«, wiederholte sie mit gedämpfter Stimme.

Julie nickte. »Ja, mit einer Lederpeitsche. Ich bin doch nur zu ihm hineingegangen, weil er da so leblos lag. Ich dachte, er braucht vielleicht Hilfe. Und als er mich gesehen hat, da hat er mich gepackt und einen Teufel genannt. Und dann hat er die Axt genommen und ...« Sie holte tief Luft und begann Lisette zu wiegen, die sich in ihren Armen regte. »Sie wissen schon. Ich denke nicht gerne daran zurück.«

»Natürlich nicht«, sagte Elisabeth, während sich ihre Gedanken überschlugen. Was sie soeben erfahren hatte, veränderte alles. Die Selbstkasteiung war in der katholischen Kirche nicht unbedingt verboten, aber sie war dennoch verpönt. Hatte der Pfarrer dem Mädchen eine Lektion erteilen wollen, damit es für sich behielt, was es durchs Fenster gesehen hatte? Wenn Elisabeth davon gewusst hätte, wäre sie ganz gewiss nicht zu ihm hineinspaziert. Vielleicht hatte also das Verhalten des Pfarrers doch nichts mit Julies Person zu tun, sondern nur mit seiner eigenen Verfehlung. Vielleicht war *das* das ganze Geheimnis.

40

JULIE WOLLTE AUF DIE LORELEY.

»Die Loreley?«, fragte Johann erstaunt. »Ich dachte, wir besuchen vielleicht den Rheingau. Der Niederwald soll sehr schön sein. Ich war selbst auch noch nicht dort.«

Eine ganze Woche mit freien Tagen lag vor ihnen. Abgesehen von den gelegentlichen Fahrten auf der *Concordia*, wo Julie jedoch ebenfalls nie untätig blieb, hatte sie noch nie so etwas wie Ferien gemacht. Es war ungewohnt für sie, keine Verpflichtungen zu haben.

»Ist der Niederwald weit?«, fragte Julie.

»Nein. Der ist bei Rüdesheim.«

»Wir könnten ihn ja an einem der anderen Tage besuchen. Aber ich kenne die Loreley nur von unten. Ich möchte einmal in meinem Leben sehen, wie es ist, von dort oben hier hinunterzuschauen.«

»Du bist noch nie oben gewesen?« Jetzt wunderte sich Johann erst recht.

Julie schüttelte den Kopf. »Nein.«

Es war Mitte Oktober, ein goldglänzender Herbsttag. Die Luft war am frühen Morgen noch kühl gewesen, hatte sich jedoch unter den Strahlen der Sonne aufgewärmt. Der Wind, der in der Nacht die Wolken fortgeblasen hatte, hatte sich gelegt, und der Rhein sah aus, als hätte der liebe Gott einen Eimer Himmelsblau darin ausgegossen.

»So blau wie deine Augen«, sagte Johann.

»So blau wie die Augen von Lissi«, widersprach Julie.

»Das ist dasselbe. Sie sieht aus wie du.« Johann schaute seine Tochter, die er auf dem Arm hielt, verzückt an.

»Die meisten kleinen Kinder sind blond und blauäugig«, wandte Julie ein.

»Lisette ist schon zwei.«

»Trotzdem könnte sich ihre Haarfarbe noch verändern.«

»Die Augenfarbe aber nicht, und ich finde es wunderbar, dass sie so aussieht wie du.« Zärtlich küsste er Julie auf den Mund. Dann warf er seine Tochter ein Stück in die Luft und fing sie wieder auf. Lisette kreischte fröhlich. Mathilda kam und forderte Johanns Aufmerksamkeit ein, und schon wirbelte Johann Hildchen an den Händen im Kreis herum, was sie liebte. Glücklich betrachtete Julie ihre kleine Familie.

Vom gegenüberliegenden Ufer aus beobachtete Xaver, wie Julie, Johann und die beiden Kinder drüben zu Otto in die Fähre stiegen. Das war ungewöhnlich, denn Johann blieb normalerweise nie lange in Sankt Goar, doch am Tag zuvor war er mit dem anderen Dampfschiff angekommen, nicht der *Concordia*, auf der er Schiffsführer war, sondern der baugleichen *Friedrich Wilhelm* mit der vergoldeten Büste des Preußenkönigs am Bug, die Xaver in der Sonne hatte aufblitzen sehen. Er war mit einer großen Tasche in der

Hand von Bord gegangen und hatte offenbar vor, länger zu bleiben.

Das vertraute Gefühl der Eifersucht machte sich beim Anblick der beiden, die mit den Kindern ein Bild der Harmonie abgaben, in Xavers Magengegend breit, doch er schob es beiseite. Er war sehr stolz darauf, sich nun besser unter Kontrolle zu haben.

Xaver wohnte jetzt schon seit geraumer Zeit in Sankt Goarshausen. Nachdem er in Erfahrung gebracht hatte, dass Juliane wieder ins Fährhaus von Sankt Goar eingezogen war, hatte er bei einem Hehler ein gutes Voigtländer-Fernglas erworben, war hierhergekommen und hatte seitdem sehr zurückgezogen gelebt. Sein Ziel stets vor Augen hatte er auch zuvor schon ein bescheidenes, sparsames Leben geführt, hatte dem Trinken abgeschworen und war sogar die meiste Zeit über einer rechtmäßigen Arbeit nachgegangen, um sich nicht erneut unnötigen Ärger einzuhandeln wie damals mit Labonte. In Sankt Goarshausen angekommen, war das Glück ihm immer noch hold gewesen. Er hatte sich als Handelsreisender ausgegeben, der überfallen und ausgeraubt worden wäre, und war bei einer Witwe in der Mansarde untergekommen. Wie es sich fügte, hatte er dieselbe Kleidergröße wie ihr verstorbener Mann, und sie hatte ihm großzügig einen Anzug, einen Hut und zwei Paar Schuhe überlassen.

Er war der guten Frau mehr als dankbar. Solange sie bereit war, ihm seine Geschichten zu glauben, die er erfand, um zu erklären, warum er nicht wieder auf Reisen ging, konnte er bei ihr wohnen bleiben, und weil er ihr schon bald angeboten hatte, für sie zu arbeiten, ließ sie sich gerne darauf ein. Das Arrangement war perfekt für ihn. Er machte ein paar Reparaturen im Haus, kümmerte sich um den Garten und verbrachte die übrige Zeit in seinem Zimmer, von dem aus er schon mit dem bloßen Auge einen guten Blick hinüber auf die andere Seite des Rheins hatte.

Und dort sah er sie wieder.

Juliane.

Es war ein erhebender Moment für ihn gewesen, als er sie zum ersten Mal nach so langer Zeit wieder erblickt hatte. Mit seinem Fernglas hatte er sie wie aus nächster Nähe beobachten können. Sie hatte ein kleines Kind auf dem Arm gehabt und am Ufer mit dem Knecht geredet. Und sie hatte unverändert ausgesehen, so zauberhaft wie eh und je.

Seine Hände hatten so sehr zu zittern begonnen, dass er das Glas hatte absetzen müssen, um sich zu sammeln. Als er dann wieder hinübergesehen hatte, hatte er sie eine Weile suchen müssen, bis er sie wiedergefunden hatte. Sie war schon auf dem Weg zum Fährhaus gewesen und gleich darauf darin verschwunden.

Zum Glück war bei seiner Ankunft Sommer gewesen und Juliane hatte seither viel Zeit draußen verbracht, jedenfalls hatte er sie so gut wie jeden Tag beobachten können, oft sogar mehrfach. Sie kam jedoch nur selten selbst ans andere Ufer herüber, und wenn, dann hielt sie sich nie lange auf und war immer in Gesellschaft. Aber schon allein sie so nahe zu wissen, ließ ihn eine große innere Ruhe fühlen, und er war so glücklich und zufrieden wie noch nie in seinem Leben. Die Mahlzeiten nahm er am Tisch der Witwe ein, und in der Nacht schlief er mit dem Medaillon in der Hand. So hätte es bleiben können, wenn es nicht noch eine Sache gegeben hätte, die ihm auf der Seele brannte.

Denn Juliane wusste nicht, dass er sich verändert hatte. Sie wusste nicht, dass er vieles von dem, was er in der Vergangenheit gesagt oder getan hatte, bereute. Sie wusste nicht, dass er ihr ihr Glück gönnte, dass er ihr – so schwer es auch für ihn war – sogar verzieh, Johann König geheiratet zu haben. Wenn sie das alles wüsste, so glaubte er, dann könnten sie Freunde werden. Dann würde er das Fernglas nicht mehr brauchen, dann könnte er einfach an ihre Tür klopfen und ihr ein Geschenk vorbeibringen, etwas Obst zum Beispiel oder ein paar Blumen. Sie würde ihn hereinbitten, wie man einen Freund zu sich hereinbat.

Diese Phantasien waren sein liebster Zeitvertreib, er malte sich alle Einzelheiten genau aus. König war viel unterwegs, Juliane konnte einen guten Freund wie ihn also ganz sicher brauchen. Über diesen Überlegungen und Träumereien waren Wochen verstrichen. Inzwischen war Oktober. Der Winter war nicht mehr fern, und dann, so war zu befürchten, würde er Juliane seltener zu Gesicht bekommen.

Doch nun kam sie ihm überraschend immer näher und es sah nicht so aus, als wollte sie gleich wieder verschwinden. Die diesseitige Anlegestelle war zwar nicht weit vom Haus der Witwe entfernt, lag aber dennoch außerhalb des Bereichs, den er von seinem Fenster aus einsehen konnte. Er setzte das Fernglas ab und lief unruhig in seinem Zimmer hin und her. Juliane war hier! Auch wenn König bei ihr war, würde sich vielleicht ja trotzdem eine Gelegenheit ergeben, allein mit ihr zu sprechen. Er wusste sogar schon, wie er es angehen würde, er war ihr Aufeinandertreffen wieder und wieder in Gedanken durchgegangen. Er wollte Juliane das Medaillon schenken, das ihrer Mutter gehört hatte. Das würde sie unmöglich ablehnen können, er wusste, wie gerne sie es besitzen wollte. Er stellte sich vor, wie dankbar sie sein würde, sah schon das Erstaunen und die Freude in ihrem Gesicht. Sie würde ihm die Hand reichen, vielleicht sogar einen Kuss auf die Wange geben. Ja, sie würde erkennen, dass ein guter Mensch in ihm steckte.

Doch er hatte schon zu viel Zeit vertan, er durfte nicht länger nachdenken, er musste handeln. Nach kurzem Zögern öffnete er das Medaillon und nahm das Glasfläschchen heraus, um es als einziges Pfand zurückzubehalten. Dann zog er in aller Eile den Mantel über, hängte sich das Fernglas um den Hals und setzte den Hut auf den Kopf. Nachdem er aus dem Haus getreten war, spähte er vorsichtig um die Ecke. Julie und Johann waren schon ein Stück weit gegangen, doch er konnte ihre Gestalten immer noch ausmachen. Es war noch nicht zu spät, ihnen nachzugehen.

Julie und Johann folgten der Straße, verließen den Ort durch das Burgtor und schlugen danach nicht den steilen Weg hinauf zur Burg Katz ein, sondern bogen nach rechts auf den Pfad ab, der wieder hinunter zum Rhein führte. Erst auf Höhe der *Bank* gingen sie nach links in die Weinberge hinauf, wo Leute mit der Weinlese beschäftigt waren.

»Es ist mir richtig unangenehm, einfach so herumzuwandern, während andere arbeiten müssen«, sagte Julie leise zu Johann, der grüßend die Hand hob.

»Juliane König. Du arbeitest wirklich genug«, sagte Johann mit gespielter Strenge in der Stimme. »Was wir hier machen, nennt man Urlaub«, fügte er etwas milder hinzu.

»Das weiß ich doch«, sagte Julie. »Früher im Löwen sind viele englische Touristen abgestiegen. Aber wir sind halt keine Engländer.«

»Auch Deutsche machen Urlaub. Auch hier am Rhein. Und es werden immer mehr.«

»Das sagt Gregor auch.« Für einen Moment schwieg Julie. Der Anstieg wurde steiler. Mathilda rannte trotzdem vorneweg, sie hatte eine unerschöpfliche Energie.

»Und ich bin ja auch froh, dass wir das machen«, sagte Julie jetzt und drückte seinen Arm. »Ich dachte ja nur ... Weißt du, heute wäre eigentlich Waschtag gewesen.«

»Wir können eine Wäscherin bezahlen. Das habe ich dir doch schon öfters gesagt.«

»Schon. Aber ich wüsste ja gar nicht, was ich mit all der freien Zeit anfangen sollte.«

»Du könntest zum Beispiel lesen«, sagte Johann lächelnd.

»Das tue ich doch. Ich lese die Zeitung. Na ja, ab und zu jedenfalls.« Julie hatte recht gut lesen gelernt und war stolz darauf. An Bücher hatte sie sich allerdings noch nicht herangewagt.

Johann blieb stehen und zeigte Lisette eine Eidechse, die sich auf einem Stein sonnte. Julie sah sich um. Von hier konnte man auf den Rhein und bis nach Sankt Goar hinübersehen. Ein Stück weiter unten wanderte ein einzelner Herr mit Hut auf demselben Weg, auf dem sie auch gekommen waren. Jetzt zückte er sein Fernglas und sah damit ans andere Ufer hinüber.

Lisette hatte genug davon, getragen zu werden. Sie begann zu strampeln.

»Setz sie doch ab«, schlug Julie vor.

»Wir müssen gut aufpassen, wohin die Kinder rennen«, sagte Johann warnend. »Hier gibt es Stellen, an denen es sehr steil nach unten geht.«

»Ich nehm sie an die Hand. Wenn sie jetzt läuft, wird

sie nachher gut schlafen«, sagte Julie. Kurz darauf stapfte Lisette auf ihren krummen Beinchen neben Julie her, und Julie hängte sich mit dem anderen Arm bei Johann ein. »Ich wollte mich nicht beklagen. Ich weiß auch nicht, was mit mir los ist. Ich habe mich die ganze Zeit darauf gefreut, dich bei mir zu haben.«

»Ich habe mich auch auf dich gefreut. Wir sehen uns viel zu selten«, fügte er nach einer Weile hinzu.

Julie schluckte. Sie ahnte, worauf er hinauswollte. Hatte er mit Elisabeth gesprochen? Sie hielt es durchaus für möglich, dass ihre Freundin ihn darin bestärkt hatte, sie zu einem Umzug zu überreden.

»Es muss ja nicht Köln sein, aber Koblenz zum Beispiel«, fuhr er fort. »Du weißt, dass ich regelmäßig in Koblenz übernachten muss.«

»Hm«, machte Julie ausweichend.

»Du brauchst auch gar nicht umzuziehen. Bleib meinetwegen in Sankt Goar wohnen. Aber wenn du die Fähre aufgeben würdest, könntest du häufiger mitfahren. Merkens wäre einverstanden. Ich habe schon mit ihm darüber gesprochen«, sagte Johann.

Julie sah betreten zur Seite. Das Schlimme war, dass sie Johann in allem, was er sagte, verstehen konnte. Aber sie wollte dennoch nicht. Sie wollte von ihrer Angewohnheit, im Sommer jeden Tag im Rhein baden zu gehen, nicht lassen. In Koblenz oder Köln und selbst unterwegs an Bord der *Concordia* würde sie nicht daran festhalten können. Aber niemand, nicht einmal Johann, konnte verstehen, wie viel es ihr bedeutete.

»Lass uns bitte nicht streiten«, sagte sie schließlich. »Dieser Tag ist viel zu schön dafür.«

Und das war er tatsächlich. Es war warm wie im Sommer, doch die Geräusche und Gerüche gehörten bereits dem Herbst. Ein leichter Wind strich durchs Tal und über die steilen Hänge, brachte die trockenen Blätter zum Rascheln und roch süß und leicht nach vergorenen Früchten.

Sie erreichten einen Aussichtspunkt, von dem aus man den Fuß der Loreley sehen konnte. Unten auf dem Rhein lag eine Salmwaage, wie die Fischerboote mit ihren festen Liegeplätzen hier in der Gegend genannt wurden, am Ufer. Sie war nicht in Betrieb, sonst hätte sie quer zum Strom gestanden und nicht längs. Die Netze hingen aufgerollt an den beweglichen Wiegebalken, mit deren Hilfe sie abgesenkt und voll wieder heraufgezogen werden konnten. Zwei bis drei Männer brauchte es mindestens, um die riesigen Netze zu betätigen. An guten Tagen konnte ihnen bis zu einem Dutzend der stattlichen Fische, die auf dem Weg zu ihren Laichgründen waren, gleichzeitig ins Netz gehen.

»Keiner da«, bemerkte Johann.

»Natürlich nicht. Seitdem die Dampfboote fahren, fischen sie nur noch nachts«, erklärte Julie, während sie ihren Weg fortsetzten.

»Liegt das an dem Krach, den der Wirt veranstalten lässt?«, fragte Johann. Der geschäftstüchtige Wirt der *Lilie* in Sankt Goar war nämlich auf die Idee gekommen, einen Tagelöhner zu bezahlen, damit er in einer Grotte am Fuß des Felsens beim Vorüberfahren der Schiffe einen Schuss abgab, um die Touristen mit dem Knall und dem angeblich siebenfachen Echo zu beeindrucken.

»Nicht nur. Es sind auch die Räderboote selbst. Die Maschinen und die Räder wühlen das Wasser auf.«

»Sie werden sich damit abfinden müssen. Es werden noch deutlich mehr werden.«

»Noch mehr Boote?«

Johann nickte. »Weitere zehn bis zwölf sollen in den nächsten drei Jahren dazukommen. Mit der *Concordia* und der *Prinz Wilhelm* allein lassen sich die vielen Passagiere ja jetzt schon kaum noch bewältigen. Außerdem steht die Konkurrenz schon in den Startlöchern.«

»Die Ärmsten«, sagte Julie seufzend. »Das wird hart für die Fischer werden.«

»Aber für mich darfst du dich freuen«, sagte Johann und musterte sie mit einem Seitenblick. »Und für uns. Mit einer Anstellung bei Merkens ist unser Auskommen gesichert.«

Gleich würde er wieder davon anfangen, dass sie umziehen sollte, dachte Julie. Sie packte Lisette, klemmte sie sich unter den Arm und rannte los, bis sie Mathilda eingeholt hatte. Eine Weile spielten sie auf dem Weg Fangen. Dann waren sie oben angekommen.

Ein wenig enttäuscht sah sich Julie auf dem Plateau um. Sie hatte sich den Anblick großartiger vorgestellt. Schwarze Schieferplatten schoben sich schräg unter Sand und Erde hervor. In der Mitte wuchs ein kleines Wäldchen, das aus krüppeligen Bäumen und Büschen bestand, die sich in der dünnen Erdschicht halten konnten. Eine Elster flog krächzend umher, sie fühlte sich von den Wanderern in ihrer Ruhe gestört. Der Rhein, tief unten zwischen den Felsen, war nur zu erahnen. Dafür sah man eine Ansammlung von Häusern so nah, als könnte man sie beinahe greifen, obwohl sie sich am gegenüberliegenden Ufer befanden.

»Warte ab. Die Loreley ist über vierhundert Fuß hoch,

wenn wir noch ein bisschen dichter an den Rand gehen, können wir auf den Fluss hinunterschauen«, sagte Johann.

Lisette begann zu quengeln. Wie von Julie prophezeit, hatte sie sich müde gelaufen.

»Ich gebe ihr die Brust, dann beruhigt sie sich und schläft gleich ein. Kümmerst du dich so lange um Hildchen?«

»Wird gemacht«, sagte Johann.

»Ich setze mich mit ihr dort vorne hin. Gleich hinter den Bäumen.«

Johann war schon ein paar Schritte gegangen, da rief sie ihn noch einmal zurück. »Ich habe etwas Wichtiges vergessen«, sagte sie – und dann stellte sie sich auf die Zehenspitzen und küsste ihn auf den Mund.

Xaver war den Vieren bis nach oben gefolgt und beobachtete sie unbemerkt aus der Ferne. Sie trennten sich, er sah, wie Juliane ihrem Mann einen Kuss gab, und dann ging König mit Mathilda in die eine und Julie mit dem kleineren Kind in die andere Richtung.

Er zögerte nicht. Die Gelegenheit war günstig und würde so vielleicht nicht wieder kommen. Noch einmal tastete er nach dem Medaillon in seiner Tasche. Sein Entschluss, es Juliane zu geben und ihr seine selbstlose Freundschaft anzutragen, stand fest. Die Hoffnung, schon bald ihren überraschten, erfreuten Blick zu sehen und ihre Dankbarkeit zu erleben, ließ sein Herz schneller schlagen.

Xaver ging Juliane nach, beobachtete, wie sie das Kind an die Brust legte und fühlte plötzlich Scheu, sie dabei zu stören. Er wartete, bis sie fertig war und das Kind an sich drückte, um es in den Schlaf zu wiegen. Dann hörte er sie singen, der Wind trug die Melodie direkt zu ihm herüber.

»Ich weiß nicht, was soll es bedeuten,
dass ich so traurig bin.
Ein Märchen aus alten Zeiten,
das kommt mir nicht aus dem Sinn.

Die Luft ist kühl und es dunkelt,
und ruhig fließt der Rhein.
Der Gipfel des Berges funkelt
im Abendsonnenschein.

Die schönste Jungfrau sitzet
Dort oben wunderbar
Ihr gold'nes Geschmeide blitzet,
Sie kämmt ihr gold'nes Haar.

Sie kämmt es mit gold'nem Kamme,
und singt ein Lied dabei,
das hat eine wundersame,
gewaltige Melodei.

Den Schiffer im kleinen Schiffe
Ergreift es mit wildem Weh.
Er schaut nicht die Felsenriffe,
er schaut nur hinauf in die Höh'.

Ich glaube, die Wellen verschlingen
am Ende Schiffer und Kahn;
und das hat mit ihrem Singen
Die Lore-Ley getan.«

Juliane war bei der letzten Strophe angekommen und summte ohne Worte weiter. Wie anmutig sie dort auf dem Stein saß und ihr Kind wiegte. Sie trug keine Haube, so dass ihr Haupt in der Sonne leuchtete. Tränen der Rührung traten Xaver in die Augen. Ohne weiter nachzudenken, trat er hinter den Bäumen hervor.

»Juliane?«

Julie sah überrascht auf, als jemand ihren Namen sagte. Wenige Schritte entfernt stand ein Mann mit Mantel, dessen Gesicht im Schatten seines Huts verborgen lag. Vor seiner Brust hing an einem Ledergurt ein Fernglas. Das musste der Mann sein, der hinter ihnen den Weg hinaufgegangen war. Julie hatte angenommen, dass er harmlos wäre, doch nun fühlte sie sich durch sein plötzliches Erscheinen bedrängt.

»Woher kennen Sie meinen Namen?«

Er nahm den Hut ab. »Kennst du mich nicht mehr?«

Die Kreidestimme! Und dieses Gesicht. Er war es. Wolf war zurückgekommen.

Julie sprang auf, Lisette an sich gedrückt, die durch die plötzliche Bewegung aus ihrem Schlummer gerissen wurde, und wich ein paar Schritte zurück.

»Bleib ganz ruhig. Du brauchst keine Angst vor mir zu haben.« Die Kreidestimme wurde noch sanfter. »Ich wollte dir nur etwas geben.«

Lisette drehte das Köpfchen, sah den Mann und fing zu weinen an, genau wie früher Mathilda.

»Was willst du?«, fragte Julie und ging immer noch rückwärts, während sie Lisette noch fester an sich presste.

»Bleib stehen, dann zeig ich es dir.« Er kam ihr langsam nach.

Angst stieg in ihr auf. »Ich warne dich, ich bin nicht allein, Johann ist ganz in der Nähe«, sagte sie mit zittriger Stimme.

»Das weiß ich. Ich bin auch gleich wieder weg, es dauert nicht lange.«

Wolf zog etwas Glänzendes aus seiner Manteltasche hervor und ließ es an einer Kette von seiner Hand baumeln.

»Hier. Das ist für dich.«

Das Medaillon. Er hielt es ihr hin, so als wollte er sie damit locken, und Julie war sich plötzlich sicher, dass er ihr eine Falle stellte. Wenn sie in seine Nähe käme, würde er sie packen.

»Bleib stehen!«, sagte sie noch einmal, während sie weiter rückwärtsging, doch das tat er nicht, sondern setzte einen Fuß vor den anderen. Da drehte Julie sich um und begann zu rennen. Das Gelände war uneben, scharfkantige Steine erschwerten ihr Vorankommen.

»Pass auf. Da geht es steil nach unten.« Wolf lief ihr nach. Seine Stimme klang besorgt, aber sie wusste, dass ihm nicht zu trauen war. Verzweifelt sah sie sich um. Sie saß in der Falle, vor ihr das tiefe Tal, hinter ihr Wolf Frei.

»Ich tu dir nichts«, rief er, er war ihr dicht auf den Fersen –, als sie plötzlich mit dem Fuß in einer Spalte zwischen zwei Steinen hängenblieb. Es riss ihr das linke Bein weg, und im Fallen dachte sie nur noch daran, dass Lisette nichts passieren durfte. Doch da rutschte ihr Lissi aus den Armen und landete zum Glück wie eine Katze auf allen vieren. Nach einer Schrecksekunde schrie sie jetzt noch lauter. Julie hatte sich selbst ungeschickt mit der Rechten abgefangen, und ein heftiger Schmerz erfasste ihren ganzen Arm. Tränen schossen ihr in die Augen, aber sie biss die Zähne zusammen, während sie sich hochrappelte. Ihr Fuß, mit dem sie hängengeblieben war, war ebenfalls verletzt. Julie konnte kaum auftreten, es tat höllisch weh. Lisette hingegen stand schon wieder auf ihren Beinchen und krallte sich in ihren Rock.

Wolf war etwa drei Schritte von ihr entfernt stehen geblieben. »Wirst du mich jetzt anhören? Ich will doch nur mit dir reden.«

Reden. Also gut, Julie musste Zeit gewinnen. Vielleicht konnte sie ihn hinhalten, bis Johann zurückkam.

»Dann sag, was du zu sagen hast. Was willst du von mir?«

»Ich will dir das hier geben.« Wieder ließ er das Medaillon baumeln. »Das Medaillon deiner Mutter. Sie hat es mir geschenkt, aber nun soll es dir gehören.« Das Schmuckstück funkelte, obwohl die Sonne inzwischen hinter dicken Wolken verborgen war. Wind war aufgekommen, eine Böe erfasste Julies Haare und blies ihr eine Strähne, die sich aus dem Zopf gelöst hatte, vors Gesicht.

»Woher weiß ich, dass es wirklich ihr gehört hat?«, fragte sie, während der Schmerz in ihrem Fuß und in ihrem Handgelenk pochte. Sie überlegte, ob sie Lisette mit nur einer gesunden Hand packen und sich auf die Hüfte setzen konnte. »Und warum sollte sie es dir geschenkt haben?«

»Weil ich es war, der sie gefunden hat«, sagte er.

Julies Herz schlug schneller. Nun hatte er ihre Aufmerksamkeit, für einen Moment vergaß sie alles um sich herum. »Was soll das heißen? Wo hast du sie gefunden?«

»In Bacharach am Rhein. Sie lag halb ertrunken am Ufer. Ich habe sie zu Grete Winter auf die Burg gebracht.«

»Was ist dann mit ihr passiert? Was hast du mit ihr gemacht?«

»Nichts! Ich habe ihr nichts angetan. Es verletzt mich, dass du so von mir denkst. Sie war sehr schön, genau wie du«, fuhr er nach einer Pause fort. »Ich habe die ganze Zeit an ihrem Bett gesessen. Sie hat meistens geschlafen oder gebetet. Wir haben nicht viel geredet.«

Seine Miene war weicher geworden. Es klang aufrichtig.

»Und falls du wissen willst, wer dein Vater ist …«, seine Worte wurden vom Wind verweht und erreichten Julie wie aus weiter Ferne, »ich bin es jedenfalls nicht. Als ich sie gefunden habe, musst du schon in ihrem Bauch gewesen sein. Wahrscheinlich ist sie fortgelaufen, um sich wegen ihrer Schande im Rhein zu ertränken und wurde in Bacharach ans Ufer gespült.«

Julie zitterte jetzt am ganzen Leib. »Und das Medaillon?«

»Das hatte sie um den Hals, als ich sie fand. Kurz vor ihrem Tod hat sie es mir geschenkt.«

»Das glaube ich dir nicht«, stieß Julie verzweifelt hervor.

»Sie gab es mir zum Dank dafür, dass ich sie gerettet und dass ich mit ihr gebetet habe. Deine Mutter war sehr fromm. Sie war eine Nonne.«

»Eine Nonne?« Julie musste jetzt schreien, der immer stärker aufkommende Sturm verschluckte ihre Worte. Sie bebte und war blind vor Tränen. »Also gut. Dann wirf es her zu mir«, brachte sie heraus.

»Ich werde es dort auf den Stein legen«, rief er ihr nach kurzem Nachdenken zu, »und du nimmst es dir. Ich will nicht riskieren, dass es Schaden nimmt.«

Er machte einen Schritt auf sie zu, doch für Lisette war das schon einer zu viel. Sie schrie auf und lief davon.

»Nein. Bleib hier! Lissi!« Julie wollte ihrer Tochter nachrennen, doch ihr Fuß versagte den Dienst. Wahrscheinlich war er nicht nur verknackst, sondern gebrochen. »Lisette. Komm her zu mir«, rief sie verzweifelt.

»Da vorne geht's steil hinunter«, rief Wolf warnend.

Das Medaillon lag jetzt funkelnd auf dem Stein, doch Julie hatte nur noch Augen für Lisette, die mit ihren kurzen Beinchen auf den Abgrund zu rannte.

»Lisette! Bleib stehen!«, rief sie und versuchte wieder aufzutreten.

Unter Schmerzen humpelte sie dem Kind hinterher und sah den Rhein tief unten, er war jetzt ebenso grau wie der Himmel. Alles Helle und Strahlende war verschwunden. »Lisette, komm her zu mir!«, rief sie, aber Lisette hörte nicht. Sie rannte immer weiter in die Richtung der steil abfallenden Felskante und dann parallel dazu weiter. Möglichst rasch hinkte Julie hinterdrein und entschied sich dann, eine Abkürzung über einen kleinen Hang nehmen, um Lissi schneller erreichen zu können, doch da spürte sie, wie das feine Geröll unter ihrem verletzten Fuß nachgab. Schon riss es sie zu Boden, und sie rutschte bis hinunter an die Kante. Steinchen rieselten an ihr vorbei ins Nichts.

»Lisette!«, rief Julie mit erstickter Stimme, und endlich blieb Lisette stehen. Sie drehte sich zu ihr um, wandte Julie das verweinte Gesichtchen zu, und kam nach kurzem Zögern direkt auf sie zu – doch da Julie jetzt hilflos am steilen Hang lag, war das für das Kind sogar noch gefährlicher.

»Bleib da oben stehen, Lisette. So bleib doch stehen. Mama kommt zu dir.«

Aber beim Versuch, aufzustehen, strauchelte Julie. Sie wollte sich mit der gesunden Hand an einer Wurzel festhalten, bekam jedoch nur einen losen Ast zu fassen. Mit einem Mal war unter ihr nur noch der Fluss.

41

MATHILDA HATTE EIN KANINCHEN entdeckt und rannte ihm nach. Johann ließ sie gewähren. Hier war das Plateau viel breiter, der Abgrund weit entfernt, hier konnte ihr nichts passieren. Das Kaninchen flüchtete zu Mathildas Enttäuschung in seinen Bau, und um sie abzulenken, spielte Johann mit ihr zwischen Büschen und Steinen Verstecken. Wenn Mathilda so weitermachte, vor Vergnügen kreischend und mittlerweile ganz außer Atem, würden sie nicht nur Lisette, sondern auch Mathilda den Berg wieder hinuntertragen müssen. Johann warf einen kritischen Blick in Richtung Himmel. Dunkle Wolken waren aufgezogen. Er wunderte sich, wo die so rasch herkamen, mit einem Mal sah es nach Regen aus.

Inzwischen musste etwa eine halbe Stunde vergangen sein. Mehr als genug Zeit für Lisette, sich satt zu trinken und einzuschlafen. »Komm, Mathilda. Wir gehen zurück zu deiner Mama und deiner Schwester«, sagte er. Bereitwillig ergriff sie seine Hand und hüpfte fröhlich neben ihm her, während sie plappernd darüber spekulierte, wo wohl das Kaninchen jetzt war und ob es Kinder und auch Mama und

Papa hatte, so wie sie. Dann hörte Johann Lisette weinen – oder hatte er sich getäuscht?

»Sei mal kurz still«, sagte er zu Mathilda und blieb stehen, um zu lauschen. In der Ferne schrie ein kleines Kind. »Hörst du das auch?«

»Lissi weint«, bestätigte Mathilda.

»Merkwürdig«, murmelte Johann. Die Kleine schrie nur selten, schon gar nicht, wenn sie sich satt getrunken hatte. Dort waren die Bäume, bei denen er Julie zurückgelassen hatte. Niemand war zu sehen.

»Julie?«, rief er.

»Mama. Maaama«, stimmte Mathilda in sein Rufen mit ein, machte sich von Johanns Hand los und rannte vorneweg. Johann folgte ihr, ein ungutes Gefühl im Magen.

»Julie!«, rief er wieder. Sie kamen zu der Stelle, wo Julie Lisette hatte stillen wollen. Julies Haube lag auf dem Boden, doch von ihr selbst war weit und breit nichts zu sehen. Er hob die Haube auf und sah sich ratlos um. Wohin war sie gegangen?

Mathilda hatte die feineren Ohren. »Ich kann Lissi hören«, sagte sie.

Johann lauschte und vernahm nun auch wieder das Weinen eines Kindes.

»Komm. Da lang«, sagte er und nahm ihre Hand in seine. »Du bleibst dicht bei mir, da vorne geht's steil hinunter.«

»Wo ist Mama?«, kam es zaghaft von Mathilda zurück.

»Wir finden sie gleich. Weit kann sie ja nicht sein«, erwiderte Johann, während er sich unablässig nach Julie umsah. Abgesehen von den Bäumen gab es hier oben nicht viel, wohinter man sich hätte verbergen können.

»Julie«, rief er noch einmal. »Wahrscheinlich haben wir

uns verpasst«, sagte er dann zu Mathilda. »Bestimmt sucht sie uns jetzt, so wie wir sie suchen.«

Wieder hörten sie ein Weinen.

»Das ist Lissi«, sagte Mathilda. »Das kommt von da.«

Sie wies mit ihrem ausgestreckten Händchen auf ein paar niedrige Büsche, die zwischen Geröll, Felsbrocken und Basaltplatten wuchsen. Johann konnte sich nicht vorstellen, dass Julie in dieses unwegsame Gelände gegangen sein sollte. Und doch kam das Weinen eindeutig aus dieser Richtung. Johann war nun ernsthaft besorgt. Er beugte sich zu Mathilda hinunter.

»Du wartest hier, hörst du? Ich bin gleich wieder da.«

Mathilda nickte. Er sah die Furcht in ihrem Blick. »Wo ist Mama?«, fragte sie.

»Sie spielt Verstecken mit uns. Ich werde sie finden, und du rührst dich so lange nicht vom Fleck, versprichst du mir das?«

Mathilda nickte wieder. Dann setzte sie sich folgsam auf einen Stein und legte die Händchen auf ihre Knie.

Johann rannte Lissis Schreien nach, über Schieferplatten und zwischen Gesteinsbrocken hindurch, direkt dahinter befand sich der steile Abhang. Der Himmel war mittlerweile wolkenverhangen, der Rhein unten im Tal, zuvor noch leuchtend hell, ein bleigraues Band. Das Weinen kam eindeutig aus Richtung des Abgrunds. Panik schnürte Johann die Luft ab, als er endlich eine kleine Gestalt erblickte.

»Lisette«, rief er.

Seine Tochter saß, nur wenige Meter von der felsigen Kante entfernt, weinend auf dem Boden.

Jetzt hatte auch sie ihn entdeckt, stemmte sich immer noch schluchzend hoch und streckte die Ärmchen nach ihm aus. Dann hatte er sie erreicht, nahm sie hoch und drückte den kleinen warmen Kinderkörper erleichtert an sich.

»Was machst du nur für Sachen«, sagte er.

Lisette schniefte, ihr Weinen verstummte. Mit großen runden Augen sah sie ihn an und lächelte.

»Papapap. Papa.« Es war ihr erstes Wort.

»Wo ist deine Mama?«

»Da«, sagte Lisette und zeigte mit ausgestrecktem Ärmchen in Richtung Rhein.

Mit Lisette auf dem Arm sah Johann sich um, konnte jedoch keine Spur von Julie entdecken. Wo war sie nur? Warum hatte sie Lisette allein gelassen? Jetzt liefen Tränen über sein Gesicht, er musste sie wegwischen, um überhaupt etwas sehen zu können.

Mathilda kauerte noch immer genau dort, wo Johann sie zurückgelassen hatte. »Wo ist Mama?« Sie sah ihm forschend ins Gesicht. Ohne zu antworten, gab er Lisette in ihre Arme.

»Pass bitte auf Lissi auf, und bleibt hier sitzen. Ich muss Mama suchen«, sagte er.

Mathilda nickte.

Johann rannte über das Plateau, ging zu den Bäumen – nichts. Er lief die Felskante entlang und rief immer wieder Julies Namen. Der Himmel hatte sich noch weiter verfinstert, gleich würde es zu regnen anfangen. Johann blickte ins Tal hinunter, sah den Weg, den sie gekommen waren. Ein Mann mit Hut lief mit großen Schritten bergab.

»He«, rief Johann und winkte. »Hallo Sie da! Warten Sie!«

Doch der Mann war schon zu weit weg, um ihn hören zu können. Er drehte sich nicht um. Auf dem Rhein sah

Johann die Fischerboote. Nun hatte er es eilig, hinunter ins Tal zu gelangen – er musste Hilfe holen, einen Suchtrupp zusammenstellen …

Mathilda saß neben Lissi und sang ihr mit feinem Stimmchen ein Lied vor. Dabei hielt sie etwas Glänzendes in der Hand.

»Was hast du denn da?«, fragte Johann als er näherkam.

»Das hat der Vogel fallen lassen.« Sie wies in Richtung Himmel. Oben flatterte krächzend die Elster.

»Zeig mal her.«

»Ist es wertvoll?«, fragte Mathilda treuherzig, als er ihr Fundstück in die Hand nahm. Es war ein goldener Anhänger, ein Medaillon. Johann betrachtete das eingravierte Bild auf dem Deckel – die Windungen eines Flusses, darüber ein Stern, der seine Strahlen zur Erde sandte. Dieses Bild kannte er, er hatte es einst nach Julies Beschreibung gezeichnet. Er klappte das Medaillon auf. Es war leer.

Als der Regen einsetzte, war es, als würden Sturzbäche auf sie niedergehen. Johann war mit den beiden Kindern bereits auf dem Rückweg, befand sich etwa auf halber Höhe zwischen Loreley und Rhein, doch nun konnte er keine drei Schritte weit mehr sehen. Innerhalb kürzester Zeit verwandelte sich der Weg in einen rauschenden Strom. Das Wasser kam von allen Seiten, schoss die Hänge und den Weg herab, riss Erde, Pflanzen und Gesteinsbrocken mit sich, füllte Vertiefungen und Rinnen, bildete Strudel und umspülte seine Füße. So ein heftiges Unwetter hatte Johann noch nie zuvor erlebt. Trotz seiner Mütze lief ihm das Wasser in die Augen, auch in seinen Stiefeln stand Wasser, und überhaupt war er längst bis auf die Haut durchnässt, von den beiden Mädchen ganz zu schweigen. Mathilda saß auf seinem Rücken, klammerte sich mit Armen und Beinen an ihm fest und wimmerte leise vor sich hin, während er Lisette an seine Brust drückte, die inzwischen verstummt war. Sie zitterte. Innerhalb weniger Minuten war es bitterkalt geworden.

Endlich waren sie unten am Fluss angekommen. Doch jetzt wusste Johann plötzlich nicht mehr weiter. Er hatte Hilfe holen wollen, doch was sollte er sagen? Falls Julie wirklich von dort oben abgestürzt war, würden sie sie nicht mehr lebend wiederfinden. Sein Verstand begriff das sehr wohl, doch sein Herz weigerte sich. Nein, das durfte nicht sein. Der Rhein sah nun völlig anders aus als am Morgen, Johann hatte ihn überhaupt noch nie so gesehen. Der Sommer war bis in den September und sogar Oktober hinein schön gewesen. Die lange Trockenheit hatte Sandbänke freigelegt, die sonst unter der Oberfläche verborgen waren, doch nun war davon nichts mehr zu sehen, stattdessen wälzten sich Wellen übers Ufer. Aufgewühlt schäumte und brauste der Rhein neben Johann her und schien nach ihm zu greifen.

Johann hastete zum Fährhaus und hämmerte so lange an die Tür, bis der Riegel von innen zurückgeschoben wurde. Christa Menges blickte Johann erstaunt an.

»Ist dein Mann da?«

»Was willst du denn von ihm bei dem Wetter?«

»Er muss mir suchen helfen. Julie ist verschwunden.«

»Er ist draußen. Wollte nachsehen, ob der Wind den Schuppen abgedeckt hat.«

»Kann ich die Kinder bei dir lassen?«

Mathilda rutschte von seinem Rücken, und jetzt bemerkte die Fährfrau auch das nasse Bündel vor seinem Bauch.

»Jesus Maria und Josef«, rief sie aus. »Jetzt kommt erst einmal herein.«

Sie nahm die Kinder und begann, sie trocken zu rubbeln. Johann fuhr sich mit beiden Händen übers Gesicht. Freigang musste oben auf dem Plateau gewesen sein, wie sonst hätte das Medaillon dorthin kommen sollen?

Er fragte Christa nach ihm, doch sie hatte noch nie von einem Mann mit diesem Namen gehört.

»Ist sonst irgendein Fremder in den letzten Tagen oder Wochen in den Ort gekommen?«, fragte er.

»Nur der Herr Professor, das heißt, wir nennen ihn so, weil er immerzu mit seinem Fernglas herumläuft und Vögel beobachtet.«

Das musste er sein. Der Mann, den er gesehen hatte, hatte ebenfalls ein Fernglas bei sich gehabt. Er ließ sich den Weg zum Haus der Witwe beschreiben, wo er zur Untermiete wohnte.

Bevor er aufbrach, ging er vor Mathilda in die Knie. »Du bleibst mit Lissi erst einmal hier. Ich gehe Mama suchen«, erklärte er ihr und küsste sie und Lissi. Im Hinausgehen nickte er Christa dankbar zu.

Der Regen hatte kaum nachgelassen, eher war er noch heftiger geworden, das Wasser stand knöchelhoch auf der Straße. Das gesuchte Haus lag direkt an der Stadtmauer, die Tür stand offen. Es musste schon vor ihm jemand mit nassen Schuhen und Kleidern hereingekommen sein, eine feuchte Spur zog sich die schmale Holztreppe hinauf, der er nun bis ins Dachgeschoss folgte. Auch hier war die Tür nur angelehnt, und er trat ein. Das Zimmer war leer. Johann betrachtete die wenigen Möbel, das zerwühlte Bett, einen Stuhl und eine Kommode, deren Schubladen offen standen. Ein paar Kleidungsstücke lagen auf dem Boden, so als habe jemand in aller Eile gepackt und nicht geschafft, alles mitzunehmen. Hastig wandte Johann sich zum Gehen, als eine hagere mittelalte Frau im Türrahmen erschien.

»Wer sind Sie?«, fragte sie erschrocken.

»Ich suche Ihren Mieter. Wissen Sie, wo er hin ist? Er scheint abgereist zu sein.« Johann wies auf die leeren Schubladen.

»Nicht möglich. Er schuldet mir noch ...« Sie unterbrach sich mitten im Satz und sah sich um. Jetzt hatte auch sie erfasst, dass Johann recht haben musste.

Mit einem Mal wurde es so still in der Dachstube, dass Johann seinen eigenen Atem hören konnte. Er brauchte einen Moment, um zu begreifen, dass der Regen aufgehört hatte. Aus dem Gaubenfenster sah man direkt hinüber nach Sankt Goar am gegenüberliegenden Ufer. Dort zeigte sich bereits wieder blauer Himmel.

42

ALS JOHANN VOR DIE TÜR des Hauses trat, war auch der Wind abgeflaut. Schlammbraune Pfützen standen auf der Straße. Am Ufer waren ein paar Männer dabei, die Überreste eines Ruderboots an Land zu ziehen.

Johann lief zu ihnen. »Könnt ihr mir helfen? Ich suche meine Frau Julie«, bat Johann und blickte in entsetzte Gesichter. Ein Unwetter von dieser Heftigkeit, das so plötzlich kam und ebenso plötzlich wieder ging, hatte man hier zuvor noch nie erlebt. »Juliane König. Wir waren oben auf der Loreley, und nun ist sie verschwunden. Sie hat unsere Tochter dort oben allein gelassen, was sie normalerweise nie tun würde. Ihr muss etwas passiert sein.« Verzweiflung übermannte Johann, als er diese schreckliche Ahnung laut aussprach.

»Mein Gott«, sagte einer der Männer. »Natürlich kennen wir deine Frau.«

Johann überlegte, wann er die ersten dunklen Wolken bemerkt hatte. Das war gewesen, kurz bevor sie Lisette hatten schreien hören. Der Sturm hatte jedoch erst zu toben begonnen, als sie schon auf dem Weg nach unten gewesen waren.

»War jemand von euch draußen, als das Unwetter losgebrochen ist?«

»Nein. Aber wir wollten gerade los, um uns den Schaden an den Fangplätzen zu besehen. Ich bin Michael Greiff«, sagte der, der als Erster das Wort ergriffen hatte, und reichte Johann die Hand.

Die anderen Männer stellten sich nun ebenfalls knapp mit ihren Nachnamen vor. Es waren die Fischer von Sankt Goarshausen.

»Lasst uns suchen gehen.« Greiff schulterte einen Beutel mit Werkzeug. Die anderen hatten ebenfalls Werkzeug, Bootshaken, Seile und Netze dabei.

Sie gingen denselben Weg, den Johann, Julie und die Kinder am Morgen genommen hatten, und kamen bald an die Stelle, wo der Pfad, der hinauf auf den Felsen führte, abzweigte. Wasser floss in Bächen den Hang und die Felsen herab, sammelte sich in großen Pfützen, die am Morgen nicht da gewesen waren und nun das Sonnenlicht reflektierten. Johann konnte kaum glauben, dass erst wenige Stunden vergangen waren, seitdem er mit Julie an seiner Seite hier entlanggegangen war. Hier war es gewesen, wo ihm bewusst geworden war, wie sehr sich Julie diesem Fleckchen Erde verbunden fühlte und dass sie niemals diese Gegend verlassen würde. Nicht einmal er würde sie dazu bewegen können, hatte er ein wenig unwillig gedacht.

Und nun? Seine Finger schlossen sich um das Medaillon, das er in seine Hosentasche gesteckt hatte. Bei der Vorstellung, womöglich hinter der nächsten Biegung Julies zerschmetterten Körper vor sich zu sehen, krampfte sich in ihm alles zusammen. Konnte es sein, dass Freigang Julie hinabgestoßen hatte? Er sah nach oben. Die Sonne, nun von keinen Wolken mehr verdeckt, stand immer noch hoch. Es konnte höchstens drei Uhr am Nachmittag sein.

Sie erreichten den ersten Liegeplatz der drei Salmwaagen am *Lung*. Normalerweise wurden sie bei Schlechtwetter in den Schutzhafen gebracht, doch niemand hatte damit rechnen können, dass aus sprichwörtlich heiterem Himmel ein solches Unwetter losbrechen würde. Die Männer blieben gar nicht erst stehen, sondern gingen weiter den Pfad entlang. Auch in ihren Gesichtern spiegelte sich wachsende Besorgnis. Alle kannten und mochten sie Julie, die Fährfrau von Sankt Goar. Johann sah immer wieder den Felsen hinauf und versuchte, sich zu orientieren.

Schließlich erreichten sie die zweite Fangstelle am *Sann*, und auch die dritte am *Lichern* war von hier aus bereits in Sicht. Die Salmwaage war vom Sturm ans Ufer gedrückt worden und hing halb an Land und halb im Wasser.

Johanns Augen wanderten unablässig über das Ufer, die Felsen und Büsche, aber er konnte keine Spur von Julie entdecken.

»Da drüben. Wir müssen den Hang dort absuchen«, sagte er, denn sie waren nun unterhalb der Stelle angekommen, an der er Lissi allein vorgefunden hatte.

Greiff sah Johann mitleidig an. »Du kannst hierbleiben, wenn du willst. Wir schaffen das auch ohne dich.«

»Nein.« Johann schüttelte den Kopf. »Ich komme mit.«

Die Männer liefen los. Hier gab es zwar Büsche und auch ein paar Bäume, doch insgesamt war der Hang nicht so stark bewachsen, als dass man ihn nicht hätte überblicken können. Die Menschen hatten über Jahrzehnte hinweg hier trotz des Verbotes immer wieder ihr Feuerholz geholt und Kahlschlag betrieben. Übrig geblieben waren nur die Hartnäckigsten aller Pionierpflanzen, und Johann zerkratzte sich Arme und Beine im stachligen Gestrüpp. Mittlerweile war es wieder warm geworden, als hätte es nie ein Unwetter gegeben. Johann kletterte so weit wie möglich hinauf, und sein Blick wanderte ruhelos umher, während die Furcht, jeden Moment Julies toten Körper vor sich zu sehen, ihm den Atem nahm. Doch er schonte sich nicht und suchte immer weiter. Eine halbe Stunde später kamen die Männer wieder zusammen.

»Nichts«, sagte Greiff.

»Nein. Keine Spur«, sagten auch die anderen.

»Vielleicht …«, setzte Greiff an, unterbrach sich jedoch und wischte sich den Schweiß von der Stirn. Er räusperte sich, bevor er weitersprach, »vielleicht ist sie im Wasser gelandet und abgetrieben.«

»Ja. Vielleicht«, sagte Johann mit rauer Stimme. Zweifelnd versuchte er, den Abstand zum Felsen abzuschätzen. Sie hätte in einem hohen Bogen vom Felsen springen müssen, um das Wasser zu erreichen.

Da legte Greiff ihm die Hand auf die Schulter und sah ihn auf eine Art mitleidig an, die Johann ungehalten machte.

»Ich habe mir das nicht eingebildet. Dort oben war ein Mann. Xaver Freigang. Kennt ihr ihn? Er hat seit ein paar Wochen in Sankt Goarshausen gewohnt.«

»Freigang? Ich kannte mal einen Schiffer mit den Namen. Ich glaube, er kam aus Bacharach«, sagte einer der Männer.

»Ja, ja! Genau den meine ich«, rief Johann aufgeregt.

»Der ist lange tot.«

»Dann eben sein Sohn. Er muss sein Sohn sein. So ein Großer mit dunklen Haaren.«

Die Männer zuckten ratlos mit den Schultern, und Johann überkam das Gefühl, einen Fehler begangen zu haben. Er hatte seine Zeit hier verschwendet. Mittlerweile waren mindestens drei Stunden seit Julies Verschwinden vergangen, und Freigang war inzwischen längst über alle Berge.

Noch ein weiteres Mal stieg Johann hinauf auf die Loreley und suchte oben alles ab, konnte jedoch keine Spur von Julie entdecken. Erst nach Einbruch der Dunkelheit brachte Menges ihn und die Kinder hinüber nach Sankt Goar. Sie begegneten niemandem, und Johann war dankbar dafür, keine Fragen beantworten zu müssen.

Im Fährhaus brachte er Lissi und Mathilda zu Bett, die aneinander gekuschelt einschliefen – Lissi immer noch ganz still und Mathilda mit tränennassem Gesicht. Dann wanderte Johann unruhig durch die leeren Räume des Fährhauses, immer auf und ab, das Medaillon in der Hand. Die vielen unbeantworteten Fragen verstörten ihn. Eine schwarze Leere tat sich in ihm auf, die ihn zu verschlingen drohte. Wie sollte er sein Leben ohne Julie weiterleben? Als er ernsthaft darüber nachzudenken begann, wurde seine

Verzweiflung immer größer. Johann war ein rationaler, klar denkender Mensch, doch nun fühlte er wieder diese diffuse Schwärze in seinem Kopf, wie zu seiner Zeit in England – kalt und erbarmungslos. Ohne Julie wäre sein Leben sinnlos. Sie durfte nicht tot sein. *Es durfte nicht sein!*

Die Kerze, die die Stube erhellte, war beinahe niedergebrannt. Mit zitternden Händen griff Johann nach der Öllampe auf dem Tisch, zündete sie an und sah, als er aufblickte, ein Gesicht in der Fensterscheibe. Die Erinnerung an den Abend, als Freigang ihn und Julie beobachtet hatte, durchfuhr ihn, doch es war nur sein eigenes Abbild, das sich in der Scheibe spiegelte. *Xaver Freigang*, dachte Johann und biss die Zähne so fest aufeinander, dass sein Kiefer schmerzte. *Was hast du mit ihr gemacht?*

Im Traum, Johann war im Morgengrauen vor Erschöpfung in einen unruhigen Schlaf gefallen, sah er Julie wieder. Sie stand auf einem Felsen und ihre langen blonden Haare umhüllten ihren Körper. In seinem Traum hatte sie ein Kind bei sich. Zuerst sah er Lisette, doch dann verwandelte sich das Gesichtchen in das Antlitz von Marie.

In aller Frühe stand Otto vor der Tür. Die Nachricht von Julies Verschwinden hatte sich herumgesprochen. Er wollte wissen, ob das Gerücht stimmte, ob Julie wirklich von der Loreley gestürzt wäre.

Johann gab nur einsilbige Antworten. Was sollte er auch sagen? Er hatte keine Erklärung für das, was geschehen war. Julie hatte sich in Luft aufgelöst. Wenn Freigang sie wirklich verschleppt hatte, hätte sich nicht auch dafür ein Hinweis finden lassen müssen? Der Mann, den er den Berg hatte hinabgehen sehen und von dem er inzwischen fest annahm, dass es Freigang gewesen war, hatte nichts bei sich gehabt – schon gar nicht Julie. Er hatte kaum mehr Hoffnung, sie noch einmal wiederzusehen. Doch das wollte er sich nicht eingestehen, denn ohne Hoffnung würde er sterben.

»Ich finde sie. Ich bringe sie zurück!«, sagte er deshalb und schickte Otto fort. Er schickte auch alle anderen fort, die sich nach Julie erkundigten und helfen wollten, bat nur den Schmied, ihm seinen Wagen und ein Pferd zu leihen, damit er mit den Kindern nach Bacharach fahren konnte.

Gregor, Frieda und Ruth saßen in der Gaststube des *Löwen* und lauschten Johanns Bericht. Gregor sah Ruth an. Sie sagte nichts. Ihr Gesicht glich einer bewegungslosen, bleichen Maske.

Auch Frieda war blass, wenn auch nicht stumm. »Ist sie tot? Schone uns nicht! Sag es einfach«, bat sie weinend.

»Ich weiß es nicht. Sie ist oben auf der Loreley verschwunden, und ich habe sie nicht finden können«, erklärte Johann zum wiederholten Mal.

Gregor musterte ihn und studierte, beinahe wie unbeteiligt, was nur an seinem eigenen Schockzustand liegen konnte, das Entsetzen in Johanns Gesicht. Dann spürte er, wie Ruth auf der Suche nach Trost nach seiner Hand tastete, und er drückte sie. Er war ihr dankbar dafür, dass sie ihn brauchte. Und er brauchte sie. Sie war so anders als Walburga, die ihn ihre Verachtung jeden Tag aufs Neue spüren ließ.

Julie ist fort. Die Worte klangen in seinem Kopf, aber der Schock war zu groß, er sah sich nicht in der Lage, sie mit Bedeutung zu füllen. Vielleicht lag es ja auch daran, dass Julie ohnehin immer unerreichbar für ihn gewesen war.

Die Tür ging auf, und die Magd kam mit Mathilda und Lisette herein. Frieda versuchte rasch, sich die Tränen aus dem Gesicht zu wischen. Mathilda rannte auf Johann zu und warf sich an seine Brust.

Gregors Blick fiel auf Lisette, die nun vom Arm der Magd auf Friedas wechselte. Sie war ein niedliches kleines Ding mit einem aufgeweckten Ausdruck im Gesicht, wenn sie auch bisher nicht sprach. Seine beiden Jungs, Arthur und Manuel, hatten in dem Alter längst ihre ersten Wörter gekonnt.

»Also darf ich die beiden erst einmal bei euch lassen?«

Johann wiederholte mit rauer Stimme seine Bitte, die er zuvor schon geäußert hatte. Er musste arbeiten. Auf dem Schiff konnte er sich nicht um zwei mutterlose Kinder kümmern.

Frieda stieß einen Schluchzer aus und versuchte, ihn wie ein Lachen klingen zu lassen. Dann schmiegte sie ihr Gesicht an Lisettes Köpfchen, streichelte Mathilda über den Rücken, die sich immer noch an Johann klammerte, und lächelte unter Tränen.

»Selbstverständlich. Lass sie nur hier, wir kümmern uns um sie. Nicht wahr, Gregor?«

Gregor dachte etwas beklommen an Walburga, die in diesem Moment – wie meistens – oben in ihrem Zimmer saß.

»Ob zwei oder vier, das macht doch keinen Unterschied«, sagte Frieda.

Plötzlich streckte Lisette ihre Ärmchen nach Gregor aus.

»Papapap«, machte sie.

»Du kannst ja sprechen«, sagte Frieda, um einen heiteren Tonfall bemüht, der die beiden Kinder beruhigen sollte.

Gregor sah kurz zu Johann hinüber, der Mathilda an sich gedrückt hielt und dabei die Augen geschlossen hatte. Dann nahm er Lisette von Frieda entgegen. Blonde Locken kringelten sich auf ihrem Kopf, die Haut war zart mit einem rosigen Schimmer, und das Mündchen mit der kleinen Vertiefung über der Oberlippe verzog sich bei seinem Anblick zu einem unwiderstehlichen Lächeln, das die kleinen weißen Zähnchen oben und unten sehen ließ.

»Ihre Augen ähneln deinen«, sagte Frieda zu Gregor.

»Was redest du, sie hat Julies Augen«, widersprach Gregor.

Doch ihre Worte hatten etwas in ihm ausgelöst. Gerührt betrachtete er das Kind, das ihn immer noch musterte, vertrauensvoll sein Händchen nach seinem Gesicht ausstreckte und jetzt laut und deutlich »Papa« sagte.

18
28

43

JOHANN STECKTE DEN HEMDKRAGEN fest, zog die schwarze Jacke an, die er sich in Köln gekauft hatte, und setzte probehalber seinen Zylinder auf, als jemand an seine Zimmertür im *Anker* in Bacharach klopfte. Er legte die ungewohnte Kopfbedeckung beiseite und öffnete die Tür in der Erwartung, Elisabeth Merkens vor sich zu sehen, die noch etwas mit ihm wegen der heutigen Trauerfeier für Julie besprechen wollte, aber draußen stand Frieda. Sie war in Tränen aufgelöst.

»Lisette hat es gut bei mir. Du darfst sie nicht weggeben. Du darfst die Mädchen nicht trennen«, sagte sie ohne Begrüßung.

»Frieda! Komm bitte rein«, sagte Johann überrascht.

»Auch Gregor würde es nicht wollen. Er liebt Lisette wie seine eigene Tochter. Ihr mangelt es bei uns an nichts. Warum tust du das?«, fragte Frieda, als sie in seinem Zimmer stand und ihn empört anfunkelte.

»Bitte beruhige dich und erzähle erst einmal von Anfang an. Ich weiß ja gar nicht, wovon du sprichst.«

»Ich habe eben Frau Merkens getroffen. Es hat sich ganz so angehört, als wollte sie Lisette am liebsten sofort mit nach Köln nehmen.«

»Was sagst du da?« Johann schloss kurz die Augen und atmete einmal tief durch. »Natürlich darf sie Lisette nicht einfach mitnehmen. Es muss sich um ein Missverständnis handeln.«

»Also hat sie das gar nicht mit dir besprochen?«

Er schüttelte den Kopf. »Wir haben das irgendwann einmal diskutiert, aber nur als eine von mehreren Möglichkeiten. Ich habe keinesfalls meine Zustimmung dazu gegeben.«

»Dann rede mit ihr und sag ihr, dass du nicht damit einverstanden bist! Frau Merkens hat mich nämlich gefragt, ob ich mitkommen würde. Sie will mich als Kindermädchen engagieren.«

Er zögerte kurz. »Wäre das nicht vielleicht sogar eine gute Idee? Auch Frau Merkens würde die Kinder sicher nicht gerne trennen wollen. Vielleicht wäre sie damit einverstanden, Hildchen ebenfalls bei sich aufzunehmen.«

»Aber ich kann doch nicht einfach so nach Köln gehen«, rief Frieda empört aus. »Ich habe schließlich auch noch Arthur und Manuel, um die ich mich kümmern muss.«

Bestürzt rieb sich Johann übers Gesicht. »Natürlich, du hast recht. Ich habe nicht nachgedacht. Entschuldige bitte, Frieda.«

Frieda hatte keinen Mann und keine eigenen Kinder und war dennoch mit Leib und Seele Mutter. Er war ihr ungeheuer dankbar dafür, mit welcher Selbstverständlichkeit sie sich seiner beiden Mädchen angenommen hatte. Er hatte die Rolle des Erziehers nicht selbst übernehmen können. Er musste arbeiten und Geld verdienen, um Lisette und Mathilda eine Zukunft zu sichern.

»Und überhaupt, könntest du dir wirklich vorstellen, dass deine Töchter im Haus deines Dienstherrn aufwachsen? Sobald du das zulässt, hast du nichts mehr zu melden«, warnte Frieda ihn nun.

Johann schluckte den Kloß hinunter, der sich in seinem Hals gebildet hatte. An Friedas Worten war viel Wahres dran. Er war dem Ehepaar Merkens ohnehin schon sehr zu Dank verpflichtet, es wäre wirklich unklug, sich in eine noch größere Abhängigkeit von ihnen zu begeben. Auch wenn Frau Merkens es sicherlich nur gut meinte. Sie hatte sehr an Julie gehangen – und sie liebte Lisette.

Aber Frieda war nicht fertig mit ihrer Standpauke, die er wahrscheinlich verdient hatte. »Und überhaupt, was würde Julie dazu sagen? Sie würde auch nicht wollen, dass ihre Kinder in Köln aufwachsen. Sie wollte selbst immer nur hier am Mittelrhein sein.« Frieda fing an zu weinen. »Wozu braucht es überhaupt diese Trauerfeier? Ich weigere mich, zu glauben, dass sie tot ist.«

»Ach, Frieda.« Johann schaute Frieda betroffen an. Die Idee, eine Messe für Julie lesen zu lassen, kam nämlich ebenfalls von Frau Merkens. Dann zog er sie an sich. »Es tut mir so leid«, sagte er und strich tröstend über ihren Rücken.

»*Mir* tut es leid«, sagte Frieda immer noch schniefend an seiner Brust. »Natürlich weiß ich, dass du die Kinder nicht einfach so verpflanzen würdest. Doch als Frau Merkens davon anfing, ob ich mir vorstellen könnte, in Köln als Kindermädchen zu arbeiten, habe ich plötzlich Rot gesehen. Ich dachte, es sei alles schon entschieden.«

Nachdem Frieda gegangen war, ließ Johann sich rücklings aufs Bett fallen und starrte an die Decke. Seitdem Julie verschwunden war, hatte er häufig das Gefühl, dass ihm sein Leben entglitt. Oft war sein Kopf wie benebelt, ein Zustand, der ihm allerdings auch dabei half, das Leben irgendwie zu ertragen. Einzig der Gedanke an seine beiden Mädchen stimmte ihn noch froh. So oft wie möglich kam er her, um Zeit mit ihnen zu verbringen. Doch nun, nach Friedas offenen Worten, fielen seine inneren Dämonen über ihn her und zerrten an ihm. Alles Schreckliche, was er in der Vergangenheit erlebt hatte, all die Menschen, die er verloren hatte, und die, an deren Tod er sich schuldig fühlte, drängten sich in den Vordergrund und verlangten nach Aufmerksamkeit. Er dachte an seine Mutter, deren Hoffnungen er enttäuscht hatte, an seine kleinen Brüder, die nie eine Chance im Leben gehabt hatten, an Urban, der ihre letzte Begegnung mit dem Leben bezahlt hatte, an Marie, die ihr Schicksal in die Hand der Muttergottes gelegt hatte und von ihr und von ihm im Stich gelassen worden war – und er dachte an Julie, seine geliebte, unschuldige und wunderschöne Gefährtin, die noch leben könnte, wenn sie ihn nie getroffen hätte, und die er in wenigen Stunden symbolisch zu Grabe tragen würde.

Seine Gedanken kehrten zurück zu dem Tag nach Julies Verschwinden, als er versucht hatte, Freigangs Spur aufzunehmen. Er hatte noch einmal das Zimmer in der Mansarde der Witwe auf den Kopf gestellt, war dann der Straße in Richtung Norden gefolgt, hatte die Bewohner von Wellmich unterhalb der Burg Maus befragt, ebenso von Ehrenthal, Kestert und Filsen – ohne jedes Ergebnis. Niemand hatte einen Mann gesehen, auf den Freigangs Beschreibung passte und niemand eine schöne junge Frau mit blonden Haaren. Er hatte daraufhin annehmen müssen, dass Freigang doch stromaufwärts verschwunden war – oder durch den Wald in Richtung der Dörfer im Herzogtum Nassau. Er hätte überall sein können, und nach vier Tagen hatte Johann aufgeben und die Suche vorerst abbrechen müssen. Natürlich hatte er Julies Verschwinden auch bei der Polizei zu Protokoll gegeben, jedoch rasch gemerkt, dass die Gendarmen ihn misstrauisch behandelten und eher dazu geneigt waren, in ihm kein Opfer, sondern einen Schuldigen zu sehen. Von dieser Seite war also keine Hilfe zu erwarten.

Anschließend war er nach Köln gefahren, um bei seinem Dienstherrn vorstellig zu werden.

»Ich halte es für möglich, dass meine Frau entführt wurde«, hatte Johann Herrn Merkens erklärt. Doch abgesehen von einem Schmuckstück, das er nie zuvor gesehen hatte und von dem er nur annahm, dass es ein bestimmter Mann verloren haben könnte, konnte er keinerlei Beweise für diese Annahme erbringen.

Elisabeth Merkens' Anteilnahme war natürlich groß gewesen. Sie hatte ihn zu sich gebeten und sich die Geschehnisse von ihm ganz genau beschreiben lassen. Anders als ihr Mann war sie dazu bereit gewesen, seiner Vermutung Glauben zu schenken, Julie könnte entführt oder getötet worden sein. Sie hatte bei ihrem Mann bewirkt, dass er noch ein wenig mehr Zeit bekam, um nach Julie zu suchen, doch er hatte nie auch nur die kleinste Spur von ihr entdecken können. Nun, ein Jahr später, hatte ein Richter seine Frau für tot erklärt. Die behördliche Version lautete jetzt, dass Juliane König von der Loreley direkt in den Rhein gestürzt war. Julies offizielles Grab war also der Rhein.

Johann fühlte ein Ziehen in der Brust, als er daran dachte, dass Frieda noch immer an Julie glaubte. So schmerzlich es auch war, er selbst hatte die Hoffnung irgendwann aufgegeben, sie in dieser Welt noch einmal wiederzusehen. An die Stelle dieser Hoffnung war etwas anderes getreten, was ihn mit Macht weitertrieb. Es war das Erste, an das er dachte, wenn er morgens die Augen aufschlug und das letzte, worüber er nachgrübelte, wenn er zu Bett ging: Johann hatte sich geschworen, Xaver Freigang zur Rechenschaft zu ziehen. Er war wie besessen von seinem Wunsch nach Vergeltung.

Elisabeth saß in der ersten Reihe vor dem Altar und versuchte, sich auf die Worte des freundlichen Pfarrers Vogel zu konzentrieren, doch ohne, dass sie es hätte verhindern können, wanderten ihre Gedanken zu Wurm, dem früheren Pfarrer von Bacharach. Einerseits war sie froh, dass er nicht mehr da war, andererseits bedauerte sie es, dass er sein Geheimnis mit ins Grab genommen hatte.

Sie seufzte, und Peter, der neben ihr saß, legte ihr mitfühlend die Hand auf den Arm. Anders als er hatte Elisabeth sich noch lange der Hoffnung hingegeben, dass Juliane noch leben könnte. Ihr Mann und auch Herr Noelle – beide überzeugte Verfechter der Vernunft – hatten versucht, sie davon abzubringen. »Menschen verschwinden nicht einfach«, hatte Peter gesagt. »Die einzig mögliche Erklärung ist die, dass sie in den Rhein gestürzt und abgetrieben ist.«

»Aber sie war doch eine so gute Schwimmerin. Unvorstellbar, dass ausgerechnet sie im Rhein ertrunken sein soll«, hatte Elisabeth dagegengehalten, aber Peter hatte diesen Gedanken – typisch für ihn – als zu romantisch verworfen.

»Die Natur ist nicht per se freundlich«, hatte er mit einem nachsichtigen Ausdruck im Gesicht erklärt. »Schon in der Bibel steht, dass wir uns die Erde untertan machen sollen. Die Natur muss bezwungen werden, sich darauf zu verlassen, dass sie uns beschützt, wäre töricht. Sieh es ein, Juliane lebt nicht mehr.« Liebevoll hatte er ihre Hände in seine genommen und ihr in die Augen gesehen. »Du hast für dieses Mädchen getan, was du konntest. Es ist Schicksal, nimm es dir nicht zu sehr zu Herzen«, hatte er gesagt und ihr einen Kuss auf die Stirn gedrückt. Und irgendwann hatte sie nachgegeben. Nicht einmal mehr Julianes Mann Johann, so hatte sie gespürt, schien noch daran zu glauben, dass sie überlebt hatte.

Wieder seufzte Elisabeth. Diese Trauerfeier, zu der sie selbst Johann König gedrängt hatte, hätte helfen sollen, einen Schlussstrich unter all das zu ziehen, doch nun dämmerte ihr, dass das nicht gelingen würde. Der Pfarrer hob zum Schlusssegen an. Elisabeth war so sehr mit ihren Gedanken beschäftigt gewesen, dass sie seinen Worten nicht hatte folgen können.

Die Trauergesellschaft erhob sich von den Sitzen, das Geräusch scharrender Füße war zu vernehmen, dann setzte Orgelspiel ein. Frieda, die in derselben Reihe zwei Plätze weiter gesessen hatte, trat auf sie zu, und Elisabeth schenkte ihr ein warmes Lächeln. Sie wollte nicht mit ihr streiten. Der Zusammenstoß am Morgen war sehr unschön gewesen. Sie war mit ihrem Vorschlag, Frieda als Kindermädchen einzustellen, viel zu rasch vorgeprescht, musste sie sich jetzt eingestehen. Doch bevor sie dazu etwas sagen und sich entschuldigen konnte, streckte Frieda ihr einen Gegenstand entgegen. Elisabeth nahm ihn. Es handelte sich um ein kleines Buch.

»Das wollte ich Ihnen schon lange zurückgeben. Bei mir steht es nur herum. Ich habe es nie zu Ende gelesen«, sagte Frieda.

Elisabeth warf einen Blick darauf. Es handelte sich um den *Godwi*, jenen Roman, den sie Frieda einst geschenkt hatte. Deutlicher hätte sie ihr ihre Ablehnung kaum zeigen können.

»So warte doch«, sagte sie rasch, als Frieda sich sogleich wieder zum Gehen wenden wollte. »Es tut mir sehr leid, wenn du heute früh den Eindruck gewonnen hast, ich wollte dir Lisette wegnehmen. Glaube mir, nichts liegt mir ferner. Ich weiß, dass sie dich wie eine Mutter liebt. Bitte vergib mir, wenn ich mich ungeschickt verhalten habe. Ich möchte nur, dass du weißt, dass du mit deiner Sorge um Lisette – um beide Mädchen – nicht allein bist. Ich werde immer für euch da sein.«

Sie reichte Frieda die Hand, die sie nach kurzem Zögern ergriff.

Erleichtert steckte Elisabeth das Büchlein ein, und gemeinsam schlossen sie sich dem Strom der Trauernden an, die nun vor die Kirche traten und dem leeren Sarg in Richtung Friedhof folgten. Nach und nach verloren sich die Orgeltöne im Novembernebel, der seit dem Morgen noch dichter geworden war. Die Luft roch nach kaltem, feuchtem Rauch und an der Spitze der Prozession ging allein der einsame Witwer.

Mitleidig sah Elisabeth auf die dunkle Gestalt mit den gebeugten Schultern. Ganz offensichtlich war er mit allem überfordert. Weder Sarg noch Kreuz hatte er für Julie bestellt, an beides hatte sie ihn erinnern müssen. Sie wunderte sich sogar ein bisschen darüber, dass Johann trotz allem, was geschehen war, so zuverlässig seinen Dienst tat. Peter war jedenfalls nach wie vor sehr zufrieden mit ihm. Er war ein ausgezeichneter Schiffsführer, kompetent und gewissenhaft.

Der katholische Friedhof lag auf Höhe der Wernerkapelle mit Blick auf den Rhein, so dass der Trauerzug beinahe den ganzen Ort zu durchqueren hatte. Immer mehr Menschen schlossen sich an. Elisabeth ging jetzt an Peters Arm, Noelle zu ihrer Linken. Frieda hatte inzwischen zu Johann aufgeschlossen. Den beiden folgte mit steinerner Miene Gregor Kühn. An seinem rechten Arm lief Julianes Schwester Ruth mit einem schwarzen Schleier vor dem Gesicht und an seinem linken seine Mutter Gundel, die ziemlich mitgenommen aussah, ganz so, als ginge ihr der Anlass wirklich zu Herzen. Der mittlerweile völlig demente Herbert Kühn und Gregors Frau Walburga waren nicht erschienen, und auch die Kinder waren nicht dabei, was Elisabeth ganz richtig fand. Sie waren noch zu klein, um an der Beerdigung der eigenen Mutter teilzunehmen.

Der Anstieg zum Friedhof war kurz und steil. Auf dem Sims über den leeren Fensterhöhlen der Ruine hatte sich ein Schwarm Krähen niedergelassen, der krächzend aufstob, als sich der Trauerzug näherte. Schließlich hatten sie die Grabstätte erreicht, und der Sarg wurde auf den Brettern über der Grube abgestellt. Als die Sargträger anschließend einen Schritt zur Seite machten, damit der Pfarrer den Sarg wie üblich noch einmal segnen konnte, bevor er abgesenkt wurde, fiel Elisabeths Blick auf das Holzkreuz mit Julianes Namen und den Jahreszahlen ihrer Geburt und ihres Todes.

JULIANE MERLE KÖNIG
GEB. WINTER
1801 – 1827

Der Bestatter hatte die Buchstaben und Zahlen mit roter Farbe nicht sonderlich ordentlich auf das Kreuz gepinselt. Doch das war es nicht, was Elisabeth erschütterte und sie erschrocken die Luft einziehen ließ.

»Was ist mit Ihnen?«, fragte Herr Noelle, der direkt neben ihr stand und sie besorgt ansah. »Geht es Ihnen nicht gut?«

»Danke. Es geht schon«, sagte Elisabeth rasch, obwohl ihr die Knie weich wurden. Während die Zeremonie fortgesetzt wurde, tastete ihre Hand nach dem Büchlein in ihrer Tasche.

Nun ging alles recht schnell. Der Pfarrer sprach noch ein Gebet und seinen Segen, die vier Träger ließen den Sarg in die Grube hinab, und nachdem Johann die obligatorische Schaufel Erde auf den Deckel hatte fallen lassen, drehte er sich um und ging davon, ohne den Trauergästen die Gelegenheit zu geben, ihm zu kondolieren. Elisabeth sah es ihm zwar nach, doch seitdem sie die Aufschrift auf dem Kreuz gelesen hatte, brannte ihr eine wichtige Frage auf der Seele, und nach kurzem Zögern ließ sie Peter und Herrn Noelle stehen und eilte ihm hinterher.

»Mein herzliches Beileid«, sagte sie ein wenig außer Atem, als sie ihn erreicht hatte.

»Danke«, erwiderte er und verlangsamte zum Glück seinen Schritt ein wenig. Dann blieb er abrupt stehen.

»Geht es um Lisette?«, fragte er.

»Äh – nein«, stotterte Elisabeth überrascht. »Lisette liegt mir selbstverständlich am Herzen, aber …«

»Dann ist es ja gut«, unterbrach er sie brüsk. Er schluckte und fuhr leiser zu sprechen fort. »Verzeihen Sie …« Er brach wieder ab. »Hören Sie, Frau Merkens«, setzte er noch einmal neu an. »Ich bin Ihnen wirklich dankbar für alles, was Sie und Ihr Mann meiner Frau, den Kindern und mir Gutes getan haben. Aber Lisette bleibt mit Mathilda in Bacharach. Bei Frieda.« Er blickte sie aus geröteten Augen an.

»Natürlich, das verstehe ich«, versicherte Elisabeth eilig. »Ich habe mich schon bei Frieda entschuldigt. Es war meine Schuld. Ich habe mich missverständlich ausgedrückt, und ich wollte selbstverständlich keinen Unfrieden stiften. Es war nur so ein Gedanke, ein Angebot.«

Etwas langsamer setzten sie sich wieder in Bewegung, dann nahm Elisabeth sich ein Herz: »Was ich Sie noch fragen wollte. Der Name auf dem Kreuz. Juliane Merle König. Ich wusste gar nicht, dass Ihre Frau so heißt.«

»Sie hat keinen Wert auf ihren zweiten Namen gelegt«, antwortete Johann. »Der Bestatter hat einen Auszug aus dem Taufregister verlangt. Ich habe ihm gesagt, Juliane würde genügen, doch das hat er überhört.«

»Merle ist ein sehr ungewöhnlicher Name«, sagte Elisabeth vorsichtig.

»Das ist wahr.« Johann blieb stehen und musterte sie von der Seite. »Worauf wollen Sie eigentlich hinaus, Frau Merkens?«

Elisabeth merkte, wie ihr heiß wurde. *Ich will darauf hinaus, wer Juliane wirklich war*, dachte sie. Doch das konnte sie unmöglich sagen. Nicht hier und jetzt, denn es war alles viel zu kompliziert und die Konsequenzen nicht abzusehen. Wieder tastete ihre Hand nach dem *Godwi*.

»Auf nichts Spezielles. Ich habe mich nur etwas gewundert, das ist alles.«

Im *Anker* wartete ein Leichenschmaus auf die Trauergäste, doch niemand brachte es fertig, wie sonst bei solchen Gelegenheiten üblich, heitere Anekdoten zum Besten zu geben, den Charakter der Verstorbenen, ihre Güte oder Talente zu loben. Nicht einmal ihre ehemaligen Knechte waren in der Lage, über Juliane zu sprechen, ohne zu weinen.

Johann, Frieda und Ruth verabschiedeten sich als Erste, und Elisabeth zog sich bald darauf allein auf ihr Zimmer zurück, schloss die Tür hinter sich ab und ließ sich erschöpft auf einen Stuhl sinken.

Noelle hatte dafür gesorgt, dass sie und Peter das beste Zimmer im *Anker* bekommen hatten, und das Mädchen hatte nicht nur vorsorglich den kleinen Ofen befeuert, sondern auch schon eine Lampe angezündet. Jetzt endlich holte sie den Roman aus ihrer Rocktasche hervor, an den sie die ganze Zeit über hatte denken müssen, und betrachtete den Titel auf der ersten Seite.

Godwi
oder
Das steinerne Bild der Mutter
Ein verwilderter Roman
von Maria

Ihre Gedanken wanderten zurück zu dem Tag, an dem sie das Büchlein Frieda geschenkt hatte. Damals hatte alles angefangen, an dem Tag hatte sie Juliane kennengelernt. Der Name auf dem Grabkreuz holte nun alles, was ihr damals durch den Kopf gegangen war, all die Fragen, die sie sich später im Licht der verschiedenen Ereignisse gestellt hatte, wieder hervor.

Sie blätterte durch die Seiten des Büchleins und rief sich die Geschichte des Romanhelden Godwi ins Gedächtnis, einem Jüngling auf der Suche nach dem Glück.

Godwi reiste mit frohem Mute nach dem Rhein, las sie, *trank mit den fröhlichen Weinlesern, und küsste die schönen lustigen Mädchen, wenn er mit ihnen getanzt hatte …*

Es war ein herrliches Leben, eine einzelne Liebe war nicht möglich, der Mensch konnte sich nicht zum einzelnen Menschen neigen. ... Die Berge waren nicht zu hoch, und die Täler nicht zu tief, und der Rhein nicht zu breit, die Freude und Gesundheit ebnete und einigte alles zu einem mannigfaltigen Tummelplatze glücklicher Menschen ... Er hätte zwar sehr leicht ein Liebchen finden können, aber er wollte kein sehr leichtes, und hätte er sich Mühe gegeben, er wäre auch zu gediegeneren Verbindungen gelangt, aber er fürchtete die Dauer. Genießen wollte er ... mit Bequemlichkeit wollte er genießen ... Da er so abends am Rheine hinab ritt, gesellte sich noch ein Reiter zu ihm. Man fragte sich, wo der Weg hingehe, Godwi sagte recht aufrichtig: Mein Weg geht schnurstracks irgendwohin, wo ich Vergnügen zu finden denke ... ich suche ein Verhältnis.

Elisabeth hielt inne. Sie hatte die Geschichte immer als sehr romantisch empfunden, dabei war ihr nie aufgefallen, wie selbstsüchtig dieser Godwi eigentlich war.

Ein Verhältnis?, las sie weiter, *Nun ja, ich möchte gern lieben, und geliebt werden, und ohne Not und Angst, ohne Sorgen und Mühe, denn ich fürchte mich vor nichts mehr als der Zärtlichkeit, einen geschwornen Feind von der sentimentalen Welt ...*

Das war aufschlussreich, aber nicht das, was Elisabeth gesucht hatte. Nervös blätterte sie weiter. Weiter hinten fand sie die Verse, die mittlerweile in gebildeten Kreisen, in denen man sich für die Dichtkunst interessierte, eine gewisse Berühmtheit erlangt hatten. Heinrich Heine hatte nämlich eine abgewandelte Version dieser Verse verfasst und dieses Jahr in seinem *Buch der Lieder* herausgebracht. Erstmals aufgetaucht war die Sagengestalt allerdings im Roman *Godwi*, was vermutlich viele vergessen hatten – nicht jedoch Elisabeth, der die Ähnlichkeit sofort aufgefallen war. Der junge Mann mit Namen Godwi, also die Hauptfigur des Romans, machte in Gesellschaft eines hübschen jungen Mädchens eine Bootsfahrt. Und dieses Mädchen sang dabei ein Lied.

Elisabeths Blick wanderte über die Zeilen, manche las sie laut und andere überflog sie nur – und der Sinn des Liedes erschloss sich ihr nun in einem völlig neuen Licht.

Zu Bacharach am Rheine
wohnt eine Zauberin,
sie war so schön und feine,
und riss viel Herzen hin.

Der Bischof ließ sie laden
vor geistliche Gewalt –
und musste sie begnaden,
so schön war ihr' Gestalt.

Er sprach zu ihr gerühret:
›Du arme Lore Lay!
Wer hat dich denn verführet
zu böser Zauberei?‹

›Herr Bischof mit mir Armen
treibt nicht so bösen Spott,
und bittet um Erbarmen,
für mich den lieben Gott.

Mein Schatz hat mich betrogen,
hat sich von mir gewandt,

ist fort von hier gezogen,
fort in ein fremdes Land.

Drum lasst mein Recht mich finden,
mich sterben, wie ein Christ,
denn alles muss verschwinden,
weil er nicht bei mir ist.‹

Drei Ritter lässt er holen:
›Bringt sie ins Kloster hin,
Geh, Lore! – Gott befohlen
sei dein berückter Sinn.

Du sollst ein Nönnchen werden,
ein Nönnchen schwarz und weiß,
bereite dich auf Erden
zu deines Todes Reis'.‹

Bei diesen Worten angelangt, wurde es Elisabeth schwummrig, und sie musste das Buch sinken lassen.

Als ihr Atem wieder etwas ruhiger ging, dachte sie noch einmal gründlich über alles nach. Das konnte kein Zufall sein. Der Roman hatte autobiographische Züge. Vielleicht hatte sich der Autor ja aus ebendiesem Grund zunächst dafür entschieden, sein Werk unter dem Pseudonym *Maria* erscheinen zu lassen. Inzwischen, sechsundzwanzig Jahre nach der ersten Veröffentlichung, war allerdings hinlänglich bekannt, um wen es sich bei *Maria* in Wahrheit handelte, nämlich um niemand anderen als den Bruder ihrer Freundin Bettine von Arnim und den Schwarm ihrer Jugendzeit.

Clemens Brentano.

Sie hätte es wissen müssen. Nein, vielleicht hatte sie es die ganze Zeit über gewusst und sich nur nicht eingestehen wollen. Dabei hatte sie das Gespräch, das sie vor Jahren mit Brentano in seinem Zimmer in Winkel geführt hatte, noch wortwörtlich im Ohr.

»War sie eine Freundin von Ihnen?«, hatte sie ihn gefragt und ihm dabei das Bild hingehalten, das sie in seinem Besitz gefunden hatte, das Bild einer Frau, die ihrem schönen Schützling Juliane bis aufs Haar glich.

»Ich habe sie geliebt.«

»Wer war sie? Wie war ihr Name?«

»Merle.«

Merle. Ebendiesen Namen hatte er genannt, da war sie sich vollkommen sicher. Und er hatte hinzugefügt, dass sie eine Nonne gewesen wäre.

»Ein Nönnchen schwarz und weiß«, sprach Elisabeth halblaut vor sich hin.

Als Elisabeth ihn damals in seinem Zimmer mit den beiden Porträts aus seiner eigenen Feder konfrontiert hatte, musste ihm jedenfalls bewusst geworden sein, dass er schon einmal – Jahre zuvor – eine Nonne geliebt hatte, nämlich die schöne Merle. Vielleicht hatte er, ohne es zu merken, seine Liebe zu Merle – die er vermutlich schmählich im Stich gelassen hatte – auf die Nonne Anna Katharina Emmerick übertragen. Vielleicht hatte er unbewusst an ihr wiedergutzumachen versucht, was er bei Merle versäumt hatte – das würde auch erklären, warum er sich derart für sie aufgeopfert und fünf Jahre seines Lebens dafür gegeben hatte!

Aber war das überhaupt möglich? Hatte Clemens Brentano wirklich eine Nonne verführt?

Auch wenn Elisabeth diese Vorstellung aufs Äußerste widerstrebte, zwang sie sich nun, darüber nachzudenken – und was sich ihr dabei offenbarte, ließ sie innerlich erbeben. Sie erinnerte sich nämlich noch gut daran, wie charismatisch Clemens Brentano als junger Mann gewesen war, so völlig verschieden von seinen eher kühlen, geschäftstüchtigen Brüdern, ganz der glutäugige Italiener. Auch sie selbst hatte sich auf Anhieb in ihn verliebt – und nun fragte sie sich, wie es ihr wohl ergangen wäre, wenn er um sie geworben hätte. Sie war sich ganz und gar nicht sicher, ob sie einem solch feurigen Charakter als dummes junges Mädchen hätte widerstehen können. Vielleicht war es Merle ebenso ergangen. Vielleicht war sie ihm erlegen – obwohl sie eine Nonne gewesen war. Und vielleicht war aus dieser Verbindung ein Kind entstanden.

Juliane.

Elisabeths Herz schlug immer schneller. Falls sie mit ihrer Vermutung richtig lag, dann war Lisette eine Enkelin von Clemens Brentano. Und ihre Freundin Bettine war Lisettes Großtante. War es da nicht ihre Pflicht, zumindest Bettine alles zu erzählen? Bettine konnte dann entscheiden, ob es richtig wäre, ihren Bruder darüber ins Bild zu setzen, dass er damals eine Tochter gezeugt hatte. Elisabeth seufzte tief und schloss erschöpft die Augen.

NACHWORT

Die Loreley und der Rhein gehören zusammen. Seit meiner Kindheit sind mir Orte wie Oberwesel, Bingen, Bacharach, Sankt Goar und natürlich die Loreley ein Begriff. Die von meinem Heimatort aus gesehen nächstgelegene deutsche Großstadt liegt ebenfalls am Rhein – Karlsruhe –, und meine erste Wohnadresse, damals noch in Speyer am Rhein, lautete: Am Leinpfad. Nicht zuletzt wegen dieser Verbundenheit glaubte ich mich für das Vorhaben, einen Roman über den Rhein im 19. Jahrhundert zu schreiben, gut gewappnet und war dann doch überrascht, wie viel Neues, Aufregendes und Abenteuerliches ich noch erfahren konnte. Es ist faszinierend, wie sehr sich der Rhein früherer Epochen von dem heutigen unterscheidet, und es ist verblüffend, wie zeitgleich mit der Entdeckung des Rheins als romantisch verklärtem Touristenziel seine Nutzung als vielbefahrene, wirtschaftlich relevante Wasserstraße erheblich an Bedeutung gewann.

Am Oberrhein gestaltete der badische Ingenieur Johann Gottfried Tulla ab 1817 in einem Mammutprojekt die Landschaft völlig neu. Sein hauptsächliches Ziel war es, Krankheiten zu bekämpfen und Land zu gewinnen.

Am Mittelrhein hatte man andere Probleme. Hier zwängt sich der Rhein durch das »Gebirge«, wie der Streckenabschnitt zwischen Bingen und Koblenz unter Schiffern immer noch genannt wird, und die starke Strömung behinderte den Transport von Waren und Menschen in Richtung Süden. Gegen den Strom zu fahren war bis weit in die

1820er Jahre hinein nur mit Hilfe von Treidelpferden und ihren menschlichen Antreibern, den Rheinhalfen, möglich.

Der Kölner Unternehmer Peter Heinrich Merkens, Mitbegründer der heutigen Köln-Düsseldorfer Deutsche Rheinschifffahrt GmbH, war einer der ersten, die erkannten, dass die Weiterentwicklung der Rheinschifffahrt unumgänglich war. Trotz aller technischen Schwierigkeiten brachte Merkens die Dampfschifffahrt auf dem Rhein voran und trat auch darüber hinaus mit seinen Unternehmungen und als Vorsitzender der Kölner Handelskammer in Erscheinung. Die im Roman erwähnten »Versuchsfahrten« wurden damals von Zeitungsschreibern und anderen Zeitgenossen begeistert aufgenommen und dokumentiert. Die historische Darstellung von Stephan Nuding, *175 Jahre Köln-Düsseldorfer Deutsche Rheinschiffahrtsgesellschaft*, gibt einen kleinen Einblick in die Frühzeit des Unternehmens, das im Jahr 2026 sein zweihundertjähriges Jubiläum feiert.

Ab Ende der 1820er Jahre ging Peter Heinrich Merkens' Traum in Erfüllung. Dampfschiffe ermöglichten nun den Warenverkehr auf dem Rhein, und mit der Einrichtung fester Fahrpläne, die in Zeitungen und Reiseführern abgedruckt wurden, konnten Künstler, Schriftsteller und andere Reisende nun bequem vom Schiff aus die Landschaft genießen. Immer mehr Touristen statteten aber auch den für Wein und Geselligkeit berühmten Ortschaften am Mittelrhein und den als malerisch empfundenen Burgruinen einen Besuch ab. Für den romantischen Rhein war dieser Ansturm eher problematisch, weil er ja nun nicht mehr so ursprünglich war wie zuvor, und spätestens mit dem Bau der Eisenbahnstrecke im Mittelrheintal ab 1856 veränderte der Rhein erneut sein Gesicht. Die zuvor abgelegenen Orte fanden jetzt endgültig den Anschluss an einen größeren Wirtschaftsraum, und am Oberrhein siedelten sich mehr und mehr Großunternehmen und Industrien an – doch das ist Stoff für eine andere Geschichte.

Den meiner Ansicht nach besten Überblick zu den Themen Rheinbegradigung und Tourismus am Rhein im 19. Jahrhundert liefert immer noch das 1994 erschienene Buch von Horst Johannes Tümmers, *Der Rhein. Ein Europäischer Fluss und seine Geschichte*. Für die Details insbesondere rund um die Geschichte der Arbeiten am Knielinger Durchstich habe ich zusätzlich das Buch *Im Spiegel des Wassers. Eine transnationale Umweltgeschichte des Oberrheins* von Christoph Bernhard zu Rate gezogen, und für die Geschichte der Schifffahrt auf dem Rhein das Buch *Schifffahrt und Handel auf dem Rhein vom Mittelalter bis ins 19. Jahrhundert. Beiträge zur Verkehrsgeschichte* von Clemens von Looz-Corswarem. Interessante Hintergründe speziell über das Leben der Frauen erfuhr ich aus dem vom Frauen-Museum in Bonn herausgegebenen Band *Romantik, Reisen, Realitäten. Frauenleben am Rhein.*

Aus der Lektüre dieser und anderer historischen Werke entstand also das auf Fakten basierende Gerüst für den Roman, hinzu kamen literaturwissenschaftliche Quellen und natürlich die zeitgenössischen Originaltexte.

Was die mythische Frauenfigur der Loreley betrifft, wurde mir schnell klar, dass ich sie nicht zum Thema eines historischen Romans machen wollte, ohne ihren Schöpfer

Clemens Brentano und seine Schwester Bettine von Arnim zu erwähnen. Bettine von Arnim war meinungsstark, mutig und unkonventionell, und sie hatte – passend zur Epoche – etwas zutiefst Schwärmerisches an sich, verehrte den älteren Bruder Clemens, ihr großes Idol Johann Wolfgang von Goethe und ihre Jugendfreundin Karoline von Günderode, denen sie jeweils posthum literarische Denkmäler setzte.

Da die Familien Merkens und Brentano als bedeutende Kaufleute und Intellektuelle ihrer Zeit nachweislich Überschneidungen im Bekanntenkreis aufwiesen, ist es durchaus naheliegend, dass Elisabeth Merkens und Bettine von Arnim sich kannten, aber dieser Teil der Geschichte entspringt meiner Phantasie. Leider ist nämlich über das Leben von Peter Merkens' Frau Elisabeth nicht viel bekannt. Einzig, dass sie den Romantikern nahestand, ließ sich herausfinden, und auch die etwas abenteuerliche Geschichte der heimlichen Eheschließung ist historisch überliefert.

Clemens Brentano war zweimal verheiratet, und er verehrte zahlreiche Frauen. Er war süchtig nach einer idealisierten Form der Liebe und schöpfte seine Kreativität aus unerfüllter Sehnsucht, ertrug es nur leider nicht, mit der Angebeteten wirklich zusammen zu sein. Eine Partnerschaft, bei der Mann und Frau sich ganz irdisch und auf Augenhöhe begegnen, war seine Sache nicht, und so wandte er sich in späteren Jahren dem katholischen Mystizismus zu, was seinem Wesen vermutlich deutlich mehr entsprach. Fünf Jahre lang, von 1819 bis 1824, hielt er sich in Dülmen auf, um die Visionen der Augustiner-Chorfrau Anna Katharina

Emmerick aufzuschreiben, und reiste hernach mit ihren Wundkrusten und blutigen Binden umher, die er wie Reliquien verehrte.

Es lässt sich leicht belegen, dass Clemens Brentano der Erfinder der Frauengestalt Loreley gewesen ist. Er veröffentlichte 1801 in seinem Roman *Godwi*, der wegen seines schwärmerischen Tons für heutige Leserinnen und Leser eine schwer verdauliche Lektüre darstellt, jenes Gedicht, das mit den Zeilen *Zu Bacharach am Rheine wohnt eine Zauberin* beginnt. Den Namen der Zauberin leitet er von einem Felsen ab, nennt sie Lore Lay und bringt sie entweder aus geographischer Unkenntnis oder wegen des schöneren Klangs mit Bacharach in Verbindung, obwohl der gleichnamige Felsen nicht dort, sondern bei Sankt Goar zu finden ist.

Wer angenommen hat, dass es sich bei der Loreley um eine alte Sage handelt, ist einer Behauptung des cleveren Autors Heinrich Heine aufgesessen. Er veröffentlichte 1827 in seinem *Buch der Lieder* jenes Gedicht, das mit den Worten *Ich weiß nicht, was soll es bedeuten, Daß ich so traurig bin; Ein Mährchen aus alten Zeiten, Das kommt mir nicht aus dem Sinn* beginnt und in dem die Jungfrau Lore-Ley Haare kämmend mit ihrer Schönheit und ihrem Gesang Schiffer ins Verderben reißt. Heines Verse wurden im 19. Jahrhundert in über vierzig verschiedenen Liedfassungen vertont und gesungen und waren, vom Zeitpunkt ihrer Entstehung an, ein bedeutender Bestandteil der Rheinromantik. Mit der Melodie von Friedrich Silcher von 1837 wurden sie zum weltbekannten Volkslied, das angeblich sogar im japanischen Schulunterricht behandelt wird – aber vielleicht ist ja auch das wieder nur eine Legende.

Heinrich Heine hat also sehr viel zum Mythos Loreley beigetragen, war jedoch beileibe nicht der einzige Interpret dieses Themas – und überhaupt ist das Motiv des weiblichen Fabelwesens, das Männer mit seinen Reizen verführt und tötet, keine Erfindung der Romantiker gewesen, sondern existierte schon lange zuvor, beginnend mit den von Homer protokollierten Sirenen, die den armen Odysseus in die Irre führen. Es hat zu allen Zeiten dazu gedient, vorgeblich vor den Verführungskünsten der Frauen zu warnen, und in Wirklichkeit dazu, die Frauen in ihre Schranken zu weisen und im Zweifelsfall die Männer von Schuld freizusprechen. Die Zitate aus dem *Godwi* und abgesehen davon Clemens Brentanos eigene stets dramatisch verlaufenden Liebesaffären und Ehen zeigen allerdings auch, wie hartnäckig er darum bemüht war, sein Vergnügen in Liebesdingen zu finden, und zwar durchaus auf egozentrische Art und Weise. Männer konnten sich ein solches Verhalten schon immer viel eher herausnehmen – und zu Brentanos Lebzeiten hat sich ohnehin kaum jemand ernsthaft daran gestört.

Die Erzählung rund um Juliane, ihre Mutter und ihre Töchter, die in *Loreley. Die Frau am Fluss* und dem Folgeband *Loreley. Der Strom der Zeit* ausgebreitet wird, fügt also den zahlreichen Variationen des Loreley-Themas eine weitere hinzu. Ich habe meine Heldinnen und Helden beim Schreiben sehr liebgewonnen und hoffe nun, Ihnen mit dem vorliegenden Roman und dem Nachfolgeband vergnügliche Lesestunden zu bereiten. Und vielleicht ergeht es Ihnen wie mir, und Sie haben hinsichtlich der Geschichte des berühmtesten und verkehrsreichsten deutschen Stroms, dem Rhein, sogar den einen oder anderen kleinen Erkenntnisgewinn.

Herzlichst
Ihre Susanne Popp
Februar 2024

DANKSAGUNG

Romane entstehen nicht im luftleeren Raum, so auch nicht die Loreley, die letztlich auf eine Idee meines Mannes zurückgeht. »Schreib doch über den Rhein«, sagte er irgendwann beim Frühstück, als ich nach einem Thema für einen historischen Roman suchte – und das leuchtete mir sofort ein. Ob ich in diesem Moment »Danke« sagte, weiß ich nicht mehr, aber ich hole es hiermit ganz offiziell nach und danke auch für die vielen konstruktiven Gespräche.

Der Rhein war mir einerseits sehr vertraut, andererseits wusste ich nur wenig. Wie wenig, merkte ich erst, als ich anfing, mich mit seiner Geschichte zu befassen, und daher muss ich an dieser Stelle einmal meinen Dank all jenen Menschen aussprechen, die in großen und kleinen Museen, in Geschichtsvereinen und Touristeninformationen so großartige Arbeit leisten. Einen historischen Stadtrundgang kann man beispielsweise in ein oder zwei Stunden ablaufen, aber für die Macherinnen und Macher steckt unglaublich viel Arbeit dahinter und die kann ich als Autorin historischer Romane gar nicht genug würdigen. Viele Publikationen, Bücher und Broschüren findet man nur vor Ort, und oft liefern gerade diese die wertvollsten Hinweise und Erkenntnisse. Dankeschön!

Ein hervorragendes Beispiel für ein kleines und sehr feines mit viel Sachverstand geführtes Museum ist das vom Binger Schifferverein Bingen 1895 e.V. betriebene Lotsenmuseum am Binger Rheinufer. Herr Dr. Jürgen Kirsten und der ehemalige Rheinlotse Fritz Neureuther haben sich für mich Zeit genommen, meine Fragen beantwortet und mich darüber hinaus mit hilfreicher Literatur versorgt. Auch dafür herzlichen Dank!

Recht früh schon während des Schreibens habe ich Kontakt zur Köln-Düsseldorfer Deutsche Rheinschifffahrt GmbH aufgenommen und danke Frau Nicole Becker für das freundliche Entgegenkommen, die zur Verfügung gestellte Literatur und die Einladung zu einer Fahrt auf dem Rhein. Es ist zwar 2024 – das Jahr, in dem die Loreley-Romane erscheinen – noch zwei Jahre zu früh, um zum 200-jährigen Jubiläum zu gratulieren, doch ich tue es hiermit trotzdem und freue mich über die Möglichkeiten der Zusammenarbeit.

Und auch den S. Fischer Verlagen gilt natürlich wieder mein herzlichster Dank. Es ist einfach wunderbar, dass mir und meinen Ideen hier so viel Wertschätzung und Vertrauen entgegengebracht wird. Lieben Dank insbesondere meinen

Lektorinnen Carla Grosch und Cordelia Borchardt für die Beratung und das Feedback, Silke Reutler für die feinfühlige Redaktion und ihre überaus hilfreichen Hinweise zu den Charakteren und zur Handlung, sowie Verena Wälscher und Paula Hauch für die Gestaltung und die Koordination von Veranstaltungen. Meine lieben Freundinnen Katja Rieger und Susanna Afrough haben eine frühe Fassung des Romans gelesen und mir gleichfalls mit ihrem Feedback sehr geholfen. Und meiner Literaturagentin Dorothee Schmidt danke ich wie immer für die Unterstützung rund ums Autorendasein und die kompetente Beratung.

Lesen Sie jetzt schon weiter!
Leseprobe aus dem zweiten »Loreley«-Roman von Susanne Popp,

LORELEY. STROM DER ZEIT

Der Roman erscheint im Oktober 2024.

17
99

1

»WO BIST DU?« Schwester Brigidas Finger tasteten suchend über das Laken.

»Hier. Ich bin hier«, sagte Merle und griff nach ihrer Hand, die kalt war und sich so zerbrechlich anfühlte wie Glas.

In Merles Augen standen Tränen. Ihre geliebte Ziehmutter ernährte sich schon seit Wochen nur noch von den hauchdünnen Oblaten, die in der Klosterbäckerei für den Konvent und die Kirchen der Umgebung gebacken wurden. Doch die ein oder zwei Hostien, die sie am Tag aß, reichten selbst für den schmächtigen Körper der alten Nonne nicht aus. Zudem war ihr Mund so trocken, dass sich noch nach Stunden etwas vom Leib Christi auf ihrer Zunge befand, dabei behauptete sie, nicht durstig zu sein, und trank nur winzig kleine Schlucke.

»Was ist. Hast du noch einmal von ihm gehört?«, fragte die alte Frau. Ihre Stimme klang zittrig, doch ihre spröden Lippen umspielte ein verschwörerisches Lächeln. Merle errötete, was Brigida jedoch nicht sehen konnte. Ihre Augen waren mittlerweile zu schwach.

»Bis jetzt noch nicht.«

Die Rede war von Maria, einem jungen hübschen Mann von ungefähr zwanzig Jahren aus Frankfurt. Sie war ihm am Pfingstmontag begegnet, an einem der Tage, an dem die Menschen zum Kloster Tiefenthal gepilgert kamen, um das Gewand der heiligen Elisabeth anzubeten und um den Ablass ihrer Sündenstrafen zu bitten. Jeweils für den neunzehnten November, den zweiten Weihnachtsfeiertag und eben den Pfingstmontag eines jeden Jahres hatte der Papst einen Sündenablass für die nach Tiefenthal pilgernden Gläubigen bewilligt. Auf dem Hof vor der Kapelle unter dem duftenden Lindenbaum, wo sie zusammen mit zwei Ordensfrauen Erfrischungen ausschenkte, war Merle mit Maria ins Gespräch gekommen. Er hatte in empfindsamen Worten die heilsamen Kräfte des Naturerlebens und des Gebets gelobt und damit tiefen Eindruck auf Merle gemacht. Doch natürlich hatte sie unter der Aufsicht der Klosterschwestern und der Mutter Oberin gestanden, und darum hatte es nur wenig Gelegenheit für ein Gespräch zu zweit gegeben. Kurze Zeit später hatte er ihr geschrieben – *An das werte Fräulein Merle, Kloster Tiefenthal* – und mit Hilfe der Postmeisterin Schwester Theodora hatte Merle seinen Brief erfolgreich an der Mutter Oberin vorbeischmuggeln können. Er war mehrere Seiten lang. Einiges davon hatte sie Brigida vorgelesen, und die alte Nonne war von seinen Worten ebenso verzückt gewesen wie sie selbst. Merle trug den Brief immer bei sich, um jederzeit einen Blick darauf werfen zu können. Jetzt zog sie ihn wieder hervor.

»›Sie sprechen eine schöne seltene Sprache, die Sprache der Wahrheit, der Unschuld und der Natur‹«, las sie vor. »Es klingt wunderbar, aber ich verstehe einfach nicht recht, was er damit meint.« Hilfesuchend sah sie Brigida an.

»Es ist ein Kompliment«, antwortete Brigida nach kurzem Nachdenken.

»Er schreibt auch, dass er mich wiedersehen will, doch er hat nicht gesagt, wann und wie, und es gibt keinen Absender auf dem Brief.«

»Möchtest du ihn denn wiedersehen?«

Merle stieg die Hitze in die Wangen. »Ich weiß es nicht.

Aber sein Name ist Maria. Wer so heißt, kann doch wohl nur lieb und fromm und gut sein, oder?« Merles Wangen glühten vor hoffnungsvoller Erregung.

»Hör auf dein Herz, das ist alles, was ich dir raten kann.« Sachte drückte sie Merles Hand.

»Die ehrwürdige Mutter Oberin sagt, ich soll Nonne werden, aber ich glaube nicht, dass ich für das Klosterleben geschaffen bin«, entgegnete Merle verzweifelt. »Könntest du nicht noch einmal mit ihr reden, damit sie es sich anders überlegt?«

Brigida seufzte. »Dein offizieller Vormund ist der Abt. Selbst die Mutter Oberin muss seinen Wünschen Folge leisten.«

»Und wie soll ich dann auf mein Herz hören?«

»Bete, mein liebes Kind. Ich bin sicher, der liebe Gott wird dir sagen, was zu tun ist. Mich hat er auch geleitet, weißt du.«

Merle nickte traurig. Sie wusste, worauf ihre Ziehmutter anspielte. Schwester Brigida war einst, als sehr junge Frau, mit einem ebenso jungen Mann verlobt gewesen. Doch der hatte die Verlobung gelöst, um eine andere zu heiraten, und Brigida war ins Kloster gegangen. Viele Jahre hatten vergehen müssen, bis schließlich die kleine Merle in ihr Leben getreten war. Erst mit fünfundsechzig Jahren hatte sie verstanden, was der liebe Gott mit ihr vorgehabt hatte.

»Du bist mein größtes Glück«, sagte Brigida.

»Und du meines«, sagte Merle und drückte einen Kuss auf die runzlige Haut der alten Nonne. Sie fürchtete sich davor, ohne Brigida zu sein, fürchtete sich vor der Zukunft. Wenn sie doch nur wüsste, was der liebe Gott mit ihr vorhatte, dachte sie. Merle kannte bisher nur das zurückgezogene

Leben, das die Nonnen hinter den Klostermauern führten. Solange sie ein Kind gewesen war, hatte ihr die Äbtissin noch viel durchgehen lassen, das gesamte Kloster und der Garten mit dem großen Teich waren ihr Spielplatz gewesen, und dank Brigidas liebevoller Obhut hatte es ihr an nichts gemangelt. Doch nun, mit mittlerweile fünfzehn Jahren, fühlte sie sich hinter den schützenden Mauern zunehmend eingesperrt. Sie wollte hinaus, etwas vom Leben außerhalb des Klosters sehen.

Und außerdem gab es jetzt da draußen Maria. Der Blick, mit dem er sie unter seinen dunklen Stirnlocken hervor angesehen hatte, verfolgte sie seit ihrer Begegnung bis in ihre Träume. Mehrere Wochen waren seither vergangen. Seit dem dritten Sonntag im August trug sie offiziell das weiße Gewand und den Schleier einer Novizin, und sie fragte sich, wie er reagieren würde, wenn sie ihm so gegenübertrat. Würde er ihr glauben, wenn sie ihm versicherte, dass sie gar keine Nonne sein wollte? Doch er hatte sich ja sowieso nicht mehr gemeldet, dachte Merle. Verzagt steckte sie den Brief wieder weg und griff nach Brigidas Hand.

Anfang September starb die alte Nonne. Merle war untröstlich. Brigidas Tod war der erste große Verlust in ihrem Leben, und er tat so weh, dass sie glaubte, überhaupt nie mehr froh werden zu können. Ohne Brigida wurde das Kloster für Merle zu einem bedrückenden Ort. Vielleicht lag es aber auch daran, dass sie nun eine Novizin war. Die zuvor freiwillige Teilnahme an den täglichen Gottesdiensten war damit für sie zur Pflicht geworden.

Nach der Komplet, dem Nachtgebet zum Abschluss des Tages, holte sie anfangs noch oft Marias Brief hervor, doch sie wagte nur selten, ein Licht anzumachen, um darin zu lesen, und mit der Zeit ließ der Schmerz darüber, dass er sie vergessen hatte, ein klein wenig nach, und sie dachte weniger an ihn. Der Namenstag der heiligen Elisabeth im November und auch Weihnachten gingen vorüber, doch Maria aus Frankfurt hatte sich an beiden Tagen nicht unter den Pilgernden befunden. Am Pfingstfest, wurde nun wieder der Schrein mit dem Gewand für die Pilger geöffnet – nun allerdings hinter Glas. Die Mutter Oberin hatte auf einen Vorschlag des Abtes hin vom Glaser ein Fensterchen anfertigen lassen, um die wertvolle Reliquie zu schützen, was an Weihnachten bereits für Unmut gesorgt hatte. Die meisten Pilger kamen nämlich her, weil sie den Stoff des fadenscheinigen Gewands mit den Fingern berühren oder gar küssen wollten, weswegen es sich inzwischen immer mehr auflöste. Die Mutter Oberin hatte darum eigens Zettel vervielfältigen lassen, die über die Notwendigkeit aufklärten, die Reliquie vor dem Verfall zu bewahren. Auf der Vorderseite waren ein Gebet und ein Abbild der Heiligen Elisabeth abgedruckt. Diese Heiligenbildchen, die eigens vom Abt gesegnet worden waren, sollten die Gemüter besänftigen, und Merle hatte die Aufgabe bekommen, sie vor der Kirche zu verteilen.

Am Pfingstmontag herrschten sommerliche Temperaturen. Merle war zwar froh, dass der gleichförmige Klosteralltag endlich wieder einmal durchbrochen wurde, wegen ihrer Aufgabe war sie allerdings auch ein bisschen nervös. In ihrer Novizinnentracht stand sie vor dem Eingangsportal, begrüßte die Pilger und überreichte ihnen den besagten Zettel. Die heilige Elisabeth galt als Beschützerin von Witwen und Waisen, Bettlern und Kranken, weswegen das Publikum sehr gemischt war. Merle blickte in die Antlitze junger

Frauen, die mit ihren Kindern gekommen waren, aber auch in alte, abgezehrte Gesichter, manche von Krankheiten so entstellt, dass sie zum Fürchten aussahen. Viele der Pilger konnten auch gar nicht lesen, weshalb Merle immer wieder ihr Sprüchlein aufsagen musste, um die Sache mit der Glasscheibe zu erklären und sie mit dem Heiligenbildchen zu entschädigen. Drinnen hörte sie ihre Mitschwestern singen und immer, wenn sie ein bisschen Zeit hatte, betete sie mit und bat ein wenig verschämt auch um ihr persönliches Glück.

»Sind Sie es, Merle?«

Es war ruhiger geworden, und Merle war auf ihrem Stuhl vor dem Portal kurz eingenickt. Sie schrak hoch und glaubte zunächst, die Stimme wäre nur in ihrem Kopf gewesen, doch als sie sich hastig erhob, blickte sie direkt in seine warmen haselnussbraunen Augen. Maria. Er war zurückgekommen. Merle stieg das Blut ins Gesicht, mehr als das, die ganze Hitze des Tages erfasste sie mit einem Mal.

»Ich hätte Sie beinahe nicht erkannt«, sagte Maria.

»Ich habe Sie sofort erkannt«, erwiderte Merle, ohne zu zögern, und sah rasch wieder weg, doch sein Bild hatte sich ihr fest eingeprägt. Unter allen Männern war er der Schönste. Er war ein gutes Stück größer als sie und blickte aus huldvoller Höhe auf sie herab. Noch nie hatte sie sich von einem Menschen so angesehen, so *wahrgenommen* gefühlt. Unvermittelt war alles, was sie vor einem Jahr bei ihrer ersten Begegnung empfunden hatte, wieder da.

Doch Merle war kein kleines Mädchen mehr. Und sie hatte auch ihren Stolz. »Ich habe nicht damit gerechnet, Sie wiederzusehen«, sagte sie und überreichte ihm eines der Heiligenbildchen.

»Verzeihen Sie mir. Ich musste plötzlich verreisen. Ein Freund in Jena war plötzlich erkrankt und verlangte nach mir«, erwiderte er, ohne sich den Zettel anzusehen.

Und in Jena gibt es keine Post? Merle lag die spitze Entgegnung auf der Zunge, doch sie sprach sie nicht aus, Marias Gegenwart verwirrte sie zu sehr. »Sie haben keinen Absender hinterlassen.«

»Ich bin ein Reisender, nie lange an einem Ort. Doch ich weiß, dass es ein Fehler war. Ich bin hergekommen, weil ich hoffte, Sie hier anzutreffen. Ich wollte Sie persönlich um Vergebung für mein Schweigen bitten. Aber es sieht so aus, als wäre ich zu spät gekommen.«

»Warum sagen Sie das?«

Er wies auf ihre Haube. »Sie sind jetzt eine Nonne.«

Merle schüttelte den Kopf. »Ich bin Novizin. Ich habe die Profess noch nicht abgelegt.«

»Gut.« Er wirkte erleichtert. »Ich wollte Sie nämlich um ein Wiedersehen bitten.«

Merle wurde augenblicklich von einer Mischung aus Panik und Glück überflutet.

»Ich würde gerne einen Ausflug mit Ihnen machen. Eine Fahrt auf dem Rhein zum Beispiel«, fuhr er fort. »Was halten Sie davon?«

»Ich kann nicht einfach so aus dem Kloster fort«, erwiderte Merle. Ihren Stolz hatte sie inzwischen überwunden. Sie dachte an Brigidas Worte. Der liebe Gott werde sie leiten, hatte sie gesagt, und dass sie auf ihr Herz hören solle. Ihr Herz wollte jetzt und sofort mit Maria gehen.

»Wie bedauerlich«, sagte er. »Ich verbringe nämlich ein paar Wochen in Schlangenbad. Eine alte Tante von mir hält sich zurzeit dort auf. Ich leiste ihr Gesellschaft.«

Merles Herz schlug noch schneller. Der Ort Schlangenbad mit seinen warmen Quellen lag ganz in der Nähe. Die Ländereien, die zum Kloster gehörten, grenzten direkt daran an.

»Am Donnerstag werde ich im Auftrag der Mutter Oberin nach Martinsthal zur Armenspeisung gehen«, sagte sie und nahm sich vor, am Abend zur Sühne für ihr schamloses Benehmen drei zusätzliche Ave-Maria zu sprechen.

»Ich werde da sein und auf Sie warten«, sagte Maria – und da traten schon die nächsten Pilger auf Merle zu.

Am Donnerstag nach der Non, dem Mittagsgebet, packte Merle genau wie sonst auch in jeder zweiten Woche das Essen für die Armen in einen Korb – vor allem Obst und Gemüse, das aus den Gärten und von den Feldern des Klosters stammte. Sie glaubte, jeder müsste ihr ansehen, dass sie verabredet war, doch keine ihrer Mitschwestern schien Verdacht zu schöpfen. Am Morgen hatte sie sich mehr Zeit als sonst für ihre Körperpflege genommen. Mit beiden Händen war sie über ihre Brüste, die Hüfte und die schmale Taille gefahren. Ihre Figur hatte sich im vergangenen Jahr verändert. Sie war kein Kind mehr, sondern besaß jetzt den Körper einer Frau, der jedoch im geschlechtslosen Leben einer Nonne eigentlich nur eine Last war. Bevor sie die Haube aufsetzte, hatte sie ihre blonden Haare neu geflochten und festgesteckt – als Novizin trug sie sie immer noch lang – und an Brigida gedacht, die ihr so gerne dabei geholfen hatte. »Du hast Haare wie Gold«, hatte ihre Ziehmutter immer gesagt.

Maria wartete an der Weggabelung auf sie. Sie wagte kaum, ihn anzusehen, doch er gab sich mit der flüchtigen

Begrüßung zufrieden und schlenderte wie zufällig neben ihr her.

»Darf ich Sie zu den Armen begleiten?«

»Nein. Lieber nicht«, antwortete Merle. Sie wollte niemandem etwas erklären müssen. Am Ende sprach sich noch herum, dass sie an diesem Tag nicht allein gewesen war.

Als die Kirchturmuhr drei schlug, hatte Merle ihren Auftrag erfüllt. Maria löste sich aus dem Schatten des Baumes, unter dem er ausgeharrt hatte, und trat auf sie zu. »In einer Stunde werde ich im Kloster zurückerwartet«, sagte sie.

»Was fangen wir mit der kostbaren Zeit an?«, fragte er.

»Ich weiß es nicht. Ich dachte, Sie hätten einen Plan«, gab Merle keck zurück.

»Dann verraten Sie mir doch, was eine junge schöne Frau wie Sie im Kloster zu suchen hat.«

»Das klingt aber abfällig. Und ich dachte, Sie wären gläubig?«

»Mein Glaube an die Schönheit ist größer als mein Glaube an Gott«, entgegnete Maria.

Merle errötete. Dieses Spiel mit Blicken und Worten war etwas ganz Neues für sie, aber es gefiel ihr. »Die Nonnen haben mich kurz nach meiner Geburt gefunden.«

»Gefunden? Hat man Sie etwa ausgesetzt?«, fragte er betroffen.

Merle nickte. »Interessiert Sie das wirklich?«

»Aber ja.«

»Es geschah am einundzwanzigsten August siebzehnhundertvierundachtzig«, begann sie. Sie hatte diese Geschichte viele Male von Brigida gehört, aber es war ungewohnt, sie selbst zu erzählen. »Die Tiefenthaler Schwestern gingen an diesem Tag wie jedes Jahr gemeinsam auf Wallfahrt zum Sankt-Rochus-Fest. Sie wissen vielleicht, wo das ist?«

»Das ist doch hier ganz in der Nähe, gleich bei Bingen.«

Merle nickte. »Später wurde die Wallfahrt verboten und die Rochuskapelle zweckentfremdet. Sie wird heute nur noch als Scheune genutzt. Umso mehr Menschen kommen seitdem hier zu uns nach Tiefenthal. Das Sankt-Rochus-Fest hat immer am ersten Sonntag nach dem sechzehnten August stattgefunden. Das ist auch mein offizieller Geburtstag.«

»Herzlichen Glückwunsch.«

»Danke. Aber im Kloster feiern wir ohnehin nur die Namenstage.«

»Meines Wissens nach gibt es keine heilige Merle.«

»Nein, da haben Sie recht. Soll ich nun erzählen oder nicht?«

»Bitte erzählen Sie. Ich werde Sie nicht mehr unterbrechen.«

»Die Fähre war wegen der Vielzahl an Pilgern überlastet. Darum brachte auf dem Rückweg ein junger Flößer, der mit seinen Kollegen am Ufer auf die Weiterfahrt wartete, die Schwestern bei Ingelheim mit seinem Ankernachen über den Rhein. Am Oestricher Ufer entdeckte Schwester Brigida ein hübsches Körbchen, das sich im Schilf verfangen hatte. Sie wies den Flößer darauf hin, und er wollte den Korb mitnehmen, er sagte, er könne ihn gut gebrauchen, doch vorher ließ er die Schwestern aussteigen. Sie waren schon ein Stück entlang des Wegs gegangen, da kam er ihnen nach und zeigte ihnen, was er gefunden hatte. In dem Korb lag ein Säugling.«

»Und das waren Sie?«

Merle nickte. »Die Schwestern haben sich um mich gekümmert. Natürlich haben sie zuerst versucht herauszufinden, woher ich kam, aber niemand wusste etwas von mir oder meinen Eltern. Das Einzige, was auf meine Herkunft hindeutete, war dieses Medaillon.« Sie zog an einem Kettchen, das um ihren Hals hing, das Schmuckstück hervor, das sie so gut wie nie ablegte, und zeigte es ihm. Auf dem goldenen Deckel war ein Bild eingraviert, zwei leicht geschwungene Linien, die aufeinander zuliefen, und darüber eine strahlende Sonne. Maria trat einen Schritt näher zu ihr, um es zu betrachten. Ein sommerlicher Duft ging von ihm aus, bemerkte Merle. Vielleicht hatte er Lavendelwasser verwendet, um seine Locken zu kämmen.

»Was stellt es dar?«, wollte Maria wissen.

»Ich weiß es nicht. Was denken Sie?«

»Vielleicht ist es der Rhein. Sehr geheimnisvoll. Solche Geschichten gefallen mir, sie regen die Phantasie an«, sagte er und sah ihr dabei direkt in die Augen.

Merle trat einen Schritt von ihm zurück, steckte das Medaillon wieder unter ihren Kragen und mied Marias Blick, der sie immer mehr aus der Fassung brachte. »Der Flößer wollte mich zuerst selbst mit nach Hause nehmen«, fuhr sie mit ihrer Erzählung fort, »doch er war mit seinen Holzstämmen auf dem Weg nach Koblenz, da ging das natürlich nicht. Aber er wurde mein Pate.«

Merle liebte den herzensguten Andreas, den sie Onkel nannte. Ein- bis zweimal pro Jahr kam er, um nach ihr zu sehen, und er brachte ihr jedes Mal etwas Schönes mit. Zu ihrem vierzehnten Geburtstag hatte er ihr eine hölzerne Uhr geschenkt, die er selbst gebaut hatte. Mittlerweile war er Vater geworden, doch leider kannte sie weder seine Frau noch seine Kinder und auch nicht den Ort im Schwarzwald, wo er lebte, dabei hätte sie gerne mehr Kontakt zu seiner Familie gehabt. Andreas war ihre einzige Verbindung zur Welt außerhalb des Klosters. Falls sie eines Tages doch noch von dort fortwollte, konnte nur er ihr dabei helfen.

»Der Rhein hat Sie den Klosterschwestern vor die Füße gespült. Ich würde sagen, Sie sind eine Nixe«, sagte Maria und legte in der Pose eines großen Denkers den Zeigefinger an sein Kinn.

Merle lachte. An ihrem zehnten Namenstag hatte ihr Brigida auf einer kunstvoll gezeichneten Karte mit Stockflecken an den Rändern den Rhein gezeigt, der in den Alpen entsprang und in der Nordsee mündete. Bei Oestrich, wo sie gefunden worden war, hatte Brigida ein rotes Kreuz eingezeichnet und ihr die Karte geschenkt.

»Wenn Sie es so sehen wollen. Die Äbtissin hat mir allerdings einen biblischen Namen gegeben. Sie nannte mich Miriam.«

»Nach Moses' Schwester.«

»Sie kennen sich ja doch aus.«

»Erwischt«, sagte Maria mit einem schelmischen Grinsen. »Wer Geschichten mag, kommt an der Bibel eben nicht vorbei. Und warum nennt man Sie dann Merle?«

»Den Namen verdanke ich meiner Ziehmutter. Schwester Brigida stammte ursprünglich aus Irland. Merle ist eine Ableitung von Muirgheal, was auf Irisch helles strahlendes Meer bedeutet. ›Das passt zu dir, denn schließlich bist du auf dem Weg zum Meer gewesen‹, hat sie gesagt. Irgendwann haben mich dann alle so genannt, obwohl der Mutter Oberin der Namen zu heidnisch war. Brigida liebte mich wie eine Tochter.«

»Verstehe.« Maria war ganz nachdenklich geworden. »Sie hatten Glück. Ich habe eine große Familie und zahlreiche Geschwister – und keine Mutter, die mich liebt.«

»Oh, wie traurig. Das tut mir leid.«

Er schüttelte mit einem verhaltenen Lächeln den Kopf.

»Für Schwester Brigida war es gar nicht leicht«, fuhr Merle fort, weil er nichts sagte. »Die Zisterzienser sind ein kontemplativer Orden. Es wird wenig geredet und viel geschwiegen, und das war nach Meinung des Abtes vom Kloster Eberbach, der die Oberaufsicht über das Frauenkloster in Tiefenthal hat, nicht mit der Erziehung eines Kindes zu vereinbaren. Doch Schwester Brigida zuliebe hat er eine Ausnahme gemacht. Nur sie allein durfte ihre Kontemplation für mich durchbrechen. Leider ist sie im vergangenen Jahr gestorben.«

»Ihr Tod muss ein großer Verlust gewesen sein.«

Merle schluckte. Es war immer noch schwer für sie, daran zu denken. »Ich bin nach ihrem Tod schnell erwachsen geworden. Jetzt bin ich also Schwester Miriam.«

»Nicht Schwester Merle?«

»Für Sie bin ich Merle. Aber bitte ohne Schwester«. Sie machte eine Handbewegung in Richtung ihres Schleiers. »Manchmal möchte ich das Ding einfach nur herunterreißen.«

»Warum tun Sie es nicht?«

»Über mein Schicksal entscheiden allein der Abt und die Mutter Oberin.«

»Und Sie werden nicht gefragt?«

»Sie etwa?«, fragte Merle. Sie fand langsam immer mehr Vertrauen zu Maria. »Dürfen Sie tun, was Sie wollen? Was tun Sie eigentlich?«

»Ich studiere Medizin.«

»Und was würden Sie gerne tun?«

»Schreiben«, sagte er. »Meine Heimat ist die Poesie.«

»Das habe ich mir schon gedacht. Ihr Brief hörte sich an, als sei er von einem Dichter verfasst worden«, sagte Merle, ohne zu erwähnen, dass sie vieles nicht verstanden hatte.

»Finden Sie?«, fragte er und strich sich eine seiner verwegenen dunklen Locken aus der Stirn. Er schien sich ehrlich über ihr Kompliment zu freuen, dabei hatte er doch gewiss jede Menge kluger Freunde, auf deren Urteil er vertrauen konnte.

»Schreiben Sie auch Gedichte?«, fragte sie.

»Prosa, Balladen, Gedichte, Lieder – was Sie wollen.«

»Würden Sie auch etwas für mich schreiben?«

»Ich frage mich, wie ich jemals wieder etwas werde schreiben können, was nichts mit Ihnen zu tun hat.«

Sie waren stehen geblieben, und Merle senkte peinlich berührt den Kopf. Sie war sehr vorlaut gewesen. Doch Maria schob einen Finger unter ihr Kinn und hob es sachte an, zwang sie, ihm in die Augen zu schauen.

»Ich meine es ernst. Sie sind wunderschön. Aber das müssen Sie doch wissen.«

»Ich … nein. Im Kloster denken wir über so etwas nicht nach.«

»Das sollten Sie aber.«

»Wozu? Ich werde eine Nonne sein.«

»Ein Nönnchen schwarz und weiß.« Ein schelmisches Lächeln erschien in seinem Gesicht und verschwand gleich darauf wieder. »Nein. Sie sind zur liebenden Ehefrau wie geschaffen.« Ernst nahm er ihre Hand.

Merle sah ihn mit offenem Mund an. Am liebsten wäre

sie geflohen – und im nächsten Moment wollte sie sich ihm an den Hals werfen. Die Luft zwischen ihnen war aufgeladen wie kurz vor einem Gewitter. Es hätte sie nicht gewundert, Funken sprühen zu sehen.

»Sofort und auf der Stelle würde ich Sie zur Frau nehmen.«

»Sie kennen mich nicht«, flüsterte sie und wollte sich ihm entziehen, aber er hielt sie mit sanftem Druck fest.

»Mir ist, als würde ich Sie schon mein ganzes Leben lang kennen. Und ich habe so eine Ahnung, warum der Abt für Sie eine Ausnahme gemacht hat.«

»Was meinen Sie damit?«

»Er ist selbst in Sie verliebt.« Marias Augen schimmerten rätselhaft.

»Ich war doch noch ein Kind damals. Ein Säugling«, flüsterte sie in wachsender Panik.

»Sie sind so schön, Merle. Sie sind eine Nixe, eine Zauberin. Man will Sie vor der Welt verstecken.«

»Aber nein. Sie überschätzen das Interesse, das man mir entgegenbringt«, entgegnete Merle. Marias Worte verwirrten und ängstigten sie, trotzdem wollte sie nicht, dass er aufhorte zu sprechen.

Er stand dicht vor ihr, sie roch seinen Duft, und dann hob er ihre Hand und drückte einen Kuss auf die Innenseite ihres Handgelenks. Sie spürte seine weichen Lippen, sah auf die dunklen Locken herab und glaubte, ihre Beine müssten gleich versagen, nur mit Mühe hielt sie sich aufrecht.

»Einfach wunderschön«, murmelte er, sah auf und kam noch näher. Sein Duft hüllte Merle ein. Einige Herzschläge lang standen sie dicht beieinander. Dann schlug die Kirchturmuhr viermal.

Susanne Popp
Der Weg der Teehändlerin
Die Ronnefeldt-Saga
Band 2

Frankfurt 1853: Die Teehändlerin Friederike Ronnefeldt möchte ihre zunehmend erwachsenen Kinder gut versorgt wissen. Schließlich hängt auch das Familienunternehmen von den Zukunftsplänen der neuen Generation ab. Doch die Geschwister entwickeln – zum Leid Friederikes – ihre eigenen Ideen. Mine lockt das Schauspiel, Elise möchte Lehrerin werden, anstatt zu heiraten und Wilhelm träumt davon, Künstler zu sein. Immerhin eines scheint sicher: Der Älteste, Carl, wird die Geschäfte übernehmen – nach dem Abschluss seiner Lehrjahre in Hamburg. Doch ist er der verantwortungsvollen Rolle gewachsen, die einst sein Vater innehatte?

512 Seiten, Klappenbroschur

Weitere Informationen finden Sie auf
www.fischerverlage.de

AZ 596-70604/1

Susanne Popp
Das Erbe der Teehändlerin
Die Ronnefeldt-Saga Band 3

Frankfurt, 1889: Friederike Ronnefeldt ist stolz, dass ihr Teehandel auch in der dritten Generation fortgeführt werden soll. Sie ist ein Vorbild für ihren Enkel Rolf, der das Geschäft übernehmen möchte. Um Erfahrungen zu sammeln, geht er auf eine Weltreise, die ihn unter anderem nach Indien und Ceylon führt. Und Rolf ist sich sicher: Er will seine innovativen Ideen wieder mit nach Frankfurt nehmen. Denn dort wartet nicht nur sein künftiges Geschäft auf ihn, sondern auch die Unternehmertochter Anna Reither, die ihm nicht mehr aus dem Kopf gehen will. Doch Anna entwickelt sich zu einer selbstbewussten jungen Frau – ist sie wirklich für eine gemeinsame Zukunft mit ihm bereit?

464 Seiten, Klappenbroschur